探索

2013-2018

上海市卫生健康系统工会工作理论研究会

优秀论文集

上海市医务工会
上海市卫生健康系统工会工作理论研究会 编

上海科学技术文献出版社
Shanghai Scientific and Technological Literature Press

图书在版编目（CIP）数据

探索：2013-2018上海市卫生健康系统工会工作理论研究会优秀论文集 / 上海市医务工会，上海市卫生健康系统工会工作理论研究会编．—上海：上海科学技术文献出版社，2019
ISBN 978-7-5439-7928-4

Ⅰ．① 探… Ⅱ．①上…②上… Ⅲ．①医药卫生组织机构—工会工作—中国—2013-2018—文集 Ⅳ．① D412.6-53

中国版本图书馆 CIP 数据核字 (2019) 第 127164 号

责任编辑：徐 静
特约编辑：马艳芳 吴 越
封面设计：袁 力

探索：2013–2018 上海市卫生健康系统工会工作理论研究会优秀论文集
TANSUO: 2013–2018 SHANGHAISHI WEISHENG JIANKANG XITONG GONGHUI GONGZUO LILUN YANJIUHUI YOUXIU LUNWENJI
上海市医务工会 上海市卫生健康系统工会工作理论研究会 编
出版发行：上海科学技术文献出版社
地 址：上海市长乐路 746 号
邮政编码：200040
经 销：全国新华书店
印 刷：常熟市文化印刷有限公司
开 本：720×1000 1/16
印 张：26.25
字 数：456 000
版 次：2019 年 5 月第 1 版 2019 年 5 月第 1 次印刷
书 号：ISBN 978-7-5439-7928-4
定 价：128.00 元
http://www.sstlp.com

前言

《探索——2013—2018上海市卫生健康系统工会工作理论研究会优秀论文集》和大家见面了，这是自2013—2018年以来，上海市卫生健康系统工会工作理论研究会的六年工作总结和理论成果，是上海市医务工会八届委员会的工作创新和理论创新。

六年来，研究会的名称从卫生系统工会工作理论研究会、卫生计生系统工会工作理论研究会，调整到现如今的卫生健康系统工会工作理论研究会，始终不变的是，以"理论研究为实际工作服务"的初心和目标。

这本《论文集》共收录了16—21届理论研究年会的优秀获奖论文共56篇，分为工会建设、民主管理、职工队伍、职工文化、心理健康、权益维护、服务职工等篇章，内容涵盖工会工作的各个方面。这些优秀的工会理论研究成果，凝聚了全市卫生健康系统各级工会干部的智慧，也从一个侧面反映了系统内各级工会勤于思考、乐于钻研、敢于创新的工作状态。

上海市卫生系统工会工作理论研究会成立于1990年，已经连续召开了21届年会。研究会每年组织课题招标评审，对基层工会开展理论研究进行鼓励、扶持；每年召开年会，推动系统内工会理论研究交流、互动；每年组织工会理论研究成果评审和表彰，推动调查研究成果指导工会创新实践。研究会还每年结合重点工作，确定一项市级委托重点课题，从2013—2018年，先后聚焦新生代职工的特征诉求、工会组织建设、公立医院系统职工满意度、医务人员职工身心健康状况、职代会制度运作情况等开展全面深入的调查研究。从2003年起，研究会与《工会理论研究》杂志社合作，每年出版理论研究杂志增刊，对当年评选出的优秀成果给予集中发表。自1999年以来，研究会连续获得上海市总工会理论研究会优秀团体会员称号。多年的坚持，为研究会打下了坚实的工作基础，也为工会事业发展累积了宝贵财富。

回顾中展望，继承中创新。在上海市医务工会第九次代表大会即将召开之际，在全面推进健康上海、健康中国建设的新形势、新任务下，研究会将继续紧密结合市医务工会的工作重点，深入调研，总结经验，理论创新，实践探索，使理论研究更好指导工会工作的实际，使理论成果更好地为工会工作服务，为卫生健康事业发展服务。

上海市医务工会　上海市卫生健康系统工会工作理论研究会

2019年4月

目 录

组织建设

民主管理

队伍建设

文化建设

健康促进

权益维护

服务职工

附录

组织建设

上海市医务工会组织建设和干部队伍的现状分析报告

张　浩　范理宏　何　园　瞿志奇　陶建民　陶黎英　秦　艺
（上海市第十人民医院　上海市医务工会）

一、研究背景

在中国共产党的首次群团工作会议上，习近平总书记强调群团事业是党的事业的重要组成部分，工青妇等群团组织一定要坚持解放思想、改革创新、锐意进取、扎实苦干，切实保持和增强党的群团工作和群团组织的政治性、先进性、群众性。2015 年 11 月 20 日，中共上海市委召开群团工作会议，对上海群团改革试点工作进行了部署动员，上海群团改革正式启动。工会组织建设和干部队伍的优良与否对于贯彻十八大精神及群团会议精神起着决定性的作用。因此，本文通过对医务工会组织建设和干部队伍现状的调查与分析，探讨加强医务工会组织建设的对策，分析研究新形势下党的群团工作面临的新情况，同时为建立与新时期相配套的工会建设体系提供依据。

二、调查对象与方法

（一）调查对象与抽样方法

本次调查选取上海市医务工会 61 家直属基层卫生机构以及区县医务工会中的 68 家企业职工医院、民营医院、社区医院，共 146 家卫生机构的工会为调查对象，填写《工会基本情况调查问卷》；同时在每家卫生单位中采用随机抽样方式，抽取工会干部 5 名、医务职工 5 名，分别发放相应的调查问卷。

（二）调查工具与内容

本研究通过文献评阅、医务人员访谈和专家咨询等方法，自行编制三份调查问卷。《工会基本情况调查问卷》涵盖了工会组织设置、人员配备、经费使用等基本情况；《干部队伍情况调查问卷》分为“干部填写”及“职工填写”两卷，内容涵盖了医务人员的个人基本信息、对工会工作情况的全方位评价等。本次调查共发放问卷1 606份，回收问卷1 487份，其中有效问卷1 475份，有效率达91.8%。

（三）统计学方法

所有调查问卷使用EpiData 3.1软件对数据进行录入并建立数据库，并使用Microsoft Excel 2013进行了描述性统计分析。

三、研究结果

（一）工会干部队伍和工会工作情况

1. 干部队伍基本情况

在工会干部队伍年龄基本情况中，41～50岁占比居多，为39.94%。男女比例约为1∶2.6，本科学历占比最高为69.46%，博士学历最少，为2.13%。

2. 工会工作现状

（1）工会工作中最应重视的方面。调查显示，工会干部和医务职工均认为工会工作最应重视的是维护职工合法权益，比例高达53.36%和57.95%；相比而言文体活动与民主权利为次要。

（2）职工是否支持工会工作。50.41%的工会干部认为职工比较支持工会工作，43.9%的工会干部认为职工非常支持工会工作，5.20%的工会干部认为职工一般支持工会工作，0.49%的工会干部认为职工不太支持工会工作；而高达74.25%的医务职工认为其非常支持工会工作，22.45%的医务职工认为其比较支持工会工作，认为其一般支持、不太支持、非常不支持工会工作的占比分别为2.98%、0.16%、0.16%。

（3）2014年度工会工作状况。认为2014年度工会工作做到“密切联系职工，工作有活力”的工会干部和医务职工比例较高，为54.55%和53.07%；认为做到“工作努力，关心职工”的工会干部和医务职工比例为39.45%和37.48%；

认为“工作一般”的工会干部和医务职工比例为 1.79%和 3.94%；认为“仍需适应形势发展”的工会干部和医务职工比例为 4.22%和 5.51%。

3. 职工对工会工作的满意情况

通过调查，职工对 2014 年度工会工作非常满意的占 33.80%，比较满意的占 59.10%，工会干部对 2014 年度工会工作非常满意的比例为 42.37%，比较满意的比例为 49.35%。工会干部与医务职工认为职工最满意工会在关爱职工、帮困助困方面的工作，其次医务职工最满意文体活动与社会公益方面的工作，而干部自评则认为职工更满意民主管理、院务公开方面的工作。58.16%职工对工会干部非常满意，干部自评中 54.55%的工会干部认为职工对工会干部比较满意。职工认为最不满意的是“工会工作力度不够”，其次不满意的是“职工诉求不能及时解决”。

4. “四化”现象

行政化现象：调查显示，30.16%的工会干部和 26.56%的医务职工认为工会工作中存在行政化现象，认为“工会组织机构运行越来越像党政部门”的比例最高，达到 34.57%和 43.20%，认为工作内容同行政部门重合的比例次之，为 29.26%和 23.94%。机关化现象：高达 43.90%的职工认为“工会组织存在机关单位的官衙作风”；40.24%的职工认为“工会组织存在神秘化倾向，缺乏公开化、透明化”，远高于工会干部自评的 23.94%。贵族化现象：在工会工作存在贵族化现象的调查对象中，认为“工会组织的干部人选多为行政干部，普通群众代表难以进入”比例最高，达到 68.97%和 67.50%。娱乐化现象：40.38%的工会干部认为“工会组织开展工作过分依赖娱乐活动”，35.09%的职工认为“工会组织的娱乐活动形式主义突出，重表面、撑场面，实则表面文章”。高达 67.77%的工会干部和 67.44%职工认为工会组织以上“四化”问题最严重的是行政化问题，相较而言最轻微的是贵族化问题。

5. 工会影响力现状

边缘化问题：调查显示，36.31%的工会干部及 27.58%的医务职工认为“工会组织目前过于边缘化，不受领导与职工的重视”。兼职过多导致力量弱化问题：41.86%的工会干部认为“目前工会组织存在工会干部兼职过多导致力量弱化的问题”。动员力、号召力、影响力现状：认为工会组织的动员力、号召力、影响力较好的工会干部和职工各占 83.69%和 82.78%，但仍有 17.22%的职工认为工会组织的动员力、号召力、影响力处于比较差的状态。

6. 工会组织活动方面

（1）职工对工会组织活动所持态度。数据显示，49.67%的工会干部认为“职工参与工会活动主要是根据内容和时间安排决定”，而59.62%的医务职工认为“职工对于工会所组织的活动是积极参加的”。

（2）工会组织活动目前存在的主要问题。调查显示，36.01%的干部和36.84%的职工认为“工会组织活动存在的主要问题是活动开展的广度和深度不够，仍需多方利用有利资源”；其次是“工会开展活动的针对性和创新性不足，缺少新意”。

7. 工会工作创新性

关于工会工作应怎样体现出创新性，工会干部和职工中认为工会应“创新工作思维、工作方式方法”的比例较高，为56.03%和54.68%，其次为“通过新媒体、网络化等新兴手段创新工作”。

（二）工会组织建设基本情况

调查显示，调查对象均是按照《工会法》规定设立独立的工会组织，均是按规定程序选举产生。

1. 工会是否下设部门工会或工会小组

60%的直属基层单位部门工会及工会小组均有设置，而区县医务工会多仅设置工会小组；但仍有4.44%及4.08%的工会未曾下设部门工会或工会小组。

2. 工会主席、副主席专兼职及待遇

（1）工会主席专兼职问题。直属基层单位和区县医务工会均有88.89%及75.11%的工会主席为兼职，直属基层单位兼职工会主席中有89.47%的职级为单位副职，职务多为兼职党委副书记，而区县医务工会兼职工会主席仅有37.5%职级为单位副职，高达56.25%的职级为中层正职。

（2）工会主席为兼职，工会副主席专兼职问题。在工会主席兼职的情况下，有55.81%的直属单位设置专职副主席，职级为中层正职，其余均由其他科室主任兼职工会副主席，职级也为中层正职。区县医务工会设置专职副主席比例仅有16.67%，高达83.33%的区县医务工会既无专职工会主席也无专职工会副主席。

（3）工会主席待遇。在工会主席是否享受单位同级副职待遇方面，直属基层单位中有82.22%的比例达到规定要求，而区县医务工会仅有75.51%达到要求。

3. 工会干部设置

(1) 工会办公室是否设有专职工会干部。63.64%的直属基层单位设置了专职工会干部,平均为专职1.96人,若仅设置兼职,平均兼职人数为2.26人。仅有24.49%的区县医务工会设有专职工会干部,平均为专职1.55人,高达75.51%的比例仅设置兼职工会干部,平均兼职人数为2人。

(2) 工会财务人员。调查对象的全部工会财务人员均具备执业资格,其中专职工会财务的比例较小,兼职比例较高,达82.22%和91.84%,且均在财务科兼职。

(3) 工会经审人员。工会经审人员专职比例较小,兼职比例高达88.89%和91.84%,其中直属基层工会有32.25%是在监察审计处兼职,区县医务工会则有88.24%仍然是在财务科兼职。工会经审人员中直属基层单位工会和区县医务工会分别有91.11%和95.92%是按"三同时原则"的规定程序选举产生,仍有8.89%和4.08%是由工会委员会聘任产生。同时有11.11%和12.24%的工会经审人员不符合"具备专业资格的人员比例不得低于三分之二"的规定。

4. 工会办公场所

直属基层单位有独立办公场所比例较高,为53.33%,其平均面积为28.88平方米,非独立的多是与党群办公室、退管会合用办公场所;区县医务工会仅48.98%办公场所独立,平均面积为21.53平方米,非独立的多是与院长办公室、综合办公室合用。

5. 工会经费

(1) 工会账户。在工会账户是否独立方面,直属基层工会全部建立独立的工会账户,而仍有4.08%的区县医务工会是由行政代管工会经费。工会经费的使用上调查对象全部执行了"工会主席一支笔"审批程序。

(2) 工会经费使用比例。工会"三项经费"用于职工活动的经费支出所占比例最大,平均为46.64%级56.23%。

(3) 职代会经费支出。职代会经费支出仅有68.18%的直属基层工会和73.47%的区县医务工会做到了由"行政支出",仍有较大比例是由"工会经费支出"或"工会和行政分担"。

6. 培训学习活动

平均有77.78%的直属基层工会和77.55%的区县医务工会每年组织工会干部进行培训学习1~2次,组织3次及3次以上以及不组织的比例较小。

7. 职工活动场所

99.89%与83.67%的直属及区县医务工会设立了职工活动场所，场所平均面积为209.12平方米及156.06平方米。

8. 工会会员代表大会

直属基层工会和区县医务工会召开会员代表大会频次分别为1.71次/年及1.02次/年，但有12.24%的区县医务工会并没有按照要求每年召开会员代表大会。

9. 院务公开工作及工会工作满意度

调查显示，所有基层工会均开展了以职代会为基本形式的院务公开民主管理工作。但直属基层工会院务公开满意度明显较低，仅为93.80%。在工会工作满意度方面，直属基层工会和区县医务工会2014年度工会主席满意度分别为97.10%和97.46%，工会工作满意度分别为97.79%和97.63%，差距较小。

四、讨论与分析

(一) 改革干部管理体制，增强干部队伍专业化水平

1. 优化年龄结构

工会干部队伍存在年龄结构老化的现象，需优化年龄结构，加强对年轻干部的培养，选拔任用素质高、作风正，有创新精神，热爱工会工作的年轻干部。

2. 改革工会干部管理体制和组织管理体系

从根本上建立健全队伍建设的各项工作机制需改革专职干部培养选拔方式，探索实行遴选制，完善充满活力的干部竞争机制。同时通过动态的、有效的满意度收集等方式，建立起一套科学的充分尊重和体现民意的考核、评价机制，以及有效调动和发挥广大干部工作积极性的激励机制。

3. 完善培训和学习制度，提高专业化水平

调查对象中，多数工会组织每年仅组织培训学习1～2次。应适当增加培训学习的机会和次数，有针对性地组织好工会理论与实践的业务培训，同时提高培训质量，探索定期进行业务考试，并将考试成绩作为干部考核的重要内容，提高工会干部专业化水平，优化干部队伍素质。

（二）完善工会组织建设，夯实基层人员配置

区县医务工会兼职工会主席仅有37.5%职级为单位副职，高达83.33%既无专职工会主席也无专职工会副主席，远未达到“基层工会主席应按同级党政副职级配备，副主席按中层正职级配备”的要求。同时尚有17.78%和24.49%的工会主席没有享受单位同级副职待遇。且仅有63.64%的直属基层单位和24.49%的区县医务工会设置了专职工会干部。《上海市工会条例》规定：“企业、事业单位有职工二百人以上的，应当配备必要的专职工会工作人员。”如今上海群团改革全面启动，推进工会组织的“扁平化”改革，更应合理确定基层工会编制，夯实基层工会组织。

（三）解决机关化、行政化、贵族化、娱乐化等问题，保持和增强工会组织的政治性、先进性、群众性

新时期工会组织首先要防止机构设置、工作方式、人员录用、干部管理等趋于行政化；二要防止出现机关单位的官衙作风及神秘化倾向，做到公开化、透明化，并避免出现专权化现象，脱离群众；三是要在代表群众、服务群众的问题上把握清晰，避免出现嫌贫爱富的现象；四是防止工会工作过分依赖娱乐活动，避免形式主义突出，重表面，撑场面，娱乐无教，工作做不到群众心坎里，满足不了群众多样化的实际需求等问题。

（四）完善民主管理体制，实现公开化透明化

调查显示，24.07%的干部自认为职工最满意工会在民主管理、院务公开方面的工作，而职工比例仅占19.16%；在2014年度工会满意度测评中，区县院务公开满意度较低，仅为93.80%。工会应建立和完善以职工代表大会为基本形式的民主管理、院务公开制度，组织职工参与改革和管理，增强职工代表的广泛性和代表性，推进医务工会的民主建设。

（五）维护职工权益，加强工作力度，及时解决职工诉求

工会干部和医务职工均认为工会工作最应重视的是维护职工合法权益，比例高达53.36%和57.95%，而高达32.68%的医务职工认为最不满意的是工会工作力度不够，其次是职工诉求不能及时解决。工会工作仍需坚持群众路线，紧密联系实际，加大工作力度，及时解决职工诉求，有针对性解决问题，夯实群众基础,同时增强工会组织的动员力、号召力,影响力。

(六) 增强创新意识,健全“群众化、社会化、网络化”工作运行机制

1. 创新工作思维、工作方式方法

要开创工会工作新局面,工会干部必须根据不断发展变化的工作实际,善于运用创造性思维,发扬理论联系实际的优良学风,增强突破前人、提出新见解的能力和提高认识、掌握客观规律的能力以及提高理论创新、工作创新、制度创新的能力。

2. 通过新媒体、网络化等新兴手段创新工作

建立工会网站、多方位微信平台、手机 APP,实现网上办公、信息发布、资源随时随地共享,并通过新媒体推行会务公开,实现信息透明化,健全“群众化、社会化、网络化”工作运行机制。

3. 坚持实干创新,开展创新性、多样化的活动

面对新形势,工会组织应坚持实干创新,开展创新性、多样化的活动,全面调动职工群众积极性。

(七) 完善工会经费使用比例,加大基层经费保障力度

调查显示,仍有 4.08%的区县医务工会是由行政代管工会经费;职代会经费支出仅有 68.18%的直属基层工会和 73.47%的区县医务工会做到了由“行政支出”,仍有较大比例是有“工会经费支出”或“工会和行政分担”。工会应加强工会经费的规范化管理,进一步完善工会经费使用比例。

(本文获第十九届年会征文一等奖)

新医改形势下医院党组织加强群众工作有效性的研究

蒋 勇 吕雯倩 薛岑迪 颜航群 龚 晓 吴 昱

（上海市第一人民医院）

党的十八大报告强调，要“围绕保持党的先进性和纯洁性，在全党深入开展以为民务实清廉为主要内容的党的群众路线教育实践活动，着力解决人民群众反映强烈的突出问题，提高做好新形势下群众工作的能力”，要以服务群众、做群众工作为主要任务，加强基层服务型党组织建设。如何按照党的十八大的部署和要求，有效加强党的群众工作，切实提高群众工作有效性，是摆在党组织面前的一个迫切而现实的问题，也是新时期基层党组织面临的新挑战。

多年来，各医院党组织在群众工作中，已经创造和积累了许多行之有效的群众工作经验和好的做法。为此，课题组对全市若干医院（包括综合性医院、二级医院、社区医院）党组织在群众工作中创造和积累的实践成果与经验进行总结、分析、提炼、完善与创新，以形成党的群众工作可推广和借鉴的有效机制。

一、研究背景

随着国家新医改政策的日益推进，医院工作量逐年增加，医患关系矛盾日益突出，职工群众工作压力越来越大，在职工群众的身心健康和职工情绪疏导、职工利益分配激励机制、职工群众的社会主义核心价值观教育以及职工群众对新医改政策的观望态度等问题上，亟须要有新的思路、渠道、方法和机制。

二、调查对象和方法

调研采取整群分层随机抽样方法，在全市 20 家医疗机构（社区卫生中心 2 家、二级医院 4 家、三级医院 14 家）的临床工作人员中抽样 1 100 人，发放问卷进行调查研究。其中，男性 330 人，占总人数 30. 51%，女性 726 人，占总人数

60.49%；年龄小于30岁者300人，占总人数的28.4%，31岁至40岁者324人，占总人数的30.68%，41至50岁者283人，占总人数的26.8%，大于50岁者149人，占总人数的14.11%。

本次调研通过中国万方数据库、维普数据库和中国期刊网，搜集并分析相关文献，为课题的研究提供参考。同时，在全市三级医院召开了院级层面党政工团妇负责人座谈会13次，参加人数为103人，对医院党的群众工作的现状、思路、渠道、方法和机制开展了专题调研，并征询改进建议。

三、结果和分析

(1) 职工对本单位“群众工作”职能部门的认知度。结果显示：有890人选择了工会，有683人选择了妇委，有673人选择了党办，有629人选择了团委，有543人选择了院办，有542人选择了退管会，有468人选择了宣传处，有386人选择了人事处，有273人选择了护理部，有226人选择了医务处，有252人选择了后保处，有191人选择了纪委监察处，有181人选择了教育处，有136人选择了基建处，有16人选择其他。职工中大部分人对“群众工作”职能部门党、工、青、妇、团、退的认知度高。

(2) 职工对目前医院的党建制度和群众工作制度的认可度。认为医院的党建制度和群众工作制度完善的职工达788人，占75.62%；认为不够完善的职工有125人，占11.25%；不了解的职工有143人，占13.13%。(表1)以上调查结果充分说明，医院建立了一系列较为完善的党建和群众工作制度，党团工妇退等职能部门基本能按照群众的需要开展工作，工作成效也得到了大多数群众的认同。

表1　医院党建制度和群众工作制度认可度

程度	人数	百分比/%
完善	228	21.42
较完善	560	54.20
不完善	125	11.25
不了解	143	13.13
总计	1 056	100

(3) 医院“群众工作”的群众参与度。对职工在群众工作的参与度调查中发现,认为参与度强与较强的占总数的61.5%,不强和不了解的占总数的38.5%。(表2)这可以看出总体参与度仍然处于较低水平。这可能与我们的宣传力度不强、宣传途径单一、宣传形式不够新颖、职工的兴趣与关注度不高以及临床工作繁忙等多种因素有关。

表2 医院“群众工作”的群众参与度

程度	人数	百分比/%
强	164	15.10
较强	481	46.40
不够强	281	26.75
不了解	130	11.75
总计	1 056	100

(4) 对群众工作职责及面临的问题。本次调查,有881位被调查的职工认为群众工作职责是能与群众及时有效地沟通交流,了解群众所思所想,察民情、重民生、找症结、解难题;717人认为群众工作职责是能够富有成效地解决群众切身利益问题;667人认为群众工作职责是能引导群众正确认识党的方针政策,团结带领群众搞好科室建设和本职工作;同时,还有557人认为群众工作职责是能适应新的社会舆论环境,取得群众的信任。这反映了职工迫切需要开展的群众工作内容,而完成这些工作职责的重要途径与手段之一就是深入基层,了解职工的想法与需求,切实解决职工的困难与所遇到的问题。同时在调查中还发现,认为对群众的想法、诉求了解不够的为484人;认为群众工作不够深入临床一线的为464人。群众工作是完成职工迫切需要开展工作的重要途径与手段,反而成为职工认为群众工作的主要不足之处。这说明职工对民生、民情、民愿的高需求与群众工作开展的途径和方法的滞后,存在着较大的差距。

(5) 当前医疗卫生体制改革新形势下职工最关心的个人问题。在调研中,首先有773人选择的是薪金福利问题,其次有357人选择的是工作风险压力,有255人选择的是身体健康问题,占第三位。这与目前医院的工作强度大、工作风险高、医患关系紧张、个人的劳动价值不能得到有效体现等因素有关。

(6) 职工碰到问题时的解决途径与方法。在调研中,有513人选择向党支部、工会、团支部反映,455人选择向职能部门反映,411人选择与身边的同事、朋友议论，195 人选择直接向院领导反映，152 人选择在网络上（QQ 群、微信、微博等）发布。这一调研结果与表 1、表 2 的结果相符合，充分说明党团工妇退等职能部门是职工群众所信赖和依靠的组织。另外，有 532 人认为职工的民主、公平、竞争、权利意识不断增加，有 632 人希望“群众工作”要多途径听取群众意见，切实解决职工需求与困难；有 538 人希望充分发挥党、团、工、妇、退的共同协作，提高团结教育引导群众能力，公正协调各种利益关系。由此可见，深入群众，深入一线，协调好各方面的利益，公正公平地解决好职工所遇到的各种问题，是目前群众工作迫切需要解决的重点与难点。

四、讨论

（一）面临的困难和挑战

一是信任危机，这种危机反映在社会的各个层面，主要表现为政府与民众之间、医院与民众之间缺乏应有的信任；二是利益分配不均，对党如何公正处理利益分配问题提出了挑战。三是工作形式落后单一，对如何创新群众工作方法提出了挑战。在这种情况下，迫切需要党员干部创新工作方法，协调好各方面的利益，公正公平地解决好各种问题和制度漏洞。

新医改形势下医院党组织开展群众路线教育实践活动就是要发挥团结凝聚广大职工的政治优势与组织优势，从关心职工的利益、重视患者的需求两个层面入手，对内认真听取职工的意见建议，及时反映他们的意愿诉求，帮助解决他们的实际困难，正确把握职工实现人生价值的发展要求，引导职工把个人发展与医院发展紧密结合起来，激发主人翁责任感。一要建立公开、民主的社会对话协商机制。二是党员干部要走基层、听民生，实现干群零距离接触。三要充分利用互联网等新兴媒体，开辟网上群众工作，比如利用政务微博、微信等，和群众真诚交流，及时了解群众所思所想所盼，把工作做到群众家里，做到百姓的心坎上。

（二）工作的方法和渠道

（1）了解社情，把握民意。这是做好新时期群众工作的坚实基础。要想做好群众工作，最基本的要求就是要全面了解和准确把握客观真实的社情民意。认真倾听群众呼声，及时准确地掌握最真、最实、最新的民情，把反映民愿民忧作为了解民意的基本点。深入了解群众的所思、所想、所盼、所求，从而增强工作的主动性和针对性，牢牢把握工作的主动权。如实地把握社情民意，必须提高领导干部的素质，切实增强自身道德修养、思想素养、党性修养，锻造勤于学习、善于创造、勇于实践的优秀品质，真正把群众之所想与党委和政府之所做紧密结合起来，这是做好群众工作的基础。

(2) 整合资源，创新机制。这是做好新时期群众工作的关键环节。了解社情民意只是做好群众工作的基础，要使群众工作取得好的成效，最关键的是要建立有效的机制。群众反映的问题往往涉及很多部门，需要协调各部门才能最后得到解决。以往群众反映的一些问题不能得到很好解决，很大程度上是由于行政资源没有得到很好的整合和发挥，没有一个联动互动的平台。只有创新群众工作模式，使群众工作科学化、规范化、制度化，健全和完善民意沟通机制、群众诉求反映机制、矛盾纠纷解决机制等群众工作机制，综合各方面的资源和力量，发挥各方面的效能和作用，构建一个群众工作网络体系，形成群众工作的合力，才能使群众的合理诉求能够在最短时间内得到妥善解决。

(3) 创新机制和途径。群众路线教育是医院新时期改革柔性管理的体现，注重人的情感需求。柔性管理以尊重人的人格独立与个人尊严为前提，强调民主管理、平等待人。

(4) 加强院务公开，落实民主管理。群众路线教育有利于医院柔性管理的实施，一方面要求领导层有民主意识，另一方面通过普法教育、规章制度培训等提高群众维权、参与的意识。注重院务、党务公开，凡是医院重大决策，包括医院改革方案、奖金分配方案、人事聘用等与医院建设发展和广大医务人员切身利益相关的事项要联合决策，程序、过程要向医院全体人员公开，真正做到让他们拥有知情权、审议权、决定权和评议监督权。

(5) 拓宽活动形式，畅通沟通渠道。根据群众的实际需要和生产生活习惯，采取实践中喜闻乐见、灵活多样的宣传形式。比如，充分发挥影视、广播、报刊、网络等媒体在宣传方面的作用，实现宣教全覆盖。注重对先进人物、典型事件的挖掘力度、宣传广度，在党员中选立标杆，在群众中树立典型，实现以先进人物引导群众，以典型事件教育群众。要在工作之余轻松的氛围中与群众沟通，通过微信、QQ、座谈等方式畅通沟通渠道，以用心的方式做接地气的工作。

(6) 建章立制，形成长效机制。针对目前群众工作干部配置人数较少，面向群众量大的问题，党组织必须有效地将工、青、妇等群众组织整合在一起，依靠群众基础，覆盖全面，工作才可落地。注重加强群众工作部门如工、青、妇等群众组织相关干部的培养，提高工作能力。医院也要做好充分的经费保障和人员配备。

同时建立党员干部联系群众考评机制，对领导干部联系群众、帮扶群众的工作进行量化考核，将群众考核的成绩纳入领导干部考核范围，纳入党风廉政建设责任制和领导干部述职述廉的内容。

（本文获第十八届年会征文二等奖）

上海市医务工会职能变迁研究

柯　婷
（上海市医务工会）

一、研究目的和意义

伴随着改革开放和现代化建设的历史进程，我国市场经济制度不断完善，现代企业制度逐步建立，政府管理模式逐渐转变，经济体制、产业结构、利益格局等都有所调整，劳动关系也日趋复杂多样，职工队伍结构发生了深刻的变化，职工诉求趋于多元化。这些变化给整个社会带来了深层的变化和深远的影响，也给中国的工会组织带来了极大的挑战。构建和谐劳动关系是建设社会主义和谐社会的重要基础，其经济、政治、社会意义重大而深远。当前，虽然我国劳动关系总体和谐稳定，但随着产业化、信息化、城镇化、市场化、国际化的深入发展，在一定范围和特定时段，我国劳动关系领域也出现了一些新情况和新问题，劳动关系矛盾仍呈现出多发、高发的态势。工会作为职工自愿结合的工人阶级的群众组织，作为党联系职工群众的桥梁和纽带，不仅是国家政权重要的社会支柱，也是会员和职工利益的代表，它在社会利益调整、劳动关系协调、职工权益保障等方面都起着至关重要的作用。

产业工会是工会组织的重要组成部分，是同一行业或者性质相近的几个行业，根据需要建立的工会。产业结构造就职工较强的行业性人身依附关系，产业职工成为当前中国工人阶级的主体，中国的工会可以通过产业工会实现工人的利益与意志的整合。同时，产业工会可以最大限度地把职工群众组织起来，有利于加强同一产业内职工的团结和统一领导，它可以代表本行业的职工同政府相应的产业部门协商解决本产业的有关问题，有利于从本产业的性质和特点出发，代表和维护本产业职工的利益，它是完成工会工作各项任务、促进产业发展、加强党的执政能力建设、维护改革发展稳定大局、推动我国改革开放和社会主义现代化建设的重要力量。

工会的职能是工会职责和社会功能的有机统一，是随着工人阶级的历史任务和自身地位的状况和变化而发展变化的。新型劳动关系的确立使更好地协调劳动关系成为工会工作的主要内容。工作内容和对象的变化使工会组织的职能重点发生了新的转移，在新形势下，进一步明确工会组织的定位，加强对工会特别是产业工会的职能研究，充分履行其职能，有效发挥其作用，对和谐劳动关系以及和谐社会的构建具有积极而深远的现实意义。

目前，我国对于工会职能特别是产业工会职能变迁的研究还比较匮乏，我国的工会组织正处于一个研究探讨新的工作机制和运行方式的关键时期，还没有形成一套系统、规范、指导性强的工运理论或者实践办法可供借鉴，遇到新的问题，我们只有在前进的过程中边摸索边解决。故本文以上海市医务工会为例，旨在通过对其职能发展变迁的研究，分析探索新形势下产业工会的定位和职能创新，以便更好地在社会管理和协调劳动关系中发挥积极作用。这对明确今后工会工作的定位和方向、提升工会组织的自身建设等方面均有着重要的理论和实践意义。

二、上海市医务工会的职能变迁

1. 成立初期(1949—1978 年)

上海医务工会是在新中国成立后，在上海文教卫生部门较早成立的一个按照系统组织起来的产业工会，是一个知识分子比较集中的工会。1951 年 5 月，上海医务工会与新药、中药业合并组建为上海医务工作者工会。1953 年新药、中药业划归相关产业工会，医务工会又恢复到管理全市医疗卫生单位工会的领导体制。1959 年，区属医疗卫生单位工会改由市总工会区办事处领导，同时接受市医务工会业务指导，至此，市医务工会直接管辖市级医疗卫生单位。1984 年 12 月，上海医务工作者工会更名为上海市医务工作者工会。1992 年 12 月，改称上海市医务工会。

上海市医务工会成立后，广泛组织和动员全市医务工作者响应党和政府的号召，积极参加新中国成立初期的清点接管、反对美蒋封锁轰炸、镇压反革命、抗美援朝，并在资本主义工商业社会主义改造、恢复发展生产、完成国家发展计划、推进社会主义卫生事业的建设中作出了重要的贡献。1949 年 12 月，配合政府整顿改造私立医院，根据党和政府“发展生产、繁荣经济、公私兼顾、劳资两利”的方针，组织劳资协商会议，增设私立医院工作部作为政府助手，专门研究私立医疗卫生单位在整顿改造中的重大问题，1956 年全市所有私立医院、医学化验所顺利实现全行业改造。1950 年，根据市郊血防委员会的统一部署，动员 1 200 余名医务工作者为人民解放军防治血吸虫病，治愈病员 1.8 万余人。1950 年，上海市医务工会团结全市医务界成立上海市医务工作者抗美援朝委员会，公开发表《致全市医务工作者书》，号召医务工作者参加抗美援朝，配合卫生行政部门先后组织抗美援朝志愿医疗手术队。针对新中国成立初期在一部分职工中的文盲现象，1951 年成立医务工会业余学校委员会，创办 11 所业余学校，共为 5 420 人补习文化和 777 人学习专业技术。1954 年创办医工之家，成为广大医务工作者的文化娱乐活动中心，通过开展各类活动，团结、教育广大医务工作者提高政治、文化和业务技术水平。这个时期的医务工会组织医务职工参与国家、社会和企事业事务的管理，以主人翁的姿态积极开展劳动竞赛，协助党政改善职工生产生活，帮助职工提高文化技术素质，为恢复和发展国民经济、加快社会主义建设作出了重要贡献。

2. 发展时期(1978—2001 年)

党的十一届三中全会和中国工会九大之后，上海市医务工会进入了新的历史发展时期。上海卫生系统的各级工会组织坚持以邓小平理论和党的基本路线为指导，全面履行工会的维护、建设、参与、教育的社会职能。积极推行和完善以职代会制度为基本形式的职工民主参与、民主监督和民主管理制度，经过探索初创、总结推广和规范完善的过程，不断丰富职代会内涵，提高工会参政议政的层次和质量，职代会建会率达 85%。在注重维护医务职工政治权利的同时，还注重维护医务职工的经济利益，从 1989 年起每年都掀起送温暖活动的高潮；1991 年建立工会劳动保护监督委员会，加强职工防暑降温和安全工作督查；建立工会法律顾问处，为职工提供法律服务。在发展社会主义物质文明的同时，上海市卫生系统的各级工会还不断加强社会主义精神文明建设，每年组织职工开展“振兴中华”读书活动，举办医工艺术节、运动会，成立医务职工桥牌、摄影、集邮、书画协会，创办职工俱乐部、图书馆、阅览室和健身房等，陶冶职工思想情操，丰富职工文化生活。上海市医务工会不断拓展工作领域，关心职工生活，履行各项社会职能，为保护和调动广大医务职工的社会主义积极性作出一定贡献。

3. 创新时期(2001 年至今)

多年来，上海市医务工会在结合自身实际，在职工维权和履行各项社会职能方面进行了很多尝试和创新，也取得了一定的成绩。由于上海市医务工会下属基层工会基本都是事业单位工会、国企单位工会、机关工会，职工工资和其他待遇由各级财政统一支付，极少出现侵犯职工权利的问题，在用工和收入保障等方面都做得比较完善，因此，上海市医务工会将自身的定位由福利型工会向维权型工会转变，履职的领域由政治型向经济型转变，工作的方法由刚性向柔性转变，将工作的重点更多放在深化维权职能的内涵和扩大维权职能的外延两方面。大力加强职工代表大会制度建设，深化以职工代表大会为主要内容的民主管理，大力推进院务公开和工会领导的职工满意度测评工作，从更深层次切实维护职工民主权益。在协调劳动关系方面，加强劳动争议调处和推进劳动关系三方协调机制，在原有的信访制度基础上，开设法律咨询室，聘请多名劳动关系方面的资深律师为有需要的医务职工提供法律援助。针对近些年越来越多的医务职工人身伤害事件，积极探索“医务职工人身权利受侵害联动报告援助机制”和法律援助机制等。在保障职工基本生活方面，除常规的帮困送温暖之外，建立医务职工救急济难基金，做好困难职工定期补助，并随着物价水平的提高，不断加大帮困力度，提高对遭受突发性灾害和特困职工的帮困标准。针对当前工作节奏加快，职工工作压力增大的情况，每年深入基层一线，开展专题调研，以2010年为例，开展了涉及医务职工身心状况、执业环境、思想状况和对工会工作认识的万人大调研，并针对调研结果中反映出的医务职工心理压力较大的情况，对基层工会工作者开展心理咨询师培训，帮助职工缓解心理压力，改善工作环境，提高幸福感。同时，搭建科学技术展示平台，实施“星光计划”鼓励职工立足岗位、创新成才。在职工文体活动方面，成立医工合唱团、管乐队、乒乓球队等，开展职工艺术节、运动会，提升职工艺术品位，丰富职工文化生活，为构建和谐劳动关系奠定了基础，在矛盾中寻求平衡，在平衡中寻求合作与协调，在合作与协调中寻求“双赢”。

三、思考与建议

社会主义转型期，我国经济体制和劳动关系都发生了重大的转变，各产业领域的劳动矛盾不断凸显，此时，产业工会的职能研究显得尤为重要。新时期产业工会的职能应进一步强调突出维护职能，特别是在产业工会履行维权职能时面临的现实状况和问题，我们应该更进一步从观念上理清工会与党政的关系，明确工会的定位；增强“以人为本”的管理理念，加强工会服务意识；从制度上明确产业工会的地位，保障工会及工会干部的合法权益；加大源头参与，切实维护职工的合法权益；从技术上建立有效的预警机制；加强工会自身建设等。同时，在具体措施中，探索建立多层次的劳动关系三方（政府、产业工会、企业）协商机制、行业性联动预警应对模式和自下而上的工会干部选用机制等。希望通过对产业工会职能变迁的研究，探索出新时期产业工会更宽阔的发展道路。

（本文获第十六届年会征文二等奖）

新形势下基层工会组织规范化建设思考

池朝霞
（上海市医务工会）

基层工会组织规范化建设是建设学习型、服务型、创新型工会组织的现实要求，也是提升工会整体工作水准的必然选择。当前，在中国特色社会主义工会组织建设的整体格局下，规范化建设成为其必不可少的一个环节。本文拟结合上海市医务工会及直属基层工会组织工作现状，就当前形势下工会组织规范化建设作一思考。

一、当前医务工会工作面临的新形势与新问题

1. 机构合并背景下如何有效发挥行业工会作用

2013 年，上海市卫生局与市人口与计生委合并后，市医务工会直属基层组织增加 3 个，2014 年又有市计生指导所、市妇幼保健中心（筹）工会组织成立，目前共有基层工会组织 60 家。在这 60 家单位中，有事业单位，有国有企业，有医院，也有公共卫生机构，还包括计生部门，有独立工会，也有联合工会。因此，在这种复杂的组织结构下，工会工作存在诸多发展不平衡的问题。需要行业工会更多地有效发挥作用，指导基层统一、规范地开展工作。

2. 医改大背景下如何有效调动医务职工积极性

目前，地方医改已进入深水区，各项医改方案、措施也在陆续出台，医务职工作为医改方案、措施的实施主体，他们对医改的认识、理解决定着积极性发挥的水平和医改的具体落实情况。因此，在当前医改大背景下，在医务职工中能否做好宣传、引导工作，消除医务职工的迷茫、恐慌、抵触等情绪，争取他们的理解和支持，调动医务职工参与投身医改的积极性，对工会组织工作实效提出考验。

3. 人事制度改革背景下如何有效构建和谐劳动人事关系

近年来，上海住院医师规范化培训政策已顺利实施，卫生事业单位岗位设置

也尘埃落定，目前绩效工资改革方案、全科医师培训正陆续展开。作为人事制度改革的重要内容，这一措施本身是对医务职工利益的重新调整，在涉及职工切身利益人事改革措施面前，如何做到稳步推进改革又能有效维护医务职工权益，避免矛盾、冲突的发生，构建和谐的劳动人事关系，实现维权与维稳的统一，是改革成功与否的外部表现。

4. 职工利益诉求多元化背景下如何做到积极回应

卫生单位一般是多类型、多岗种、多用工形式汇集，既有政府全额拨款单位，也有差额拨款单位，职工类别既有医生、护士、医技人员，也有后勤职工，职工身份既有在编人员，也有非编、劳务派遣工。不同类型单位、不同岗位性质、不同职称等级、不同用工形式职工利益诉求也各不相同。在多元化的利益诉求面前，如何有效协调各方利益，实现大家共享改革成果，是改革成功与否的考量标准。

5. 医患关系背景下如何有效维护医务职工权益

随着不断出现的医患关系紧张个案，医务职工人身权益维护备受关注。在当前医患关系没有明显改观的情况下，工会组织作为职工的娘家，该如何从源头上参与，使医务职工免受伤害，是需要不断破解的一道难题。

二、强化工会组织规范化建设，积极应对当前工作形势

在当前工会组织规范化建设中，需按照“建会、建制、建家”的递进式发展工作理念，遵循规范化建设原则，聚焦规范化建设重点，拓展规范化建设内容。

(一) 坚持五项原则，把握规范化建设方向

1. 坚持组织健全

根据“组织起来，切实维权”的工作方针，切实加强基层工会组织建设，行业工会通过下发规范性文件指导基层工会组建和职工入会，做到工会委员会选举制，稳步推进基层工会主席直选，做到基层工会委员会、经审委员会和女工委员会“三会”同时上报和批复，保障基层工会主席职级到位。对新成立的单位要指导及时组建工会，并能使其真正转起来、活起来。

2. 坚持制度完善

通过建立基层工会职工之家评估制度、工会年度考核制度、院务公开制度、职代会制度、规范化制度等，有效履行工会的维护、参与、教育和建设职能，实现民主建会、规范建会。

3. 坚持党群共建

以"党建带动工建、工建服务党建"为原则，党建工建联动、共同促进，将党务规范化建设与工会规范化建设相结合，借助职工之家建设这一载体，使之成为推动工会组织规范化建设的有效平台，同时，也是推动党建的有力抓手。

4. 坚持职工为本

从保障职工的政治、经济、文化、社会权益出发，从职工需要着手，加强软硬件建设，切实维护职工的生存权与发展权，维护职工对单位重大事项的知情权、参与权、表达权和监督权，将工会建设成为职工可以信赖的娘家。

5. 坚持创新发展

结合新的形势，对规范化建设重点、标准、内容进行动态调整。通过建立网上工作平台，创新工作载体。

(二) 聚焦五个重点，形成规范化建设机制

1. 加强基础管理，日常工作规范化

以合格职工之家、先进职工之家创建为基础，建立评估标准，强化工会办公室、宣传教育、组织民管和生活保障工作的规范化建设。2010年底，为规范基层工会工作，上海市医务工会编印了基层工会系列工作手册，下发到直属基层工会、区县医务工会和企业职工医院。系列手册包括工会工作、职代会、院务公开、宣传教育、维权保障等12本，并提供填写菜单目录和电子版本，方便基层规范操作和日常台账的管理。2013年，又开通网上工作平台，使基础工作台账更加快捷有效。

2. 注重行业规范，重点工作有序化

上海市医务工会注重发挥行业工会作用，对职代会、院务公开民主管理等加强行业指导和规范，曾先后下发有关基层职代会、院务公开民主管理方面的规范性文件13个。如2011年，《上海市职工代表大会条例》实施后，及时修订系统职代会规范，下发了《上海市卫生单位职工代表大会工作规范》，对全市卫生单位职代会工作进行行业指导，特别是对涉及职工切身利益事项的方案和人事改革事项，如岗位聘用方案、收益分配办法等明确须职代会通过后方可实施，单位其他改革事项也要经过院务公开等民主渠道后才能实施，确保改革事项的有序操作、民主推进。

3. 加强理论探索，规范建设创新化

在面对医患纠纷增多、职工利益诉求多元等情形下，工会组织需更多的加强

理论研究，找出缓解医患纠纷、满足职工多元利益需求的一把钥匙，在规范化建设方面不断创新。如要发挥行业工会作用，源头上为医患纠纷的缓解和解决找出对策，可借助公安等部门的力量，为医务职工人身避免伤害找到法律渠道，借助社会调解机构的民间团体优势，合理地为医务职工谋得权益。同样，也可借助行业工会作用，为医生、护士等不同医务职工群体的薪酬待遇呼吁制订行业指导线，让医务职工更体面有尊严地工作。

4. 开展考核评估，规范建设长效化

在坚持两年一度的先进职工之家评估之外，从 2011 年起，开展了对直属基层工会的年度考核，在借鉴原有的职工之家评估标准的基础上，将考核内容分为基础部分与重点部分，如创先争优活动开展、《上海市职工代表大会条例》贯彻落实、庆祝建党 90 周年、弘扬劳模精神、科技创新、推进医改、和谐单位创建等作为重点考核内容，考核优秀的单位可以申报两年一次的系统先进职工之家。根据考核评估的情况对基层单位进行适当地奖励。

5. 强化干部配备，能力提升显性化

工会干部的配备和素质能力水平决定了工会工作的水平。目前，卫生计生系统工会干部整体学历层次提升、平均年龄下降。但还存在以下问题：一是干部配备不到位，许多单位工会组织专职干部数和工会主席职级达不到要求；二是工会干部自身管理能力的不足，如对工会本身的理论认知还较为缺乏，工作创新意识不够和激情不够，工作能力和综合素质有待提升等。

因此，要借助各方力量，使工会干部的配备更加合理。一方面，由行业工会定期组织工会干部系列培训班、新任主席实务培训班和工会干部专题培训班。另一方面，要求各基层单位组织工会干部、小组长等培训，提升工会干部综合素养和实际能力。

三、注重工作拓展，深化规范化建设内涵

通过把握当前工会规范化建设的原则和重点工作，有利于工会工作的行业规范性和统一性，在一定程度上可适当缓解工会基础工作发展不平衡的问题。但面对当前的新情况、新形势，需依托职工之家创建工作，拓展以下工作，深化规范化建设内涵。

1. 注重文化建设，引领凝聚职工队伍

通过劳模宣传、义诊等发挥劳模引领作用，弘扬正能量。通过深化职工素质

工程，促进职工发展。通过开展形式多样的职工文体活动，展现职工风采，在活跃职工精神文化生活之余，增强了职工凝聚力。

2. 建设温暖之家，和谐卫生计生环境

通过完善医务职工救急济难基金章程，深化“元旦春节送温暖”“救急济难基金”和“金秋助学”等帮扶品牌项目，加大帮困慰问力度。完善法律援助。调整和完善医务工会法律咨询组织机构和成员，依法维护职工权益。抓实安全生产，通过防暑降温与安全检查，对锅炉房、高温作业现场、食堂、高压灭菌室等场所重点检查，切实给职工一个安全的工作环境。

3. 提升工会活力，强化规范化建设质量

以问题需求为导向，深入一线，倾听诉求，寻求解决实际问题的方法与措施，推动一大批服务职工实事项目的落实，促进工会各项工作的扎实开展。随着近年来的不断推进，基层工会活力进一步显现，工作主动性、创新性明显提升。在一些单位中，也涌现出一批先进工作成果，如瑞金医院、华东医院开办的医院茶室，既是职工休息休闲的场所，也是职工参与医院管理的平台。曙光医院创建的职工素质工程档案，成为医院的文化建设品牌。同济医院每年开展的“家庭日”活动，凝聚了职工队伍，促进了医院的和谐稳定。

当前，在60家基层工会中，开展职工之家创建工作的单位52个，其中，全国模范职工之家单位10个，市模范职工之家19个，市医务工会系统模范职工之家33个，市医务工会系统合格职工之家12个。

经过多年的探索，卫生计生系统工会规范化建设取得了一定的成效，较好地应对了当前的新形势与新问题，整个卫生行业较为和谐稳定。今后我们将加强工作调研、破解工作难题，建立工作机制、保障干部权益，形成工作合力、创新工作手段，全面提升工会工作整体水平，将工会建设成为职工可信赖的娘家，充分调动医务职工积极性，全面推进卫生事业改革与发展。

（本文获第十七届年会征文一等奖）

新形势下医院工会服务职工体系建设创新发展研究

黄　敏　张　浩　乔　蓉　何　园　徐　艳　尹晶娴　柯　婷
（上海市儿童医院　上海市医务工会）

医院工会作为基层工会的重要组成部分，必须紧紧围绕医院改革发展工作大局和中心任务强化服务意识，以服务全体医院职工为宗旨，整合资源，创新管理理念和服务模式，构建适合医院发展和职工需求的工会服务职工体系，深化内涵建设，致力于改善医务人员工作环境，提升医务人员职业素质和技能，激发医务职工的工作热情，以求为医院乃至整个上海卫生计生事业改革发展做出积极贡献。

一、研究背景

1. 新形势下基层工会工作任重道远

医疗卫生系统内外部环境的变化使医院工会工作面临着新的挑战，医院工会工作任重道远。因此，医院工会组织在医院要有所作为，必须完善服务职工体系建设，把医院的发展和自身建设紧紧结合在一起，把握医院工会在党政工作大局中的定位，积极动员职工参与医院改革和发展，真正体现医院工会在推动医院发展和维护职工权益中的价值。

2. 医院工会工作与形势任务要求存在矛盾

医疗卫生服务是一项具有高技术内涵的服务，提供服务的医务群体具有“三高”（高学历、高职称、高收入）特点，他们整体的技术技能素质较高，也更加注重自身的发展权、参与权和尊重感。然而，目前医院工会工作与形势任务的要求和医务职工诉求仍有较大差距，工会组建工作与医院快速发展、组织形式多样化之间的矛盾，医院工会会员发展和管理与职工队伍迅速壮大、内部结构改变之间的矛盾，工会组织体制、运行机制与工作创新发展的迫切需要之间的矛盾，工会活动的内容方式与职工群众多样化的需求之间的矛盾以及工会干部队伍建设与工作职责和工作任务之间的矛盾日益凸显。根据本次针对8家三甲医院的问卷调查显示：医院规模扩大，两院区运行模式成为主流，然而，医院工会工作人员与医院总职工的服务比仅为0.132%。医疗卫生机构用工形式以及医务人员构成比例也发生重要变化，劳动关系的主体及其利益诉求越来越多元化。目前，医院在编职工占总职工人数的77.34%，劳务派遣人员占总职工人数的16.67%，医院女职工占总职工人数的67.48%，35岁及以下青年职工占总职工人数的51.06%。在新形势下，医院工会必须牢牢把握服务职工体系建设的核心，以履行医院工会基本职责为重点，围绕医务职工合理利益诉求，结合医务职工特点开展特色项目，在创新服务渠道、服务项目载体、整合资源以及推进医务职工创新成果转化等方面寻求新的突破和发展。

二、医院工会服务职工体系建设创新发展研究基本架构

课题组在前期调查问卷分析研究基础上，结合专家访谈意见，构建了医院工会服务职工体系建设的基本架构，该体系以医院及医院工会为中心，坚持开放服务理念，利用“互联网+”的信息技术优势，向外延伸获取其他医疗机构和市级医务工会的项目支持与合作，形成医务系统信息共享服务平台和医院工会联盟，同时注重与卫生系统外的社会组织合作，形成服务医务职工合力；向内扩展强化组织内部组织网络建设，形成横向到边纵向到底的神经组织网络，医务职工是该网络的“末梢终端”，打破信息传递壁垒，消除“最后一公里”难题。强化工会组织制度建设，坚持制度思维，依法依规维权办事，同时注重工会资源整合，医院内部注重党政工团间的紧密合作，医院外部注重项目资源的共通共享，优化资源配置结构和效率，提高工会组织绩效。工会要贯彻项目管理理念，以医院工会职责为核心，形成系统化、科学化的工会服务职工项目管理体系，注重活动过程的持续跟踪和活动效果评价，避免“虎头蛇尾”，提高工会服务项目的有效性。（图1）

三、医院工会服务职工体系建设创新发展路径

1. 完善工会组织体系建设，做好工会工作顶层设计

医院工会要完善组织体系建设，严格按照基层工会组织建设要求，建立健全各项委员会建设，明确各委员会的角色定位和功能职责，发挥其在工会组织中的支撑引领作用，强化组织间的合作与交流，推进医院工会与上级医务工会和其他

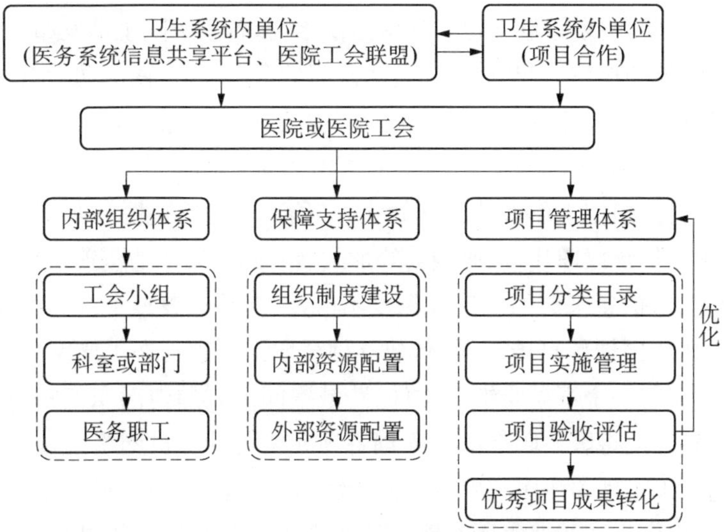

图 1　医院工会服务职工体系建设的基本架构

单位及其工会组织间的联系和沟通,形成合作共赢的局面。医院工会应充分把握时代脉络,按照上级工会组织对基层工会建设的目标和要求,结合卫生计生系统政策环境以及医院具体工作实际,以创新的精神、勤奋的态度、务实的作风,从顶层设计的高度出发,把服务职工群众融入到医院管理中,着眼长远,形成机制,努力把基层工会建设成为职工群众信赖的"职工之家",把工会干部锤炼成听党话、跟党走,职工群众信赖的"娘家人"。医院工会要在理论层面坚持问题导向,善于总结提升归纳,研究出台具有全局性的指导开展工作的意见和办法,在操作层面要充分发挥医院工会应有的作用,把做好新形势下职工群众工作、调动职工群众积极性和创造性作为中心任务,把巩固党执政的阶级基础和群众基础作为政治责任,竭诚为职工群众服务,切实维护职工群众权益,不断焕发工会组织的生机活力。

2. 依托"互联网+"平台,推进工会工作创新发展

当今时代是以信息技术为核心的互联网时代,借助互联网更好地服务群众,已经成为适应形势发展、创新工会工作的当务之急。医院工会应认清形势,创造性应用"互联网+"理念,持续推进工会工作网格化的做法,切实增强推进"互联网+"服务职工体系建设的责任感和紧迫感。从医务工会层面,依托"互联网+"的平台,构建医务系统信息共享平台,在医疗互助、职工维权、项目资源等方面实现信息共享,医务职工以会员的身份参与其中,在就医、维权、活动参与等方面享

有优先权和自主选择权。在医疗卫生系统方面，依托微信平台，各家医院自愿结成医院工会联盟，目前该联盟已有7家医院参与，各家医院主动发布近期活动信息，邀请有兴趣的单位一起参与，通过医院间的资源整合，使活动的效益最大化，同时总结推广各医院建设职工服务平台成功做法，让兄弟医院共享实践成果。

3. 畅通民情信息传递通道，保障职工民主参与权益

医院工会要想把工作做精做细做实，必须建立以反映医务职工意愿为核心的民情通道。传统以职代会、座谈会等形式展开的调研活动覆盖面较窄，同时因为时域的限制，信息来源的广度和深度不够，不能够代表整个医务群体的心声。因此，必须拓展民情信息传递渠道，建立健全职工思想动态工作网络，依托医院内部网络建立起一个不需要纸质文件、跨域空间限制的内部职工网络论坛和网上职代会，较好地将医务职工民主管理各项元素与计算机网络的现代技术有机结合，促进职工主动关注医院发展动向，及时有效地参与到医院改革、发展、决策的各个环节中去。同时搜集所有医务职工在工作与生活中的思想动态，做好网络舆情收集研判，通过网上知情、参与、审议和表决等方式的探索，增加医务人员参与民主管理的热情，使得员工为医院民主管理献计献策。

4. 以工会职责为中心，构建工会项目化管理体系

在医院工会工作中实施项目化的管理，可以使医院工会工作更加系统化、科学化。本研究中紧紧围绕医院工会基本职责，结合新形势下医务职工的个性化、多样化的服务需求，将医院工会工作分成帮扶援助、民主文化建设、职工素质培育和权益维护四个项目类别，每个类别根据服务对象亚群体的需求特点，安排差异化、订单式的项目服务内容，医务职工根据自己的工作安排及喜好选择适合自己参与和需要的项目，医院工会根据遴选结果统筹配置项目资源，按照项目的预算和进度安排逐一开展，这种方式既提高项目的有效性，同时也提高医务职工参与项目的积极性，提高工会服务职工的覆盖面。在项目结束之后，邀请项目参与人员对项目安排进行综合评价，提出持续改进的意见和建议，为进一步完善项目管理体系提供资料。同时，在项目活动中产生的优秀项目成果进行成果应用转化，让理论与实践紧密结合，不断推动项目创新发展。

5. 加大工会资源整合力度，推进工会开放式服务

医院工会应坚持开放式服务，主动争取多方资源，充分利用本系统医院、事业单位和资源优势以及系统外单位多样化的资源载体，主动争取社会资源，实现资源整合，为更好地开展工会工作创造良好的环境。目前比较时尚的健康走运动在医院和区团委陆续开展，医院工会联盟中的几家医院探索能够合作开展，并

邀请专业健康团队指导，既提高活动的质量和效率，又降低医院工会的组织成本。新华医院通过建立医院微信群，积极争取社会资源与崇明生态蔬菜园合作，开展微信点菜服务，每周为职工运送最新鲜的蔬菜，真正将实惠与服务送到每一位医务职工。上海市儿童医院通过与上海市育儿职业技能培训中心合作，为医院青年职工提供母婴保健的培训平台，并以优惠的价格参与学习，既提升其专业技能又改善职工家庭生活。

6. 提升素质激发创新能力，健全创新成果转化机制

全面提升医务职工素质是当前医院的一项复杂的系统工程，医院工会应正确看待职工素质方面存在的问题和原因，以提升医务职工职业精神和职业技能为目标，构建医务职工素质培育体系，通过教育引导、岗位实践、先进典型和劳模示范等措施增加医务职工的职业忠诚度和自豪感。同时通过管理创新，加大体制机制创新力度，发掘内部潜力，强化制订多项政策措施激励自主创新和成果转化，让创新成果能够在系统内得到推广应用。

（本文获第十九届年会征文一等奖）

社会工作视角下医院工会工作有效性提升的研究

刘友军　吕雯倩　冯　皓　蒋　勇　杨新潮
（上海市第一人民医院）

一、研究背景和意义

1. 社会工作与工会工作的关系

社会工作遵循专业伦理规范，坚持“助人自助”的宗旨，帮助有需要的个人、家庭、群体、组织和社区，整合社会资源，协调社会关系，预防和解决社会问题，恢复和发展社会功能。作为新兴的学科、专业和职业，社会工作（以下简称“社工”）与工会工作虽然在基本概念、内涵、性质等方面存在差异，但两者在服务对象、实践目的、工作内容和方法等方面具有相似性和契合度，为两者的结合发展创造了有利条件和基础。

2. 社工视角下工会工作的发展机遇

近年来我国工会组织逐步尝试引进社工专业服务，其公平正义的价值理念以及适用于不同层次的工作方法和技巧，在增强工会与职工联系、解决职工问题、促进职工发展、构建和谐劳动关系、提升工会凝聚力、加强工会活力等方面发挥了积极作用。在当前工会工作改革创新的背景下，社工视角可为工会工作进一步发展注入活力。

2012 年 4 月，中共中央组织部、民政部、全国总工会等 19 个部门联合发布《社会工作专业人才队伍建设中长期规划（2011—2020 年）》，提出要发展职工服务等领域的社工专业人才，工会系统内的社工人才队伍建设具有重要意义，社工视角下的工会工作发展处于重要的机遇期。

3. 医院工会工作的问题与挑战

新时期新形势下医院工会工作面临诸多问题与挑战。第一，传统行政化的工作模式不适应新形势下工作的方向，影响职工的参与度、互动性与时效性。第二，职工在工作、学习和生活中面临日趋复杂的局面，影响其心理健康水平，易引发多层面的人际冲突，同时造成恋爱、婚姻、家庭、子女教育等方面的问题，当前的工会工作对职工面临的新问题缺乏有效的解决途径。第三，在社会经济发展与个人价值实现的双重背景下，职工对于医院及工会工作提出了更高的要求，不同背景、层次、岗位、年龄阶段的职工需求产生了差异，增加了工会工作的难度。

4. 社工视角对于医院工会工作的意义

第一，社工视角有助于促进医院工会工作的专业化发展。社工在发展过程中形成了一系列专业方法，有助于促进工会工作的具体化和可操作化。此外，社工的资料搜集、问题诊断、工作计划与效果评估等程序为工会工作提供了清晰的路径和程序。

第二，社工视角有助于增强医院工会工作的认可度与满意度。社工立足个体的需要，重视准确调查、评估和界定服务的需要，提供精准的服务与干预。医院工会工作运用社工的方法，可提高自身对于职工需求的把握与认识，更具针对性及实效性地开展工会工作，增强工会工作的认可度与满意度。

第三，社工视角有助于提升医院工会工作的活力与凝聚力。社工坚持“服务为本”的理念，医院工会引入社工的方法和理念，可凸显自身工作的服务性，丰富工作的内涵与内容，为职工提供更全面、细致、周到的关怀与照顾，增强自身的活力和凝聚力。

本研究旨在调查S市医院工会系统内专职及兼职工会干部对于社工的认知与运用情况，研究当前工会工作中对于职工需求及工作效果的评估手段与方法，总结医院工会系统内引入并发展社工的经验，提出两者结合发展的有效途径与方法，提升新时期新形势下医院工会工作的有效性。

二、研究结果

本研究以S市医院工会系统内专职及兼职工会干部为主要研究对象。通过多阶段随机抽样方法，共选取300名工会干部，发放调查问卷300份，回收问卷287份，回收率95.67%；有效问卷268份计入统计分析，有效率89.33%。

本研究主要采用问卷调研法，调查问卷主要涉及研究对象的基本情况、对社工的认识、工会工作现状、社工培训及专业人才需求等方面。问题类型包括单选题、复选题和量表题。

(一) 基本情况

此次调查中男性71人,女性197人,男女性别比约为1∶3;年龄集中于40～49岁(占比39.9%)和30～39岁(占比36.6%)两个阶段;大多数被调查者工会工作经验丰富,其中从事工会工作3～5年的有89人(占比33.2%),6～10年的有66人(占比24.6%),10年以上的有56人(占比20.8%);被调查者中兼职干部有237人(占比88.4%);拥有社工相关职称的被调查者仅有4名(占比1.5%),但多数具有其他专业初级职称(77人)和中级职称(139人)。

(二) 对社工认识情况

1. 对社工有基本认识,但认识程度有待提升

近三分之二的被调查者认为自己对社工"部分了解"(150人)和"了解全面"(22人),过半数的被调查者了解自身所在医院社工部门的设置情况,这说明当前医院工会干部对社工有一定程度的了解。但是,仍有近三分之一的被调查者对社工仅"听说过"甚至"没听说过",45%的被调查者(121人)"不清楚"医院社工部门的设置情况,近四成左右的被调查者表示"不清楚"社工和工会的关系,表明工会干部对于社工的认识有待加强。

2. 工会和社工结合发展有良好基础,但现实合作不足

当前医院机构的部门设置,为工会和社工的结合发展客观上创造了有利条件。社工部门或独立设置,或隶属于党办、宣传/精神文明处、群众工作处等部门,过半数被调查者对此情况有清楚认识。在"清楚"社工与工会关系的被调查者中,近七成工会干部认为两者"相似"(108人)甚至"完全相同"(10人);此外,超过九成的被调查者(246人)认为运用社工的理论和方法对于工会职能发挥"有影响"。由此可见,当前工会干部中,对于工会工作引入社工有一定的认识基础,两者结合发展主观上存在条件。但是,当前实践中工会工作与社工缺乏合作。仅不到一成的被调查者(26人)表示在自身工作中与社工有过合作,合作工作主要集中于职工减压、亲子活动、暑托班等项目。

(三) 医院工会工作的现状

1. 重视职工需求,但行政化倾向仍相对明显

在工作导向方面,"落实工作要求"和"满足职工需求"是当前工作的主要导向,其均值高于其他两项描述;其中相比"满足职工需求"(均值4.21)而言,又以

"落实工作要求"(均值 4.31)为导向更为突出,近 60%的被调查者(154 人)认为工作更倾向于"落实工作要求"。此外,在评估工作效果方面,"征询职工个人意见"(均值 3.96)和"上级部门考核"(均值 3.89)是当前工作效果评估的主要途径与方法,但"上级部门考核"和"遵循领导意见"对于工作成效评价仍存在重要影响。

2. 职工需求的自主表达与评估的客观性有待提升

"主动询问职工个人"(均值 3.98)和"组织座谈会"(均值 3.89)是目前了解职工需要的主要方式方法,"问卷调查"(均值 3.28)则相对较少使用。前两种方法对于把握职工个体化、差异化的需求较为有利,但可能存在的人为干扰及较差的匿名性会影响职工对于自身需求的表达意愿和需求评估的客观性。另外在评估职工需求时,"职工主动诉求"(均值 3.45)相对较少,这从侧面反映了当前职工需求表达的主动性不足。

(四) 社工培训及专业人才需求状况

1. 工会干部需要社工相关培训

78%的被调查者(210 人)认为社工的理论和方法对于自身开展工会工作"有帮助";近八成的被调查者认为"需要"专业培训。在认可"专业培训"作用的被调查者中,近九成认为需要"人际沟通与交流技巧"方面的培训,超过八成需要"专业理论与工作方法"方面的培训,因此应优先安排与此相关的培训。

2. 工会工作需要引进专业人才

近四分之三的被调查者认为"十分需要"或"需要"引进社工专业人才,9%的被调查者认为"不需要"。由此可见,引进专业社工人才的必要性在当前医院工会干部中有一定共识基础。

三、讨论

1. 转变工作思路,激发工会活力

医院工会干部可借鉴社工优势、增能、赋权等理论,重视个人的内在力量和发展潜能,增强个人对于生活掌控的能力,促进目标实现和人际关系与福利的提升。具体而言,应积极发挥职工在建会、办会过程中的主体作用和地位,激发职工的主体意识和内在动力,增强职工的会员意识,规范化、制度化地推动民主对话、民主协商、民主管理、民主监督等工作的开展,凝聚职工共识。

2. 立足群众需要,解决职工问题

医院工会工作应坚持"人本主义"理念,以职工需要为中心,解决实际问题,增强工会工作的实效性和满意度。

医院工会首先应拓宽职工需求的收集渠道,发展新的职工意见和建议反馈的方式方法,增强职工需求表达的自主性。在保证既有机制有效运作的前提下,积极利用网络、新媒体等平台,遵循社工"尊重并保护案主隐私"的原则,提供职工主动表达自身需要的机会。其次,增强深入基层调查研究的力量,借鉴社工资料搜集与需求评估的方法,精准把握职工需要。积极运用调查问卷、科学量表等手段,客观分析职工需要;坚持走访基层、个案访谈、组织焦点小组等,兼顾主客观数据的收集,平衡把握职工的同质化诉求和差异化需要。另外,要坚持常态化、制度化、规范化的职工需求评估,借鉴社工规范的接案评估程序,确立长效运行机制;最后,积极督促落实整改,运用社工计划干预和效果评估的科学方法,将职工的需要落到实地,职工的意见得到实质性的反馈,使职工的满意度得到提升。

3. 优化组织结构,促进协同发展

医院工会应加强同社工的协同合作。在社工已独立建制的医院,工会可联合社工组织活动,为职工服务;在社工尚未独立建制的医院,可进一步优化整体机构设置,整合群团工作相关部门,如工会、妇委、退管会、团委、社工部等多部门成立类似"群众工作处"的组织,共享资源,合力为职工服务,提高工会服务的覆盖面和内容的多样性,提升工作效率与服务水平。

在服务内容方面,医院工会工作和社工结合,可增强工会在构建和谐医患关系、提高职工心理健康水平等方面的作用。医院工会可为医护人员提供沟通技巧培训的平台,提升其沟通水平与能力;评估并建立职工心理健康档案,开展针对性的减压活动,提供身心调整性辅导,并营造良好、积极的工作氛围等。

4. 强化培训教育,引进专业人才

在当前机构设置和人力资源配置条件下,医院工会可积极强化对工会专职及兼职干部的培训,努力提升其对于社工的认识程度。组织方面,积极加强同社工专业协会、高校社工专业院系的联系,邀请社工专业人员和高校社工教学力量为工会干部进行培训。内容方面,应以人际沟通与交流技巧、社工专业理论与方法、专业价值与工作伦理等为主,辅之以需求评估与目标设定、项目设计与执行管理、效果评估与理论研究等内容。专业资质方面,应鼓励工会干部参与社工相关职业水平考试,推动工会干部专业服务水平的提升。

此外，医院工会还应积极引进社工专业人才，在医院工会系统内强化社工专业队伍的建设，努力推动医院工会系统内的社工成为一项正规的职业。同时，加强政策倡导，深入调研医院工会系统社工人才的缺口，制订相应的人才发展计划，进一步推动社工人才队伍建设与发展。

（本文获第二十届年会征文一等奖）

情暖最后一公里

——基层工会的困境与思考

隗　祎

（复旦大学附属中山医院）

一、基层工会组织：贴近广大职工群众的最后一公里

最后一公里（last kilometer），在英美也常被称为最后一英里（last mile），原意指完成长途跋涉的最后一段里程，被引申为完成一件事情的时候最后的而且是关键性的步骤，通常还说明此步骤充满困难。任何政策的贯彻与工作开展，都需深入末端和最终落实，注重实效性与长效性；办任何一件事情，越到最后越要坚持，否则就前功尽弃。只有解决好"最后一公里"问题，才能更加真实地体现优质管理与服务的执行力与实效性。

工会组织是党联系职工群众的桥梁和纽带，是党开展群众工作的重要力量，是广大职工群众合法利益的代表者和维护者。在新的历史时期，随着改革的不断深入，《劳动法》《劳动合同法》及《工会法》的颁布实施，既为工会工作提供了良好的机遇和法律保障，也使工会肩负着更大的社会责任，处在协调社会劳动关系和促进改革发展稳定的特殊位置。如何以党建带工建，以工建服务党建，把广大职工群众团结在党和政府的周围，调动和发挥广大职工投身改革和建设的积极性、创造性，建立稳定、协调的劳动关系，改善民生，提高企业经济效益，促进社会经济发展和社会政治稳定，是各级工会组织要努力实现的目标和方向。而基层工会就是工会组织的基本细胞，基层工会组织就是开展各项工作的承载者和实践者。工会的各项工作任务都要通过工会基层组织来落实，工会的作用最终要通过工会基层组织来体现，会员的意见要求靠基层工会组织反映，工会的各项任务要由基层工会组织发动广大职工去完成，只有基层工会搞好了，工会工作整体水平才能提高。因此基层工会组织是开展各项工会工作的"根"，肩负着工会工作"最后一公里"的重任，各级党政团组织通过基层工会实现与广大职工群众的

“零距离”。

二、基层工会组织的基本职能

《工会法》赋予了工会“参与、维护、建设、教育”四项社会职能，基层工会工作同样也要围绕这四项基本职能，找准定位，发挥好应有的作用。

（一）参与职能

一要实行职工代表大会制度，使单位的方针、政策、发展目标能充分代表广大职工的意愿，并通过职工代表大会，得以充分肯定与完善。二要健全政务公开制度，单位重大决策、单位生产、经营管理方面的主要问题、职工切身利益问题等，都必须公开，使广大职工参与民主决策，行使民主管理与民主监督。三要实施民主评议制度，单位领导干部要接受职代会对其德、能、勤、绩等方面进行全面评议，既要评议领导班子的集体情况，也要评议领导成员个人表现。四要建立职代会制度下的各种专委会：提案专委会、安全生产劳动保护专委会、劳动评审专委会、劳动福利专委会、女工工作委员会、经费审查专委会；同时建立行政与工会联席会议及工会主席信箱，广泛听取职工的意见和建议，在单位与职工之间搭起沟通的桥梁。

（二）维护职能

工会要以贯彻实施《劳动法》为契机和突破口，突出工会的维权职能和社会调节作用：

（1）依法保障职工参加和组织工会的权利，保障工会组织依法独立自主地开展工作，保障工会的合法权益不受侵犯。

（2）帮助和指导职工与单位行政方面平等协商签订劳动合同，代表职工与单位行政方面签订集体合同或其他协议，并监督执行。参与协调劳动关系和调解劳动争议，依法维护职工的工作环境和生活条件，协商解决涉及职工切身利益问题。

（3）必须让职工代表清楚地了解各项工作进展，对单位的重大决策、人事任免、医疗保险、住房以及薪酬改革等事关职工切身利益的信息和政策，保证广大职工重大决策前的知情权、决策中的自主权和决策后的监督权，提高管理的透明度，使广大职工的主人翁地位得到了充分的尊重。

（三）建设职能

一是组织开展合理化建议活动，发动员工围绕企业发展、提质降耗、节能减排、安全卫生等方面献计献策，将群众的智慧和力量凝聚成集体发展的强大动力。二是组织实施员工素质工程，开展“创建学习型班组、争当学习型个人”活动，组织员工围绕本职工作开展“岗位练兵”活动，提高员工的操作水平和岗位技能，更好地适应技术发展对员工的素质要求。

（四）教育职能

（1）充分利用各种宣传阵地，形成崇尚知识的良好风尚，引导职工与时俱进，做新型劳动者。

（2）坚持开展日常“岗位练兵”和“技术练赛”活动，通过“老带新”“结对子”等职工喜闻乐见、自愿参与的形式，寓教于乐，激发广大职工学技术、钻业务的积极性，促进共同提高。

（3）坚持职业道德、法律法规教育，培养职工健康的兴趣爱好，规范职工日常的文明行为，增强职工的法制意识和自我保护意识，促进职工主动变“他律”为积极的“自律”。

（4）建立相对刚性的考核激励机制，对那些学有成效，贡献突出的职工，给予表彰和奖励。

三、卫生系统基层工会工作开展的困境与思考

（一）自身建设亟待提高

医疗卫生行业从业人员特别是一线员工日常工作繁忙，加班加点是常事；而且目前国内医疗环境还不令人满意，医患关系紧张都是不争的事实。尤其是大型医疗机构以及附属医院，除了紧张的临床工作，还承担繁重的科研与教学任务，面临不断提高自身专业技术能力、名目繁多的各种定期与不定期考核以及职称晋升的压力，造成大多数医务人员都倍感身心疲惫。而基层的工会干部几乎全部都是兼职，有的甚至身兼数职，工会工作往往被看成副业，心有余而力不足，没有时间和精力过多地研究和思考工会工作，工会工作经常性成为一块应付差事的牌子，甚至有人认为工作越少越好，省得添乱，导致工会职能被大大削弱，一

批工会骨干和积极分子不断流失，使当前工会干部队伍整体素质不能很好与新形势新任务的要求相适应。

针对这种“忙于事务，疏于学习”的现状，基层工会干部的自身建设亟待提高。加强基层工会干部队伍建设，一方面要求上级工会组织及管理层加大监督管理力度。包括：①做好工会干部的选拔工作。如果一个基层的工会干部职业素质不高，政策理论水平低，工作作风不踏实，在员工中没有威信、威望，就做不了职工的娘家人，反而会影响单位的正常工作秩序，更甚影响企业的和谐发展与运作。②加强监督、考核及培训。及时提醒并督促基层工会干部与时俱进，加强理论学习及提高实际工会工作能力；同时创造机会、搭建平台，提供学习培训交流的机会；采取奖惩制度，树立爱学习风气。

（二）怎样进一步增强基层工会的独立性和代表性

众所周知，工会是一个群众性组织，工会干部既不同于科室行政领导，又不同于党支部领导，该如何独立开展工作，代表广大职工发利益，许多年来一直是个值得探讨也一直正在探讨的问题。工会干部的利益依附于他们的上级和本单位领导，行政领导可以调动工会干部岗位，“我维护职工的利益，谁维护我的利益”，成为一些工会干部难以履行职能的症结所在。这样一来，工会成了企业的附庸。而工会要发挥作用，必须具有独立性，必须独立于企业之外，工会必须是职工自愿结合的群众组织，工会组织只有具有了独立性，才不会成为企业的附庸，才会切实为职工说话，才会切实维护职工权益。同时由于基层工会干部队伍中兼职偏多、人员调整频繁等问题，对工会工作的独立性与连续性都产生较大影响。

因此，基层工会工作者必须懂得工会工作在企业发展中所起到的作用、扮演的角色，正确处理好工会工作与行政党委的关系，把建立共同利益作为强化维护职能的目标。在工作中争取行政对工会工作的理解和支持，在举办的事故应急预案演练、技术比武、员工培训、安全生产活动、院务公开等活动中加强积极配合，对员工关心的热点、难点、焦点问题，工会工作者代表工会组织及时将员工的建议及意见收集归纳，使工会工作同行政工作相互展开，共同促进。提高工会组织在员工群众中的威信，让行政组织看到工会与行政之间是相互合作与支持的关系。

（三）如何平衡职工的具体利益与单位的整体发展

基层工会作为企业党政组织联系职工群众的桥梁和纽带，其协调作用主要体现在两个方面：一是基层工会要经常了解职工群众的意见和诉求，维护职工群众的合法利益；二是企业的工作目标确定以后，基层工会组织要做好教育和引导工作，帮助职工提高认识，共同推动企业发展。但现实却面临许多难题，如不同的职工群体由于所处的地位不同，自身需求不同，对工会工作的要求和希望也不尽相同，对劳动关系的协调要求相应增高，尤其当职工利益与企业总体工作目标有冲突时，作为企业工会有时感到束手无策，处于“不能不协调，又不知如何协调”的两难境地。随着企业分配制度的改革，职工收入差距的不断拉大，过去的“平均主义”和“大锅饭”已被彻底打破，也使工会维权工作难度进一步加大，工会关心和维护弱势群体的具体利益，也只能是参与、协调和帮助；只能救助部分特困职工。维护的难度越来越大，经常出现“不能不维护，又不能多维护”的尴尬局面。

因此工会组织要发挥桥梁纽带作用，在单位与职工之间架起一座连心桥，发挥双向调节功能。既要维护员工的具体利益，也要维护企业的整体利益；论分配，既要强调员工物化劳动在分配中的地位，兼顾公平的原则，也要重视技术、知识、管理、资本等智力劳动在分配中的地位，注重效率优先的原则，支持行政领导合理拉开收入差距，使各种要素在利益分配格局中合理配置。要增强大局意识，不谋全局者，不足谋一域。工会的一切工作都要服从和服务于企业发展大局，从大局中找准方位，扮好角色，发挥特色。当大局发展与个人或少数群体经济利益相冲突时，也要避免行政化粗暴与强制，使之达到有尊严的体面的牺牲。

总之，基层工会组织应当始终树立大局意识、服务中心目标、坚持以人为本的工作思路，把医院的发展和维护职工利益统一起来，当好职工的贴心人，让工会成为员工“有话好说，有事好找，有难好帮，有苦好诉”的娘家，让通往职工心田的最后一公里充满温馨，使工会工作永葆活力。

（本文获第十七届年会征文二等奖）

运用新媒体推进基层工会工作创新发展的调研

顾琦静　顾　斌　吴晓菁　孙玲芬　贾　环
（上海交通大学医学院附属新华医院）

习近平总书记强调做好新形势下党的群团工作必须遵循政治性、先进性和群众性，强调先进性是做好一切工作的根本，更是做好工会等群团工作的前提。中共中央《关于加强和改进党的群团工作的意见》（以下简称《意见》）明确指出，群团组织要提高网上群众工作水平，综合运用维权热线和网络论坛、手机报、微博、微信等新媒体平台进行网上引导和动员。工会组织要善于运用新媒体、新技术，抢占舆论阵地，掌握工作的主动权。

新媒体是一种传播信息的新载体，常见的新媒体主要有QQ群、微信群、微博等社交平台。新媒体的快速发展极大地改变了社会的信息交流模式，其良好的互动功能在信息源和受众之间构建起一座良好的沟通平台。这几年，微信超越微博，成为更加有效的信息传播方式。微信以其免费、即时精准、跨运营商、跨系统平台的信息传播特点，在短短两年多的时间内，已经赢得了3亿多的用户。而微信公众平台在机构用于宣传方面更是具有其他媒体不可比拟的优势，因其用户庞大、操作简单、成本节俭的特点，赢得各界组织的关注，竞相通过微信公众平台开展服务和宣传。

新媒体的快速发展对工会工作也带来了新的机遇，使得工会工作的对象和活动空间得到了拓展，工作形式更为丰富多彩、更有吸引力，提高了工会的工作效率，同时也给工会带来了更加严峻的挑战。工会组织如何主动适应互联网时代的新媒体信息传播方式，加快工会网络建设，建立云端平台，用互联网来完善工会的生态圈，通过网络使工会内部互联互通，把职工“连接”在一起，是每个基层工会工作者必须认真思考的问题。

2015年9月，上海交通大学医学院附属新华医院工会尝试推出微信服务平台“新华之家”，利用网络的便捷优势，通过文字、图片等多种形式，结合“新闻动态”“员工福利”“文体赛事”“素质提升”和“温馨推送”等板块，及时发布医院工会工作动态、服务信息，吸纳广大职工的意见和建议。除了推送消息，工会微信公众平台也开通了与员工间双向信息沟通的渠道，使工会真正"走到了"员工身边。本课题通过对上海交通大学医学院附属新华医院工会运用微信公众平台推进工会工作进行现状分析，剖析运用新媒体推进工会工作中依然存在的困难和薄弱环节，并结合医院实例提出运用新媒体持续创新基层工会工作机制与方法的建议。

一、研究设计及样本情况

1. 研究的问题和问卷设计

通过微信的媒体功能组件，微信用户产生了关注微信公众订阅号、阅读微信公众订阅号信息、在朋友圈中或向其他平台分享信息、在自己或他人分享的信息中发布评论等多元使用行为。用户在工会微信公众平台的使用行为当中，体现了多层次的使用偏好，如对公众订阅号发布的不同类别内容的关注偏好、阅读偏好、对朋友圈中不同类别信息的分享和评论偏好等。本研究认为职工在对于微信媒体功能的使用过程中，应该会有与接触其他新媒体类似的动机，如社交、信息获取、功能性体验、逃避现实等动机；而具体使用行为当中使用偏好的多元化，将是工会运用新媒体推进工作创新发展的重点。本研究的主要假设是，一般人群特征、对微信的使用行为偏好、对微信的关注动机将会对是否关注新华医院微信公众号有显著影响。

本研究的调查问卷内容主要包括调查对象基本信息、工会微信公众平台的使用行为和偏好、关注动机、关注率、改进方向等五个部分。对关注动机，问卷使用李克特五级量表设置系列题项，通过因子分析、提取公共因子，对动机取向做出归纳。

2. 样本情况

2016 年 7—9 月，课题组对上海交通大学医学院附属新华医院 48 个临床科室中随机抽取 500 名工会会员进行调查，纳入标准为注册会员，自愿参加本研究。由经过培训的调查员在征得职工知情同意后现场发放调查问卷，采用匿名填写并当场收回。共发放 500 份问卷，回收有效问卷 465 份，回收有效率为 93%。

3. 资料分析方法

数据库建立。针对现场调查资料，采用 Epidata 3.1 建立数据录入库，导入

Excel 2013形成现场调查数据分析库，以 Excel 数据库进行清库处理，转入 SPSS 22.0 进行统计分析。

统计分析。采用 Excel 2013、SPSS 22.0 等软件进行统计分析，综合运用统计描述、方差分析、卡方检验、因子分析等统计学分析方法，结果采用例数、构成比等表示，文字描述结合统计图表形式进行说明。

4. 质量控制方法

针对调查人员进行统一培训，对调查问卷进行系统统一编码，每份问卷填写完成后检查是否有漏项或疑问，补齐内容后方为调查完成。数据处理阶段对录入人员进行培训，并对数据和逻辑进行同步核查，保证数据分析的有效性，数据录入结束后进行统一合库清库。

二、研究结果与分析

(一) 调查对象的基本信息

465 名被调查职工中 79.6%为女性；年龄构成为：18～30 岁的占 47.7%，31～40 岁占 33.5%，41～50 岁占 14.8%，3.9%的为 51～59 岁；职业构成为：护士占 51.2%，医生占 25.6%，医技占 10.8%；职称构成为：初级占 44.1%，中级占 34.2%，高级占 7.7%；学历构成为：专科及以下占 30.8%，本科占 46.2%，硕士及以上占 23.0%；科室分布为：内科占 24.1%，外科占 19.6%，妇产科及儿科占 15.7%，急诊及手术室占 7.7%；工作年限 10 年以上的占 38.1%，5～10 年的占 25.2%，其余为 5 年以下。

(二) 工会微信公众平台的使用行为和偏好

1. 常用社交软件

465 名被调查职工中，有 97.2%的职工选择了微信，选择的常用社交软件频率依次为微信、QQ、微博、飞信、人人。

2. 常用微信功能及使用微信时段

在常用到的微信功能方面，465 名职工中有 90.8%的职工选择了朋友圈，分别有 79.6%、61.7%、48.0%的职工选择了接发信息、扫一扫及公众号，而使用其他功能相对较少。在使用微信时段方面，有 68.4%的职工选择无聊时，其他时段依次为乘坐交通工具时、睡前、吃饭时及其他时间。由此可见，职工对作为媒体的微信已经产生了一定的媒介依赖，具体使用时间分布广泛，这种使用特征与移动媒体的便携性是一致的。

3. 微信媒体功能的使用偏好

调查发现，67.31%的职工订阅的公众号数量有所增加，19.35%的职工订阅的公众号数量没有变化，12.04%的职工订阅的公众号数量有所减少，而有1.29%的职工选择全部退订公众号。

4. 对微信公众号推送的喜爱及厌恶偏好

在对于微信公众号推送的喜爱偏好方面，标题吸睛和高质量文章仍是职工选择浏览一篇微信公众号推送文章的主要原因，分别占到39.78%和35.05%。而取消关注一个微信公众号的主要原因是内容无趣，其次为长篇大论、排版杂乱、更新时间间隔太长、缺少原创高质量文章。

5. 对微信推送的操作行为

在日常使用微信公众订阅号的行为中，频率最多的是点击推送文章后进行阅读的行为，占79.14%。其次是阅读完推送文章之后的分享转发行为，占12.04%，仅5.59%的职工选择朋友圈内对文章点赞的行为，最后是删除公众账号和撰写评论行为，说明用户对微信公众订阅号的日常使用是以阅读性使用为主，社交性使用为辅。

（三）关注新华医院工会微信公众号动机分析

本研究对职工关注新华医院工会微信公众号的动机分析显示，“我想将工会微信公众账号发布的信息分享或发送给朋友”排在第一位，均值为4.22 ± 0.846；其次分别为“我想通过关注工会微信公众账号获取最新资讯和热点话题”（均值为4.13 ± 0.846）、“我想在工会微信公众账号的推送信息中寻找内容分享到朋友圈”（均值为4.11 ± 0.838），“我想通过阅读工会微信公众账号来从现实的烦恼中脱离出来”和“我想通过关注工会微信公众账号来排解我的孤单寂寞”两项动机均值得分较低。

1. 主成分分析法

为了更加简洁明了地反映受访者的关注动机，本研究对题项量表采用因子分析中的主成分分析法进行数据降维处理，从9个题目中提取获得3个公因子，分别为“社会交往动机”“功能体验动机”“自我调节动机”。

社会交往动机（S）指标为：$S=0.939S1+0.940S2+0.891S3$

其中：$S1$、$S2$、$S3$分别代表“我想将微信公众号发布的信息分享或发送给朋友”“我想通过分享微信公众号推送的内容来表达我的观点”“我想在微信公众号的推送信息中寻找内容分享到朋友圈”。

功能体验动机(G)指标为：$G=0.939G1+0.940G2+0.891G3$

其中：$G1$、$G2$、$G3$ 分别代表我想通过微信公众号“获得最新院内动态和实事”“获得最新资讯和热点话题”“是为取得附加利益(各种福利优惠等)”。

自我调节动机(Z)指标为：$Z=0.939Z1+0.940Z2+0.891Z3$

其中：$Z1$、$Z2$、$Z3$ 分别代表我想通过微信公众号“从现实的烦恼中脱离出来”“排解我的孤单寂寞”“把零散时间利用起来”。

3 个公因子方差累积分别为 85.287、62.08、79.565。

2. 同人群特征公因子得分

年龄分组中，31～40 岁年龄组社会交往动机得分均值为 11.31，显著高于其他年龄组，51～59 岁年龄组自我调节动机得分均值为 9.68，显著高于其他年龄组，差异有统计学意义，而不同年龄组的功能体验动机得分均值无明显差异。性别分组中，男性的社会交往、自我调节动机得分均值均大于女性，差异有统计学意义。

不同职业性质的受访者关注工会微信公众号动机也有不同，护士的社会交往动机得分均值较高，达到 11.09，高于其他组别，差异有统计学意义。功能体验动机和自我调节动机得分在不同职业分组中的差异无统计学意义。

不同职称的受访者关注工会微信公众号动机不同，中级职称职工的社会交往动机得分均值较高，为 11.23，其他如无职称职工的自我调节动机得分均值较高，为 9.47，差异有统计学意义。不同职称职工在功能体验动机得分上的差异无统计学意义。

不同学历的受访者关注工会微信公众号动机不同，硕士及以上的职工社会交往动机得分均值为 11.18，高于专科及以下、本科学历组别，差异有统计学意义。不同学历职工的功能体验动机和自我调节动机得分的差异无统计学意义。

不同科室的职工关注工会微信公众号动机有所差异，其中手术室的职工在社会交往动机方面得分均值最高，达到 12.42，而急诊科室职工在功能体验和自我调节动机方面得分均值最高，差异均有统计学意义。

工作年限在 5～10 年左右的职工在社会交往动机方面得分均值较高，而工作年限在 3 年及以下的职工在自我调节动机方面得分均值较高，差异有统计学意义。

（四）新华医院工会微信公众号的关注率分析

本研究主要的研究假设是一般人群特征、对工会微信公众号关注动机会对是否关注新华医院工会微信公众号产生显著影响，本文采用卡方检验来验证这个假设，分析结果如下。

1. 不同人群特征职工对工会微信公众号关注率

不同年龄组间，职工对工会微信公众号关注率有统计学差异（$\chi^2=3.445$，$P=0.049$）：31至50岁年龄段对工会微信公众号关注率较高，均高于60%；31～40岁年龄组为66.0%；41～50岁年龄组为62.3%；而51～59岁年龄组关注率仅为55.6%。研究结果说明：年龄偏大的职工对工会微信公众号关注率较低。

女性职工对院工会微信公众号关注率高于男性，分别为62.7%和55.8%，差异有统计学意义（$\chi^2=75.232$，$P=0.000$）。而从前面的研究结果可知，男性职工对工会微信公众号的关注动机得分均高于女性职工，这说明男性职工关注动机强烈，但是实际关注率不高，提示今后工会微信公众号分析产生此现象的原因，有针对性地调整推送内容，以提高男性职工的关注率。

不同职业分组间，职工对工会微信公众号的关注率较高，均高于60%，但差异无统计学意义（$\chi^2=29.593$，$P=0.060$）。

不同职称分组间，职工对工会微信公众号关注率有统计学差异（$\chi^2=26.805$，$P=0.042$）：高级职称关注率最高，达到69.4%；中级职称和初级职称组关注率分别为66.0%和61.5%；而其他如无职称组的关注率最低，仅为44.6%。这说明工会微信公众号在中高级职称职工间有一定知晓度和关注度，但在低级职称职工间的关注度仍需提升。

不同学历分组间，职工对工会微信公众号关注率有统计学差异（$\chi^2=26.954$，$P=0.039$）：本科组和硕士及以上学历组关注率高于60%，分别为62.8%和61.7%；而专科及以下学历组的关注率最低，为58.7%。该项结果提示工会微信公众号在低学历职工间的关注度仍需提升。

不同工作年限分组间，职工对工会微信公众号关注率有统计学差异（$\chi^2=23.091$，$P<0.001$）：工作10年及以上职工的关注率最高，达到67.2%；工作5～10年和工作3～5年组关注率分别为61.5%和61.4%；而工作3年及以下组的关注率最低，为55.2%。这说明工会微信公众号在高年资职工间有一定知晓

度和关注度,但在低年资职工间的关注度仍需提升。

2. 不同关注动机下职工对工会微信公众号关注率

社会交往动机得分12分以上的职工关注公众号比例占70.8%,而得分0~6分的关注率为14.3%,社会交往动机得分较高的职工对于工会微信公众号的关注率高,差异有统计学意义($\chi^2=234.201$, $P<0.001$)。这说明工会微信公众号能满足职工的社会交往需求。功能体验动机得分较高的职工对于工会微信公众号的关注率高,差异有统计学意义($\chi^2=216.08$, $P<0.001$)。这说明工会微信公众号也能满足职工的功能体验需求。

自我调节动机得分不同的职工对于工会微信公众号的关注率不同,差异有统计学意义($\chi^2=223.09$, $P<0.001$)。得分最高组的关注率反而最低,该研究结果提示目前工会微信公众号在满足职工自我调节动机功能上仍需进一步改进和提升。

(五)新华工会微信改进方向分析

调查发现,职工最希望医院工会微信公众号发布的内容比重较大的为工会相关政策和动向(占比64.1%),技能培训、学习讲座(占比56.3%),各类专属优惠及线下活动(占比55.5%),医院各项先进、科技创新成果展示(占比53.1%),比重均超过50%,维权和普法知识、文体赛事活动、帮困送温暖及职工才艺展示,分别为42.6%、41.1%和23.7%。而职工最希望工会微信账号实现的服务依次为各类业务办理流程查询(占比65.4%),院务公开查询(占比55.1%),各类活动线上报名(占比48.0%),线上咨询并快速响应(占比41.3%),各类业务办理进度查询(占比36.8%)及其他。

本研究在调查问卷中设置开放性问题"您对医院工会微信公众号有什么建议?"通过分析发现,大多数受访者首先对院工会微信公众号发布和推送的内容表示认可,作出肯定性答复,如"内容生动有趣""(微信公众号)办得很好,希望未来更好"等;其次,受访者对该微信公众号提出建议,多聚焦在丰富发布的活动内容、增设与工会相关的服务功能设置、多发布实质性福利等,与上述两个问题分析结果基本一致;也有部分受访者对工会微信公众号推送消息间隔期提出要求,希望能缩短发布时间,增加推送期数。

三、讨论与建议

(一)职工利用新媒体交流互动、传播表达自己思想情绪的情况正日益增多

通过调研发现,受访者中有高达97.2%的职工选择常用社交软件是微信,而常用的微信功能方面,查看朋友圈、接发消息、微信支付占据前三位。因此,新媒体除了作为通信交流的手段,释放情绪、记录生活、发表观点也是其主要功能。新媒体中微信的影响力日益凸显,谁抓住了这种影响力,谁就增强了自身优势。服务职工是工会的天职,但如何服务要因时因地因人而转变求新,在互联网、大数据时代,工会要抓住这种影响力,就要通过建设完善工会微信公众平台,使“互联网+工会”成为一种工作运行常态,让工会服务更加高效化、精准化。作为一种新兴的信息沟通平台,工会微信公众平台的建设和发展依赖于职工的广泛参与,调查中发现受访者使用微信的时段多集中在闲暇时间,例如感觉无聊时、乘坐交通工具时或临睡前,“碎片化”阅读成为职工获取信息的常态。因此,在这些时间段对平台进行宣传推广或进行信息的推送,将获得事半功倍的效果。

(二)微信公众平台推送消息需兼顾标题和注重内容

即时通信环境下,用户在获取信息资源与服务的过程中对便捷性的抵抗力几乎为零,正是基于此,医院工会微信公众平台可以凭借其新颖、时尚的平台优势赢得职工的好奇与关注。但是,职工添加关注的最终目的是要获取丰富、有效的信息资源与服务,因此,工会微信公众平台必须同时强化自身的内容优势。调查显示,标题吸睛和高质量文章仍是职工选择浏览一篇微信公众号推送文章的主要原因,而取消关注一个微信公众号的主要原因是内容无趣。由于网络信息呈现爆炸式的发展,一般人都希望能在最短的时间内,寻找到自己感兴趣且又能吸引自己的信息。因此,如何让职工关注,而不认为推送的信息是一种骚扰,需要工会在整理编辑推送信息时注重对推送文章的标题策划,以优质内容为先,以职工体验为重,结合职工最希望医院工会微信公众号发布的内容,通过语音、文字、图片、视频等多种方式来展示信息及服务内容,进一步加强对职工的吸引力,拉近职工与工会之间的距离。

（三）工会设立微信公众号的初衷与职工关注动机总体吻合

如前所述，微信已成为当下人们重要的社交软件，而作为一个基层工会微信公众号，新华医院工会的定位为服务类微信平台，服务人群定位为本院职工，及时传递与工会服务相关的内容或医院内最新资讯和热点话题。本研究通过因子分析，将关注工会微信公众号动机提取为"功能体验动机""社会交往动机""自我调节动机"三个方面。从研究结果可知，职工关注工会微信公众号的动机和院工会设立该微信平台的初衷基本一致，以社会交往和功能体验类动机为主，即"我想将工会微信公众账号发布的信息分享或发送给朋友""我想通过关注工会微信公众账号获取最新资讯和热点话题"。

具体到不同特征职工人群来说，对工会微信关注的动机有所不同。已经在医院工作过较长一段时间，例如年龄在31～40岁、工作年限在5～10年左右、取得中级职称的职工，特别是护理人员想通过关注工会微信公众号实现社会交往的动机较强烈。职工对于关注工会微信公众号的功能体验动机基本无统计学差异，急诊科室职工对功能体验动机需求较大，这与急诊科室职工平时工作繁忙，无过多时间和精力关注院内最新资讯、信息相对封闭有关。本研究发现，低年龄组、工作年限较短、学历较低的职工通过关注微信公众号实现自我调节动机的需求较为强烈，笔者认为这与该部分职工的认知及对工作环境不适应等因素有关。

（四）提高微信公众号关注率要综合考虑多方面因素

工会微信公众号要想更好地发挥服务职工的功能，职工的知晓度和关注度高是重要条件。本研究对不同人群特征和关注动机下职工对新华医院工会微信公众号的关注率做了详细分析，得出结论为关注率受年龄、性别、职业、职称、学历、工作年限、不同关注动机等多方面因素影响。总体来说，年龄偏低、工作年限和职称、学历等较低的职工对工会微信公众号关注率较低。笔者认为，这可能有两方面的原因：一是这部分职工本身对工会及工会微信公众号认知存在不足或者偏差，不想关注；二是这部分职工因为对医院信息了解不够全面，可能不知道工会微信公众号的存在，所以不关注。

本研究着重研究的三个关注动机中，职工在社会交往动机、功能体验动机两方面得分较高时，对工会微信关注率也较高，二者成正比关系，这说明工会微信公众号很好地满足了职工这两方面的动机需求。而对于自我调节动机得分较高者，关注率却不一定高，提示今后新华工会微信公众号需在这方面加以改进。

（五）新媒体对工会工作助力方向及建议

（1）健全完善基层工会组织新媒体运行的长效机制

医院应积极为微信公众平台建设提供政策保证和资金支持，加强对基层工会微信公众平台关键技术的研发和应用，特别是发挥工会公众平台开通服务号的优势，为运用微信公众平台联系服务职工提供有力的经费保障。基层工会微信公众平台建设，要争取党政重视支持，完善微信后台维护管理机制，使该项工作常态化。要坚持全心全意为职工群众服务，尊重职工群众的主体地位，努力把工会工作做到所有职工群众中去。在公众平台的设计中，新华医院工会建立的“新华之家”服务号，相比订阅号拥有消息不被折叠的优势，推送消息的曝光率更高，且是一种以职工为中心的主动的交互方式，职工与工会之间互动更加丰富，可以有效激发职工的活跃度。

（2）建立一支既懂新媒体技术，又会做职工工作的工会干部队伍

通过组织开展学习培训，不断提高工会干部的媒介素养，使工会干部快速适应新技术变革所带来的挑战，将新媒体创造性地应用到工会工作中去。在培养一支懂新媒体技术、具备良好信息素质的工会干部队伍的同时，还要把这支队伍锻造为具备较强舆论引导能力、善于做职工思想政治工作的复合型干部队伍，充分利用新媒体传播快捷、涉及面广、影响巨大的特点，扬长避短，努力提高正面舆论引导力，最大限度削减负面舆论破坏力，弘扬主旋律、传播正能量，积极营造团结和谐的舆论氛围。

（3）持续改进、深入挖掘服务板块，打造职工“身边的工会”

目前微信公众号只能定制到二级菜单，要结合职工期望，在工会微信公众平台上推出办理流程查询、院务公开查询、各类活动线上报名、线上咨询并快速响应、各类业务办理进度查询等与职工切实相关的移动服务，要注重把线上交流线下服务、网上问题网下解决作为工会组织帮助职工做实事、办好事、解难事的新方式，实现基层工会组织与职工的“零距离”沟通，让职工切实感受到工会就在身边。对于职工在微信公众平台上提出的合理化建议和合理需求，要跟踪督办，确保职工反映的问题得到及时响应。此外，可以通过微信公众平台搭建虚拟的交流和学习平台，组织职工进行交流和讨论，虚实结合，主动发布职工维权的有关法律法规解析、提供有关维权的案例分析等，供职工有针对性地下载使用，打造职工维权的新阵地。

(4) 注重内容策划,及时更新

新媒体时代的一个特点就是更新才是王道,如果没有内容更新,信息发布者很快就会被淹没在信息的洪流中,从而渐渐失去用户。因此,基层工会在微信公众平台建设时,一定要在保证更新频次的同时,统筹谋划,善用互联网的语言,针对性地挖掘职工感兴趣的素材,制作系列专题,通过对每条推送之后收取的职工反馈留言加以汇总和分析,使工会对提供的服务与职工需求的契合度有更清晰的认识,以便及时跟进调整和改进每次推送的内容,将推送内容的类型逐渐从单一的消息、通知过渡到面向实际问题的知识单元,也可以通过公众平台来做一系列问卷调查等进一步了解职工需求。

(5) 关注重点职工人群,提高微信公众号关注率

基层工会微信公众平台可对已经关注的用户信息进行分组管理,有利于基层工会调研掌握职工需求,并把活动预告、通知公告和提示提醒等向不同的人群进行精准传播,对于医院内年轻职工群体,不仅要注重服务消息的推送,也要注重内容活泼、形式新颖的消息推送,吸引年轻群体对工会微信公众号的关注和重视。

(本文获第二十届年会征文一等奖)

浅析运用新媒体推进工会工作信息化的设想
——新媒体对于疗养院工会工作信息化建设的思考

冯爱成　祭　伟
（华东疗养院）

随着科技的飞速发展，新媒体越来越受到人们的关注，成为人们议论的热门话题。新媒体是新的技术支撑体系下出现的媒体形态，如数字杂志、数字报纸、数字广播、手机短信、网络、桌面视窗、数字电视、数字电影、触摸媒体等。相对于报纸、广播、电视、杂志四大传统意义上的媒体，新媒体被形象地称为“第五媒体”，其实质是利用数字技术、网络技术、移动技术、通过互联网、无线通信网、有线网络等渠道以及电脑、手机、数字电视机等终端，向用户提供信息和娱乐的传播形态和媒体形态。汹涌而来的新媒体变革，对于推进我院工会建设很有研究意义。本文旨在通过分析新媒体与疗养院工会工作信息化之间的关联，提出一些浅见。

一、新要求

新媒体作为一种新的媒体形态，其技术手段和终端模式多种多样，改变了受众的认知模式，促进了我们的职工对于信息的需求，也对我们工会工作信息化提出新的要求。从职工的认知模式和需求方向着手进行分析，从中可见无论具体终端模式如何变化，职工关注信息的焦点主要为网络舆情，其传播模式以互联网为主。2012 年 7 月 19 日，中国互联网络信息中心（CNNIC）发布的《第 30 次中国互联网络发展状况统计报告》指出：“截至 2012 年 6 月底，我国网民数量达到 5.38 亿，其中机关、企事业单位职工占 29.3%，个体户、自由职业者占 17.2%，无业、下岗、失业人员占 11.1%。”可见，职工网民已成为网民的主力军，其数量不断扩大，但他们的政治觉悟、道德水准、文化素养大不相同，对许多问题的看法大相径庭，这就难免造成对立、矛盾，甚至以讹传讹。同时由于网络传播的自由性、匿名性、流动性和开放性，使得新媒体的大量信息不需要经过层层审核就可以即时发布，最终甚至演变成为震动各界的舆论“海啸”。例如山西黑砖窑、佛山本田、富士康十连跳、女民工模仿外交部发言人讨薪等事件经网络传播后，短时间内网民意见铺天盖地，指责之声大有一发不可收拾之势，这些网络舆论压力将工会组织推到了风口浪尖。

由此可见，网络舆情是把“双刃剑”，工会组织必须利用其传播快捷、涉及面广、影响巨大的特点，扬其长、避其短，兴其利、除其害，始终掌握工作的主动权，努力提高正面舆论引导力，削减负面舆论破坏力，及时摸清职工思想脉搏，当好第一知情人。

二、新途径

为实现工会工作信息化的新突破，新媒体确实提供了诸多新的思路。

（一）终端途径新增

（1）电脑。现如今个人计算机（PC）已经成为职工工作的标准配置而随处可见，通过电脑，可将传统媒体信息的数字化处理而形成更为直观和立体生动的文字、图像和影像等，工会可针对此制作形式丰富、内容新颖的信息宣传材料，将会收到良好的宣传效果。

（2）手机。目前，智能手机已成为移动互联网发展的重要载体。针对智能手机开发的APP应用层出不穷，但是用于工会宣传或工会专属定制的软件却是一片空白。开发这样一款APP将工会活动新闻和重点舆情信息定时更新，有重大新闻突发时能实现主动推送，有利于及时有效的信息传播。在突发事态时辟谣维稳、引导正面舆论，掌握工作的主动权，将收到良好效果。

（3）数字电视。区别于传统电视，用户能够通过数字电视进行信息查询、网上冲浪、视频点播等。工会制作适配数字电视的宣传节目，广大职工即可使用数字电视点播节目了解工会活动。

（4）触摸媒体。iPad问世以来，其特有的移动性也给卫生医疗单位工作模式带来变革，国内多家医院已试水使用iPad查房和管理电子病历。在此硬件基础上，不需投入更多资金，只需在服务器终端和平板上增加工会应用模块，也可以实现工会信息的iPad应用。同样，对于已有触摸屏仪器作为查询设备的工会单位，也可在其功能中增设工会信息版块，方便职工随时地查询工会动态。

（二）服务模式新增

1. 工会网站

工会网站作为工会信息宣传、引导舆论的主阵地，是实现办公自动化、发展职工文化的重要途径，也是反映职工意愿的重要渠道。它对及时增进资源共享，提高信息传递速度，畅通工会与广大职工互动互信的沟通渠道，进一步增强工会工作的吸引力和渗透力，起到了很好的作用。在工会网站的建设上，应注重以下三个特性。

（1）实用性。工会网站既要为领导当好参谋和助手，又要为职工排忧解难。在工会网站建设方面，应以实际应用为前提，根据业务工作情况考虑网络建设规模。由于工会网站内容涵盖工会业务的所有领域，所以在规划设计的同时，要充分考虑网络系统的安全性、统一性和前瞻性，把网站打造成宣传解释政策的平台、听取职工意见的渠道、解决问题的工具，展示工会组织良好形象的窗口，以真正得到职工的信赖，更深入地促进工会工作的发展。网站要设有工会新闻、民主管理、权益保障、劳动保护、文件资料、政策法规等主栏目，并加强工会会员管理等数据库的建设和利用，使广大干部职工能够通过网站，迅速检索到自己所需要的信息资料。对待职工的意见和建议，既要转办交办，更要直查快办，多一点实话实说，多一点真抓实管，实现网站应有的实用价值。

（2）互动性。只有倾听职工的心声，方能真正了解职工；只有解答职工的疑惑，方能实行良性互动。如可在工会网站页上建立一个“合理化建议”模块，使职工有了好的建议可以随时提交。流程采用闭环式管理，一个建议从提交到评议、审批，再到最后实施的情况，都可在这个流程中走完。这样，才能体现“以人为本”的管理理念，提高职工的信任度和满意度。工会网站可以通过开设职工论坛等形式建立“职工之家”，职工和工会干部以注册方式，在网上对事件或人物进行讨论交流。还可利用网站开展“首席职工”“优秀工会工作者”等各类评选活动，进一步提升工会工作的透明度和群众参与度。

（3）趣味性。工会网站从一定意义上说，是各级工会的代言人，但普遍存在着严肃有余，活泼不足的现象，给人以说教和灌输的感觉，降低了吸引力和感染力。因此，要在保持应有严肃性的同时，凸显自身特点，以清新的栏目体现为人为本的作风，以活泼的语言拉近与职工的距离，为职工设计好职业生涯，促使其成长和进步。可创新职工教育的形式，利用网站进行视频点播、视频播放。通过在网上开展丰富多彩的征文比赛、知识竞赛等活动，满足职工多样化的精神需求。

2. 微博

据统计，在目前中国微博用户是一个庞大而重要的群体。工会组织必须针对网络时代特点、利用新兴微博的优势做好各项工作，正确引导舆论，更好地组织广大职工群众积极参与社会管理。一是要改变原有的宣传、指令、灌输的方式，真正把微博当作倾听职工呼声、解决群众困难的有效工具、进行舆论监督的平台。用职工喜闻乐见的语言主动、及时、准确地回应民众关心的问题，以宽容、真诚的心态沟通。二是不断丰富应用方式，提升内容品质，回应职工关切的各类问题。对微博的板块和信息分类要进一步明晰化，建立信息发布、政策咨询、意见收集、互动交流等不同的板块，提升微博内容的品质和针对性；不断丰富应用方式，积极使用微访谈、微直播、投票、微群、线下活动等多个维度，提升政务微博的建设层次；关注网络意见，加强同微博意见领袖的交流与沟通，还要主动设置公共议题，邀请工会工作人员、有关专家进行访问，深化职工对话题的理解和认识。三是建立规范的运行管理机制。规范微博名称，建立完善的管理制度，制订相应的管理流程、培养工作团队，保障经费和设备，明确责任。四是做好网下工作，合力推动解决群众反映的问题。要在网上完善咨询和指导工作，指导职工如何在网下运用现有体制的渠道去解决问题；要建立微博意见的批转、督办、协调制度，将网民反馈的问题反馈给有关部门；要重视对微博舆情民意的定期汇总和研判，提高服务职工维护职工权利的能力和水平，以政务微博问计于民、问需于民、问政于民的成果去推动实际工作。

3. 博客和播客

虽然工会网站作为官方网站涵盖各种内容，微博在快速传播信息方面有显著优势，但是博客和播客作为产生时间较前的两种社会媒体形式仍是以上途径的有益补充。博客和播客更多是展示职工会员自身的平台，不同于工会网站官方网站需内容严谨规范，博客和播客内容可以更为自由和轻快；同时也不受限于微博 140 字的字数限制和大容量内容链接指向其他网页，博客、播客可将文章、图片、视频、音频直接内嵌，方便其他职工会员浏览、留言、分享。

三、新媒体推进疗养院工会工作的具体举措和意义

1. 华疗工会门户网站、微博、播客和博客

我院工会在近年发展中正逐步完善以上所述平台建设，现阶段虽无独立的专业门户网站，但在华东疗养院官网中有工会组织板块，将我院工会组织、工会

动态，文体活动和民主管理较好地展示，我院职工和非我院职工网民都可以浏览、了解我院工会工作状况。接下来的规划中，我们将通过开设职工论坛等形式建立“职工之家”，鼓励职工和工会相互交流、畅谈感悟、共同学习和提高。同时进一步利用网站开展“首席职工”“优秀工会工作者”等各类评选活动，力求提升工会工作的透明度和群众参与度。

因我院开设新浪官方微博“华东疗养院”，工会暂无专设微博、博客和播客，近期也在着手注册工作并将安排工会干部专人维护，力求成为与职工互动、分享资讯的新平台。

2. APP

APP作为手机、平板等设备与用户之间人机界面交互的平台，在近几年蓬勃地发展，其形式和内容令人目不暇接。经查目前应用商店并无工会专属的APP。华疗工会若制作完成该款APP，内容聚焦工会活动新闻和重点舆情信息的定时更新，同时内置职工交流板块并主动推送突发的重大新闻，无疑将成为引导职工形成舆论积极氛围的最快速利器。

3. 数字电视

我院因疗养与体检业务工作需要，在疗区和诊疗中心原本就分别安装有闭路电视和数字电视。因此在现有单位已有多台闭路电视的基础上进行改造，就可以在任何一台电视上收看工会的数字电视节目。

4. 数字杂志、数字报纸，数字广播、数字电影

为开阔职工眼界、展示职工风采、丰富职工生活，我院定期制作数字杂志《怡港湾》和数字报纸《院报》，一直很受广大职工的欢迎。近期在筹备六十年院庆的过程中，数字广播和数字微电影也纳入可行性考察范围，若确定制作并在将来形成工会日常工作，必将成为工会宣传的新高地。

5. 触摸屏和移动终端

我院诊疗中心和接待服务中心触摸屏仪器作为院史介绍、价格查询设备已使用多年，通过本院信息科开发在其功能中增设工会信息板块，职工就能随手可及地查询工会动态。而目前我院内部分区域也实现了WiFi覆盖，下一步完成全院区覆盖后，iPad等移动终端必将给工作模式带来全新变革。除可用iPad或超极本查房和管理电子病历外，配合为华疗工会定制的APP亦可实现全院范围内工会信息网的无缝连接。

（本文获第十七届年会征文二等奖）

医院公共微信建设的若干问题研究

周邦彦　朱　凡　丁燕敏　丁　芸
（上海交通大学医学院附属瑞金医院）

一、医院微信建立的意义

（一）抢占时机，建立微信品牌

据中国互联网络信息中心发布的第33次《中国互联网络发展状况统计报告》显示，截至2013年12月，中国网民规模达到6.18亿。现如今，几乎每家医院都拥有了自身的官网平台，用以告知患者必备的医疗信息，宣传医院的科教研成果，展示医院文化等等。但这还远远不够。截至2013年6月底，我国网民中手机网民的规模达4.64亿，较2012年底增加4 379万人，网民中使用手机上网的人群占比提升至78.5%，手机逐渐成为新增网民的第一来源。使用手机上网，从手机中获取必要信息成为新的趋势。

微信作为一款在手机使用中普及率非常高的通信软件，可以快速发送语音短信、视频、图文和文字，用户能够单聊和群聊，还可以使用查找自己地理位置附近的用户，微信的服务只需消耗少量网络流量。截至2014年第二季度，已拥有微信用户超过4.38亿。

（二）补足传统媒体的缺失

作为自媒体，微信公共平台可以通过网络，借助电脑、iPad、手机等终端，在任何地点、任何时间对内容进行发布，弥补了传统媒体对发布新闻从采编、制作到播出、出刊的时间差。

从媒体属性上来看，传统媒体是舆论的把关者，媒体所报道的内容具有其自身的舆论倾向。而作为自媒体而言，微信的个性化、开放性可以使医院转变为宣传报道的传播者，并在医疗行业舆论倾向有失偏颇的现状下表达自己的看法和观点。

（三）抓住碎片的时间宣传

（1）媒介及讯息。20 世纪媒介理论家麦克卢汉曾提出经典理论：媒介及讯息。究其含义是，人类只有在拥有了某种媒介之后才有可能从事与之相适应的传播和其他社会活动。媒介最重要的作用就是“影响了我们理解和思考的习惯”。因此，对于社会来说，真正有意义、有价值的“讯息”不是各个时代的媒体所传播的内容，而是这个时代所使用的传播工具的性质，它所开创的可能性以及带来的社会变革。

（2）碎片化传播。在微时代下的我们更能深刻地体会到这点，微博及微信的到来，改变人们的不单是交流方式，更多的是信息获取的方式，随之影响的是媒体发布、营销方式的改变。研究表明，当社会人均收入水平处于 1 000～3 000 美元时，这个社会就处于从传统社会向现代社会转型的阶段，而这个阶段社会最基本的特征就是“碎片化”，主要表现为传统的社会关系、市场结构及社会观念的整一性——从精神家园到信用体系，从话语方式到消费模式——瓦解了，代之以一个个利益族群和“文化部落”的差异化诉求及社会成分的碎片化分割。

二、医院微信营销的策略

（一）开始微信前需思考的问题

在开设微信账号之前，有几个东西是需要进行思考的。第一，领导是否同意开设微信公众号。由于公立医院的特殊性，部分分管医院的领导的思想比较保守，可能对新鲜的事物不是很感兴趣或是心存芥蒂，领导的支持是对工作开展的最大鼓励与帮助。第二，是否有可靠的团队对微信内容进行持续的更新及包装。微信从诞生那天起就注定了是一个深社交、强关系、弱媒体的移动平台，也就意味着微信不能像新浪微博那样频繁地进行推送推广品牌，在微信 5.0 版本之后，微信被强制分为订阅号与服务号，并且每天被限制在一条消息，所以如果没有很深度的策划和有趣的话很难使人感兴趣，跳入罗普大众的视野。第三，增添了医院的发布平台就增多了一个需要维护的界面，需要指定管理员每日定时对页面进行内容的维护，对网友或者患者所提出的问题进行回复。由于医院不同于其他的机构，进行咨询的问题五花八门，并且散落于各个科室，所以需要例行维护的成本较高。

(二) 医院微信建设的具体问题

1. 选择订阅号

如果申请微信公众账号，是选择订阅公众号还是服务公众号呢？这或许会困惑不少新接触微信的管理员。笔者制作了一张如下表格，进行对比供参考。

微信公众号类型	推送频率	消息推送方式	是否支持自定义菜单
订阅号	每天	无即时提醒	支持
服务号	每月	即时弹出	不支持

如果医院主推各类信息、文化消息，每周甚至每天都有消息可以推送，应该申请订阅号；如果医院的相关信息不多，重服务、重功能建设的话应该申请服务号。

2. 内容筛选

医院做好内容营销的第一步是要了解受众，制订迎合受众需求的内容策略。简单地说，只要条件许可，随时把满足受众需求作为发布内容的准则。定期发布的微信信息是为了吸引用户的注意以增加用户的黏性和适当体现品牌的价值。

(1) 关联性。内容与医疗行业息息相关，同时适量加入品牌的价值信息。笔者以为，应减少发布转载、非原创的内容。减少信息噪声，鼓励原创作品、挖掘原创内容及信息。

(2) 趣味性。内容要创新，不要过于呆板，减少单纯的医院新闻、消息发布情况。即使有必要对新闻进行发布，也尽量结合有趣的事件从故事切入或改写成短文的形式进行发布。挖掘符合大众审美趣味的故事、内容。我院临床医学院学生会每年都会举办外科节系列活动，内容涵盖了视频、征文、摄影等。在漫画大赛中学生们绘制了一幅幅可爱、幽默的医学漫画，可通过公共账号发布，对外展示医学院学生们可爱又贴近生活的一面。

(3) 实用性。内容需要能向用户提供一定的帮助，比如信息服务、生活常识等。医疗界本身确是一个非常适合进行网络宣传的领域，作为大型的三甲医院，背后有众多的专家学者可以为网络宣传提供科普文章稿源，而医院历史积淀下的品牌影响力，同样能够产生许多话题。作为专科医院则可根据自身的医院特色进行定位。上海市儿童医院的微信号设有“育儿”板块，不定期地运用图文信息推送育儿常识，大幅的宝宝主图，可爱又富有吸引力，值得同类医院学习。作为区级医院或者地段医院，可以从普通市民的健康宣教着手，提供多样服务类、便民类的信息，增加医院在居民中的口碑。

(4) 独特性。需要根据自己的品牌特点打造有个性的内容，向粉丝展示品牌文化和传播品牌价值。我院作为一家有着百年历史的综合性医院，历史久、故事多，拥有许多不为人知的轶事，瑞金公共平台在2014年年初推出了“历史上的瑞金”这一板块，通过图文结合的形式、以每月一次的频率展示瑞金的悠长历史。

(5) 多元性。内容需要连贯一致，尽量用单条图文把想要传递的信息完整表达。内容的形式需要多元化，可以用图片、视频或者语音等形式发布。减少使用握手照、拍手照、揭牌照等新闻形式的照片。多把镜头聚焦在普通职工身上。微信在使用素材配图发送信息时，尽量选择轻松、活泼的配图进行发送，无论图片内容是否与医疗有关。例如，在发布睡眠日义诊咨询时，笔者选用的是电影《卑鄙的我》(熟知的小黄人)中主角的配图，获得了良好的反馈。

(6) 互动性。经常和粉丝沟通交流可以形成长久的用户黏性，哪怕是一句简单的问候或者寒暄。“关键时刻”是一个重要的服务管理术语，是顾客在对于服务投入大量情感时与服务提供人员进行的简短互动。顾客服务并不是一个连续不断的真实景象，而是由多个“关键时刻”的真实感觉组成，“关键时刻”存在于咨询时刻、抱怨时刻等任何一个与顾客打交道的时刻。大多数人凭借这种“关键时刻”的感受来评价企业的服务水平和服务质量。

自2014年2月起，瑞金公共账号推出了“瑞金微访谈”板块，每月举办不同学科的疾病周，对病友所提出的相关疾病的咨询进行回答。“瑞金微访谈”板块首先是极大地提升了患者与公共账号的互动性，通过对患者的提问进行回答，为患者解决了实际问题，满足了患者的诉求，提高了用户的黏度。一个账号每天仅仅是发布消息，那受众仅仅是消息的被动接收者，用户的交互度会非常差。如果患者离医院较远，或是年轻人无须关注健康，便失去了关注医院微信号的理由。创建了微访谈板块，则是创建了交互的可能，受众可以向账号进行提问，为自己提问之外还可以为自己的父母亲人提问，同时可以带动周边的人关注账号。反之，如果微信号长时间的不与受众沟通，或者不与受众进行互动，会有很高的取消关注的可能。

总之，内容的筛选对微信的互动起着重要的作用。内容只有体现价值，才能引来更多粉丝的关注和热爱。除此之外，尽量回避未经证实的内容和极具批判性且带个人感情色彩的内容。

3. 打通现有平台

微信作为一个端口平台融合了各种媒体的载体形式：文字、图片、音频及视频。微信内容的定期更新需要大量的内容进行充实，纵向可以整合医院本有的图片（院报、院刊）、音频（广播资源）、视频（电视节目、趣味科普讲座）等资源；横向可以整合各部门的信息。

（三）顺从顿巴数，充分利用朋友圈

“顿巴数”是英国牛津大学人类学教授罗宾顿巴在1992年的一项研究成果。按照顿巴数的同心圆模型，当社会结构的人数超过150人时，相互间的互动和影响就会减少，只能靠共同的语言来维系，而当人数上升到5 000人左右时，维系社会结构则只能依靠共同的文化。

每个人每天对于事物的关注度是有限的。使用者每天点开阅读的信息是有限的。以我院微信公共账号为例，微信的关注人数始终呈增长趋势，但只有很少的一部分人会点开订阅号，而大部分的阅读量还是取决于转发人数。因此，要充分利用朋友圈分享营销医院微信。通过新鲜的内容推送，让好友持续关注，并与其互动。受众或者自发图文，或者分享公共账号，传播医院微信。

所谓的“圈子”是指有相同爱好、兴趣或者为了某个特定目的而联系在一起的人。而医疗行业的“圈子”则无非是医疗从业者和患者两个群体。笔者所管理的公共平台首先的切入点是本医院的职工，通过本院职工的朋友圈营销——分享与评论，会在朋友圈中产生二次的编辑和整合内容，包括用户自己所发表的想法及朋友间互相在相册中所留的评论，这些内容会引起雪球效应，所包含的内容越来越多，雪球越滚越大，关注度越来越高，医院的营销就越有价值，从而使微信的关注群体从本院的职工逐渐扩展到普通患者。

我院最为成功的一次“朋友圈”传播是瑞金医院版的“爸妈去哪儿了”，结合了当下火热的真人秀节目“爸爸去哪儿了”，由众多医院职工子女参与拍摄、剪辑而成。从天真可爱的孩子们口中说出作为医务工作者的艰辛与坚持。同时可爱的孩子们又赋予了视频轻松的趣味性，并且众多出镜的医务人员更进一步促进了视频的传播力度。

三、医院微信未来发展方向

1. 提高受众满意度

受众的需求是最根本的。作为账号管理员，更需要思考的是如何为患者带来更为简便的、实用的体验，让患者赞同我们的服务。替职工说出想说的话，凝聚职工之力，让职工满意我们的工作。让患者与职工一起参与到传播中来，进而实现我院建立数字化医院、人性化服务、科教创新、生态院容的美好愿景。

2. 提供增值服务

只有在为患者提供更多的增值服务方面多下功夫、做足文章，才能提高患者的满意度。越来越多的患者在微信中提到了是否可以通过微信挂号、查询专家等内容。现我院计算机中心已着手研究如何实现在微信自定义菜单中查询专家以及进行专家预约挂号。

（本文获第十八届年会征文二等奖）

民主管理

深化院务公开民主管理工作的难点和途径

沙丽娜　包　晰　杨以平

（上海市第一妇婴保健院）

院务公开民主管理工作是坚持和完善医院民主管理、民主监督和民主政治建设的一项重要制度，也是构建医院和谐劳动关系的重要途径。促进院务公开民主管理工作的健康发展，增加透明度，有利于医院管理者和职工的相互沟通，增强两者之间的相互信任和理解，从而进一步调动职工的工作积极性，提高医院的整体工作效益和效率。不断深化院务公开民主管理工作，有助于遏制管理过程中的消极因素，保持公平、公正、公开，促进医院的行风廉政建设。如何积极有效深化院务公开民主管理工作呢？本文将通过真实数据所折射的具体内容进行详细探讨，帮助医院在今后的院务公开民主管理工作中把握重点，对症下药。

一、职工对院务公开民主管理工作的评价

为较全面地了解医院职工对院务公开民主管理工作的想法，特将目标样本扩大到6家医院进行问卷调查，分别是：儿童医院（分发问卷50份，有效问卷50份）、复旦大学附属妇产科医院（分发问卷50份，有效问卷49份）、国际妇婴保健院（分发问卷50份，有效问卷46份）、上海市第一妇婴保健院（分发问卷150份，有效问卷149份）、胸科医院（分发问卷50份，有效问卷44份）和上海市精神卫生中心（分发问卷35份，有效问卷34份），共计发放问卷385份，回收有效问卷372份。下面将根据有效问卷显示的具体数据进行进一步描述和分析，就存在的问题提出相应意见和建议。

1. 职工对院务公开民主管理工作的了解程度

根据统计数据显示，6家医院表示“非常了解”及“了解一些”的职工人数分别占总人数的51.3%和44.6%。各家医院占比分别为：儿童医院（26.0%，62.0%）、复旦大学附属妇产科医院（55.1%，42.9%）、国际妇婴保健院（50.0%，

45.7%)、胸科医院(54.5%,43.2%)、上海市第一妇婴保健院(55.0%,43.0%)和上海市精神卫生中心(64.7%,29.4%)。这表明近些年来,随着院务公开在医院的逐步推行,职工对其作为医院的常态工作给予了普遍的认识,对这项工作的知晓度不断提高。然而在职工对院务公开民主管理工作的了解深度上,仍有一定的提升空间,需要进一步加大宣传力度。

2. 职工对医院内部经营状况、重大方针政策是否能及时了解

选择是、否、不清楚的职工人数分别占总人数的71.8%、8.9%和19.3%,各家医院所占比例分别为:儿童医院(54.0%、8.0%、38.0%)、复旦大学附属妇产科医院(73.5%、12.2%、14.3%)、国际妇婴保健院(73.9%、4.3%、21.7%)、上海市第一妇婴保健院(74.5%、7.4%、18.1%)、胸科医院(81.8%、15.9%、2.3%)和上海市精神卫生中心(67.6%、8.8%、23.5%)。该项数据表明至少半数以上职工能及时了解医院内部经营状况和重大方针政策,但仍有一定比例职工对此不甚了解,这为深化院务公开民主管理工作提供了改善的方向。

3. 院务公开民主管理工作对促进医院民主建设、廉政建设的作用

认为"作用很大"和"有一定促进作用"的职工占总人数的95.2%,认为"作用不大"及"没有作用"的占4.8%。各家医院两者所占比例分别为:儿童医院(90.0%、10.0%)、复旦大学附属妇产科医院(95.9%、4.1%)、国际妇婴保健院(97.8%、2.2%)、上海市第一妇婴保健院(96.6%、3.4%)、胸科医院(88.6%、11.4%)和上海市精神卫生中心(100.0%、0.0%)。这表明在职工心目中,院务公开民主管理工作对医院的民主建设、廉政建设具有普遍意义和积极作用,也充分说明了院务公开工作开展的有效性和必要性,为进一步做好院务公开工作提供了事实基础和理论依据。

4. 对涉及医院发展的重大问题是否做到事务公开、程序公开、结果公开

根据调研数据显示,回答"是"、"否"和"不清楚"的职工分别占总调查人数的79.3%、3.8%和16.9%。各医院占比分别为:儿童医院(62.0%、0.0%、38.0%)、复旦大学附属妇产科医院(77.6%、4.1%、18.4%)、国际妇婴保健院(73.9%、8.7%、17.4%)、上海市第一妇婴保健院(84.6%、3.4%、12.1%)、胸科医院(84.1%、6.8%、9.1%)和上海市精神卫生中心(85.3%、0.0%、14.7%)。该数据表明对涉及医院发展的重大问题总的来说能做到三公开,但该项工作仍有深入开展的余地,可能存在事务公开、程序公开、结果公开只落实其中一到两项,即公开不全面的问题,同时可能存在宣传不到位、制度不健全的问题,在今后深入开展院务公开工作中需要继续加大工作力度。

5. 职工认为院务公开的内容是否可信

选择“是”、“否”和“不清楚”的职工占比分别为84.7%、1.6%和13.7%。各医院占比分别为：儿童医院(56.0%、2.0%、42.0%)、复旦大学附属妇产科医院(87.8%、2.0%、10.2%)、国际妇婴保健院(89.1%、0.0%、10.9%)、上海市第一妇婴保健院(89.3%、2.0%、8.7%)、胸科医院(88.6%、2.3%、9.1%)和上海市精神卫生中心(91.2%、0.0%、8.8%)。这表明在大部分职工心目中，院务公开是具有可信度的，肯定了院务公开开展的必要性。医院可以利用院务公开这一项日常工作，将关系到医院和职工的政策内容等展示给职工，搭建两者双向沟通的平台，加大院务公开民主管理工作的力度，也有助于职工增强对该项工作的信任度。

6. 对监督检查工作是否重视、有力度

认为“是”、“基本是”和“不是”的职工占总人数的比例分别为70.7%、28.5%和0.8%。各医院占比分别是：儿童医院(40.0%、60.0%、0.0%)、复旦大学附属妇产科医院(71.4%、24.5%、4.1%)、国际妇婴保健院(71.7%、28.3%、0.0%)、上海市第一妇婴保健院(80.5%、19.5%、0.0%)、胸科医院(81.8%、15.9%、2.3%)和上海市精神卫生中心(55.9%、44.1%、0.0%)。整体数据显示医院对院务公开民主管理工作的监督检查工作方面基本能做到重视、有力度。在监督力度问题上仍有一定的上升空间，这涉及负责监督人员的权力、意愿和执行等问题，将在后文深入探讨。

7. 在院务公开民主管理工作中职工最关心的项目

根据6家医院职工总数统计，职工最关心的项目排名前三位的分别是：涉及职工切身利益的事(占总数的65.1%)、医院改革与发展的大事(占总数的23.9%)及医院经费预决算、财务收支和招待费使用情况(占总数的3.2%)。这表明职工对于涉及切身利益的问题最为关心，今后在院务公开民主管理工作的深化过程中，要加强关于该项目的公开范围和力度，投其所好，将院务公开工作做实做好。

8. 职工认为加强院务公开民主管理工作最重要的项目

根据6家医院职工总数统计，职工认为加强院务公开民主管理工作最重要的项目排名前三位的分别是：领导重视，带头公开(占总数的35.2%)、公开制度要健全(占总数的32.8%)和监督机制要健全(占总数的20.7%)。这表明在职工看来，医院管理者的重视程度和相应投入是加强该项工作的重点，同时，制度方面的合理与否也影响到院务公开工作的进一步管理和落实。

9. 职工认为深化院务公开民主管理工作中公开难度较高的项目

根据6家医院职工总数统计，职工认为深化院务公开民主管理工作中公开难度较高的项目排名前三位的分别是：医院领导的收入公开（占总数的43.0%）、医院大额资金使用情况（占总数的26.3%）和重大项目及时公开（占总数的12.1%）。这表明涉及医院管理者的收入公开及由医院上层建筑决定的大项目及资金会成为进一步深化该项工作的难点，这与医院管理者对院务公开工作的态度和具体实行有关，将在后文继续探讨。

10. 职工认为公开过程中做得较好的项目

根据6家医院职工总数统计，职工认为公开过程中做得较好的项目排名前三位的分别是：医院建设重大事项（占总数的32.3%）、涉及职工的切身利益（占总数的22.0%）和大宗物资招标采购情况（占总数的19.6%）。这表明医院在以上三项内容的公开工作上下功夫、抓落实，由职工的反响可见公开工作的效果，对今后继续深化院务公开管理工作具有积极意义和启示。

11. 职工认为破解深化院务公开民主管理工作难点的途径

根据6家医院职工总数统计，职工认为破解难点的途径排名前三位的分别是：职工加大参与度（占总数的32.3%）、领导加强重视（占总数的26.1%）和加强监督力度（占总数的22.8%）。数据显示出职工参与院务公开民主管理工作的积极性，医院管理者对院务公开工作的影响，同时肯定了民主监督的积极作用，这对今后开展工作具有促进和引导作用。

二、深化院务公开民主管理工作的难点

根据此次调研数据，结合工作中开展院务公开民主管理工作的实际认识，现对在深化院务公开民主管理工作过程中存在的难点问题，逐一进行探讨和分析。

1. 医院管理者的重视程度问题

从调查中发现，领导重视、带头公开是院务公开民主管理工作中的重要环节之一，而职工心目中公开难度较高的，如医院领导的收入公开、医院大额资金使用情况和重大项目及时公开，均与医院管理者有着密不可分的联系。作为一项常规工作，能否得到领导重视和重视的程度很大程度上决定了民主管理工作的最终效果。在当前运作模式下，医院管理者对于相关落实部门尚有很大影响，如何使医院管理者对院务公开民主管理工作足够重视，认识其对医院长期健康发展的重要性，将有利于进一步深化院务公开工作。对于医院管理者来说，院务公

开将对管理工作增加舆论压力，有悖于部分管理权力的行使，同时相应增加的工作量，也可能使管理者产生多一事不如少一事的想法，但正是这阻碍了院务公开民主管理工作的进一步深入。

2. 院务公开制度的健全问题

调查显示，职工对医院内部经营状况、重大方针政策是否能及时了解这一问题上仍有改善的空间，对涉及医院发展的重大问题是否做到事务公开、程序公开、结果公开等仍有深入开展工作的余地。医院在院务公开工作上的成效，不能将砝码压在个别领导和执行人这一随机因素上，而需要时刻有加强民主管理的理念，使院务公开民主管理工作逐步形成机制完善、制度健全的体系。还需要在开展院务公开工作的过程中积累经验，将经验凝结成具体的可操作的程序，同时此规范具体操作有时间节点、有公开形式、有相应范畴等具体细节，有法可依，有章可循，无需依赖于某一人，保证院务公开民主管理工作的顺利开展和有效执行。

3. 院务公开的公开程度问题

从调查中可见，近年来院务公开已在各大医院广泛推行，为职工参与民主管理提供了平台，为医院健康稳定发展奠定了坚实基础。其实，深化院务公开民主管理工作的难点很大程度上与院务公开的公开程度有关，体现出相关工作开展的过程是否流于形式。公开不到位、公开内容缺乏依据将导致职工对院务公开工作的不信任和不关心，认为公开和不公开一个样，公开的内容不真实，期待公开的内容不公开，这不仅不利于该工作的后续开展，也将大大阻碍院务公开民主管理工作的开展，对医院的和谐发展产生副作用。

4. 监督检查工作的力度问题

从调查中看到，职工认为院务公开民主管理工作在监督力度上仍有一定上升空间，有力的监督检查对于保证院务公开工作的质量有促进作用。这涉及负责监督人员的权力、意愿和执行等问题。具体地讲，监督人员是否有实权监督该项工作；遇到公开不力的具体事宜是否能对执行者产生压力将其引上正轨；是否存在怕得罪医院管理者的问题。在具体操作过程中，这一系列问题都将影响到院务公开工作的最终走向。

三、试探破解院务公开民主管理难点的途径

院务公开工作是医院一项常抓不懈的重要工作之一，捕捉到难点问题后，设

法找到破解难点的途径对今后开展院务公开民主管理工作具有指导意义。

1. 提高全员知晓率，提升职工参与度

职工认为破解难点的途径排名首位的即是职工加大参与度。要提升职工参与该项工作的积极性，很大程度上取决于职工对院务公开民主管理工作的认识程度，取决于职工是否能真正了解该项工作的内容和实质。这需要医院加强宣传力度，提高全员知晓率。医院可以在院周会、职代会、工代会等各类会议上宣传造势，可以在院网、公告栏、宣传栏上广泛动员，还可以通过征求意见、召开座谈会、分发问卷、设立信箱等各种形式采集意见和建议，提高职工对院务公开民主管理工作的认知率和参与率，营造众人参与的民主氛围。如曙光医院的职工沙龙、儿科医院的"聊聊吧"等职工沟通平台，也有效保证了职工的民主参与，保证院务公开民主管理工作的长期深入开展，使职工对该项工作的认识不断加深，并在不断加深过程中，形成有利于民主管理工作的理解和支持的文化，从而推动医院各项工作有效开展。

2. 加强领导重视，赢得有力支持

领导重视是职工认为破解院务公开民主管理工作难点的有效途径之一，医院管理者在日常的党政工作中具有举足轻重的作用，得到管理者的支持将大大加强院务公开民主管理工作的执行力度，在很大程度上能够推进工作的深入开展。要使管理者认识到深入开展该项工作的重要性，对院务公开工作在医院长效健康发展上的重要作用有明确认识，如院务公开工作有利于提高医院的社会效益和经济效益，提高职工的工作效率，营造和谐健康的医院大环境等等。上海市第一妇婴保健院的"Face to Face"职工面对面沙龙，为职工与医院管理者直接面对面交流作了有益尝试，有了领导的重视和支持，可以加深院务公开的公开程度，成为实际工作执行者和监督检查执行者的有力后盾，可为院务公开民主管理工作过程中的诸多问题扫清障碍。

3. 加大监督检查力度，确保公平公开公正

院务公开涉及与医院、职工相关的许多重大问题和利益问题，对院务公开工作的监督检查既是对相关工作的敦促，也是一种动力；有效的监督检查是确保院务公开民主管理工作良好开展的重要环节。负责监督的相关组织应把院务公开监督工作开展得更为有效，更有针对性。上海精神卫生中心每年就职代表的相关意见提出了"环形工作法"，夯实了各职能科室的落实力。同时广大职工的舆论监督也应成为对院务公开工作的有力监督。职代会、工代会等仍然应成为广大职工积极反映意见和建议的重要途径，而为职工搭建更多更新的平台参与监

督，拓宽民主渠道，是促使院务公开民主管理工作有效进行的必然之路。

4. 健全相关机制，提供组织保障

院务公开工作作为一项长效工作有序开展，医院要在制定和完善院务公开相关规章制度的基础上，将院务公开工作列入日常考评内容，狠抓落实。及时完善规章制度规范院务公开工作，做到有章可循，以制度管理人，以制度管理公开工作，促进工作的有效落实和顺利开展。医院在设立院务公开相关专项小组负责院务公开整体推进工作的同时，要做到明确分工，各司其职，层层落实，确保院务公开工作有计划、有安排、有部署，明确公开时间和抓好落实工作。深化院务公开民主管理工作调动了职工参与的积极性和主人翁意识，增强了上下双向沟通，增强了医院内部的凝聚力和向心力，保障了职工的知情权和监督权，从而促进医院各项事务健康稳定发展。院务公开民主管理是一项长期的工作任务，需要不断地完善和改进。只有做到领导重视、制度规范、宣传到位、职工参与、监督有力、公开及时，才能发挥院务公开民主管理工作的积极作用，真正做到使职工放心，让群众满意。

（本文获第十六届年会征文一等奖）

职工满意度现状及其影响因素的调查研究

唐文佳
（上海交通大学医学院附属瑞金医院）

当前正处于公立医院改革的关键时期，公立医院作为我国医疗卫生系统的主体和骨干力量，其内部改革是新医改的核心内容之一，成效直接关乎医改的成败。作为医院的主体，医务人员应牢固树立并落实“医者先行”的理念，在全面推进公立医院改革的过程中充分发挥主观能动性，成为医改的支持者、参与者和推动者。本课题拟通过对医院职工满意度的全面普查，了解当前职工满意度的现状，发现影响满意度的多维因素，并结合医院发展实际，针对影响职工满意度的主要瓶颈问题，顶层设计和制度建设问题及拓宽和建立服务群众、创新载体长效机制问题，提出具有可操作性及时效性的改善途径，以提高广大医务职工的工作满意度，增强公立医院服务改革的凝聚力。

一、研究方法

（一）研究对象

本次调查以瑞金医院全体在职职工为调查对象，共发放问卷 3 000 份，回收有效问卷 2 492 份，有效回收率为 83%。

（二）调查方法与内容

1. 调查方法

（1）文献研究法与专家访谈法。课题组成员在万方网、维普网等文献搜索平台，通过“群众路线”“公立医院改革”“凝聚力”“满意度”及“评价指标”等关键词的搜索，查阅了《英国 NHS 医院职工满意度评价体系》等参考文献二十余篇，归纳总结了影响职工满意度的 10 个一级指标和 28 个二级指标。并借助半结构访谈，对医院职工满意度的现状及对策进行了深层次探讨。

(2) 德尔菲(Delphi)法。本课题通过二轮专家意见征询、归纳、修改，最后汇总成基本一致的6个一级指标及20个二级指标。在第一轮征询结果中，列出的10个一级指标的平均均值为8.79分，低于平均值的指标有3个，变异系数大于等于20%的指标有4个(与均值有重复)，表明专家对这些指标的意见分歧较大，最终去除低于均值且变异系数大于20%的4个一级指标；在28个二级指标中，平均均值为8.65分，为减少误差，以90%置信区间为均值范围，低于均值且变异系数大于20%的指标有4个；同时根据专家意见，将“员工对政策、制度的知晓度”与“政策制度的公开性”进行归并，并新增“特殊事件中，医院对员工的态度”这一指标，然后按照第一轮指标的秩均值排序，进行筛选后，共有6个一级指标及24个二级指标进入第二轮评分。在第二轮指标征询中，6个一级指标均得到较高的均分和较低的变异系数全部入选，而24个二级指标的平均分为8.82分，取高于平均分且变异系数小于20%的20个指标入选，由此形成最终的影响职工满意度的指标体系(表1)。

表1　影响职工满意度的指标体系

一级指标	二级指标
对医院综合竞争力评价	对医院综合实力的评价 对医院发展前景的评价 对医院学科人才竞争优势的评价 对医院诊疗水平的评价
对医院内部管理政策与制度制定的满意度	对医院制度公开性的满意度 对医院制度合理性的满意度 对医院制度公平性的满意度 对医院人性化管理流程的满意度 对医院征奖惩制度的满意度
对工作环境的满意度	对医院职业防护措施的满意度 对医院提供的工作及休息环境的满意度 对工作强度的满意度
对福利与待遇的满意度	对薪酬水平的满意度 对医院提供福利保障的满意度
对医院文化情感的满意度	对上级领导力的满意度 对科室相处融洽情况的满意度 对医院文化的认可度 对与上级领导的沟通情况的满意度
对个人晋升与发展的满意度	对职工培训的满意度 对职工职业发展规划的满意度

本次调查中所选专家皆具有较好的工作经历和背景，其分别来自医院高级管理层、中级管理层、临床科室管理层，共30人。所有统计结果均从专家权威性(权威系数0.74)、集中性(变异系数)、协调性(第二轮Kendall's系数为0.434，较第一轮0.242，专家意见协调逐渐趋于一致)等方面进行分析。

2. 调查内容

本调查问卷采用定量和定性相结合的调查方式，由两部分构成，第一部分是基本情况，包括被访者的年龄、性别、工作年限、政治面貌、文化程度、岗位、职称以及职务等基本信息。第二部分为问卷主体，就德尔菲法得出的6个一级指标的20个二级指标进行调查，并设有若干开放性问题以利于信息采集的完整性。

3. 统计方法

问卷中涉及满意度的20个指标采用Likert量表评分，每个指标由"非常不满意"→"非常满意"分别对应"1分→10分"进行评价，总体满意度评分取各个指标的平均值，即以10分为满分。问卷数据采用SPSS 11.0统计软件进行输入与分析，结合定量、定性方法进行归纳。

二、研究结果

(一) 基本情况

本次调查发出问卷3 000份，在回收的2 492份有效问卷中，医师占26%，护理人员占47%，科研人员占2%，卫技人员占12%，行政人员占9%，后勤人员占5%，与医院人力资源处统计的全院在编职工人员构成比例相符。其中，高级职称占12%，中级职称占28%；临床科室负责人有93人，科级干部39人，处级及以上干部21人；中共党员占26%，民主党派3%，团员22%，群众49%。

(二) 数据分析报告

1. 总体满意度

此次调查的总体满意度与预期基本相符。从6个一级指标来看，职工对"福利待遇"的满意度最低，对"医院文化情感"的满意度较高。根据20个二级指标的测评结果显示，职工普遍对医院的"薪酬水平""福利保障""工作休息环境""工作强度"四个指标得分较低，分列最后四位，而对"同事相处融洽度"以及"上级领导的领导能力"的满意度最高。其次，职工对于医院的综合实力、发展前景、学科人才竞争优势以及诊疗水平的评价略高于总体满意度。同时，对于奖惩制度、制度实施的公平性、管理流程以及职业发展规划等指标，大部分职工表示仍需改进，得分均在总体满意度之下。

2. 分类满意度测评结果

(1) 按不同岗位进行分类(表2)

表2　不同岗位的职工满意度测评结果

岗位	医院整体评价	医院管理政策与制度制订	工作环境	福利待遇	文化情感	个人晋升发展	总体满意度
医师	8.06	6.60	6.09	5.30	8.18	6.83	7.02
护理	8.69	7.77	7.22	6.58	9.14	7.87	8.03
科研	9.06	8.27	7.98	6.93	8.92	8.47	8.40
行政	8.72	8.36	8.04	7.50	9.31	8.08	8.45
卫技	8.67	7.67	6.90	5.96	8.46	7.43	7.72
后勤	8.63	8.11	7.93	6.86	8.71	7.62	8.14

注：满意度得分 T 检验 $P=0.01<0.05$，不同岗位之间有显著差异，具有统计学意义。

在不同岗位的职工满意度中，医师的总体满意度最低，仅7.02分，其次是后勤、卫技、护理以及行政人员，科研人员的满意度最高，为9.06分。按六个纬度看，医师群体的各项指标也均为最低，尤其是对医院的福利待遇及工作环境的满意度更是只有5.30与6.09分，而卫技和护理人员的这两项指标的满意度也不高。在个人晋升与发展发面，医师及卫技群体的满意度较低。

(2) 按专业技术资格的职工进行分类(表3)

表3　不同专业技术资格的职工满意度测评结果

专业技术资格	医院整体评价	医院管理政策与制度制订	工作环境	福利待遇	文化情感	个人晋升发展	总体满意度
初级	8.72	7.75	7.20	6.52	9.11	7.82	8.02
中级	8.27	7.09	6.60	5.90	8.46	7.16	7.41
副高级	7.87	6.63	6.21	5.24	8.12	6.79	6.99
正高级	8.35	7.49	7.06	6.47	8.33	7.65	7.68
未评级	9.06	8.39	7.79	6.91	9.24	8.18	8.43

注：满意度得分 T 检验 $P=0.01<0.05$，不同专业技术职称之间有显著差异，具有统计学意义。

据统计结果可见，副高群体对医院的满意度整体较低，其次是中级群体，而年轻的、入院时间较短的职工由于受医院品牌的影响，对医院的满意度相对更为乐观。其中，副高群体对于福利待遇、工作环境、医院管理、及个人晋升与发展的满意度均分仅为6.21分，而正高群体的此4项均分为7.16分，明显高于副高群体。

(3) 按行政职务进行分类(表4)

表4　不同行政职务的职工满意度测评结果

行政职务	医院整体评价	医院管理政策与制度制订	工作环境	福利待遇	文化情感	个人晋升发展	总体满意度
临床科室负责人	8.75	8.16	7.45	6.76	8.89	7.91	8.15
副科级	8.69	8.24	8.25	7.15	9.53	8.56	8.51
正科级	8.83	8.75	8.80	8.36	9.50	8.73	8.88
副处级	8.76	8.38	8.17	7.43	9.31	8.40	8.52
正处级	9.17	8.91	8.07	8.53	9.67	8.16	8.87
其他	8.55	7.52	6.99	6.24	8.82	7.56	7.78

注：满意度得分 T 检验 $P = 0.01 < 0.05$，不同行政职务之间有显著差异，具有统计学意义。

从全局看，有职务的群体比普通职工的满意度略高，其中正处级干部和正科级干部的满意度均接近9分，而临床科室负责人及普通职工的满意度相对较低，尤其是在“福利待遇”及“工作环境”方面，这与不同岗位分类中行政人员得分相对较好的结果相匹配。

三、讨论

根据以上调查结果可见，全院职工对于医院所提供的福利保障及薪酬水平的满意度最低，其次是工作休息环境及工作强度。说明使职工感到不满意的主要因素是收入和环境问题，也就是物质化的保障因素。

在医院综合竞争力方面，职工总体评价达到了8.57分，说明大部分职工对医院有较好的集体荣誉感和认同感。但相较而言，医师群体的评价较低，尤其是在“学科人才发展优势”及“医院诊疗水平”方面，仅为7.8分左右，作为医疗服务的主体，医生没有因为医院的“金字招牌”而妄自尊大，更多的是客观地审视自身的不足、居安思危。但作为医院管理者，更应思考如何在医务人员心中重塑对医院发展的信心，增强凝聚力。

在医院内部管理政策与制度制订方面，职工的满意度也有待提升，尤其是在奖惩制度、人性化管理流程及制度执行的公平性方面，需要进一步改进和优化。

在个人晋升与发展方面，职工对于接受培训的满意度评价尚可，对于职业发展规划略低。其中，医师群体、副高职称和中级职称群体对此满意度最低，这也与他们的职业发展特性相符。医师作为高学历、高压力人群，对自身业务能力的提高和个人职业发展的需求更为迫切；而他们中的副高及中级职称群体由于工作压力大，再加上职称晋升等瓶颈问题，难免影响工作情绪和满意度。作为医院的中流砥柱，管理层需要对此类人群多加关注，解决他们的实际困难，激发他们的工作热情。

医院文化情感方面是整体满意度中最高的指标，说明职工对于医院上级领导的领导能力、职工间的相处融洽度以及医院文化的认可度还是较高的，医院大部分科室的团队建设取得了较好的成效，但也有部分职工对于医院的愿景及发展规划知之甚少，说明医院在培育医院文化、加强医院发展愿景目标宣传等方面仍有待加强。

综上所述，我们可以看到，在职工心中，除了薪酬待遇外，个人的发展与拥有更为公平和人性化的工作环境也同样重要。这样的结果，符合马斯洛需求层次分布理论——在物质的基础层面上追求更高的精神和价值实现。因此，薪酬待遇是影响职工满意度的基础性问题，而职工个人的成长与发展则是根本性问题。同时，我们也应该客观的认识到，当下整个社会环境对医疗从业人员的工作满意度的影响也是不容忽视的，无论是政策的制定还是尊医、爱医的氛围，都需要全社会共同努力，为医务工作者积极营造更为和谐的执业环境。

四、对策与建议

职工凝聚力是企业核心竞争力的重要标志，是职工共同的理想追求、责任、使命以及思想文化和价值观念的集中体现，对企业的持续发展起到至关重要的作用。作为医院管理者，应在医院能力所及的范围内，更好地营造尊重职工、关爱职工、激励职工的良好氛围，实现职工个人价值和医院发展的有效结合。

1. 制订发展愿景，明确奋斗目标

据调查显示，少部分职工、尤其是高年资职工，对医院发展目标知之甚少，这需要引起管理层的高度重视。明确的发展目标能够成为全体职工为之努力奋斗的动力。医院要在医疗、教学、科研、学科建设等各领域保持竞争优势，就必须根据医院发展现状，做好未来发展的顶层设计，明确医院中长期发展目标和规划，通过广泛的宣传、教育和培训，使每一位职工对医院发展愿景和目标都充分地知晓，上下统一认识，形成合力，向着共同的目标努力。

2. 重视制度建设，夯实群众路线

医院的愿景和战略是通过相应政策制度的制定与实施得以实现的，因此践行群众路线，重视制度建设是前提。据调查结果显示，制度建设包括拥有完善的用人制度、薪酬制度、福利制度、激励制度等。通过调查可以看到，职工更为注重的是医院如何将制度设计倾向于科学化、规范化和人性化。只有在一个管理政策与制度相对公平、公正的原则下，职工才能受到鼓舞而自愿付出更多的努力以达成更高的组织绩效目标。

3. 创造公平环境，提供发展平台

此次调查中，职工对于制度的公平性及个人发展的评价不高，的确，在现行的公立医院医疗体制下，医院能否公平地为职工提供成长和发展的条件与机会，是职工极为关注的问题。公平可以使职工踏实地工作，使职工相信付出多少就会有多少公平的回报。因此，必须在医院内创造公平、公正、公开的工作环境。

4. 完善福利体系，保障职工权益

薪酬福利指标是本次调查中满意度最低的指标，显然它是影响职工满意度的主要因素之一。医院是知识密集型单位，一定的福利待遇有助于增强职工的主人翁责任感，能够促进其主观能动性和内在潜力的发挥。因此在福利待遇的分配上，要做到赏罚分明、多劳多得，鼓励有能力有技术的人多做贡献，多获得报酬。同时，行业内其他单位的薪酬水平对职工流动的影响是巨大的，这也是医院能否吸引和保留人才的关键因素之一。因此医院在薪酬水平上要保证在关键人才或岗位要有竞争力，并且注重绩效与工作量的配比，使得职工与团队愿意付出更多，摒弃“重物质，轻人力”的观念，建立具有长期竞争力的薪酬激励机制。当然，我们也希望政府相关部门在制定政策的时候，能够充分考虑到医疗行业的特殊性，更多地了解和考量国内外医疗行业的现状，给予从事高风险、高压力、高难度、高要求的人群以更多的关怀与支持。

5. 坚持以人为本，优化工作环境

职业防护措施和工作环境的优劣与职工的切身利益休戚相关，而在此次调查中，这一指标也并不乐观。因此，医院要坚持“以人为本”的管理理念，努力为职工创造整洁、安全、文明的工作环境，尽可能地为职工提供便利，促使职工拥有良好的心情和心态面对工作，提升工作幸福感。医院还应针对当前医患关系紧张的潜在隐患，从人防、技防等多方面加强安保，保障医护人员的人身安全，例如在门诊、急诊安装“无线信号发射（按钮式）报警系统”，实现报警全覆盖。

6. 营造和谐氛围，倡导诚信友善

医院各方面关系融洽，行为协调，在医院建设中不可或缺。而职工群体是由不同的个体组成的，让每位职工都能团结在一起，具备相容性，就需要领导与职工、职工与职工之间增进沟通和交流，相互之间能畅所欲言，建立起和谐的同事关系、上下级关系。

据调查结果看，职工普遍对医院内上下级及同事相处的氛围感到满意，这与院方的努力密不可分。为了营造诚信、友爱、和谐的，医院一方面加强科主任培训，引导科室加强凝聚力建设和民主管理；同时建立院党政领导与科主任及职工的非正式沟通机制，凝心聚力，达成共识；另外，进一步畅通院内信息传递渠道，利用微信平台及视频转播系统，实现医院信息的直接传递，让职工都能以主人翁的姿态积极参与医院发展。

7. 尊重关爱职工，加强文化建设

在此次调查中，职工对医院文化情感的评价最高。医院文化是医院发展的精神指引，每个组织都需要自身特有的文化内涵，一种关爱职工的企业文化必定能够给予职工足够的工作支持。因此，医院在大力发展“硬件”的同时，需十分注重医院和学科优秀文化的培育，以核心价值观为导向，以先进文化为引领，以各类活动为载体，营造和谐的工作氛围。

提升职工凝聚力是医院发展的基石，职工凝聚力的高低取决于职工对工作回报、工作环境、工作群体、工作本身，以及对服务单位等因素的满意程度。而提升医务人员的满意度又是一项系统的工程，它需要融合社会各界的力量予以关注和支持。因此，医院可以做的，就是在力所能及的范围内，努力将“以人为本”的理念做到最好。当下，是公立医院改革的关键时期，也是医疗行业内“人才难找，留才不易”的挑战时期，医院党委要结合医院发展实际，加强满意度测评结果的运用，对满意度测评结果中涉及的主要问题要切实采取有效改进措施，保障职工满意度的逐步提升，从而真正发挥满意度测评的正确导向作用，把全部工作的出发点和落脚点真正体现在全心全意为职工、为患者服务上。进而，能够以强有力的医院凝聚力，留住、吸引更多优秀的人才，从内心深处激发每个职工的积极性、主动性和创造性，努力培养出一支敬业、忠诚的医务职工队伍，为推动公立医院改革发展助力。

（本文获第十九届年会征文一等奖）

上海市新医改前后医务职工工作满意度差异的调查分析

陶建民　陶黎英　秦　艺

（上海市第十人民医院）

一、研究背景

随着医学模式的转变，医疗保障制度和医疗卫生体制改革的深入，作为医疗卫生服务终端的公立医院，集各种矛盾和问题于一身，成为医改绕不开的“堡垒”。当前，我国公立医院正处在公益性与积极性由失衡向均衡转型的历史时期。长期以来，由于工资低、工作环境差以及医务工作的高风险，导致我国医务人才归属感、荣誉感、幸福感严重降低，影响了医务职工的身心健康以及我国医疗卫生服务的发展。为了稳定医疗队伍，新医改不仅确保了医务人员的合理待遇，而且改革了医疗卫生机构补偿机制。此外，新医改还提出了调整技术劳务价格、探索多点执业、优化执业环境、扩大培训机会等政策来提高医务人员积极性。

因此，本文通过对新医改前后医务人员满意度的调查与分析，探讨提高医务人员满意度与积极性的对策，为保障医务职工的身心健康，建立与医改配套的医务职工维权机制提供依据。

二、调查对象与方法

1. 调查对象与抽样方法

本研究以上海市医务人员为调查对象，选取上海市 6 家三级甲等综合性公立医院，采用配额抽样，即依据每家医院不同岗位的人员比例，随机抽取 100 名医务人员作为本次调查对象，包括临床医生、护理人员、医技人员及行政管理人员。

2. 调查工具与内容

本研究通过文献评阅、医务人员访谈和专家咨询等方法，自行编制医改前后医务职工积极性对比调查问卷。调查内容涵盖了医务人员的个人基本信息、工作满意度、薪酬福利、工作环境、管理制度、职业发展等6个部分在医改前后变化的感受对比。条目采用Likert 5级评分法，将医务人员的满意程度分成满意、较满意、一般满意、不太满意和不满意5级，1表示不满意，5表示满意。

本次调查共发放问卷600份，回收问卷600份，其中有效问卷551份，有效率达91.8%。

3. 统计学方法

所有调查问卷使用EpiData 3.1软件对数据进行录入并建立数据库，并使用SPSSl 7.0软件对数据进行描述性分析、非参数Wilcoxon符号秩检验、Kruskal—Wallis检验，检验标准为$\alpha=0.05$。

三、研究结果

(一) 医改前后医务职工满意度差异对比

1. 职工总体满意度

调查数据经Explore分析，不符合正态分布，因此使用非参数Wilcoxon符号秩检验。结果显示，医改前后总分有差异，且具有统计学意义，医改后职工总体满意度较医改前有所提高。($Z=-13.365$，$P<0.001$)(表1)

表1　医改前后总分差异

时间节点	均值	Z值	P值
医改前	65.577 1	−13.365	<0.001
医改后	71.279 5		

2. 管理制度方面

管理制度方面包括医院的管理制度和业务流程以及对科室领导的总体印象，检验结果显示，医改前后得分有差异，且有统计学意义，医改后总分高，职工满意度较高。($Z=-8.875$，$P<0.001$)(表2)

表 2　医改前后医院管理总得分差异

时间节点	均值	Z 值	P 值
医改前	7.686 0	−8.875	<0.001
医改后	8.205 1		

3. 工作内容方面

工作内容包括“工作所带来的成就感”“在医院受到的公平对待与尊重”“作息时间和加班程度”几个方面。调查显示，医改前后工作本身得分差异较小，因此不能认为医改导致职工对工作本身的满意度有差异，不具有统计学意义。($Z=-1.528$，$P>0.05$)(表 3)

表 3　医改前后工作本身总得分差异

时间节点	均值	Z 值	P 值
医改前	10.375 7	−1.528	0.127
医改后	10.163 3		

4. 工作环境方面

工作环境方面包括“工作环境(办公环境、绿化、灯光、温度、通风)”“医院对职工工作安全和身心健康的关注”“相对于同行，医院的设备状况”。调查显示，医改前后工作环境得分有差异，医改后得分高，且有统计学意义。($Z=-11.997$，$P<0.001$)(表 4)

表 4　医改前后工作环境总得分差异

时间节点	均值	Z 值	P 值
医改前	10.333 9	−11.997	<0.001
医改后	11.441 0		

5. 人际沟通和工作压力方面

调查中人际沟通和工作压力方面包括与上级领导的沟通交流、同事间的合作配合以及工作压力的大小。结果显示，医改前后人际沟通和工作压力得分有差异，医改后得分高，且有统计学意义。($Z=-10.243$，$P<0.001$)(表 5)

表 5　医改前后人际沟通和工作压力总得分差异

时间节点	均值	Z 值	P 值
医改前	10.925 6	−10.243	<0.001
医改后	11.816 7		

6. 个人发展方面

个人发展方面包括医院给予的培训学习机会和晋升发展机会。调查显示，医改前后个人发展得分有差异，医改后得分高，且有统计学意义。($Z=-9.814$，$P<0.001$)(表 6)

表 6　医改前后个人发展总得分差异

时间节点	均值	Z 值	P 值
医改前	6.798 5	−9.814	<0.001
医改后	7.368 4		

7. 资待遇与福利方面

工资待遇与福利方面包含了医院的工资待遇、绩效考核制度、总体福利、休假制度以及医院在尊重职工、关心职工、维护职工权益方面所做的工作情况的满意度。调查显示，医改前后工资待遇与福利得分有差异，医改后得分高于医改前，且有统计学意义。($Z=-11.409$，$P<0.001$)(表 7)

表 7　医改前后工资待遇与福利总得分差异

时间节点	均值	Z 值	P 值
医改前	19.457 4	−11.409	<0.001
医改后	21.245 0		

(二) 医改后医务职工满意度现状分析

1. 工对目前工作最满意部分

由图可知，医务职工目前对于人际关系和工作环境表示最满意的比例较高，达到 47.55%和 32.49%，而最满意晋升空间和工资收入部分的比例较低，为 3.81%和 5.44%。(图 1)

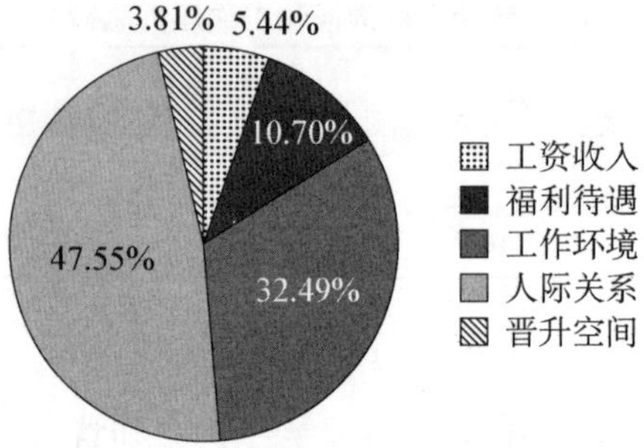

图1　职工对目前工作最满意部分

2. 职工最希望医院提供福利

调查显示，除五险一金外，在补充医疗保险、带薪休假、职工疗休养、职工社团活动和节假日补贴中，职工希望医院提供的最贴心的福利是带薪休假，比例高达54.26%。（图2）

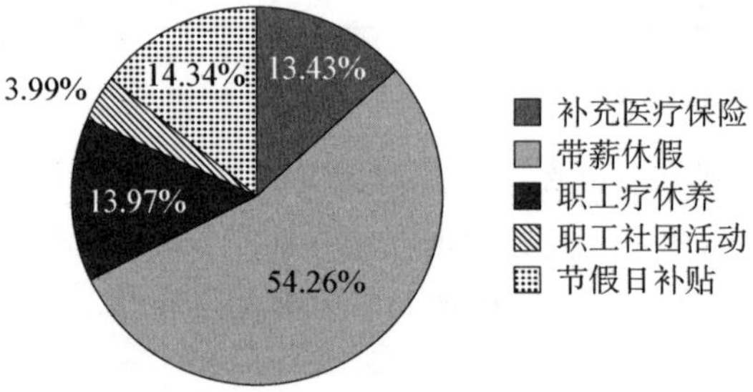

图2　职工最希望医院提供的福利

3. 对职工最有激励作用的福利

职工认为最具激励作用的福利为货币性福利的比例较高，为54.26%，其次为机会性福利，比例为27.95%。（图3）

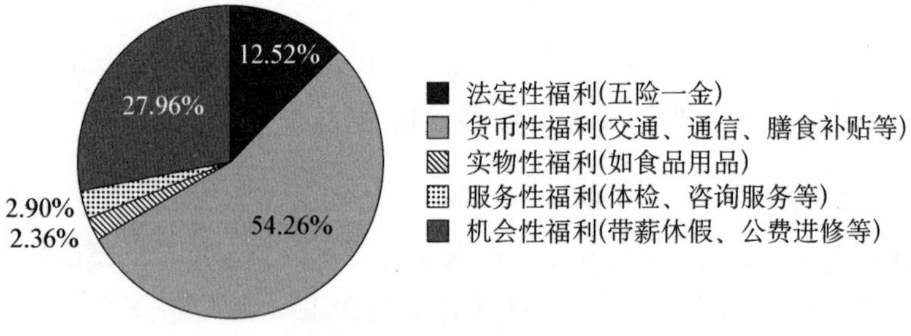

图3　最有激励作用的福利

4. 提高职工工作积极性的途径

高达86.75%的职工认为增加薪酬可有效提高职工积极性。此外，各有45.37%和40.83%的职工认为职务或职称晋升和良好的工作环境也是提高职工积极性的有效途径。

5. 职工自动离职的可能原因

调查显示，职工自动离职的可能原因为工资待遇低的比例最高，为66.97%，可能因承受不了工作压力的占48.64%，因工作环境恶劣的占44.83%。

(三) 医务职工满意度的影响因素分析

采用Kruskal—Wallis来检验不同性别、年龄、职务类别、职称、服务年限的受访者对于满意度判断是否有显著差异。

1. 性别因素

调查中男性与女性评分的差异较小，因此性别构成对问卷评分的影响无统计学意义。($\chi^2 = 1.379$, $P = 0.240$)(表8)

表8 性别对评分的影响

性别	均值	χ^2	P 值
男	263.67	1.379	0.240
女	281.13		

2. 年龄因素

20～30岁的青年医务人员评分较高，均值为336.72，而31～50岁年龄段的中年医务人员评分较低。可见作为医院的新鲜血液，青年医务群体普遍满意度较高。年龄因素会影响问卷评分的高低。($\chi^2 = 33.582$, $P < 0.001$)(表9)

表9 年龄对评分的影响

年龄	均值	χ^2	P 值
20～30岁	336.72	33.582	<0.001
31～40岁	246.45		
41～50岁	255.35		
51～60岁	261.31		

3. 婚姻状况因素

从婚姻状况来看,未婚人士评分显著高于已婚人士,可以猜想工作压力对于婚姻家庭生活有影响。婚姻状况会影响问卷评分的高低。($\chi^2=21.820$, $P<0.001$)(表10)

表10 婚姻状况对评分的影响

婚姻状况	均值	χ^2	P 值
已婚	258.33	21.820	<0.001
未婚	332.66		

4. 职务类别因素

行政人员评分均值较高为320.07,医生评分均值较低为238.82。可以猜想医生身处临床一线,工作技术性、危险性较高,压力较大;而行政人员工作环境相对较优,满意度更高。医务职工职务类别会影响问卷评分的高低。($\chi^2=16.233$, $P<0.05$)(表11)

表11 职务类别对评分的影响

职务类别	均值	χ^2	P 值
医生	238.82	16.233	0.001
护士	292.94		
医技人员	273.33		
行政人员	320.07		

5. 文化程度因素

调查显示,不同文化程度的医务职工评分差异较小,文化程度不会影响问卷评分的高低。($\chi^2=4.182$, $P=0.242$)(表12)

表12 文化程度对评分的影响

文化程度	均值	χ^2	P 值
专科	267.05	4.182	0.242
本科	291.93		
硕士	264.23		
博士	254.85		

6. 职称因素

数据显示，初级职称的评分均值较高，职称因素会影响问卷评分的高低。($\chi^2=11.443$，$P<0.05$)(表 13)

表 13　职称对评分的影响

职称	均值	χ^2	P 值
初级	291.48	11.443	0.003
中级	274.96		
高级	225.85		

7. 服务年限因素

因新医改是从 2009 年起始，因此本调查的样本对象都是选取服务年限满 5 年的医务职工。调查显示，服务年限为 5～10 年评分均值较高。服务年限会影响问卷评分的高低。($\chi^2=21.279$，$P<0.001$)(表 14)

表 14　服务年限对评分的影响

服务年限	均值	χ^2	P 值
5～10 年	299.37	21.279	<0.001
11～15 年	269.30		
16～20 年	298.81		
21 年及以上	220.37		

四、讨论与分析

总体而言，新医改后上海市三甲综合性公立医院医务人员的工作满意度与积极性较医改前有所提高。医院可通过以下途径进一步提高医务职工工作满意度与积极性。

1. 改善薪酬结构，改革补偿机制

调查显示，高达 86.75%的职工认为增加薪酬可有效提高职工积极性。世界卫生报告显示，我国仅用世界卫生总支出的 3%保证了世界 22%人口的基本医疗卫生服务。如此悬殊的比例主要是由于医务人员劳务费用的压缩，然而药品、检查等费用却逐步与国际水平接轨，甚至高于国际平均价格。医务人员收入报酬与实际付出的落差，大大打压了医务人员的工作积极性。这也助长了“红包”和“回扣”等现象。应改善薪酬分配体系，提高分配公平。医疗机构可以采取职位付薪(pay for position)、绩效付薪(pay for performance)、按人付薪(pay for person)相结合的 3P 薪酬管理模型，保证内部公平性。

除此之外，政府需有效落实对医疗卫生机构的财政投入和补助责任，完善公立医院补偿机制，降低药品和大型设备检查收入比例，改变当前“以药养医”的状况。

2. 改善执业环境，加强医院安保力量

与新医改前相比，职工对医改后工作环境的满意度有所提高，但仍有 44.83%的职工表示可能因工作环境恶劣而离职。必须从医疗卫生工作实际出发，尽快完善医疗纠纷处理机制和医疗责任保险制度，拓展医患双方维权的途径和方法，保障医患双方的合法权益。同时，医院应进一步优化办公环境、关注职工工作安全与身心健康。探索“医院警务室”和医务人员人身保险工作，加强医院安保力量，保障医务人员的人身安全。

此外，要正确引导舆论，加强医疗行业的正面宣传，提高医务人员的社会形象，缓解医患关系，营造理解、尊重医务人员的社会风气。

3. 改善作息时间与加班制度，减轻工作压力

调查显示，在工作压力方面，虽与新医改前相比职工满意度有所提高，但仍有 48.64%的职工可能会因承受不了工作压力而离职。目前由于医务人员配置普遍不足，职工休息得不到保障，医务人员工作压力较大。因此各医院应从尊重关心职工的角度，改善医务人员作息时间与加班制度，优化医务人员人力资源配置，减轻工作压力，提升医务人员工作积极性。

4. 完善人才培养机制，健全职称和职务晋升制度

调查发现，在个人发展方面，新医改前后均分仅提高了 0.57，且有 27.95%的职工认为机会性福利最具激励作用。面对晋升难的现象，医务人员对于医院提供的培训机会、晋升和发展机会普遍不满。新医改已提出了扩大培训机会等相关政策，医院也应成立人才培养组织机构，制定规划与方案，探索人才培养的途径和办法，建立人才培养长效机制，实施人才培养工程，为医务人员的自身发展搭建平台。此外还要遵循公开性、客观性、一致性、双向沟通和结果可辩驳性原则，确定更加合理的指标体系，建立健全公立医院医务人员职称和职务晋升制度。

5. 提高医院总体福利,完善职工休假制度

调查显示,医改后工资待遇与福利均分比医改前提高了1.79,职工满意度有了显著提高,但仍仅有3.81%的职工最满意医院的福利待遇。各医院仍需加强如法定性福利、货币性福利和机会性福利的提供,做好补充医疗保险、职工疗休养、职工社团活动等方面的工作。同时完善职工休假制度,保障职工休息休假权益,提升医务人员工作满意度与幸福感。

6. 建立良好医院组织文化,加强人文关怀

调查显示,青年职工的满意度总体评分较高,而已婚、中年、中高级职称以及服务年限较长的职工满意度总体评分较低。医院应建立公平、公正、公开的医院组织文化,针对不同群体关心每一位医务工作者的身心健康、家庭生活,实施关爱工程,加强人文关怀,营造良好的组织氛围。

五、结语

医务职工群体正处于当前社会的风口浪尖,各医疗单位尤其公立医院更应从各方面做好尊重职工、关心职工的工作,使医务人员产生对医院的归属感、认同感和荣誉感。同时可依托职工代表大会平台,不断加强党务、院务公开。搭建并拓展职工活动平台,关爱职工身心健康,进一步提升医务人员工作积极性与幸福感。

(本文获第十八届年会征文一等奖)

上海三级医院雇主品牌构成要素的初步研究

陈　玮　费　健　杨伟国　龚震晔
（上海交通大学医学院附属瑞金医院）

一、研究背景

2013年丁香园发布2012—2013年度中国医疗机构最佳雇主排行榜调查报告，最终有126家医院进入待选榜，位于上海的医院占了11席且评分靠前，凸显了在沪医院的强大实力。但随着国家对社会办医的大力支持，加之民营医院更注重提升和维护自身的品牌，民营医院受青睐程度持续攀升。调查显示，2013年民营医院接受简历总量增长幅度超过70%，上升程度最高。这表明医学专业的应届生从业态度正在发生着变化。

现今医疗行业正处于"人才难找、留才不易"的挑战时期，雇主品牌作为一个有效的战略，开始发挥巨大的作用。一个强有力的雇主品牌不仅能吸引招聘到优秀员工，还能培养敬业的员工队伍，将医院驶入发展的"快车道"。因而，初步建立雇主品牌构成指标，形成医院雇主品牌系列建设已迫在眉睫。

二、资料与方法

通过文献检索，归纳分析一些雇主品牌研究框架，借助半结构访谈，对"雇主品牌"现状及问题进行深层次探讨。访谈发现目前雇主品牌理论研究大多停留在定性层面，缺乏实证数据支持；雇主品牌也没有一个非常清晰的定义，往往与知名度相混淆。产生上述问题的主要原因是对雇主品牌的指标没有系统、完整的架构。

本次研究采用德尔菲(Delphi)方法，又称专家调查法。通过三轮专家对问题的看法，经过反复征询、归纳、修改，最后汇总成基本一致的结果。所有统计结果均从专家权威性、集中性、协调性等方面进行分析。

三、结果与分析

1. 专家可预测性和代表性

运用德尔菲法得到的结果可靠性主要取决于专家权威程度、对调查内容熟悉程度和专家本身权威性。在本次调查中，经反复讨论和研究，在选择专家方面主要注意了所选专家具有较好的工作经历和背景。调查专家分别来自上海交通大学人力资源管理者3位，上海交通大学医学院人力资源管理者4位，上海交通大学医学院直属医院长期从事人力资源管理专家20位，上海中医药大学附属医院1位，外企制药人力资源高管2位，共计30位专家参与咨询，完成首轮问卷专家28名。专家平均年龄42.6岁，其中超过20年以上工龄占42.9%，而在人力资源管理领域工作时间超过7年及以上专家占75%。在学历及职称方面，71.4%专家学历达硕士及以上。除了1位外企制药人力资源高管外，副高级及以上比例占了64.3%，专家组成具有权威性和代表性。

2. 专家权威度

通过专家对指标做出判断的依据(Ca)和专家对指标熟悉程度(Cs)2个因素来反映专家权威度。指标权威程度系数(Cr)等于该指标判断系数(Ca)和其熟悉程度系数(Cs)的算术平均值。预测精度随着专家权威程度的提高而提高。一般数值>0.7表示专家的预测结果具有可靠性。本次研究专家判断系数为0.80，熟悉程度系数为0.75，得出专家的权威程度系数为0.78。

3. 指标设计

指标设计参考“2013中国年度最佳雇主”及丁香园“中国医疗机构最佳雇主调查”评选指标。拟定医院雇主品牌构成一级指标如下。

(1) 外部雇主品牌指标，包括医院知名度和影响力；医院服务品牌形象；医院较高的社会地位；在人力资源市场拥有较好的声誉；医院规模和综合实力；医院重视品牌宣传与推广；医疗服务市场前景；社会责任。

(2) 内部雇主品牌指标，包括薪酬福利水平；晋升空间与个人发展；医院管理政策与制度；基础员工直接上级领导者角色；医疗服务质量；工作环境与内容；医院文化及核心价值；医院基础设施建设；医院信息技术能力。

4. 医院雇主品牌构成要素框架体系建立

(1) 有关指标增加。在第一轮问卷中，专家新增了部分指标，分别是外部指标中增加“患者对医院服务综合评价”;内部指标中增加“学科人才竞争优势”“学科品牌地位”“医院沟通途径及氛围”。

(2) 第一轮结果汇总。第一轮外部指标中,“晋升空间及个人发展”“薪酬福利待遇水平”的重要程度意见较为集中;“医疗服务市场前景”“医院社会责任”分歧较大。内部指标中“医院知名度”“医院品牌形象”的重要程度意见较为集中;“医院信息技术能力”“医院基础设施建设”分歧较大(表1)。

表1 第一轮专家意见汇总

序号	一级指标	均值	样本标准差	CV /%	满分比 /%	权重 /%	均值排序
1	医院知名度	9.62	0.74	7.7	76.2	14.0	1
2	医院服务品牌形象	9.57	0.75	7.8	71.4	14.0	2
3	医院规模和综合实力	8.38	1.94	23.1	47.6	12.2	12
4	在人力资源市场拥有较好的声誉	8.48	1.60	18.9	38.1	12.4	10
5	医院社会责任	8.10	1.84	22.7	33.3	11.8	15
6	医院拥有较高的社会地位和影响力	8.52	1.75	20.5	47.6	12.4	9
7	医疗服务市场前景	7.62	1.91	25.1	28.6	11.1	17
8	重视品牌宣传推广	8.29	1.79	21.6	42.9	12.1	13
9	薪酬福利待遇水平	9.29	0.96	10.3	61.9	13.5	4
10	工作内容及环境压力	8.86	1.35	15.3	52.4	12.9	7
11	晋升空间及个人发展	9.43	0.81	8.6	61.9	13.8	3
12	医院基础设施建设	8.24	1.45	17.6	28.6	12.0	14
13	医院信息技术能力	7.95	1.56	19.7	23.8	11.6	16
14	医疗服务质量	9.19	1.33	14.4	61.9	13.4	5
15	医院文化及核心价值	8.71	1.35	15.5	42.9	12.7	8
16	医院管理政策与制度	9.10	1.14	12.5	52.4	13.3	6
17	基层员工直接上级管理者角色	8.43	1.72	20.4	42.9	12.3	11

备注:表中变异系数(CV)=标准差/均值,表示专家对于同一指标意见的差异程度。变异系数越小,表示专家对指标的意见差异程度越小。

(3) 专家协调程度(Kendall 系数)。协调程度是为了检验专家对于雇主品牌指标看法一致性。协调系数在 0～1，系数越大，表示评分对象对于每个指标看法越趋于一致。根据国内文献资料，在卫生系统大型应用研究中，最后一轮 W 值在 0.5 左右。第一轮 Kendall's 系数 0.232。另对所有指标进行 T 检验($P<0.0000$)，说明总体分布存在显著性差异，专家打分不存在随意性。

(4) 第二轮结果汇总。参考第一轮分数后，专家再次评分。第二轮指标入选标准是均值>8 且变异系数<20%。外部指标中“医院重视品牌宣传与推广”“患者对医院综合服务评价”“在人力资源市场拥有较好声誉”三个指标剔除。内部指标中“医院沟通途径及氛围”“基层员工直接上级领导者角色”“工作环境及内容”“医院文化及核心价值”和“学科品牌地位”五个指标剔除。另外，“学科人才竞争优势”均值排名较前，但变异系数较大，将在后续权重上予以修正(表 2～3)。

表 2 第二轮外部指标均值排名

外部指标	第 2 轮均值	第 2 轮变异系数/%	第 2 轮排名
医院知名度	9.48	7	1
医院服务品牌形象	8.89	9	2
医院拥有较高的社会地位和影响力	8.14	13	4
~~在人力资源市场拥有较好声誉~~	7.98	14	5
医院规模和综合实力	8.32	15	3
~~重视品牌宣传与推广~~	7.30	17	7
~~患者对医院服务综合评价~~	7.80	19	6
均值	8.27	—	—

备注：斜体字为第一轮添加，删除线表示在第二轮结果后被删除

表 3 第二轮内部指标均值排名

内部指标	第 2 轮均值	第 2 轮变异系数/%	第 2 轮排名
晋升空间与个人发展	9.33	6	1
薪酬福利待遇水平	8.96	12	3
医疗服务质量	9.02	7	2
医院管理政策与制度	8.52	12	5
~~工作内容及环境压力~~	8.10	10	8
~~医院文化及核心价值~~	8.18	13	7

续表

内部指标	第 2 轮均值	第 2 轮变异系数/%	第 2 轮排名
~~基层员工直接上级领导者角色~~	7.52	21	9
学科人才竞争优势	8.59	21	4
~~学科品牌地位~~	8.28	12	6
~~医院沟通途径及氛围~~	7.42	16	10
均值	8.50	—	—

备注：斜体字为第一轮添加，删除线表示在第二轮结果后被删除。

(5) 专家协调程度(Kendall 系数)。第二轮 Kendall's 系数为 0.444，较第一轮而言，专家意见协调逐渐趋于一致。

(6) 指标权重。两轮结果汇总后，对指标权重进行加权平均，计算最终权重(表 4)。

表 4　指标权重

序号	指　　标	百分制/%	权重排序
1	医院知名度	16	1
2	医院服务品牌形象	12	3
3	医院较高社会地位和影响力	10	6
4	医院规模和综合实力	13	2
5	晋升空间与个人发展	12	3
6	薪酬福利待遇水平	11	5
7	医疗服务质量	10	6
8	医院管理政策与制度	8	9
9	学科人才竞争优势	9	8

四、讨论与建议

1. 雇主品牌构成要素

雇主品牌定义是组织在人力资源市场上的定位和形象，是组织作为雇主区别于竞争对手的形象和承诺，它构建在某一组织独特的价值观、组织文化、现有管理行为、政策及未来发展战略之上，融入了组织对于特定目标劳动力市场需要的理解，并和组织品牌保持一致。"良禽择木而栖"是人力资源市场上宝贵的无形资产。基于德尔菲法及实证研究,医院雇主品牌构成要素指标框架体系初步建立,包括 9 个一级指标,25 个二级指标(表 5)。

表 5　医院雇主品牌指标框架

序号	一 级 指 标	二 级 指 标
1	医院知名度	较好口碑,较高的媒体曝光率
2	医院品牌形象	具有塑造品牌意识与理念,高度重视品牌形象与社会责任
3	医院的社会地位和影响力	在社会公众面前感召力;支配或调动社会资源能力;积极承担社会责任,医院领导者的胆识与魅力
4	医院规模和综合实力	运营、人员等规划;医疗技术、配套设施等先进程度;科研、教学、管理发展水平
5	晋升空间与个人发展	晋升空间;提升个人核心能力的培训机会;公平公正的用人原则
6	薪酬福利待遇水平	有竞争力的薪酬;福利措施齐全;在社会上具有良好的收入前景
7	医疗服务质量	医院满足患者就诊需求能力;医院为患者提供医疗服务质量;为患者提供诊疗方案性价比
8	医院管理政策与制度	薪酬绩效、招聘制度;公平的奖惩激励机制;倡导制度创新与完善
9	学科人才竞争优势	健全的人才选拔、培养、保障机制;明确学科发展远景并营造和谐竞争氛围

2. 重视管理制度,夯实雇主品牌

随着雇主品牌成为组织发展进程中越来越重要的一部分,更多管理层对雇主品牌及其评估越来越重视,人力资源部门也应通过数据等实证研究来体现雇主品牌活动中的价值及成果,现有员工忠诚度从很大程度上反映了雇主品牌资产的大小。因而,雇主品牌建设不仅仅是人力资源部门的责任,更是每一位员工生活的一部分,他们的一举一动正是雇主品牌的实践与传播。

"医院管理政策与制度"被纳入到雇主品牌构成要素,表明医院内涵建设越来越受到医院管理者认同与重视。任何一个组织运营的内核,是保障目标得以实现的制度、流程、组织及控制的系统。某种意义上说,拥有长期战略和愿景的组织对于在职或潜在员工,都是十分具有吸引力的,而组织长期愿景和战略则是通过相应政策与制度得以实现的。所以管理制度不仅包括完善的用人制度、薪酬制度、福利制度、激励制度等,更应该将制度设计倾向于科学化、规范化和人性化。在制度下，设计出好的工具和项目流程就显得格外重要。因为工具的运用是为了更好地控制流程，从而充分实现组织目标。有了好的工具、控制流程、完善制度，那么在一个管理政策与制度相对公平、公正的原则下，通过创造积极的工作环境，让员工理解并分担愿景与目标，改善管理政策、程序及工具，并受到鼓舞，从而自愿付出更多的努力达成更高的组织绩效目标，这也就不会是不可能完成的任务。

3. 雇主品牌建设应与医院文化相一致

根据美国行为科学家赫茨伯格双因素激励理论，强调激励因素能导致满意感，而保健因素则只能防止产生不满意感。保健因素包括组织政策和管理、薪酬福利、工作条件及人际关系等，都涉及工作的消极因素，也与工作氛围有关。当这些因素恶化到人们认为可以接受的水平以下时，就会产生对工作、雇主乃至组织的不满意。但是，当人们认为这些因素很好时，它只是消除不满意，并不会导致积极的态度，这就形成了某种既不是满意、又不是不满意的中立态度。

在征求三轮专家意见后，医院文化及核心价值未能进入框架体系。在当下医疗行业环境，员工对“保健因素”尚能得到满足的前提下，对“医院文化及核心价值观”需要仿佛是缥缈的上层建筑，对于精神世界的追求显得不那么重要，这或许是该指标最终没能成为雇主品牌一级指标。从人力资源管理角度而言，医院文化与核心价值观在招聘时就开始起作用，找到适合参与医院文化的员工，这应该是最优先考虑的事情。一个人除了需要有与岗位相匹配的能力与经历外，能与医院文化契合则更具价值。他能了解医院文化理念，认同医院文化，并能与整个团队相处融洽，这些都是人力资源管理部门需要考察的内容。另外，医院文化是医院发展的精神指引，每个组织都需要自身特有的文化内涵。医院不仅仅只是经营规模的扩大、手术量的提高，也是自身文化发展的过程。尤其在自媒体时代，医院文化应去中心化，逐渐形成一种自下而上的文化体系，使得每一位员工都是文化建设的主体与传播者。总之，雇主品牌建设应与医院文化及核心价值观相一致、相融合，成为员工最需要的精神财富。

4. 重视现有员工“职场马斯洛”，关心潜在员工“职场成熟度”

《2013中国年度最佳雇主》报告表明，完善福利待遇是最佳雇主具备的最重要特征，“职场马斯洛”在经济形势整体不景气的环境下，不可避免地影响着员工对雇主迫切的要求。另外，薪酬外部公平对员工流动影响巨大，是医院能否吸引和保留人才的关键因素之一。因此医院在薪酬水平上要保证在关键人才或岗位要有竞争力，在绩效与工作量的配比上相对合理，使得员工与团队愿意付出更多。摒弃“重物质，轻人力”的观念，认为员工的高付出劳动都能通过即时高薪补偿，认识不到人力资本的增值潜力，忽视人力资本长期投入，薪酬制度缺乏长期激励机制。

据《2014 年就业蓝皮书》显示，2013 届大学毕业生有 34%毕业半年内发生过离职，其中本科毕业半年内离职率为 24%，基本是主动离职。与此同时，智联招聘发布 90 后对雇主期望排名前五的是公平公正的用人原则、对员工的尊重、提升个人核心能力的机会、完善的福利待遇、和谐的内部人际关系。与过去把“完善的福利待遇”放在关注首位相比，90 后毕业生往往没有生活压力，更看重工作的趣味性和个人喜好。传统的“高压管理”遭到了新生代职场人反感和抵抗，应届毕业生对于职场认识和适应性有待提高，职场成熟度应引起雇主的重视。

5. *建立员工学习与发展激励机制，加强员工参与度*

在雇主品牌建设过程中，与员工进行交流并保持信息透明正成为提升医院内涵建设的重要着力点。透明度可以促进员工参与度，而员工的参与度越高，他们就越具有活力、创造力和生产力。除了透明度因素，为员工提供学习机会也可以提高员工参与度，尤其对 90 后应届毕业生更为显著。因为在职业生涯起步阶段，能拥有提升个人核心能力的机会，不仅有助于个人尽快进入职场角色，不断感受到自我成长与进步，还可以促进团队学习。工作中的教学相长，一定会让员工更投入。

6. *积极承担社会责任，提高品牌吸引力，提升组织归属感*

医院对社会公众的责任可以从政府责任、环境责任、社区责任三方面评价。积极承担相应的社会责任对雇主品牌、医院形象构建具有积极意义。作为一家三级医院，员工在参与各类志愿者活动过程中，不仅为医院提升知名度，树立良好声誉，获得积极的社会公众评价，获得正面的雇主品牌吸引力，同时对现有员工可以促进团队合作，组织协调，融洽互助的同事关系，给员工的工作体验带来更多成就感和认同感，从而提升对组织的归属感。

五、总结

越来越多医院关注雇主品牌与医院品牌形象间的关系，特别是千禧一代对雇主有着强烈的意识。由于医疗行业特殊性，导致求职者来源较为有限且单一，这更加使得医院品牌形象在雇主品牌中具有举足轻重的作用。在高强度、超负荷的工作量下，医院能够营造相对轻松的工作环境，减轻工作压力，使得员工能够妥善平衡生活与工作之间的关系，是成为优秀雇主的必修课之一。

（本文获第十八届年会征文一等奖）

新医改背景下网上职代会管理平台的实践和探索

上海市肺科医院课题组

一、研究背景

随着医药卫生体制改革的不断深化，医疗市场竞争不断加剧，越来越多的公立医院日益认识到增强职工主人翁意识的重要性。加强职工代表大会制度的建设和创新，调动广大医务工作者的积极性，是推进医院民主政治建设的重要任务，对推动医院可持续发展有着重要而深远的意义。目前，医疗卫生行业的职代会主要由党委领导、行政引导、工会组织实施，职代会通过的各项决议靠工会推动落实。工会作为职代会的办事工作机构，承担了职代会议题收集和汇总、会议筹备和召集、表决投票和数据统计等大量事务性工作，耗费较高的人力、物力和时间成本。常有一些关系到职工切身利益的议题，难以等到常规职代会召开时再讨论，往往采取职代表联席会议的形式来决定，会议的代表性不够充分。同时，由于医务人员工作的特殊性，难以确保全体职工代表同时到场参会，成为传统职代会召开工作的另一大难点。

二、研究目的和意义

1. 研究目的

搭建网上职代会管理平台，针对医院工作的重点、难点，主动了解职工意见，带动职工参政议政，促进双向交流，提高工作效率，实现职代会的常态化管理。同时，着重设计平台的易用性、易维护性和可扩展性，形成可复制、可推广、可操作的软件，推广利用，有效提高医疗行业的民主管理水平。

2. 研究意义

职代会以广泛的代表性、充分的民主性，履行代表全体职工参与民主决策、民主管理、民主监督和维护职工合法权益的基本职能，但传统职代会的召集形式占据了医务人员服务患者、投身医疗事业的宝贵时间。设计开发网上平台，将传统职代会转变为富有弹性、高效率的网上职代会，职代表们不管身处何地，只要在规定时间段内登录平台，就可参与会议、阅读报告、发表意见、提出修改建议及投票表决，大大提高了职代会工作效率和参会率，对促进公立医院改革和保持市场竞争力有着重大的现实意义。

三、研究方法

1. 文献复习法

查阅职代会制度和文献资料，了解医疗卫生行业职代会的现状、存在问题和有效完善机制。

2. 专题调研

采用分层、随机抽样的方法，对全院职工代表、主席团成员进行专题访谈，了解其对研发网上职代会管理平台的需求和建议。

3. 专家咨询法

就课题研究、实践中的相关问题，咨询上海市总工会、上海市医务工会管理专家、软件工程师意见，得到政策引导和技术支持。

4. 现场观察、样本模拟法

在平台搭建过程中，课题组定期召开项目进展讨论会，现场模拟网上职代会运行。后期由课题组成员分别担任职代会人员角色，进行权限操作，现场观察平台漏洞和不足，不断完善和更新流程设置。

四、研究思路和技术路线

1. 研究思路

本课题以网上职代会管理平台为研究对象，从研究背景入手，分析其现实意义，采用文献研究法对医疗卫生行业职代会的相关理论和制度进行回顾，对现状进行分析诊断，阐明传统职代会的局限性。在政策支持、理论指导和技术支撑下，研发网上职代会管理平台。由医院工会对照职代会管理规范，编制项目目录，梳理职代会会议流程。信息处设计软件技术框架，编制系统程序，将有关制度和职代会所需环节纳入平台，最终上线模拟运行。

2. 技术路线

由项目组独立开发，采用面向对象设计，模块化开发，着重考虑易用性、易维护性、可扩展性、可管理性。采用基于 Asp. net + Html5 的多层架构。Asp. net 框架类库、消息处理和数据访问解决方案都可从 Web 无缝访问，也与语言无关所以可以选择最适合应用程序的语言或跨多种语言分割应用程序。ASP. NET 采用基于文本的分层配置系统简化了将设置应用于服务器环境和 Web 应用程序。由于配置信息是以纯文本形式存储的，因此可以在没有本地管理工具帮助的情况下应用新设置，不需要重新启动服务器，即使是在部署或替换运行的编译代码时。在终端上，跨平台、跨分辨率、版本控制简单。后端服务采用 Win 2008 + IIS7，数据库采用 SQL Server 2008，以 BS 服务模式方便最终用户的使用。采用 XML 作为系统接口的数据交换标准，并内预留部分数据接口，为整合其他系统提供技术保障。

五、网上职代会信息管理平台的实践探索

（一）平台简要介绍

1. 平台登入与使用

本院职工可在 IE 浏览器中输入 http://zdhfkyy. com，直接进入到上海市肺科医院网上职代会管理平台，凭借个人工号、密码登入后，显示主界面。共设“启动”“预备会议”“正式会议一(开幕)”等 8 个环节。职工可实时查看本次职代会进展情况，并根据身份权限进行相应操作。

2. 权限设置

后台分设 10 个职代会角色编码，根据不同角色设置相应的操作权限，通过反复模拟实验，建立起完善的权责利关系。如主席团成员具有职代会议程的审批、决议草案的形成等权限；正式代表具有表决正式会议议程、发表意见、表决决议和报告、参加职代会测评等各项权限；列席代表具有参与正式会议查阅报告、但无表决投票的权限。在角色权限绝对明确和清晰的前提下，后台将本院全体职工的工号与角色代码相匹配，使得每位职工都具有登入平台的唯一账号和密码。

3. 自动生成、统计和提醒功能

职代会时间、名称根据第一次发起填写的内容自动生成。职代表浏览文件的动作，视出席会议；其中三分之二以上应到职代表浏览文件，视会议有效。对需要表决的议题，二分之一以上应到职代表投同意票，视文件通过。系统自动生成应参会人数、实到参会人数和赞成票数量，取代传统职代会的统计工作和纸质凭证，且后台可随时查阅数据。此外，系统设置自动提醒功能，对快到期限却未进行操作的职工代表进行提醒。

4. 论坛讨论模式

本课题将传统的小组讨论搬到平台，采用论坛模式，一个报告对应一个讨论帖。各组职代表可在相应的讨论帖中发表意见建议，最终由各小组长汇总意见，形成附件作为小组代表发言内容上传。

(二) 平台流程操作介绍

1. 启动

工会主席或副主席作为发起人，填写申请信息、上传职代会议程后，发送至党政联席会讨论。经党政联席会讨论通过、院长签署审批意见并上传职代会报告后，进入下一环节。

2. 预备会议

职代表表决正式会议议程，阅读其余议程和报告。后台自动统计文件浏览量，若超过三分之二以上应到职代表出席会议，且二分之一以上应到职代表投同意票，进入下一环节。

3. 正式会议一(开幕)

职代表和列席代表参加正式会议，在规定时间段内，阅读本次职代会各项报告，其中超三分之二以上应到职代表浏览文件，视会议有效，进入下一环节。

4. 小组讨论

职代表、列席代表在每个报告下的讨论帖中发表意见建议，由各组小组长汇总小组讨论意见上传附件后，进入下一环节。

5. 主席团会议

主席团成员查阅各职代表小组讨论意见，形成职代会决议草案。其中超三分之二以上主席团成员浏览文件，视会议有效。院长对讨论意见作答复准备，进入下一环节。

6. 正式会议二(表决投票)

职代表在对会议报告和决议进行表决前,可查阅职代会小组讨论意见和院长初步答复。在表决时间段内,若超过二分之一以上应到职代表同意,则报告和决议通过,进入下一环节。

7. 正式会议三(闭幕)

职代表浏览表决结果和闭幕词,进入下一环节。

8. 测评

职代表对本次职代会质量进行匿名评估测评,系统自动统计测评结果。本次职工代表大会结束。

(三) 平台特点

1. 创新性

打破了传统职代会的现场会议形式,利用现代信息化技术支撑,搭建网上职代会管理平台,实现了职代会的常态化管理..

2. 高效率

网上职代会不受时间和地域的限制,职代表可在有效时间段内,登入平台阅读、表决文件,且每个步骤设立时间节点,采用系统自动提醒和会务管理员短信提醒的方式,确保各个步骤在规定时间内完成,提高职代会参会率。

3. 可操作性

平台流程清晰明了,议事规则规范、模块齐全、功能完善、操作简便,只需对职代表进行简单培训,即可熟练操作。且网上职代会规定动作一步不少,使得网上会议更具真实性和庄重感。

4. 独立性

本项目由课题组自主、独立研发,角色编码可以与任意单位职工相匹配,具有易用性、易维护性和可拓展性。

5. 成本低

平台上线后,职工可在线阅读会议报告、决议,省去了传统职代会的物资材料消耗,实现无纸化会议。同时节约职代会管理成本、人力成本和时间成本。

6. 方便性

职代表只需网络登入即可打开平台参与会议,在线完成表决投票和测评,且软件自动汇总和生成结果,免去了繁琐的统计工作,同时可实时查阅和回看数据。

7. 安全性

平台权限设置严格，表决、测评采取完全匿名的形式，提高了职工对网上职代会的信任度。

六、效果评价

1. 从时间和空间上实现了职代会的常态化管理

网上职代会管理平台上线后，涉及职工切身利益的议题，都可以通过平台直接发起，无须等待。工会作为职代会的办事工作机构，由幕前走向幕后，成为了整个职代会流程的“会务管理者”，大大节省了职代会的组织、管理和时间成本，改变了传统职代会一年只召开两次的局限性，从时间上实现了职代会的常态化管理。同时，富有弹性、高效率的网上职代会模式，不必再占据医务人员的宝贵工作时间，无论职工代表身处何地，只要在规定的时间段内登入平台，就可参与会议、阅读报告、发表意见、提出修改建议以及进行投票表决，大大提高了职代会的参会率，彻底改变了传统职代会组织效率。

2. 增强了职代表的角色意识，调动了广大职工参与医院管理的积极性

职代表作为职工选举的民主管理代言人，通过管理平台的培训和流程操作，职代表意识和主人翁意识进一步加强，真实反映广大职工的诉求，充分表达意愿，充分行使民主权利，充分发挥知情权、参与权、选择权和监督权，调动起了广大职工参与医院管理的积极性。

（本文获第十八届年会征文一等奖）

新医改背景下网上职代会管理平台的完善路径研究

上海市肺科医院工会课题组

职工代表大会制度是组织职工参加医院管理，实行民主监督，集中群众智慧的有效形式。自建立以来，在完善医院决策科学化、加强医院管理民主化、维护职工合法权利、促进医院发展等方面发挥了重要作用。但传统职代会也面临着吸引力不足、凝聚力不强、作用发挥不够充分、流于形式等问题。此外，确保全体职工代表同时到场参会也是传统职代会召集工作的一大难点。因此，网上职代会管理平台应运而生，网上职代会自开始运行以来，已经在促进参与、强化沟通、优化管理等方面发挥了重要作用。为进一步推动网上职代会建设和管理，使它更好地服务于医院发展，课题组就完善网上职代会管理平台组织了专项调研，围绕平台当前存在的问题、平台运行应关注的重点等设计、发放和回收问卷，并配合专家访谈等，试图在总结调研医院网上职代会管理平台过去经验的基础上，更深入地挖掘存在的问题，并就其未来的完善路径提出有针对性的建议。

一、调查对象和方法

本次调研在上海市肺科医院、同济医院、复旦大学附属妇产科医院、复旦大学附属公共卫生中心、上海市第九人民医院进行，共调研 294 人，男性 156 人，女性 138 人；年龄在 21～50 岁的职工占调研总量的 82.5%；身份为普通职工代表的占 78.3%；技术等级为初、中级的职工占 84.8%。这部分职工是医院日常业务的主要承担者，长期处在第一线，他们对网上职代会管理平台的意见和想法具有较强的代表性，同时，也有助于发现仅仅从技术和管理角度难以发现的问题。而且，将调研重心放在一线职工符合习近平总书记提出的充分调动领导干部和广大群众的积极性，做好基层基础工作的基本要求。共发放问卷 300 份，回收 294 份，回收率 98%。采用定量法，主要了解职工对网上职代会管理平台的评价、基本态度和诉求，通过建设和完善网上职代会管理平台，实现强基固本，推动党的建设和医院发展。

二、结果

1. 网上职代会的效果评价

总体来看，医院职工对网上职代会的认可度较高，不仅表现在对网上职代会管理工作的高度评价上，也表现在对网上职代会效率的认可上。调查显示，受访者对网上职代会管理工作表现出较高的满意度，认为网上职代会对管理工作有作用的占 80.2%；83.9%的受访者认为网上职代会“有效促进本单位公共民主管理”；而且，高达 83.9%的受访者认为网上职代会是一种高效的职代会形式。此外，高达 82%的职工认为自己“积极参与医院网上职代会工作”，也从侧面反映出网上职代会管理和运行的效果良好。从逻辑上看，医院相关部门对网上职代会开展良好的管理是网上职代会能够实现高效率的重要保证。

2. 网上职代会管理平台存在的问题

根据受访者的反馈，网上职代会管理平台目前主要存在技术设计、运营管理、职工参与意愿和医院支持力度等问题。

第一，网上职代会技术设计问题。根据受访者反馈，参与网上职代会时操作便利度较低。换言之，现有网上职代会系统虽然有利于全面实现各项设定职能，但是，在用户体验方面仍有提升空间。32.3%的受访者认为操作系统复杂是阻碍他们参与网上职代会的主要问题。与此同时，80.7%的受访者认为操作便利的微信公众号是“更有利于职工参与网上职代会”的形式，这也从侧面反映出现有网上职代会操作系统不能很好地满足医院职工的要求。当然，此情况产生具有特定的历史原因，与医院网上职代会管理平台开发主要是为了适应当时的技术条件和职工需求有关。

第二，网上职代会运营管理问题。“问题反馈不及时”“参与条件太繁琐”等运营管理方面的问题是医院受访者反应最多的“阻碍”因素，两者相加共占受访者总量的 55.7%；此外，“不清楚本单位网上职代会是否已经制定明确程序规范”的受访者占总量的 34.6%，由此可见，运营管理已经成为制约网上职代会发展的瓶颈。本次调查显示，导致网上职代会运营管理出现问题的原因多种多样：一方面是前面讨论的“技术”（占比 45.9%）问题，另一方面是医院在“资金”（占比 40.1%）和其他领域的“支持力度低”（占比 50.9%）。

第三，职工参与的积极性问题。尽管大部分受访者认为自己会积极参与网上职代会（占比 82%），但“参与者积极性低”（占比 70.2%）也是受访者认定的医院网上职代会建设可能遭遇的最大障碍。前者主要反映了受访职工个人对自身的要求，后者主要体现出受访职工对网上职代会运营问题的担忧。根据与相关职工的访谈，导致这种强烈反差存在的原因主要是：职工对网上职代会性质和规则认识存在偏差，将其当做志愿性事务；网上职代会操作繁琐、信息反馈不及时等问题的制约；不清楚可在网上职代会讨论哪些事务，以及不了解网上职代会适用于处理哪些问题。

最后，医院支持力度的问题。50.9%的受访者认为医院支持力度低是网上职代会发展的最大障碍，由此可见，医院支持力度是决定网上职代会建设和完善的关键因素之一。实际上，若医院在资金、人员等方面不给予充分支持，上述网上职代会发展过程中出现的问题就无法获得有效解决，甚至将进一步加剧。这从受访者将人员支持（占比 87.2%）、资金支持（占比 74.8%）列为医院网上职代会平台建设的优先项也能看出。

三、讨论与建议

针对上述问题以及职工建议，本课题组认为完善网上职代会管理平台的工作当前可以着重关注下列五方面。

1. 探索线上线下职代会的结合

根据受访者的反馈，当前建设和完善网上职代会的重点工作应放在强化和突出信息发布、议案征集等功能，特别是在与职工切身利益有关的重大事务上（占比 68.7%），可在秉持谨慎原则的基础上，适当发挥网上职代会的作用。在形式上，受访职工更希望网上职代会发挥“不受时间限制的议题性会议”职能（占比 42.4%）。在内容上，“信息征集”（占比 90.4%）、“信息公布”（占比 86.7%）、“议案征集”（占比 79.8%）、“民主评议”（占比 66.1%）、“议案审议”（占比 46.3%）等被认为是可以“由网上职代会处理”的事务。在关键议题上，同意“发展规划、重大改革方案、‘三公’经费使用等医院重大事项”“涉及职工切身利益的重要问题”“领导干部民主评议”等由网上职代会审议的分别高达 78.3%、86.2%、89.4%。在网上职代会工作及其效果受到职工高度评价的同时，也有 62.7%的受访者认为传统职代会模式的作用和效果“很好”，在被问到“传统的职代会是否需要保留”时，72.8%的受访者选择“是”，这意味着医院职工对传统职代会和网上职代会相互结合、共同推动医院建设的诉求较为突出。基于此，医院相关部门需要一方面谨慎选择网上职代会发挥作用的议题领域和具体形式，另一方面按照相关原则和程序，安排开展传统职代会工作，以形成合力，推动医院发展。

2. 利用新技术形式发展网上职代会

随着社会的进步，利用新技术形式完善管理已经成为一种现实需要。由于网上职代会管理平台开发时，微信等技术手段尚未如现在一样流行。因此，适应当时技术条件的网上职代会管理平台需要做出调整以适应医院职工生活模式的改变。根据调查结果显示，利用微信等技术形式补充和完善网上职代会已经变得十分迫切。85.3%的受访者认为移动终端应为完善医院网上平台建设的重点，且有37.3%的受访者认为通过某种形式与手机的结合“最有利于”他们参与网上职代会，80.7%的受访者将微信公众号认定为最便利的方式，因此，医院网上职代会管理运营部门有必要尽快开发和上线微信公众号或APP，利用此类新技术手段承载网上职代会功能，从而将网上职代会工作与职工日常习惯更加紧密地结合起来，更好地实现服务功能。

3. 利用各种资源协调和整合网上职代会

针对受访者反馈的问题，强化纵向、横向沟通是完善医院网上职代会管理平台的重要内容。在纵向上，83.9%的受访者认为网上职代会需要与上级管理机构的同类平台对接；在横向上，87.2%的受访者认为医院在推动网上职代会平台建设完善时，应优先做好部门协调工作；与之相关的职能部门的人员支持也被认为是优先工作之一。当然，网上职代会管理平台的提升不仅仅需要纵横方向的协调，更需要医院管理部门根据医院发展的整体规划，遵循建设现代化高水平医院的要求，适当提供资金、人员等方面的支持，以推动管理平台的完善和网上职代会的新探索。

4. 采取多种形式调动职工参与积极性

医院职工对网上职代会的参与需要从形式和实质上进行提升，才能真正有助于发挥预期作用，推动医院发展。所谓形式参与，主要是指医院职工能够登录网上职代会平台；所谓实质参与，主要是指医院职工登陆平台后能够利用平台来解决实际问题。形式参与和实质参与相结合是网上职代会发展的基础。网上职代会工作开展受到职工参与积极性低的制约，医院在推动网上职代会建设的过程中可以考虑通过创立制度、丰富内容、扩大宣传、提高效力等来调动职工积极性。比如“做好平台内容增加吸引力”（占比82.6%）、“开展活动增加参与者的认同感”（占比80.7%）、“通过宣传提升平台的认知度”（占比73.4%）、“制度规定参与者上线次数的最低标准”（占比62.4%）等是受访者认可的调动参与者积极性的良好形式。与此同时，高达93.1%的受访者认为网上职代会平台建设完善需要线下活动的支持，而“工会活动”（占比75.1%）被认为是“最有利于推动网上职代会建设完善”的线下形式，此外，“兴趣小组活动”（占比16.1%）、“党支部活动”（占比6%）也受到不少受访者的认可。

5. *提升操作系统的用户友好度*

用户友好度是决定职工参与网上职代会的意愿和程度的关键因素之一。针对受访者反馈的技术、运营等降低用户体验的情况，本课题组认为可从技术设计、操作、沟通等方面改善网上职代会的用户友好度。在技术设计方面，除前述的通过新技术形式以更符合职工日常生活特点和习惯外，还需要减少不必要的操作步骤，使用户能够直观、简单地获取信息，进行交流；在操作程序方面，“反馈评价功能”（占比80.1%）、“信息发布功能”（占比78.9%）、“信息阅读功能”（占比77.1%）、“登录操作”（占比58.7%）是受访者认为应该完善的方面，而开展“专题性培训”（占比82%）被认为是完善网上职代会建设的重要工作。强化反馈是当前网上职代会管理平台完善的重点工作。一方面，可以设立沟通反馈制度，明确反馈的时间、方式；另一方面，可以对相关人员进行培训和指导，使他们能够快速、准确地获得信息，以提高回答问题的效率和准确率，从而提升用户体验。

四、结论

本课题通过调研后发现，网上职代会管理平台在运行过程中取得了较好的效果，一定程度上实现了预期目标。但是，随着技术发展和医院工作的挑战，它在系统的技术设计、平台的运营管理、员工的参与积极性以及医院支持方面逐渐表现出一些制约其效力发挥的问题。因此，从采取新技术形式、做好多层次互动、提升用户体验、调动职工积极性等方面着手，推动网上职代会与传统职代会有机结合就成为当前网上职代会管理平台完善的主要路径。

（本文获第二十届年会征文二等奖）

队伍建设

青年医务人员思想状况与职业生涯发展规划调查分析

杨鹏高　陈　佳　秦　艳　王玉明
（上海交通大学医学院附属第三人民医院）

青年医务工作者是医院职工队伍中一个年轻而不容忽视的工作群体，他们的思想道德和政治素质如何，将直接关系到医院各项中心任务的落实和医院现代化建设的持续发展。随着社会发展和医院压力的不断加大，当前社会环境、政策变化、医患矛盾等对医院团员青年造成了很大的影响。本研究主要对目前青年医务工作者思想动态及职业生涯发展规划状况进行调查，深入分析影响青年医务工作者思想道德状况的主客观因素及其对自身发展的需求，从而完善青年医务工作者思想道德教育体系，为进一步促进其发展成才提出合理化建议。

一、调研对象与方法

2010 年 5 月，课题组采取随机抽样方法选取了上海某市级医院 35 岁以下在职医务人员的 60%作为研究对象。采用实地问卷调查方法进行现况调查。共发放问卷 500 份，回收有效问卷 473 份，回收率 94.6%。问卷内容包括青年医务者对所在医院整体满意度、对所从事职业的思想态度、当前面临的压力挑战及个人职业生涯规划四个方面。

二、结果

1. 基本情况

调研对象的人数为：医生 149 人，占调查总数的 31.5%；护士 201 人，占调查总数的 42.5%；医技人员为 76 人，占调查总数的 16.1%；行政人员 22 人，占总数的 4.7%。男女性别比例为 2∶5。调研对象的年龄结构为：20～25 周岁的占 25.4%，26～30 周岁的占 43.6%，31～35 周岁的占 31.1%。调研对象的学历和职称结构的分布为：博士占2.1%，硕士占16.3%，大学本科占36.6%；初级职称占63.2%，中级职称占17.5%，高级职称占1.7%。调查对象的政治面貌及工作年限为：中共党员占25.4%，共青团员占51.8%，民主党派占1.7%，群众占21.1%；其中工作超过10年以上的占14.6%，6～10年的占25.6%，3～5年的占18.6%，1～2年的占28.5%，刚毕业的占12.7%。

2. 对所在医院满意度

受访者中对目前所在医院的职业声誉、发展前景、工作环境等方面持满意及基本满意态度的比例超过50%，将近一半的青年医务者对医院总体满意。另一方面，针对报酬收入的满意度较差，“不太满意”和“很不满意”的选项占62.6%。

3. 对从事职业的思想态度

对目前从事工作表示认可的人数占70%以上。认为在目前的岗位上工作，发展前途很好及较好的约占三分之一，另有三分之一(35%)的青年医务工作者表示前途发展不明朗，极少部分人认为所从事职业抑制个人发展。针对“如果可以重新选择职业的话，您希望如何”的问题，希望从事不同工作的人数超过一半。

4. 对职业的认可度

认为医务行业不受尊重的比例要远大于认为受尊重的比例。而认为自己的工作不被信任的比例超过80%。对收入与付出是否相称的问题，仅有不到三分之一的医务工作者认为收入相对满意，大部分的人员认为付出得到的回报低于预期。将近90%的青年医务者认为医疗行业是高风险职业。

5. 工作生活中面临的压力来源

在被调查者中，感觉目前工作生活压力大的占大部分。在压力来源的选择中，“现有考核机制不合理”及“精力和知识结构难以满足工作需要”是目前青年医务人员面临的最大压力，另外精神、身体及家庭问题也占较突出的地位。

6. 个人职业发展规划情况

24.1%的被调查者目前有明确的个人发展目标并为之努力着，另外35.3%的青年医务工作者虽然有明确的发展目标，但是目前受到限制，没有设立发展目标的人占21.4%。为了实现个人职业价值，绝大部分青年医务工作者努力提升自身专业技能和理论水平，不超过5%的人注重科研能力的提升。在工作中投入“几乎全部精力”“大部分精力”“一半精力”的比例超过95%。而每天坚持学习时间在2小时以内的占70%以上，只有极少部分人(小于5%)每天学习时间超过3小时。

7. 个人职业发展期许

在被调查者中，39.1%的青年医务工作者对于出现的机遇，首选职称晋升，另有30.4%选择出国进修。而对于影响青年成才的主要因素的问题，41.4%认为要靠自身努力，28.5%认为取决于领导用人。在掌握了专业技能后，被调查的青年医务工作者首选提升自身的外语水平（占41.6%）。

三、讨论

总体来看，大多数青年医务人员珍惜目前从事的工作，有明确的职业发展目标，较清楚地认识到除了机遇和外部客观条件外，最主要的是需要个人努力，投入大部分的精力在自己的事业中，工作努力、学习勤奋。为了个人的发展，绝大多数进行过或正在进行针对性的努力，有较强的危机感和紧迫感。但是本次调研也反映出被调研者工作压力大，对医院工作环境不甚满意，大部分认为应该提高福利待遇、提高医院的社会地位来增强职工的凝聚力和向心力。同时，认为个人的成才和领导合理的用人关系密切。

1. 青年医务人员工作积极性需要加强

被调查者当中虽然大部分人非常珍惜目前从事的工作，部分人认为前途较好，但是仍有约30%目前只是勉强着干或者不想干，接近四成的被调查者希望调至别的工作单位从事不同的职业。从工作积极性的角度来看，目前医院的部分青年医务工作者职业思想态度不积极，分析其原因，主要有五点：一是医院工作环境有待改善，同等级别甚至低级别医院的工作环境要优于所处单位，心理不平衡；二是年轻医生从事的是大量繁琐的基础医疗工作，工作强度高、责任大，容易身心疲惫；三是工作待遇低，自身的付出远大于所得回报；四是社会地位和社会信任度较低，当前社会舆论对医务工作者造成一定压力；五是自身理论和临床经验不足，病人对年轻医生的信任程度较低，导致职业风险和压力较大。

要做一名合格的医生，穷其一生都要不断地努力学习，才能使自己的知识不断地更新，而对年轻医务工作者而言，学习的压力就更大。在被调查者当中，压力来源中知识结构陈旧占了相当大的比例（32.4%）。另外，因为医学是为患者服务，只有大量的实践，才能培养出高超的医术。这就要求医生特别是年轻医生将自己的大部分时间和精力都用在工作上。除了学习，青年医生还要从事大量文字书写工作，频繁的夜班、急诊、加班使绝大部分青年医师身心俱疲。学历知识的要求，医疗纠纷的增多，少数患者的不理解，也使青年医务工作者的心理承受着无形的压力。

针对这种情况，首先，培养青年医师强烈的责任感尤为重要：正确引导青年，把做好青年医师思想工作作为医院管理的一项主要任务。一般来讲现在青年医师约占全体医护人员总数的三分之一以上，均具有一定的知识层次，他们思维敏捷，容易接受新事物，富有时代气息，了解现代医学科学知识，是医院最有生气的力量。医院各级组织、部门领导都要把爱护关心青年医师作为首要的任务，培养他们良好的医德，高超的医技，同时逐步为他们制订明确的责任目标。要使他们意识到，作为青年医师，既然选择了医生职业，就要坚信自己所从事的是一个伟大的事业，就要耐得住落寞，守得住清贫，为成为一个合格的、有较高诊疗技术水平的医生而不懈努力。

2. 要了解青年医务工作者所需、所要，做好青年的职业规划

调查显示，对于报酬收入较为满意比例仅占调查者的 36.8%(满意 + 基本满意)，而不太满意人数占 33.2%，很不满意人数占 29.4%。从数据上看，已有 60%的青年医务人员表示出对薪酬收入的不满，其中医生、护士的比例各占三成。青年医务工作者是在医院中进行临床第一线的工作，面对着大量的病人和事务性工作，而且他们往往是处于刚成立家庭或养育孩子的阶段，收入因素对其影响很大。虽然薪酬分配体系涉及方方面面，但是医院可以从其他方面，对青年医务工作者进行适当地调整，尽量提高薪资福利待遇。

除去薪酬收入外，工作环境和职称晋升环境，也同样是青年医务工作者满意度较低的两个栏目，不满意率接近 50%。因此，对这三个栏目满意度的提升会对青年医务工作者满意度起到积极有效的作用。工作环境和职称晋升客观因素影响较多，主要参照上级领导部门的政策性规定来执行。但医院能够在自身条件允许范围内为青年医务工作者提供相应引导，为年青医务工作者提供不同的职业规划，合理地提供不同岗位的青年医务者发展机会，多安排骨干青年的外出进修与学习，多提供学习讲座和技能培训，使青年医务工作者了解到医院对其未来有一定的规划，不单单是为医院进行劳动，还能在日常工作中得到自身技能和知识的提升。

因此，我们需要加强人才培育，推动青年在学习中成才。建议医院能多搭建平台，组织青年医务工作者进行临床医学知识交流，促进大家不断学习，了解各科室之间的新业务，掌握各学科疾病的基础知识及临床治疗方案，更好地沟通合作好临床工作。同时，要不断完善青年人才的选拔激励机制，通过设立一系列荣誉，深入挖掘优秀青年典型，增强青年的成就感和荣誉感，营造奋发向上的良好

氛围。

同时,“青年医务工作者面临的压力强度和来源”结果显示,我院当前青年医务工作者压力已偏高,在1～9分评价量表中,平均分为7.0分,属于高压力。其中医生压力得分为6.79,护士压力得分7.15,医技人员压力得分5.87,行政管理人员压力得分6.0,临床一线职工的压力值明显处于高位。如何缓解青年医务工作者的高压力成为迫在眉睫的问题。数据显示,造成高压力的主要原因有以下几点:个人精力不足、考核机制不佳、知识结构陈旧、家庭工作矛盾、人际关系紧张等。

3. 树立青年医务工作者为“医院主体、当家人”的观念

在本次调研中,部分青年医务工作者对医院发展前景不明了,产生消极态度,某些程度说明了他们对医院正在开展的工作不了解,或者是没有兴趣,甚至是不乐于表态,显然这并不利于医院的发展。青年人朝气蓬勃,应该积极参与医院的各种院务工作,起到医院主体人的作用,拥有参与甚至是改变现状的态度,才有利于医院创新性的改革和发展。所以,要从多角度培养青年医务工作者树立自己是医院主体人的观念。首先,把培养青年医师工作列入医院发展规划,并给青年医师定目标、提要求、压担子,对成绩突出的青年医师重点培养。其次,提供网络等沟通平台,不强行制止言论,把对医院发展有利的主意或建议公布并按实际实施,对医院提出的中肯意见和反对言论,要积极回复解决,真正使大家成为“医院主体”,提高大家的工作积极性。再次,提供展示的舞台:医院要开展多种形式的竞赛活动,给青年医师创造展示才能的机会。如:知识竞赛、论文评选等活动,使广大青年医师在比赛中崭露头角。最后,情感投入、生活关心也是促进青年医师迅速成长的关键。医院领导要帮助青年医师逐步解决子女入托、入学的困难和住房困难,消除其后顾之忧,使他们安心工作。通过树立青年医务工作者主人翁精神,为医院的发展出谋划策、尽心尽力。

青年医务人员尚处于事业刚起步的状态,由于长期忙于临床的工作,对于医院正在推行的政策和正在实施的各项方案的理解并不像行政部门工作人员这样的专业,这就需要相关部门做“细”工作,确切地告诉大家目标、实施方案、效果和达到目标后我们将会取得的收益和成果。简而言之就是告诉大家“怎么做”和“怎样做好”,用最通俗的语言来为广大的职工明确工作近期和长远目标,取得大家的信任和支持,从而使被动管理变为主动约束,大家的参与积极性也会越来越高。

4. 青年人才培养工作需要加强

被调研的人群中有相当一部分人对进修学习的积极性很高，希望通过参加培训、出国进修等提升自身的各种素质，在工作中得心应手。虽然大部分被调研的青年医务工作者有明确的自身职业生涯发展目标，但是大部分人觉得实施受限，究其原因，可能有如下三点：一是现有考核机制不佳，造成个人努力收获不佳，积极性被压制；二是被调查者当中超过一半希望踏实工作，获得奖励、赞许，而所在医院目前尚无此类奖励机制；三是三成的被调查者希望有机会出国进修，这也和41.6%的人选择外语能力提高作为除专业技术外首选的考虑相符，医院目前没有这类长期的培训机构。

医疗机构实施职业生涯规划是留住人才的重要措施之一。医疗机构应制订近期及长远的发展规划，以事设岗，不可以人设岗，使每一岗位有合适的人；可通过包括青年医师职业生涯导航活动等各种形式，帮助青年医师规划自己的职业生涯，帮助青年医师确定职业目标，明确奋斗的途径和方法，使其能够学以致用，并在实践中不断进步、不断提高；通过探访，设立人气最高的培训口，为不同需求的青年医务工作者服务。

（本文获第十六届年会征文一等奖）

上海卫生系统新生代职工的特征诉求及工会工作对策的调研报告

上海市卫生系统工会工作理论研究会

一、调研工作概况

1. 调研目的

本调研以新生代职工的职业现状为基础，以当前卫生系统职工群众关注的焦点为重心，以新生代职工对工会工作的认知为窗口，探求做好新形势下工会工作的途径与方法。

2. 调研内容与对象

一是以上海卫生系统80后职工为对象(35周岁以下)，了解新生代职工的职业现状，包括学历层次、专业职称、职业分布情况，掌握新生代职工的基本特征。

二是以医改实施为背景，了解新生代职工对上海医改的认知情况，掌握新生代职工对医改的思想认识和参与态度。

三是以履行职能为目标，了解新生代职工对工会工作的认知及诉求。

3. 调研方法

采取问卷调查与座谈调研相结合的方式进行。

问卷分单位卷和个人卷两类。单位卷重点了解新生代职工的学历层次、专业职称、职业分布、人员编制及权益保障等落实情况。个人卷重点了解职工的工作、思想情况及对上海医改的认知和诉求情况。

采用与专家学者、工会干部、职工群众等进行座谈和讨论，共同分析研究调查获得的各种信息，形成准确合理的调查结论。

二、调研结果

(一) 基本情况

此次调查共发放单位问卷58份,回收率100%。涵盖市医务工会各直属基层工会。个人问卷400份,其中,回收问卷369份,问卷回收率92%;有效问卷349份,问卷有效率95%。

1. 职工队伍总体构成情况

从基层单位构成情况看,上海市医务工会直属基层工会共58家,其中三级综合性医院17家,专科医院16家,公共卫生管理、科研防治站所25家。现有职工61 427人,其中女职工41 314人,占职工总数的67.25%;非编职工20 048人,占职工总数的48.52%。

2. 新生代职工构成情况

编制情况:新生代职工31 329人,其中非编职工11 714人,分别占职工总数的50.02%和非编职工的88.36%。

文化程度:研究生学历5 465人,本科学历10 157人,大专及以下学历15 707人,分别占新生代职工的17.44%、32.42%和50.14%。

职业构成:新生代职工中医生6 307人,医技4 355人,护士15 842人,管理人员1 798人,工勤人员3 027人,分别占新生代职工的20.13%、13.90%、50.57%、5.74%和9.66%。

性别构成:男性10 204人,占32.57%;女性20 225人,占67.43%。

职称情况:据个人问卷调查,近半的被调查者为初级职称,中级职称占16%,高级占0.3%,其余28%的被调查者无职称或暂未评定。

(二) 调研情况

本次调研对象的重点放在最具代表性的三级医疗机构的医务人员中,从职业信念、压力来源、医患关系、对医改和工会工作认知等方面了解新生代医务职工的职业现状与思想动态。调查结果显示如下。

1. 新生代职工的职业信念有待增强

调查显示,在进行职业选择时,只有20%的受调查者认为医生的职业能够带来个人事业的上升和发展,而有29%认为这是一个虽稳定却无发展的工作,更有38%仅仅是因为学习专业的问题才选择了目前的工作，所学专业限制成为职业方向的最大原因。与此同时，多达52%的受调查者认为工作和兴趣不存在关系，只有42%认为工作与兴趣是一致的。

对于工作的意义，按比例大小的前四种观点分别是谋生途径(31%)、经济保障(25%)、显示才能和一技之长(各17%)，更有5%认为只是需要有个工作而已。可见相对于实现个人理想、实现更高的价值，医生的工作主要被认为是一种给自己带来稳定收入、保障正常生活的途径。

当存在重新选择职业的可能时，只有42%会选择在现在单位继续现在的工作，有10%则希望更换单位。其余47%以上有从事其他行业的意愿，这与三年前的38%相比有了非常明显的增长，表明新生代职工对于工作的认同感有下降的趋势，对于目前所从事工作的满意程度也在降低。

对新生代职工来讲，目前工作中最大的困扰是“个人发展问题”(49.22%)。在社会竞争日益激烈的今天，他们更加深刻地认识到发展对自身的重要性。如何获得个人发展，已成为个人困惑的首要问题。而在被问及目前首要考虑发展的能力时，有34%的被调查者选择了外语能力，可见在竞争日趋激烈的情况下，青年医务人员更多放眼国际，把提高外语能力作为提升自身综合素质的重要考量。

2. 新生代职工面临的多重压力有待释放

(1) 工作压力。调查显示，医务青年所面对的工作压力非常之大。71%的受调查者工作时长为每天8～10小时，23%的受调查者工作时长在10小时以上，其中更有5%表示每天需要工作12小时以上。考虑到医生职业极高的工作强度，高强度和长时间的工作需要医生投入几乎全部的精力，调查结果也印证了这一观点：60%的受调查者表示在工作中投入了大部分精力，更有15%表示投入了几乎全部的精力。在受调查者中，仅有20%的医务青年的休息时间从未被工作事务影响，绝大部分都有在休息时间被召回医院继续工作的经历，还有14%则是经常性加班。因此，有过半数(52%)的受调查者表示休息时间不够用，35%表示只是勉强够用，3%则表示几乎没有休息时间。经历次调查比对，新生代医务职工的工作压力未得到任何缓解，而且青年医生的工作压力更为突出。

(2) 生活压力。生活压力主要来自职工收入，此次调查中，只有少数人认为自己是“高收入者”。大部分被调查者认为自己的收入水平处于社会“中等”(49%)及“中等偏下”(28%)水平。认为自己是“低收入者”的占13%，这一比例甚至超过认为自己处于“中等偏上”(10%)水平的百分比。被问及最希望工作在哪方面得到改善时，40%的受调查者选择了收入问题；而对于“最期待出现的机遇”，则有28%选择了工资待遇变好。而且，新生代职工中88.36%为非在编职工，这部分非在编职工中有30%为来自外省市医务人员，他们的收入除了日常开支外，还要承担房租等支出，生活压力较大。

(3) 心理压力。受调查者为自己的心理压力打分的平均值是6.8，大部分打分在6～7范围内，其中28%的受访者打分为7，23%的受访者打分为6。值得注意的是，17%的受调查者打分为9，却没有一位受调查者打分为0或1。调查显示，新生代职工的心理压力主要来自工作和日常生活。

据2012年医务工会专门开展的心理健康调研的数据显示，医务职工心理亚健康问题突出。其中，工作压力大呈现的职业紧张为72.5%，付出与回报失衡，职业倦怠率达75%，医生压力的主要来源为工作量大、收入少、晋升压力大、家庭照顾少及遇到疑难病例；护士压力的主要来源为收入少、工作量大、家庭照顾少、晋升压力大及医患矛盾。

3. 新生代职工对医患关系紧张的忧虑有待改善

医务工作者个体与服务对象间关系相处较好，56%为“很和谐”或“比较和谐”，37%“一般”，只有7%“紧张”。但就大环境而言，则有55%的被调查者认为目前的医患关系紧张。由此看出，“医患关系”问题在社会中被放大了。这一方面是由于公众对基本医疗的高度关注，另一方面是大量医疗纠纷的新闻报道在公众中造成了负面的舆论导向。当然，“医患关系”问题是本质存在的，医疗纠纷频发是其直接体现。我们的调查中就有30%的医务工作人员与服务对象发生过纠纷。

调查显示，有77%的受调查者认为从事的职业是一个高风险的职业，仅23%青年则认为从事的职业不是高风险的职业。

在对造成医患关系紧张的原因的选择上，有超过66%的受访者认为媒体舆论对医患关系的负面报道造成了医患关系紧张，是选择人数最多的原因，这表明了约有三分之二的受访者对于现在媒体舆论的报道不满。其他一些原因也获得了半数以上受访者的认同，如看病贵看病难、患者的期望过高难以满足、医疗体制和机制问题等。而对于涉及医生自身的水平、服务态度及医疗腐败等问题，选择比例均不到20%，选择人数较少。由此可以看出，建立和谐的医患关系是一个迫在眉睫的问题。

4. 新生代职工对医改政策的解读有待提高

对于卫生系统要改进的主要环节，因为这次调研题目设定了限选三项，因此结果比较分散。选择最多的是就医环境,有38%的受访者认为当前的就医环境还有待改进。而期待医疗质量水平、医疗费用过高、兼顾医疗效率与公平有所改进的受访者也占到了30%以上。需要改进的其他主要方面还有服务态度、正确导诊、有序就医以及服务态度等。

对国家目前医药卫生体制的改革期望的调研结果分布比较平均,其中有6项都超过或接近有40%的受访者选择,说明医药卫生体制改革还有很多方面的工作要做。近期频发的医闹事件对于医生的职业安全感有了很大的影响,选择加强医生执业安全保障的人数最多,达到了48%。其次还有补偿机制改革、增加培训机会、加强公共卫生服务等,都获得了40%以上的广泛关注。其余的如提高门诊和住院报销比例、增加国家基本药物种类、加强公共卫生服务、人事制度改革的期望比例也在20%以上。

尽管目前我国正在进一步深化医疗卫生体制改革,提高医疗质量水平,但调查显示,大多数职工认为医药卫生体制改革还有很多方面的工作要做。

5. 新生代职工对工会工作认知有待加强

本次调研未对工会工作认知开展专项调查。但据2012年本会的一项调查表明,新生代职工对工会工作的认知还存在一定不足。调查显示,在对工会性质的认识上,69.0%的职工对工会性质有正确认识,但医务职工对工会会员权利义务的认识一般。在加入工会的原因中,排前三位的分别是“各类权益有保障”(占55.5%),“能够参与工会组织的各类活动”(占54.5%),“福利待遇有保障”(占51.0%)。对工会维权效果期望值不高,当被问及“有工作上的困难,会首先向谁求助”的时候,只有14.9%的职工选择向工会求助。值得注意的是,虽然职工对工会的维权效果不太满意,但认为工会维权效果不满的原因却不是集中在工会组织本身,而是工会工作缺少各方面的支持。

三、分析与对策

(一) 原因分析

1. 职业信念

职业信念与职业环境具有高度的正相关关系。不仅与职工工作生活环境有关,而且与社会经济发展密切相关。随着国家改革开放的日益深入,发达国家医务人员的工作生活环境,成为新生代职工职业信念的重要参照。我国医疗卫生事业的现状与国家提出的"人人享有基本医疗保障"的要求尚存较大差距，一方面，"看病难、看病贵"问题依然十分突出，医患关系日趋紧张，另一方面，各级医院，尤其是三级医疗机构的医务人员工作压力不断增加，职业环境、收入待遇等与职工期望相比存在一定落差，使新生代职工对当初选择的职业产生疑惑，对自身职业的忠诚度产生动摇。因此，新生代职工的职业信念发生的变化，是经济社会发展的现实反映，也是当代青年在应对社会变革中的一种自我意识的表现。

2. 医患关系

当前的医患关系紧张趋势仍有蔓延之势，原因也是莫衷一是。医院职工、患者家属、社会舆论各说各的理。对新生代职工来讲，他们切实感受到了这种威胁，大多数职工对医患纠纷乃至伤医事件频发有着切肤之痛。从深层原因上分析，医患关系发展到今天的地步，政府部门负有主要责任。第一，社会保障不完善。看病贵问题困扰着无数家庭，人财两空的结局令患者及家属极度悲愤；第二，医院补偿机制不足。医院要生存发展，需要靠自身盈利维持，造成公立医院的公益性弱化甚至异化。第三，法制建设滞后。对医患纠纷的调处和伤医行为的惩处缺少法律规范，缺乏有效的手段和方法。

3. 医改发展

本会曾于2011年专门对《医改方案征求意见稿》做过一次专项调查。根据调研数据，表示关心过的医务职工占到58.5%，而表示没有关心的则占到41.5%；而在市民的反馈结果中，表示"不了解"或"不关注"的仅占到5.5%；医务职工对医改前景表示"有信心"的仅占8.9%，而普通市民表示"比较或非常有信心"的占67.14%。这种反差说明，社会公众对当前的医改抱有很大期待，希望通过医改解决医疗保障的现实问题。而身处医改第一线的医务职工，尤其是新生代职工，他们更关心的是自身权益的保障。如果医改方案对医院建设缺少实质性措施，或者让职工权益受到影响，就会影响职工工作积极性，进而影响医改方案的有效实施。

4. 工会认知

新生代职工对工会工作的认知和评价整体并不高。主要原因在于工会工作的影响力和凝聚力还没有得到他们的充分认可，尤其是在职工权益受到侵害时，他们更希望直接找单位行政解决。正如调研结果显示，只有14.9%的职工在个人权益受到侵害时会首先向工会求助。由于工会在职工权益受到影响时，只能起到协调、协商和协助的作用，因此职工往往更愿意直接找行政解决问题。同时，一些工会在履行工会职能，尤其是维护职工权益方面的缺位，也是造成新生代职工对工会组织认识模糊的重要原因。

(二) 工作对策

关注新生代职工的职业现状和思想动态是工会工作的一项重要内容。对新生代职工中存在的认识误区和观念变化,工会应加强引导,而对于涉及他们根本利益的重大问题,工会组织必须据理力争,全力保障。

1. 从价值取向上引导

新生代职工职业信念的弱化或缺失,一方面是社会环境和经济发展的影响,另一方面也是宣传教育的滞后和缺失。工会要发挥自身特有的优势和作用,团结引导青年职工树立正确的人生观、价值观,坚定理想信念,坚守职业信念。当前,要进一步塑造卫生行业精神,加强行业文化建设。充分发挥卫生系统劳模和各类先进的引领作用,用新时期的劳模精神激励人、教育人,在医务职工中倡导树立爱岗敬业、不断进取的职业精神,不断提高医务职工的职业自豪感和忠诚度。

当然,对新生代职工来讲,思想建设不能停留在以往的宣传方式和教育手段上,而要以更丰富的载体,更生动的形式去引导他们。近年来,市医务工会通过举办"医德医风建设辩论赛""共话中国梦、弘扬'医之魂'"劳模论坛等活动,在引导新生代职工树立正确的人生观、价值观方面,取得了积极的成效。

2. 从事业发展上推动

新生代职工是上海医疗卫生事业发展的中坚力量。要着力从事业发展上推进,让更多的青年才俊有一个提升自我、展示才能的发展舞台。对工会组织来讲,推进职工事业发展最有效的办法,就是为他们搭建岗位成才的平台。市医务工会从 2010 年起,首创"星光计划"职工科技创新成果评选,为职工岗位创新搭建了新的平台。近几年来,一批青年医务人员的创新成果在这个平台上得到展示,一批创新人才在这个平台上脱颖而出。"星光计划"的建立发展,也得到了各级党政的充分肯定,有些单位的行政领导不仅支持职工参加"星光计划"评选,而且亲自体验,报送项目参加评选,为职工科技创新树立了榜样。

3. 从工会职能上维护

维护职工权益是维护社会稳定的重要基础,也是工会履行职能的首要任务。上海市医务工会积极探索维护职工权益的新途径、新方法,尤其在关注医务职工遭受病患无辜伤害方面做了大量的工作,先后出台了一系列规范性文件,并请专家论证,将于近期为医疗一线医务人员购买医患纠纷人身伤害保险,让医务职工在职业安全保障上增加一道屏障。同时，针对医改进程中可能出现的职工权益影响，积极与有关部门协调，保证医改实施中职工权益不受影响。

4. 从法律政策上保障

法律政策保障是维护职工权益的根本要求。建立健全维护医务职工权益的法律政策，首先要坚持顶层设计的合理性。国家有关部门出台的一系列法律法规要充分考虑医务职工的根本权益。各级工会要适时、正当地提出维护职工权益的建议。对上海卫生行业而言，当前的医改政策、公立医院改革政策以及事业单位工资改革政策等，都要坚持从维护职工权益的大局出发，做到改革发展与职工权益相互适应，共建共赢。

总之，在我国经济社会转型发展，职工思想文化日趋多元的社会背景下，履行工会职能，维护职工权益应该与国家法律政策相一致，与职工需求相适应，只有两者的和谐统一，工会工作才能发挥更大的作用，工会的维护职能才能真正得到实现。（本文执笔：钱菊敏）

（本文获第十七届年会征文一等奖）

新医改政策对青年医务人员的影响与对策

肖　斌　唐慧芝
（上海交通大学医学院附属新华医院）

新医改方案的出台以及《深化医药卫生体制改革2013年主要工作安排》出炉，不仅给医院的发展带来了前所未有的机遇，也让医院面临着严峻的挑战。同时也对在医院中作为主体的青年医务人员产生重大影响。

当代青年群体，主要出生于20世纪70年代末及80年代，是“以独生子女为主流的新生代，正在开始进入社会的主导地位”。从事医疗行业的青年群体，他们绝大多数都分布在医疗第一线，文化素质高，是新一代青年中的优秀群体，也是未来医院发展建设的中坚力量。社会的发展及医疗体制改革的不断深化，特别是医院内部管理体制改革的推进，对于青年医务人员的思想观念、道德观念、价值观念的形成与成熟都将产生深远的影响，由此导致心理压力增大，甚至出现焦虑、彷徨等各种思想问题。

要想了解新医改对青年一代医务人员产生什么样的影响，这些影响能否及时发现、有效解决，不仅严重影响青年医务人员队伍整体积极性，影响青年医务人员的个人发展，还会对医院的改革发展、社会稳定产生重要影响。因此，为了能够及时了解该院青年医务人员的思想状态以及个人工作愿景，化解因新医改政策的出台对青年医务人员可能产生的思想困惑和忧虑，使青年医务人员树立正确的人生观、价值观和事业观，做好自己的人生规划，为医院改革、发展、稳定大局，为我国医疗事业发展做出青年一代的积极贡献，我们进行了调研。本次调研针对上海交大医学院某附属医院全院35岁以下的青年医务人员，采用不记名方式进行，共发放问卷300份，其中有效问卷286份，回收率达95.3%。

一、结果与分析

1. 青年医务人员对于新医改的看法

调查数据显示，该院青年医务人员对于目前进行的医改，最关心方面是“医护人员收入提高”，占 24.89%，其次是“执业环境改善”，而“职业价值充分体现”的关心程度相对较低。此外，有 60.08%的青年医务人员认为，在医疗执业环境中最迫切需要改善的方面是“舆论环境”，其次是“政策环境”。

2. 青年医务人员对本职工作的认识和看法

青年医务人员选择到医院的最主要原因是“医院声望”，而“学科特色”“福利待遇”“科室良好氛围”和“就业需要”这四项内容也是他们选择医院的重要原因。

和传统的计划经济条件下的青年人不同，现在大多数青年人关注医院的前途多于自己的，对个人利益也比较看重，呈现出价值取向多元化、世俗化、个性化、实用化等特点。

从调查问卷中也反映出部分青年对前途较为困惑、工作压力增大，大部分青年医务人员在工作中，都感觉有一定的工作压力，压力程度还在承受范围之内。其中，有 15.55%的医务人员认为工作压力很大，不太能应付。他们认为，影响他们未来职位晋升的最主要的因素是“文化水平”，其次是“工作能力”，而“家庭背景”是最不重要的因素。

对于上级（或平级）医务人员在工作上的建议或批评，青年医务人员选择“坦然接受”的占 61.07%，选择“选择性接受”的占 38.21%。大部分青年医务人员能够理解上级（或平级）医务人员在工作之外的建议或批评，但仍有 7.07%的被访者认为“没有必要”。

3. 青年医务人员对医患关系的看法

对于是否接受患者递送的红包，调查数据显示，84%的青年医务人员是“拒绝接受”，12.8%的人认为先接受，治疗结束后归还给患者，但还是有 3.2%的人员认可接收红包的现象。在面对患者投诉时的态度，90%的青年医务人员“能理解，静心倾听”。79%的人认为，减少患者投诉的有效措施在于医患双方共同掌握，双方都有责任。

二、应对措施

（一）学习教育，树立核心价值观

深入开展多种正能量宣传教育，如科学发展观、中国梦内涵教育活动，帮助广大青年深刻领会科学发展观、中国梦的科学内涵、精神实质和根本要求，牢固树立率先发展、科学发展、和谐发展理念。

1. 以医院共同目标引导个人目标愿景

以建设美好医院为现阶段医院青年的共同理想，开展各类主题实践活动，发掘、推荐身边的同事的先进事迹、感人行为，触动引导青年医务人员发挥正向作用，自觉抵制和摒弃社会不良风气、个人不良习惯，成为率先发展、科学发展、和谐发展最积极的实践者和推动者。大力弘扬真善美，坚决抵制假恶丑，自觉遵守公民道德规范。以“创和谐、促发展”为主要内容，动员青年医务人员积极开展扶困济贫，走进社区、走进灾区等实践活动，把实现自身价值与报效祖国、奉献社会、爱岗敬业结合起来，在实践中锻炼，在奉献中成长。

2. 以基本职业道德重塑个人行为规范

在青年医务人员中大力开展职业道德建设和行风建设，通过大力宣传精神文明建设成果引导青年职工把医德医风规范等基本职业道德和从业守则作为自身的行为规范和准则，并通过自己的实际行动，进一步弘扬广大医务人员救死扶伤、忠于职守、爱岗敬业、精益求精的职业精神，时刻牢记自己选择从事医疗行业的神圣责任，引导青年树立正确的事业观。

（二）以人为本，服务青年成才发展

管理者应有爱才之心、举才之略、用才之能、容才之量、护才之胆。要营造承上启下合理交替的代际更新环境，创造见贤思齐的人才环境，创造“英雄有用武之地”的宽裕环境，更好地关爱青年医务工作者，了解青年医务工作者工作、生活上的问题和需求，做好其后勤保障工作，解决其后顾之忧，让青年医务工作者全身心投入工作和科研。要开展形式多样的读书学习、岗位学习竞赛等活动，引导青年干一行、爱一行、精一行，引导青年把学习书本知识与投身医疗实践相结合，在实践中受锻炼、长才干。

1. 融入医院发展，注重个人创新

把青年成长成才与医院发展和医学科学技术发展结合起来，帮助青年树立

创新精神，增强创新意识，激励青年积极参与技术创新、管理创新、服务创新，努力在青年中形成崇尚创新、敢于创新的良好氛围。大力开发青年人力资源，培养青年人才，充分发挥青年的创新潜能，引导青年为卫生事业改革发展贡献聪明才智。通过开展技术练兵、成果比武等主题鲜明、形式多样的活动，为青年人才展示才华、锤炼品格、提高能力创造条件、搭建舞台。

2. 增强团队意识，实现个人价值

调查显示，青年医务人员对单位的发展前途十分关心，同时很注重自己奋斗目标的实现。为适应形势的发展，一方面要及时纠正可能存在的重自我轻集体的倾向，积极引导他们自觉把个人价值取向的实现同科室发展、医院进步紧密结合起来，实现相互融合；另一方面要坚决改变过去把强烈希望实现自己目标看成纯粹个人主义、自我奋斗的老框框。要把青年职工自我实现欲望强烈这种现象放到时代大环境中去认识，充分理解和信任他们，把他们看为主体意识增强，具有进取意识等积极因素，并想方设法利用医院文化的各种载体有针对性地加以正确引导，激发青年职工加速发展自己，早日实现个人理想。

3. 科学管理，确保质量优化绩效

在新形势下，作为医院管理者应注重科学管理，注重细节管理，注重流程管理，从医疗质量效率、经济效益和药品服务等方面，建立健全“三个体系”。要按照“优劳优得”的思路，优化绩效分配方案，向一线医务员工倾斜。新医改中，鼓励医生多点执业，但在实际操作过程中，无论各家医院对此抱何种态度，青年医务人员因年资、经验、职位、职称等各种原因，短期内估计都无法享受“多点执业”的红利。所以在绩效分配方案中，向一线医务员工倾斜，科学合理计算青年医务人员的劳务、技术、质量、难易程度的绩效分配就显得尤为重要。青年医务人员的生活有保障、条件有改善，后顾之忧基本消除，才能让他们更安心，不断提高积极性。

青年医务人员是医院发展的未来，为使他们健康成长，除了自身努力外，需要国家、社会、医院等多方的共同努力，通力配合，建立起完善的青年人才培养机制。对青年医务人员的成长给予足够的重视，积极改善学习环境，设立青年人才奖励制度。创造和保持吸引人才的良好舆论、政策和学术环境，特别是解决好人才待遇上的问题，解决职称晋升的瓶颈问题，切实改善青年医务人员的工作和生活条件，为青年医务人员的成长发展创造良好的外部环境。

（本文获第十七届年会征文二等奖）

职业愿景与压力对医疗骨干人员的健康影响研究

俞思伟　白　云　杨小红　孙　非　郭薇琼　高　远
（浦东新区公利医院　浦东新区卫生和计划生育委员会
浦东新区北蔡社区卫生服务中心　浦东新区人民医院）

作为医疗服务的主体，当前中青年骨干医务人员面临着工作负荷重、职业压力大、职业愿景不乐观、职业环境差与医患关系紧张等诸多困难，也导致了他们出现健康危机与职业倦怠等情况。众所周知，中青年骨干医务人员的身心健康对于医院的正常运行与百姓就医都起到至关重要的作用。在现阶段，无法明显改善骨干医务人员工作负荷的大背景下，如何改善他们的职业环境，缓解职业压力，提升职业愿景是需要尽快解决的问题。

一、研究对象与方法

1. 研究对象

本研究选取上海市浦东新区卫生计生委管辖的 17 家医院（三级医院 2 家、二级医院 15 家）与 45 家社区卫生服务中心，遴选骨干医务人员（35～45 岁，中级职称以上的医疗、护理与医技工作人员），调查其 2014—2016 年的健康指标、职业压力、职业愿景与心理健康管理现况。

2. 研究方法

本研究采用问卷调查、数据调取与专项访谈相结合的方法。调查问卷内容主要包括工作压力、工作负荷、工作环境、医患关系、晋升与科教研压力、健康状况、职业愿景、职业倦怠、心理健康指标、心理防卫指标等。同时，利用卫生信息平台对近三年罹患各类疾病的医务人员基本信息进行调取。此外，对不同级别医疗机构的管理与工会负责人进行访谈，访谈内容包括对于医务骨干职业压力来源的分析、职业前景的认同度、健康状况的关注方式、压力缓解方法、心理压力干预方法等。本研究对调查问卷采用无记名形式，对受访谈者的信息进行严格保密。

3. 统计学方法

本研究采用 SPSS15.0 统计软件包对数据进行分析，采用描述性统计、T 检验和方差检验，$P<0.05$ 差异有显著性。

二、研究结果

1. 问卷方法与回收情况

本次调研共发放骨干医务人员问卷 1 465 份，回收 1 364 份(回收比例为 93.11%)，其中发放二级、三级医院骨干医务人员问卷 685 份，回收 643 份(回收比例为 93.87%)；社区卫生服务中心骨干医务人员问卷 780 份，回收 721 份(回收比例为 92.44%)。

2. 医务骨干健康状况及其影响因素

浦东新区三级医院近 3 年骨干医务人员罹患重大疾病(指恶性肿瘤、自身免疫性疾病、尿毒症等对健康危害大的疾病)年均增幅为 77.8%，慢性疾病(指高血压、糖尿病、高脂血症、颈腰椎病等一般慢性疾病)年均增幅为 119.3%。二级医院近 3 年骨干医务人员罹患重大疾病年均增幅为 58.3%，慢性疾病年均增幅为 42.3%。社区卫生服务中心近 3 年骨干医务人员罹患重大疾病年均增幅为 2.1%，慢性疾病年均增幅为 6.1%。由此可见，近 3 年浦东新区二级、三级医院罹患疾病的骨干医务人员数量增加明显，增速较快。

通过对二级、三级医院与社区卫生服务中心医疗骨干在身体健康方面所存在的差异进行统计学分析发现，在亚健康组、罹患慢性疾病组以及罹患重大疾病组的发病比例、患病人数均存在着差异，$P<0.05$，有统计学意义。这说明，二级、三级医院骨干医务人员所面临职业压力大、职业愿景偏低，从而导致他们的健康状况较之社区卫生服务中心更不理想。

分析医疗骨干出现健康问题的相关因素，在各级不同的医院，其所面临的因素也各不相同。在二级、三级医院医患关系紧张与工作强度因素是其主要原因，分别达到了 47.49%与 39.97%；而在社区卫生服务中心，医患关系紧张是主要原因，达到了 60.28%。使用统计学分析对各类引发因素进行分析，$P<0.05$，有统计学意义，这也说明要提高医务骨干的健康状况，需要针对不同医院的特点制订不同的改进措施。

3. 医务骨干职业压力情况

对于医务骨干来说，其所面临的职业压力来自于诸多方面，包括医疗工作压力、科研工作压力、教学工作压力等，各类不同压力构成了医务骨干的职业压力源。

浦东新区二级、三级医院医务骨干的平均工作时间在40～50小时/周的，占51.17%，有17.06%的医疗骨干平均工作时间在50～60小时/周。而社区卫生服务中心医务骨干平均工作时间在40～50小时/周的，占50.07%，而平均工作时间在50～60小时/周的医务骨干有8.76%的。由此可见，医务骨干其总体工作强度要超过教育、文体及公务员等职业，且二级、三级医院的工作强度较之社区卫生服务中心更大，两者存在统计学意义。

浦东新区二级、三级医院医务骨干需要长时间加班的占11.62%，需要经常加班的占23.7%，需要偶尔加班的占41.4%。而社区卫生服务中心医务骨干需要经常加班的占8.76%，需要偶尔加班的占48.5%。这说明超过半数的医务骨干需要经常或偶尔加班工作，而二级、三级医院医疗骨干的加班频次更高。

浦东新区二级、三级医院医务骨干平均每周教学工作在2个学时的占30.3%，在3～6个学时的占15.6%。而社区卫生服务中心医务骨干大部分不承担医学教育工作，占76.1%。这说明二级、三级医院的医疗骨干在承担较为繁重的医疗工作外，还需要承担一定数量的医学教育工作。在这方面，社区卫生服务中心的任务相对较轻，两者有统计学差异。

作为医疗骨干晋升的重要依据，浦东新区二级、三级医院医务骨干论文发表的压力较大，每年要求发表核心期刊1～2篇论文的占45.61%。而社区卫生服务中心医务骨干大部分无论文发表的要求，占75.91%。这说明二级、三级医院的医疗骨干在医学科研方面的压力较大。在这方面，社区卫生服务中心的科研压力相对较轻，两者有统计学差异。

4. 医务骨干职业愿景情况

在全部受访的医务骨干中，对于自身职业前景十分乐观的仅占16.2%，不乐观的占68%，极不乐观的占13.4%。可见，大部分医务骨干对自身的职业前景并不看好，且二级、三级医院与社区卫生服务中心没有统计学差异，是现阶段各级医疗机构医务人员的普遍现象。

针对医务骨干对自身职业前景不乐观的原因分析，认为是现行医疗卫生体制弊端的占61.8%，医患关系紧张的占19.3%，患者总体要求提升的占16.4%。二级、三级医院与社区卫生服务中心没有统计学差异，是当前各级医疗机构医务人员的普遍共识。

在职业忠诚度的调查中，从未考虑过更换职业的医务骨干仅占19.4%，有过更换想法的占 62.9%，而有强烈改行意愿的占 16.03%。可见，在较大的职业压力下，医务骨干的职业忠诚度较低。

此外，在假设重新进行职业选择时，明确表示仍将选择医学的不到 10%，仅为 8.8%，而明确表示不选择医学的达到了 60.4%，另有 30.5%的医务骨干表示十分犹豫。

在职业倦怠方面，仅有 3.3%的医务骨干表示没有职业倦怠，有 55.2%的医务骨干认为医务人员中存在较为普遍的职业倦怠，另有 39.5%的医务骨干认为医务人员中存在个别的职业倦怠现象。

在医务骨干子女职业的选择上，愿意子女继续从医的仅占 4.6%，坚决反对子女从医的占 61.4%，无所谓的占 34%。可见，医务骨干对子女继续选择医学有较强烈的反感意愿。

5. 医务骨干心理防卫现况

对全部医务骨干，调研其在感受到职业压力和心理危机时，有三种不同的心理防御方式可以选择：不成熟防御方式、中间防御方式与成熟防御方式。通过采用重复测量方差分析，发现三种防御方式得分存在显著差异（$F = 9.272$，$p = 0.001$），中间防御方式得分高于成熟与不成熟的防御方式，说明医务人员最偏好的防御方式是中间防御方式。并且，这样的得分不受性别、工作时间、工作年限、健康状况的影响。

征询各级医院医务骨干对于心理干预与心理疏导工作的需求情况，在二级、三级医院医务骨干中，认为急需心理疏导的占 12.64%，认为需要心理疏导的占 48.36%，而认为不需要的占 20.59%。在社区卫生服务中心的医疗骨干中，认为急需心理疏导的占 36.17%，认为需要心理疏导的占 36.17%，而认为不需要的占 26.57%。根据统计学分析，$P = 0$，存在统计学意义，说明二级、三级医院的医务骨干较之社区卫生服务中心更需要心理干预与疏导。

三、讨论

1. 重视医务骨干的身心健康及其影响因素

医务骨干是医院提供医疗服务的主体。该年龄段的医务人员在医疗技术、诊疗经验以及身体状态等方面均处于较为理想的阶段，是守卫人民群众健康的主力军。但通过调研发现，近 3 年浦东新区区属的 17 家医院与 45 家社区卫生服务中心的骨干医务人员罹患重大疾病与慢性疾病的绝对数与患病率均呈现较快的增长势头，特别在二级、三级医院，其医务骨干患病率的平均增速已超过了年均50%，结合近来媒体所报道医务人员猝死的案例，大多也正是医务骨干。这对于医疗机构以及人民健康事业的损失都是十分巨大的，需要引起我们的高度重视。

分析医务骨干健康问题的原因，工作强度增加是客观因素。较之10年前，医务骨干的工作量与工作强度增长了近一倍。研究表明，二级、三级医院有35.4%的医务骨干需要经常加班，有32.5%的医务骨干曾连续工作超过20小时。这些都会无形中降低医务骨干的健康水平。但目前人民群众对于健康的需求越来越高，要在短时间内降低医务骨干的工作强度并不现实。这样促使我们去寻找与医务骨干健康相关的其他影响因素，以期寻找出能提高医务骨干健康水平的方法。

通过本次研究，我们发现医务骨干的患病率增加与其职业压力大小呈现正相关。而其职业压力大致来源于三个方面，除了前文中所提到的工作强度外，紧张的医患关系与职业环境所造成的精神压力与科教及论文所带来的晋升压力是另外两座“大山”，其所造成的影响主要是在医务骨干的心理健康层面，往往不易被发现但却至为关键。精神压力与晋升压力所造成的影响主要表现在医务骨干十分低落的职业愿景与职业情绪上，超过78%的医务骨干对于自身的职业前景并不乐观，55.2%的医务骨干认为存在较为普遍的职业倦怠现象。这些都应该引起我们的深思。

目前，各医疗机构对于医务骨干的职业压力与健康状况的重视程度明显不足，通过访谈发现，多数医疗机构仍将关注的重心放在医疗专家等少数团队，而忽略了作为医疗工作主体的医务骨干。仅以健康体检为例，医务骨干团队的体检安排无论在间隔时间、项目设置、经费安排等方面均不突出。这也直接导致了医院往往只能在医务骨干出现临床症状后，采用事后干预的被动手段。而其他职业减压措施更是凤毛麟角，且不成体系。这种“又要马儿跑，又不给马儿喂好草”的现象在各医疗机构均十分普遍。

建议各医院应加强对医务骨干的健康重视程度，特别是重视潜藏的健康影响因素，重点是缓解医务骨干的精神与心理压力，并能针对这一群体的特点制订专门的健康保障计划，包括健康体检安排、系统性职业减压计划、弹性轮休设置等，这样才能有效保障他们的身心健康。

2. 从机制上缓解医务骨干的职业压力

医务骨干的职业压力大多来自工作强度、精神层面压力与职业晋升压力三个方面。要切实有效地缓解医务骨干的职业压力，就必须从机制上去建立一整套压力缓解流程与办法，并坚持执行方才有效。而在这方面，大部分医疗机构都处于空白阶段或偶尔为之，没有系统性、科学性、可持续性的计划与方案。这也导致了医务骨干所积蓄的职业压力越来越大，而缺乏可以缓解或疏导的途径，最终影响其健康状况。

建议各医院建立并完善医务骨干的职业压力缓解体系，针对上述三个压力源建立对应的解决措施，而其核心在于破除陈旧的卫生体制。本次调研中有超过 61%的医务骨干认为是体制弊端造成了他们过大的职业压力。因此，在我国有力推行新的医疗卫生体制改革的大背景下，已经为构建医务骨干职业压力缓解体系奠定了基础。

针对医务骨干工作强度大，在现阶段无法根本改善的前提下，应当充分利用“医疗联合体”这一平台，要大力发展医疗联合体建设，真正将分级诊疗工作落到实处。而在我们的调研中也发现，在工作强度上与科教任务上，二级、三级医院与社区卫生服务中心有着显著差异。社区卫生服务中心可以将主要精力放在医疗工作上，并且通过数量、地理位置、价格等诸多优势将患者主体留在社区，既可缓解二级、三级医院医务骨干的工作强度，也可更好地实现分级诊疗。当然，真正做实医疗联合体还需要完善畅通双向转诊途径、优质医师资源下沉、辅助检查资源共享等诸多环节方可。

针对医务骨干的精神层面压力，除了改善较为紧张的医患关系外，建立医务骨干定期心理疏导并帮助其建立成熟的心理防御方式也是必要的途径。针对医务骨干的晋升压力，应当给予他们更多的选择空间与自由，而不仅仅是禁锢在课题、论文的象牙塔里。在这方面，社区卫生服务中心已经走在了前列，社区医师晋升已经不再需要依托课题与论文，此举也获得了广大社区医师的普遍欢迎。因此，我们也呼吁卫生行政部门能够早日实现卫生专业人才与卫生科教人才晋升模式的分离，真正实现让医生“解放”的梦想。

3. 多元化提升医务骨干的职业愿景

通过调研，我们遗憾地发现医务骨干对于自身职业前景的认可度非常低。除了有过半医务骨干对自身职业前景不乐观和职业倦怠外，另有 60.4%的医务骨干表示若能重新选择，将不选择医学；在医务骨干子女职业的选择上，愿意子女继续从医的仅占 4.6%，坚决反对子女从医的占 61.4%。这些负面的职业愿景已经显现出社会效应，近年来报考医学院校的学生持续减少，其录取分数线也持续走低，长此以往必将影响我国医学人才的培养与医务人员团队的建设。

建议各医院应当采用多元化的方式来提升医务骨干的职业愿景，包括让医务人员更多地接触社会、走入社区，也让老百姓多多地走入医务人员的工作现场，了解医务人员的辛劳与付出。此外，医务骨干职业愿景的提升需要全社会的参与和帮助，特别是主流媒体的宣传与正能量传播尤为重要。

4. 建立适宜医务骨干的心理干预与防御机制

通过本次调研及相关访谈我们发现，当前大部分医务骨干在心理疏导与心理防御机制建设方面较为缺失。究其原因，除了医疗机构本身对本项工作不够重视之外，出于传统思维对于心理问题的私密性也使得医疗机构在推进本项工作时显得"畏首畏尾"，点到为止，未能真正起到实效。

我们利用本课题的心理专业优势，建议为医务骨干制订适宜的心理防御机制，并通过多样化的活动手段进行培训，在潜移默化中改变部分医务骨干的不良心理防御方式，以降低职业压力带来的心理损害。另一方面，通过系统性职业减压来改善医务人员的工作负荷、心理负荷，重塑他们的职业愿景，与成熟的心理防御机制一起形成良性互动，共同保障医务人员的身心健康。

医生，一直以来是一个神圣而伟大的职业。他们不仅仅是人民健康的卫士，更应是保障社会发展的生力军。因此，维护好医务骨干的健康状况有着特殊的意义。本研究从医务骨干的健康现况入手，通过分析其主要影响因素，提出缓解医务骨干职业压力的方法，重塑其职业愿景的有效途径，为切实有效地保障医务骨干的健康与权益提供支持。

（本文获第二十一届年会征文一等奖）

浦东新区医疗机构公共卫生人力资源现状和对策调研报告

王远萍
（浦东新区疾病预防控制中心）

医疗卫生机构是落实基本公共卫生服务项目的主体，其服务水平、服务能力直接关系到国家基本公共卫生服务项目的工作质量。基层卫生人员，特别是公共卫生人员是基层医改的深度参与者，是影响服务提供数量、质量和效果的核心要素。人力资源配置的优劣关乎基本公共卫生服务质量的优劣，关系到基本公共卫生服务的均等性。因此，深入了解基层公共卫生人力资源的现状具有重要且深远的意义。

我国基层公共卫生服务体系建设一直以来是卫生服务体系中的薄弱环节，基层人才队伍在数量、结构等方面的问题较为突出。一是人力资源相对不足。基层医务人才缺乏，是一个普遍问题。基层卫生机构人才缺乏反映在基层公共卫生人员方面更加突出。基层医疗卫生机构在人员配置上“重医疗，轻预防”，主要业务骨干都放在医疗服务方面，公共卫生专业人才比例偏低。二是人员结构不够合理。在专业结构上，由于培训师资、学科体系等方面的问题，社区卫生服务机构尚未建立独立的全科医生培养机制，具备全科医生资格的医师较少，大部分经转岗培训，与居民健康需求还存在一定的差距。三是专业人员流失严重。由于体制、机制、经费保障等多方面影响，公共卫生人才队伍的流失情况日益凸显，已成为制约公共卫生体系高效运作的瓶颈。人才队伍缺失又进一步导致公共卫生科学研究、学科建设、亚专科发展等难以为继。为了解目前浦东新区医疗机构公共卫生队伍的人力资源现状和存在问题及其影响因素，特开展此次医疗机构公共卫生队伍状况调研，以提出可行性建议供卫生行政部门参考。

一、调查对象、方法与内容

1. 调查对象

本次调查的对象包括两个方面：一是浦东新区各基层医疗机构负责人（共46名）；二是浦东新区各医疗机构的专业人员（共510名）。

2. 调查方法

本次调查主要采取问卷调查的形式，由经过培训的调查员面对面调查。

3. 调查内容

本次调查的内容主要包括两个方面：一是医疗机构的基本情况、诊疗情况、公共卫生资源情况；二是公共卫生专业人员的基本人口学特征、工作现状、工作满意度。

二、调查结果

(一) 对医疗机构的调查

本次共调查46家医疗机构，回收有效问卷46份。结果如下。

1. 公共卫生服务资源

在46家医疗机构中，有30家下设1～9个直属分院（站）；平均每家医疗机构服务范围覆盖居（村）委会26.39个，学校和幼托机构分别为8.76所、12.49所，养老机构2.49家，大型企事业单位20.30家。

2016年浦东新区现有常住人口5 501 000人，其中本市户籍人口3 159 100人，外来人口2 341 900人；各医疗机构服务对象人数和年龄性别人口构成差别较大。

2. 诊疗资源

各社区卫生服务中心医务人员总数在70～570人，其中公共卫生医务人员总数在8～43人，平均为21.67人；公共卫生医务人员中，平均具有高级职称的0.10人，中级职称的5.50人，初级职称的15.22人；平均在编的公共卫生服务人员占82.28%。

从事不同公共卫生服务项目的人数存在一定差异。其中，疾病控制岗位从业人员最多，平均为9.92人，其次为预防接种和老年人保健，从事职业人群保健和重性精神病人管控的公共卫生服务人员相对较少。

3. 公共卫生服务落实情况

以2016年全年作为此次调查的时间范围，在被调查的医疗机构中，平均每家医疗机构在公共卫生服务方面的落实情况为：管理甲乙类及重点传染病33.41例，处置重点传染病聚集性事件15.78起；对0～6岁儿童国家免疫规划接种39 762人次，0～36月儿童建卡数1 214人，0～36月儿童保健9 093人；孕产妇建卡1 250份，产后访视2 040人次；65岁以上老人健康管理10 896人，慢性病建卡14 737人。

(二) 对公共卫生服务人员的调查

1. 基本情况

在510名调查对象中，来自三级医疗机构的11人、二级医疗机构的14人和一级医疗机构的485人；男性125人(占24.51%)、女性385人(占75.49%)；年龄最小的21岁，最大的60岁，平均为35.20±7.73岁，40岁以下者占72.16%；文化程度以大学及以上为主，共369人(占72.35%)；职称水平以初级职称为主，共274人(占53.73%)。

公共卫生服务人员的专业以预防医学和护理专业为主，分别为251人(占49.22%)和156人(占30.59%)，合计占总数的79.81%；从事本专业工作的年限平均为9.16±7.33年(最少为0.2年，最多为36年)。从工作年限频数分布可见，专业人员工作年限集中在10年以内，共301人(占59.00%)。公共卫生服务人员在编率较高，达到85.29%。

2. 工作现状

(1) 不同类型机构人员的工作需求比较　调查显示，浦东新区医疗机构公共卫生专业人员的平均月收入为5 666.87元，远低于期望的13 528.43元，平均月收入集中在5 000元左右，仅有4人达到11 000元以上；二三级医疗机构专业人员的平均月收入(7 532元)高于一级医疗机构(5 570.32元)，差异有统计学意义。从工作量方面来看，78.82%的专业人员认为工作量多，极少数(0.20%)认为工作量少。从工作压力来看，69.60%的专业人员认为压力大，仅0.60%认为压力小。大部分(62.90%)专业人员认为工作有意义；超过一半(51.40%)的专业人员没有离职想法，但是仍有37.10%的专业人员尚不确定，已经有离职想法的专业人员占11.60%。一级医疗机构大部分(51.50%)的人认为付出大于回报，而二三级医疗机构较多(44%)的人认为付出与回报相平衡，差异有统计学意义。

(2) 不同类型机构人员的人际关系比较　浦东新区医疗机构中仅有4.90%的专业人员认为职业发展机会较多，在一级医疗机构中，大部分人(53.00%)认为机会一般，二三级医疗机构中大部分人(64.00%)认为机会较少；超过80%的人认为与同事、领导之间的关系都是融洽的，仅有不到1%的人认为与同事和领导关系不融洽；29%的专业人员认为居民尊重公共卫生工作，大部分认为居民对公共卫生工作态度一般；接近30%的专业人员认为单位管理制度(如绩效奖励等)好，大部分(62.50%)人认为单位管理制度一般，8%的人认为单位管理制度不好。

3. 工作满意度

(1) 收入满意度　浦东新区公共卫生专业人员中有约11%的人对自己目前的收入状况感到满意，超过半数(61%)的人员对自己目前的收入并不满意。各级医疗机构人员的收入满意度差异无统计学意义 ($P=0.29$)。

(2) 福利满意度　浦东新区公共卫生专业人员中有约24%的人对自己目前的福利状况感到满意，此外分别有39%和37%的人员对福利状况感到不确定或不满意。各级医疗机构人员的福利满意度差异无统计学意义 ($P=0.99$)。

(3) 工作环境满意度　浦东新区公共卫生专业人员中有约40%的人对自己目前的工作环境感到满意，此外分别有31%和29%的人员对工作环境感到不确定或不满意。各级医疗机构人员的工作环境满意度差异无统计学意义 ($P=0.28$)。

(4) 培训机会满意度　浦东新区公共卫生专业人员中有约41%的人对自己目前的培训机会感到满意，此外分别有40%和19%的人员感到不确定或不满意。各级医疗机构人员的培训机会满意度差异无统计学意义 ($P=0.60$)。

(5) 职业发展满意度　浦东新区公共卫生专业人员中有约26%的人对自己目前的职业发展感到满意，此外分别有56%和18%的人员感到不确定或不满意。各级医疗机构人员的职业发展满意度差异无统计学意义 ($P=0.31$)。

(6) 工作量安排满意度　浦东新区公共卫生专业人员中有约23%的人对自己目前的工作量安排感到满意，此外分别有41%和36%的人员感到不确定或不满意。各级医疗机构人员的满意度差异无统计学意义 ($P=0.99$)。

4. 工作满意度的影响因素

从工作满意度得分来看，专业人员对于收入的满意度较低(平均为2.51分)，对于培训机会满意度较高(平均为1.76分)，一级医疗机构与二三级医疗机构公共卫生人员在培训机会满意度和职业发展满意度方面差异有统计学意义，一级医疗机构的人员满意度高于二三级医疗机构（P 值均小于 0.05）。

机构类型、性别、年龄、编制、文化程度、毕业专业和从事公共卫生年限组间差异均无统计学意义（P 值均大于 0.05），中级职称较未取得职称的人员总体满意度较高，差异有统计学意义（$P=0.013$）。收入对工作满意度的高低具有正相关性，不同职业发展状况的专业人员工作满意度存在差异，工作满意度随职业发展机会的增加而提高，差异有统计学意义；与上级领导的关系越融洽、越受服务居民尊重、单位管理制度越好、工作量越小、工作压力越小，工作满意度越高，差异均有统计学意义。较多的职业发展机会、较好的单位管理制度、合适的工作量将带来更高的工作满意度。

三、讨论

1. 关于研究设计

本研究是横断面现况调查研究，在这个研究设计下，我们可以分析公共卫生人员的基本情况及其工作压力、工作满意度、离职意愿、工作意愿的现状。然而横断面现况研究不能明确解释因果关系，因此，本研究中所表述的“影响因素”实际上表示的是变量间的关联关系，并不能代表因果联系。此外，本研究仅纳入了25例二三级医疗机构的公共卫生专业人员，这与本身在二三级医疗机构中从事公共卫生专业人员数量少有关，可能影响结果的外推，有待进一步针对二三级医疗机构的公共卫生工作人员开展深入的调查分析。

2. 关于浦东新区医疗机构公共卫生专业人员的基本情况

浦东新区医疗机构公共卫生人员的特征是以女性为主（女性人数是男性的3倍）、年轻（平均年龄为35.20岁，40岁以下者占72.16%）、高学历（文化程度以大学及以上为主），但存在经验不足（从事本专业工作的年限较短）、职称水平低（以初级职称为主）、专业性不强（仅49.22%的人员是预防医学专业）等特点。因此，改善基层卫生人员职称和专业水平，对于提高基层公共卫生服务质量、完成新医改“强基层”的政策目标具有非常重要的价值。改善基层卫生人员职称和专业水平，首先要引进人才、留住人才，其次要加强公共卫生专业人员的能力建设。

3. 关于浦东新区医疗机构公共卫生专业人员的工作现状

本研究发现，浦东新区医疗机构公共卫生专业人员的收入水平还比较低，平均月收入为5 666.87元，远低于期望的13 528.43元。根据需要层次理论，从低到高依次为生存需要、关系需要、成长需要，其中生存需要是个体最基本的需要。工作收入属于生存需要，是导致基层卫生服务机构很难吸引和留住人才的重要因素，因此也是当前急需改善的方面。一些发达国家的做法值得我们借鉴和学习，大多数发达国家和地区实行基本薪酬与变动薪酬相结合的薪酬制度。其中基本薪酬占主要部分，一般根据医生年资、职称、职务、工作复杂程度等进行分级。大多数国家和地区的医务人员获得了较为稳定且水平较高的基本薪酬，基于岗位和职级的薪酬制度标准明确，不受业务收入影响。国际上医务人员的薪酬结构常常是混合型的，除基本薪酬外，使用各种津贴、定期的奖金、加班费以及其他形式的报酬增加工作的吸引力。《"十三五"全国卫生计生人才发展规划》中提出了提高人员薪资水平和待遇，建立健全公共卫生人员的激励机制，鼓励防治结合类专业公共卫生机构通过提供预防保健和基本医疗服务获得合理收入。

从工作量方面来看，浦东新区医疗机构公共卫生人员普遍感到工作量很大，78.82%的人员认为自己工作量大，仅1人认为自己工作量小。这可能是由于当前医改"强基层"的政策目标以及公共卫生服务均等化项目的展开，基本公共卫生服务的工作量逐年增加，公共卫生人员要承担的服务大大增多，而公共卫生人员数量没有相应增加，同时基层卫生人员对一些公共卫生服务的水平有限，因而造成了工作量增多。

工作压力是指因工作负担过重、岗位变换、工作责任过大或改变等对人产生的压力，当个体被迫偏离正常或希望的生活方式时，所体验到并表现出的不舒适的感觉。本研究发现，浦东新区医疗机构的公共卫生人员感到工作压力大的比例较高，仅有3人认为压力小。有关工作压力效用及反应的研究普遍认为，工作压力大容易导致员工产生离职意愿。研究表明，在发达国家工作压力可以影响到工作满意度。因此了解基层卫生人员的工作压力、工作倦怠情况及其影响因素，采取有效措施缓解基层卫生人员工作压力，提高其工作满意度，对稳定基层医疗机构公共卫生队伍有重要意义。

离职意愿被公认为是离职的前因变量，对实际的离职行为有很好的预测力，一般认为它是员工产生的想要停职并企图寻找其他工作想法的最后一个阶段，最能预测离职行为的发生。本研究发现，浦东新区医疗机构公共卫生人员中分别有37.10%和11.60%的人员表示不确定或有离职想法。由此可见，当前基层卫生人员还有相当的潜在不稳定性。

职业发展，是一个人对自己未来的职业生涯怎样发展做一个大致的规划，按照规划中的要点充分发挥出自己的潜能，并且运用环境资源完成规划的职业发展目标。有研究显示，医务人员的职业发展是影响医务人员工作满意度的主要因素之一。本研究中仅有4.90％的专业人员认为职业发展机会较多，绝大多数人认为职业发展机会一般或较少。高学历的年轻人入职后考虑更多的是未来的发展前景，因此一个能够提供较高工作平台和职业发展机会的医疗机构更受青睐。要吸引高学历人才到基层工作，除了必要的薪资条件外，良好的职业发展平台和前景也非常关键。目前基层医生普遍存在职称晋升难的状况，在一定程度上影响到了基层医生的稳定性和工作积极性。

4. 关于浦东新区医疗机构公共卫生专业人员的工作满意度

工作满意度是最重要的预测离职意愿的态度变量，即当雇员对工作不满意时更倾向于离开他的工作，通过改变工作满意度可以减少离职。本研究发现，从满意度各条目来看，工作环境和培训机会满意度高，福利满意度、收入满意度、职业发展满意度和工作量满意度均较低，尤其是收入满意度最低。这一结果，一方面与上文中提到的医疗机构公共卫生人员工作属性的现状相呼应（基层卫生人员收入较低、职业发展机会较少），另一方面也与国内相关研究的结果一致。

5. 浦东新区医疗机构公共卫生人员工作满意度的影响因素

多因素分析发现公共卫生工作满意度较低的主要原因有职业发展机会少、单位管理制度不好和工作量大。尽管收入水平和居民尊重程度在多因素分析中未发现有统计学差异，但在单因素分析时显示与工作满意度密切相关。

职业发展是基层公共卫生人员普遍关注的问题，而基层医疗机构留不住人才的一个重要因素就是空间小、发展平台低，在个人技术水平提升、职称晋升等方面颇为受限。因此，加强对医务人员的职业规划辅导，为医务人员提供更多的机会，不仅可以满足公共卫生人员对自身发展的需要，还可以提高医疗机构的竞争力和凝聚力。其次要建立起发展规划制度，医务人员工作的满足有利于提高工作绩效和促进医院的运作。当医务人员进入医院开始职业生涯的同时，医院就应该帮助医务人员实行医院生涯管理制度，这样可以使得医务人员和医院达到双赢，从而提高医务人员的工作满意度。

单位管理和激励制度指运用各种方法和手段，引导系统各相关主体的行为和价值观念，以实现其认同目标的过程。激励机制体现的是一种价值导向，即通过激励机制导向，激励员工朝着医疗机构发展的价值理念去努力工作。大多数医疗机构管理和激励机制主要是通过考核工作人员的工作数量、质量并相应地加以物质激励来实现的，员工的满意度被简单化。这种固化激励机制和工作满意度之间内在联系的做法不能很好地明确二者间的相互影响，难以给公共卫生人员提供科学的激励以提高工作满意度。管理和激励制度既要注重物质方面，又不能忽视精神方面的作用。管理者要正确处理好物质激励与精神激励的互补作用，主动关心工作人员的切身利益，充分调动工作人员的工作热情，把握医疗卫生体制改革的有利时机，形成日益完善的基层医务人员管理机制与激励机制，造就一支稳定性高、服务能力强的基层卫生人员队伍。

国家基本公共卫生服务自2009年实施以来，服务内容不断补充和完善。在工作负荷的感受方面，2013年87.7%的基层医务人员认为工作负荷大，与2008年相比，认为工作负荷大的比例有所增加。相关研究显示，从事慢性病管理工作的医务人员实际管理的慢性病患者数远超其认为最多能管理的人数。较大的工作负荷影响从事基本卫生服务医务人员的工作满意度。因此，建议医疗机构能根据基本公共卫生服务的工作量合理配置人力资源。

群众的认可和尊重对基层卫生人员产生重要的影响。卫生人员需要通过群众的认可和尊重来增加工作成就感。强调群众的认可和尊重，是对公共卫生长远发展的考虑，是公共卫生服务工作能否落到实处的重要因素之一。

目前基层公共卫生人员的待遇普遍比临床医生低，这对提高其工作的积极性有很大的影响。因此，应根据社区自身的发展情况设立一套合理的绩效考核制度，对一些职称高、公共卫生服务能力和水平较高且工作量较大的人员要给予较高的待遇。

总之，要提高医疗机构公共卫生人员的工作满意度，关键在于增强队伍建设，完善职业规划，提高工作待遇和职业认同感，建立有效的激励机制，激发他们的工作主动性和积极性，真正做到服务机构与个人共同发展。

（本文获第二十一届年会征文二等奖）

专业技术人员流失及对策研究

王　军
（上海市精神卫生中心）

为增强自身的竞争实力和本单位发展后劲，应对同行业的竞争压力，任何一个医院无一例外都迫切需要吸引和留住有发展潜力的最优秀人才为己所用，为本单位的发展壮大而贡献力量。为解决这一问题，我们应该广泛吸取各种成功的做法和经验，制订出适合本中心具体情况的制度和措施。

一、专业技术人员现状

全院共有职工 1 300 余人，其中专业技术人员 1 000 余人（约占 77%），具有中级职称者 260 余人（约占 26%）、高级职称者 100 余人（约占%）；博士生导师 8 名（约占 8%）、硕士生导师 11 名（约占 11%）；享受国务院政府特殊津贴 18 位（约占 18%）；目前具有全国二级以上学术团体或省（市）级专业委员会的主委、副主委 51 位，专业杂志主编和副主编 10 位。

（一）医院人力资源管理存在的问题分析

1. 管理理念陈旧，管理体制僵化

现代人力资源管理理论认为，在物资、财务、人力资源中，人力资源是最宝贵的，是当今社会经济增长的恒久动力。但是，就目前的情况来看医院对人力资源和人力资源管理的重要性认识不足，人事部门仅仅是一个行政服务部门，不能为本医院的员工提供优质的人力资源产品和服务，这很大程度上制约了医院的发展和整个医疗卫生队伍素质的提高。没有真正树立“人力资源是第一资源”的管理观念。管理职能单一，医院内部尚无规范化、科学化的人力资源管理机制，行政管理部门干预过多，人力资源的市场机制不完善。

2. 专业技术职称晋升缺乏激励竞争机制

职称评定模式化，在职称评审过程中未能体现晋升人员的工作和实际工作能力，使同一职称级别人员的实际水平相差较大，造成了职称的贬值；职称与工资挂钩，职称与各种福利待遇挂钩，一聘定终身，能上不能下，专业技术岗位考核制度不健全，考核方法程序不科学，考核流于形式，缺乏激励竞争机制，极大地挫伤了部分专业技术人员的积极性和主观能动性，人才的潜能未能有效地开发。

（二）医院人力资源管理面临的挑战

1. 网络信息的挑战

新经济时代，由于信息传递快速便捷，组织结构正在由金字塔式结构向扁平化的组织结构演进。扁平化的组织结构使管理层级大大精简，这样可以减少信息流转的层级，既可以避免信息失真，保证信息畅通，又可以精简机构和人员，从而降低了组织的管理费用，提高了管理的效率，增强了组织应变能力。

2. 管理模式的挑战

垂直管理向横向管理转变的挑战。传统的人力资源管理模式是最高管理层对各个环节的直接管理和控制，是垂直的“一站式”管理，各个生产环节之间缺少横向的管理和控制，不可避免地含有管理层的主观因素，在很大程度上仍然留有“计划”的特征和色彩，并且导致人力资源内部各个环节之间市场因素的缺失。

二、近两年来医院专业技术人才流失及其原因分析

近几年来，由于各种原因，我院专业技术人才流失现象较为严重，从 2008 年至 2011 年间专业技术人才流失 75 人，高级职称 10 人、中级职称 17 人、初级职称 48 人。这些人员中相当一部分是单位的技术尖子和业务骨干，他们在日常诊疗、科学研究中起着不可缺少的作用。单位在培养他们的过程中也投入了大量的人力、物力，他们所掌握的技术和积累的丰富经验正是为医院带来经济效益的时候，所以这些专业技术人才的流失，给医院的科研、临床、教学带来了很大的损失。

1. 专业技术人员内部流失

人力资源内部流失，医院本身就有很多有才能的人，单位不肯用或是受到某些制约不能才尽其用，这就意味着存在人才内部流失。据某专业机构对 3 000 名专业技术人员的 2008 年度薪酬调查结果：有 77％的人员对目前的薪酬感到

不满意，超过一半的人对自己的职业发展前景不乐观。尽管如此，还是有 67% 的被调查者却留在了原岗位，没有跳槽。这么多的对薪酬和职业发展前景不满意的人留在岗位，没有跳槽是因为留下来可以享受随工作年限增长的工资和福利，而跳槽除了失去这些待遇，还可能要付出失去住房、牵连配偶家庭等其他代价。这些人虽然留在原岗位，但对待工作的态度是 8 小时里混日子、8 小时外谋发展。这也告诉我们一个信号，这些人对用人单位都出现了忠诚度下降的问题，缺乏敬业精神，他们很可能“身在曹营心在汉”，出现工作倦怠，员工没有主动性和积极性，更缺乏创造性，他们不仅不会推动医院的工作，而且可能妨碍其他人进步，成为医院发展的绊脚石，对医院的管理效率也会造成很大的负面影响。

2. 人力资源外部流失

人力资源外部流失就是人才因某种原因而由一个单位跳槽到另外一个单位。特别是中等规模的医院，一方面是人才流失有压力，另外一方面医院发展还需要引进人才，优秀人才的引进肯定会带来一定的生机与活力。但人才引进不当，不但会造成资源的浪费，更严重的是造成医院学科建设的滞后。人才引进应着眼于瞄准医疗前沿领域，树立以市场为导向，以提高学科建设为目标，以增加效益为目的的思路，严把人才引进质量关。

三、留住专业技术人员的措施及对策

(一) 建设以人为本的医院文化，充分发挥工会组织作用，开展丰富多彩的活动，增强职工凝聚力

医院文化是社会文化的一部分，是一种特殊的行业文化，具备企业文化的一般特征，同时具有医院的行业特色。医院文化是医院的灵魂，其核心是以人为本。医院工会组织，由于其工作的灵活性，地位的特殊性，在活跃职工文化生活、促进医院文化建设方面能起到积极的推动作用。

近年来，医院工会在医院党政的领导下，开展了许多卓有成效的工作，举办了很多丰富多彩的活动，为医院文化的形成发挥了积极的作用。如医院工会组织职工参加了上海市纪念建党九十周年大型主题歌会和上海市卫生系统纪念建党九十周年红歌会演出等一系列主题活动，通过活动来统一职工思想，凝聚职工力量，提高医疗服务质量，倡导职工科技创新，为医院的发展提供良好的工作氛围。

营造和健全有利于引才、用才的环境，提供人才所需的科研设备和工作条件，制订各种优惠政策和激励政策，创造人才发挥聪明才智的宽松环境，尊重人才，让其获得事业上的满足感和成就感，使医院真正成为尊重知识、尊重人才的有利环境。为稳定聘用制人员队伍，院领导决定投入专项经费近800万元，为聘用制人员谋求福利、交"三金"，并办理本市居住证，使其获得归属感、提高满意度，极大地调动了聘用制人员队伍的积极性，增强了团队凝聚力。通过组织文化活动，加强与职工思想沟通，了解职工思想动态，及时为他们排忧解难，解决生活、学习等问题，创造和谐医院。

（二）稳定人才，持续发展

1. 塑造有价值的愿景

加强医院文化建设，坚持以人为本理念，最大限度激发员工主人翁意识，产生对医院目标的认同感、使命感和自豪感，引导员工接受新思想、新观念，形成院兴我荣、院衰我辱、以院为家的共识，鼓励员工支持和参与医院改革和重大事项的决策，参与岗位竞争，最大限度地发挥聪明才智，将思想、行为都凝聚到医院的共同发展上来，形成团结、奋进、创新的团队精神。

建立合理的薪酬体系，调动员工积极性。在实际的薪酬分配中，要敢于根据不同的工作态度、工作能力和工作业绩拉开分配档次，向关键岗位与优秀人才倾斜，对于少数能力、水平、贡献均十分突出的技术和管理骨干，可以通过一定形式的评议，确定较高的内部分配标准。医院在制订薪酬战略与政策时，一定要综合考虑员工自身因素（包括个人资历、工作经验、个人潜力等）、医院因素（绩效、战略目标、文化）、工作因素以及劳动力市场（同一职位相同能力的劳动力市场价格）等多种因素，使医院的薪酬对内具有公平性，对外具有竞争性。设计有效的薪酬激励制度，调动员工积极性，激发其创造力，增强医院的凝聚力和竞争力，达到医院与员工"双赢"的目的，促进医院的不断发展和效益增长。

2. 进行科学的职业生涯管理

医院人力资源部门要协助专业技术人员规划其职业生涯发展并为专业技术人员提供必要的教育、培训、轮岗等发展机会，促进专业技术人员职业生涯目标的实现。医院根据自身特点及发展目标的不同，准确地了解本院员工特别是专业技术人员的职业生涯规划管理状况，识别影响他们职业规划的因素，促进他们职业生涯发展的途径和方法，创造良好的人才发展空间。个人的职业发展道路是确定自己的职业目标和努力方向，个人所选择的组织是实现个人抱负的重要舞台。医院作为员工职业生涯得以存在和发展的载体，应提供个人不断成长以及挖掘个人潜力、发挥特长的机会，让其获得事业的成功与满足，这样他们才能体会到医院对他们的尊重，安心岗位全身心投入到工作中。人力资源管理首先贵在重视，其次在于持续性改进，最后在于整改落实，在不断接受新型理念的同时，努力学习配合医院再发展，从而建立一支高素质的医疗服务队伍。

四、小结

新时期医院人力资源管理的探索是全方位的，并不仅仅局限于本文所论述的内容。在新形势下医院管理的责任，不仅是制订医护工作者行为的准则，也不仅是完善医疗服务从而获得经济效益，而是促使医院的医护工作者自己去发现如何有效地加强沟通，主动承担医务工作者的责任和遵守职业道德，切实地把自己融入到医疗服务中来。

工会是职工的“娘家”，对职工具有较强的号召力和凝聚力。首先应该把职工看作医院的最好资源，要围绕“人”这个主体，以信任人、关心人、培养人，注意发挥人的潜能为立足点，力求人和医疗技术、医疗设备的最佳结合。职工通过工会提出了职工在管理、生活、医疗技术、设备投入等方面很多合理化建议。同时工会切实给他们创造快速成长和实现自身价值的宽松环境。如：建立了科学合理的激励机制以及绩效利益挂钩的分配制度，添置了先进的医疗设备，加强了人才队伍建设，创造了人尽其才、才尽其用的氛围。其次，工会及时了解每一位职工的生活、家庭状况，对职工家庭生活情况基本上做到胸中有数，对婚、丧、病、困职工及时做好救济、慰问工作，帮助职工解决燃眉之急，使职工真正体会到家的温暖。这种关心职工、维护职工切身利益形成的丰厚文化底蕴，是职工不竭的精神动力，同时帮助职工树立了正确的世界观、人生观、价值观。工会可以通过对先进集体、先进个人的评选表彰活动，宣传他们的先进事迹，弘扬他们身上所体现出的文化精神，陶冶职工的情操，培养职工群体意识和良好的共同习俗和道德风尚。通过医院网站、工会刊物等宣传媒体和形式，大力宣传先进个人立足本职、忘我劳动、积极进取、乐于奉献的敬业精神，号召全体职工学习先进、争当先进，真正让先进的敬业精神、奉献精神在医院文化建设中产生重要影响并发扬光大。

总之，作为一家专科医院要想在今后激烈的市场竞争中立于不败之地，必须加强医院文化建设、推动医院文化创新，为医院发展注入活力。医院工会在促进医院文化建设方面大有可为，可充分利用其现有资源和特殊优势，为医院文化建设发挥应有的作用，并通过有效调动职工的积极性、创造性，激发职工的主人翁责任意识，保障职工权益，促进医院健康、和谐、稳定地发展。

（本文获第十六届年会征文一等奖）

关于上海市某三级综合性医院非在编护士职业认同感的调查与思考

徐坚强

（同济大学附属同济医院）

公立医院事业编制的人员逐步小众化。据估计，上海市公立医院中非事业编制的员工超过全体员工的三分之一，其中护士非在编的人数更是超过了在编人数。编制成为公立医院用人政策中独具"中国特色"的现象。编制问题，已经成为困扰公立医院人事制度改革的重要问题，也对全面提高医护人员的工作积极性带来显而易见的负面影响。带着这样的问题，我们课题组以解剖麻雀的方式对上海市某三级综合性医院的非在编护士"职业认同感"情况作了一次普遍性的调查，希望以此得到一些以点带面的思考。

一、调查情况汇总与基本分析

该院目前核定床位 1 100 张，在册员工近 1 800 人，其中在编的为 1 000 多人，非在编的为 700 多人，非在编超过了 40%；其中护士约 770 人，非在编超过 450 人，非在编占了近 60%（近两年人员进进出出变动，该比例基本差不多）。目前，课题组采取了问卷方式对近 90%的非在编护士"职业认同感"情况作了一次普遍性的调查。非在编所占的比例之大，在公立医院中绝非个案。

本次"职业认同感"调查，课题组未采用标准化的量表，而是自行设计通俗化的问卷，因为调查的重点不在于"职业认同感"，而在于编制问题。

1. 被调查者的基本情况

本次调查共发出问卷 400 份，回收问卷 386 份，回收率为 96.5%，说明被调查者还是积极参与此次的调查活动。我们在调查中发现，非在编护士中有本市户口的占 65%，非本市户口占 35%；大专学历超过 85%，本科以上学历不到 15%；95%以上的护士年龄都在 30 岁以下；37%的护士已经成婚；工作年限 3 年以内的占了 44%，3 至 5 年的占了 25%，5 年以上的占了 31%。

2. 关于非在编护士对事业编制的感知认识调查

该院从2010年起，完全根据国家《劳动法》《劳动合同法》实行了同工同酬，在编护士与非在编护士在政治、工作、待遇等一系列方面全部一致，真正实行了同工同酬。但是，我们在调查中发现，被调查的30%人员坚定地认为在编与非在编是有区别的。那么，“实行同工同酬后在编与非在编的区别”是什么呢？所有的被调查者都回答了这个问题，作为一个多项选题，23%的受访者认为“身份地位不同”，61%的受访者认为“心理感受度不同”，52%认为“个人发展前景不同”。

3. 关于非在编护士对职业认同感的调查

(1) 这个问题是从正面了解非在编护士对现在工作的喜欢程度，即“护理工作是令人崇敬的职业”，只有8%表示“非常喜欢”，40%表示“比较喜欢”，45%表示“一般”，6%表示“不喜欢”。一项长期以来被认为是“白衣天使”的职业，身在其中的认同感却表现出十分中性。

(2) 现在护士的工作是医院和个人双向选择的结果，包括是自我选择的结果。那么，这种自我选择的动因是什么呢？作为一项多选项，有41%的人认为“收入基本符合自己的预期”，42%认为“工作氛围符合预期”，26%认为“能够解除患者病痛并得到充分理解”，9%的人选择了“得到上级领导的赏识”，14%的人选择了“有转为在编的希望”，35%认为“没有其他工作可选择”。这样的调查结果是有其特定的背景，即该院是完全地实施了同工同酬。

(3) 我们可进一步看到，在“当前我最在乎的问题”方面，“收入问题”占了80%的比重，“户口问题”只占了8%，“职称学历问题”只占了15%，“编制问题”只占了17%。收入问题既是个人生活生存问题，也是社会对该职业的认同问题。

(4) 她们“每天感到快乐的事”是什么呢？还是一个多选题，54%选了“可以准时下班”，44%又选了“与闺蜜和朋友说说心里话”，41%说“得到患者及其家属的理解表扬”，31%回答“得到护士长科主任的肯定”。回答有一些分散，但是从中可以看到她们相当大的职业心理压力。

(5) 她们“每天感到安慰的事”又是什么呢？仍然是一个多选问题，90%选了“平安无事无差错”，56%选了“顺利通过考核检查”，37%选“解决了患者的病痛”，还有31%选“得到护士长科主任的肯定”。

(6) 她们“每天最无奈的事”是什么呢？73%回答为“应对无休无止的专业考试和检查”，50%说“面对无法沟通的患者”，17%选“学历职称晋升的困难重重”,16%选“自己的人生规划无法把控”。护理工作的职业特点与从业者的无奈在此体现得非常真实。

(7) 既然“护理工作是一份谋生的职业,对于这份职业她们的态度”是,63%表示“会坚守做下去”,30%表示“一定要寻找机会改行”,7%表示“其实一天也不想做”。

(8) 作为一项附加问题,89%承认她们的“知识和技能在工作中不断得到提升”,只有11%予以了否认。

4. 对编制的态度和看法

如果解决了事业编制问题,是否会长期从事护理工作呢? 58%有肯定的回答,40%不确定,2%表示了肯定不会。对于享受同工同酬的非在编护士来说,编制问题还是一块说不清道不明的心病。由此,进一步询问“是否非常渴望解决自己的事业编制问题”时,71%直爽地回答了“是的”,8%是“说不清”,21%回答是“不可能的事不去想”。那么,追问一下,在编与非在编的区别主要是什么呢?“收入分配差别”有47%的选项,“工作安排差别”有34%选项,“职称晋升差别”有37%选项,“政治待遇差别”有33%选项,“福利待遇差别”有54%选项,“职务晋升差别”有33%选项,还有“其他差别”是18%。在同工同酬的前提下,既然没有区别,干吗还要分在编和非在编呢? 所以,出现了一大堆并不存在的区别指向。

二、思考与改进措施

1. 职业认同感是做好本职工作的基础

职业认同感是在长期从事职业活动过程中,对该职业活动的性质、内容、社会价值和个人意义的一种认同,是对职业用语、工作方法、职业习惯与职业环境等的熟悉和认可。有较强的职业认同感是人们做好本职工作的十分重要的基础;同样,职业认同感影响员工的忠诚度、积极性、成就感和事业心。

2. 影响护理职业认同感因素诸多

研究表明,影响护理职业认同感的因素很多,比如社会认同度、护理职业特性、家庭因素、个人因素、择业动机等等。国内外也有对护理职业认同感一系列专业性的研究,涉及方面很多,从社会学、心理学等方面提出了职业认同、职业归属感、职业态度、职业价值观、职业自我等相关的概念;还有从护理职业倦怠角度进行研究,有调查显示,公立医院中护理人员的职业倦怠占到了59%,分析原因可能是因为人力配置、薪酬福利、重医轻护的执业环境、护士职业高危现象、现有管理水平以及护理人员本身对护理工作的胜任程度、对社会的适应能力等等。

3. 事业编制问题是公立医院社会转型期的特殊产物

所谓事业编制，是指为国家创造或改善生产条件、增进社会福利，满足人民文化、教育、卫生等需要，其经费一般由国家事业费开支的单位所使用的人员编制。国家把事业单位分为全额拨款、差额拨款和自收自支单位三种类型，公立医院则列入差额拨款单位。

在医疗卫生体制改革的深化推进中，公立医院服务量的不断上升势必导致医务人员数量的增加，而公立医院的事业单位职工编制总数是由国家或者省市政府的编办根据医院规模进行确定的，是不与公立医院每年的医疗服务量相关联；一旦确定，除非极特殊情况，无法得到调整。因为，编制总数牵涉到政府给医院的人员经费，纳入到政府财政支出预算。公立医院医务人员编制的固定化与医疗服务量持续增长形成了一对显著冲突的矛盾。

为了解决这样的矛盾，国家给了公立医院用人自主权。所以出现了公立医院的员工有事业编制、非事业编制、派遣制用工、劳务外包等一系列形式混合交叉现象的存在，造成用工性质多元化。但也由此，存在事业单位编制的员工与非在编员工在同样的岗位上工作，薪酬分配方式、分配数量、福利待遇等方面有所区别，有的甚至区别较大。但是，令人尴尬的是“一院两制”显然违背我国《劳动法》的规定。《劳动法》第四十六条规定：工资分配应当遵循按劳分配原则，实行“同工同酬”。同工同酬是指用人单位对于技术和劳动熟练程度相同的劳动者在从事同种工作时，不分性别、年龄、民族、区域等差别，只要提供相同的劳动量，就获得相同的劳动报酬。

4. 公立医院护理非在编人员倒挂必将影响国家卫生事业的健康发展

2009 年 3 月，《中共中央国务院关于深化医药卫生体制改革的意见》第九条提出要“建立规范的公立医院运行机制”。要求“公立医院要遵循公益性质和社会效益原则”，“改革人事制度，完善分配激励机制，推行聘用制度和岗位管理制度，严格工资总额管理，实行以服务质量及岗位工作量为主的综合绩效考核和岗位绩效工资制度，有效调动医务人员的积极性”。这样的改革到今天，公立医院在事业编制人数不变的前提下，大量自主地使用了非在编人员以满足不断增加的医疗业务工作量需求。而奋斗在医疗服务第一线的护理人员出现了非在编大于在编的倒挂，这些稀缺珍贵的编制则往往是留给了人才引进的医生和高学历医生等。非在编则成为广大非在编护士的难以表述的心理阴影，势必影响职业认同感和工作积极性的提高，这是显而易见的。所以出现了61%的受访者认为“心理感受度不同”，52%的认为“个人发展前景不同”。

5. “同工同酬”的全面执行并不能解决非在编的负面问题

我们本次调查所选择的这家上海市三级综合性医院，从2010年起，完全根据国家《劳动法》《劳动合同法》实行了同工同酬。4年来，该院在编护士与非在编护士在政治、工作、薪酬待遇等一系列方面全部一致，真正实行了同工同酬。可以说，至今不是所有的公立医院都做得到的。尽管如此，非在编护理人员总有一种“二等公民”的感觉，由于非在编身份标签导致对本职工作愿景规划淡漠的因素是不言自明的，对整个卫生事业的健康发展同样是非常不利的。所以，公立医院人事制度的改革路径值得进一步的探讨。《事业单位人事管理条例》于2014年2月26日经国务院第40次常务会议通过，自2014年7月1日起施行。公立医院同样纳入到这个管理条例的范围。该条例也是针对编制内的，不针对非在编。

6. 公立医院非在编问题的最终解决需要依靠国家医药卫生体制改革实现

当我们公立医院还是差额拨款事业单位，当我们公立医院还无法真正做到收支两条线、必须依靠医疗创收来弥补医院运行的巨大财政缺口，当我们公立医院只有通过扩容工作量解决日益增长的医院经济成本消耗问题，当我们公立医院还没有做到纯粹公益性、由国家财政100%的投入保证，那么，非在编问题似乎就有它存在的土壤和条件。

当编制只是政府对公立医院人头费投入的一种计量，而由于财力不够，就严格控制公立医院编制数量，长此以往，势必会出现非在编人数超过在编人数倒挂滑稽尴尬的问题，编制的负面性作用愈加显现。我们一面说保障人民健康的医务工作者是如何的重要，他们的职业是高尚的，应该受到社会的广泛尊重，另一面在公立医院中却存在着“一院两制”的编制内编制外的身份认证，使得有些医院在他们的政治、工作、薪酬待遇等一系列方面游走于《劳动法》《劳动合同法》的边缘，对这样的现象熟视无睹甚至麻木淡漠，不利于国家卫生事业的健康发展。

（本文获第十八届年会征文二等奖）

上海市公立医院非在编护理人员离职意愿及其影响因素的调研研究

朱晓萍
（上海市第十人民医院）

一、上海市公立医院非在编护理人员离职现况分析

调研目的：了解近3年非在编护理人员离职情况，包括离职总数、离职人员基本信息等。

调研对象：通过便利抽样法调研了上海市7所医院，其中三级综合性医院3所，三级专科医院2所，二级综合性医院2所。

调研结果：近三年来7所医院离职护士总数为516人，其中女性503名（97.5%），男性13名（2.5%）；职称：护士402名（77.9%），护师112名（21.7%），主管护师2名（0.4%）；学历：中专35名（6.8%），大专374名（72.5%），本科107名（20.7%）；平均年龄（26.8±3.27）岁，平均工作年限（3.75±2.71）年。

二、上海市公立医院非在编护理人员离职意愿及影响因素质性研究

1. 对护理管理者进行质性访谈的结果分析

主题一：您认为临床非在编护士不想从事护理工作的原因是什么？

（1）职业压力：①检查和考核："现在的护理工作与以往相比给护士带来了更大的工作压力，特别是年轻护士。护士在日常工作中面临着各种检查和考核"。②自我提升："有些护士因为晋升困难而选择了离职""护士需要不断学习，不断地给自己加压，她觉得没这个必要，或者她觉得受不了，她可能也会辞职"。③人际关系："我们护士不光是要面对病情复杂的病人，同时还要面对病人的家属、医生、护士、领导等人群，护理工作其实压力还是比较大的"。

（2）职业倦怠：“由于工作压力大，那可能觉得自己身心疲惫，就是身体或心理都会带来一些困扰，不能说疾病。”“由于临床护理工作比较繁重，临床护士配备不到位，会给她的这个工作带来超负荷的工作量”。

（3）家庭因素：“有些护士结婚后，就不想再从事护理工作了”“护理的工作是24小时循环，工作时间跨度很大，对于她个人的家庭、学习可能会带来一些时间上安排的困惑或困难”“非在编大多数是外地过来的护士，到年龄了父母叫她回家结婚了，结婚以后留在老家工作”。

（4）职业认可度：“护士的这个职业没有得到社会的一个认可，她就觉得缺乏职业认同”“辞职的护士大多都是年纪轻的护士，刚从事护理工作1～3年的护士。对这个职业的认同感比较差”。

主题二：您认为促使临床护士离开本医院工作的原因主要有哪些？

（1）薪资问题：“护士的薪资待遇普遍都比较低；上海的民营医院也越来越多，打着高收入的旗号，我们医院也有一些护士辞职去了民营医院”。

（2）学历问题：“本科生成为二级医院护理部的重点培养对象。随着自身学历的提高，一些已有本科学历的护士希望薪资待遇有所提高，有更多的发展机会，便辞职去了三级医院”。

（3）性别问题：“男护士在临床工作中，得不到家人、朋友或者整个社会对于男性从事这样一个职业的认同”“男护的因素当然不外乎也是钱，我们也跳走好几个男护到某医院的手术室，那个钱真的是要比我们多一倍多”。

（4）规培轮转辞职比较多。

主题三：您对改善临床护士离职现状有何宝贵意见？

（1）适当提高医院护士的薪资待遇：“和医院多切点‘蛋糕’，完善绩效考核制度”。

（2）加强团队文化建设，增强职业归属感：“建立医院廉租房供新员工住宿，对于高学历安排免费住宿”“建立微信群解答各种问题：如居住证办理、户口问题”“制订职业发展规划：短期计划、中期计划、远期计划”“尽量满足各种需求，生活指导，科室层面关爱，一对一关爱对子”“新员工安排户外拓展项目，促进彼此认识了解”。

（3）保证同工同酬、公平竞争、平等培训与晋升机会：“完善医院职后培训制度”。

（4）加强职业防护培训，提升护士职业安全性：“特保会24小时值班巡视制度”“自我防护的培训——比如如何将纠纷家属引导至监控下”“美丽心灵团体，促进护士间心灵交流”“对于社会上的负面新闻积极沟通，共同分析”。

2. 针对临床护理人员进行焦点组访谈的结果分析

主题一：您目前护理工作主要压力源或者不满意的因素有哪些？

（1）工资待遇低、工作量大、人力不够：“一个月 4 300 元，交完房租就剩两千多块钱了”“急诊抢救室中夜班有的时候高峰期的话 80 到 90 个病人，但只有 3 到 4 名护士当班，再加上实习同学，每人起码分管 20 个病人，工作量多大”。

（2）职业环境：“主任怪到护士头上了，说护士没有及时管，护士长一生气就找护士撒气”“病房加床严重，晨间护理非常拥挤”“急诊工作环境差，床位严重不足，空气质量差”。

（3）职业压力：“各种原因引起的，凡是与护理沾上边的不可控的都是你护士的事，所以压力很大的”“科研压力：护士长一直盯着我们写论文，我们除了工作，一天到家很累，还有孩子和家务活”。

（4）职业防护：“感染病人都是多重耐药菌，每个床旁都放一个洗手液，能做的就这些了，而且病房又拥挤”“急诊病人病情急，医患纠纷多，甚至打医护人员，但是安保措施不到位，缺乏应急性”“CCU 经常做 CT，没什么保障措施，就是自己随便躲到哪里去，我觉得这点对我们职工来说就不是很负责任。”“临床护士配置静配中心无法配置的化疗药物，临床科室没有层流、对流防护设备，而且化疗药物在病区的空气中挥发、弥漫，环境上也不能保证”。

（5）医护关系：“找不到原因，就怪我们护士，即便医嘱开错了，也会说护士怎么没有发现啊，还是怪护士”“病人病情发生变化，夜班医生有时不愿意起来。还有医生说，让我们先用药后补医嘱。有的医生觉得自己高高在上”。

主题二：您曾有过离开本医院工作的想法吗？

89%以上护士有此想法。比如：“我生病都肺炎了，休息也保证不了，挂了十天水也压不下去，你心里什么感觉，自己本院的去看病还得在那边排队一个小时，你想插队还得认识人，你不认识人你插队还被家属揪出来，排队一两个小时才能去做个 B 超 CT，超级心酸。”

主题三：您认为自己今后不从事护士工作的原因有哪些？

（1）福利待遇：“钱少、翻班、影响身体健康”“遇到待遇好的机会，就不从事护理工作了”。

（2）职业压力：“手机不停在响，@你一下什么事没做明天来做，晚上就睡不好觉了”。

（3）职业认同度：“最能够击垮的我觉得是家人的不支持，尤其是上夜班，有了孩子以后怎么办”“医生看不起护士，我们有个实习医生对我喊：那个护士……觉得护士很卑微”。

主题四：离职后您的再就业方向是什么？

主要有：月嫂、微店、文职、医疗保险理赔、药代、器械代表、护理APP、美容师、整形医院、私立医院、口腔门诊、社区医院、网络直播等。

主题五：如果能够再次回到临床工作希望临床环境做出那些改变？

（1）提升护士福利待遇。

（2）加强护士职业防护：“化疗药物配置”“意外事件发生后的应急处理流程、上报流程、后续处置等”“医院安保工作落实到位”。

（3）重视护理知识更新与培训：“同一静脉输液操作，护士拿着不同版本去练，考试的时候老师反映这个不是这样操作的”“今年最新的CPR指南，其他的医院都是经过培训的，更新的内容是哪些，我们现在还是停留在2010版”。

三、上海市公立医院非在编护理人员离职意愿及影响因素量性研究

本课题共调研了7所医院的675名护理人员，护士具体信息如下：年龄21～60岁，平均年龄26.8±3.81岁；工作年限1～44年，平均工作年限5.0±3.9年；月收入600～11 000)元，平均月收入5 189.6±1 502.2元。

（一）上海市公立医院非在编护理人员离职意愿调查结果

1. 量表介绍

本研究所使用的量表是经台湾李栋荣和李经远翻译并修订后用于中国员工的，共6个条目，修订后的量表具有可靠的信度（Cronbach's α系数为0.773）和效度（内容效度为67.67%）。得分越高，表示非在编护理人员离职意愿越高。

2. 调研结果

离职意愿A：您是否要考虑辞去目前的工作/您是否会辞去现在的工作，平均得分：2.33±0.77分。

离职意愿B：您是否想要寻找其他相同性质的工作/您是否想要寻找其他不同性质的工作，平均得分：2.26±0.82分。

离职意愿C：以您目前的状况及条件，您认为在别机构找到合适职位的可能性如何？/如果您知道别的机构有一个适合您的工作空缺，您认为您获得这份工作的可能性如何？平均得分：2.94±0.55分。

3. 调研讨论

导致合同制护士离职的原因可能包括：职业发展空间小、职称晋升机会少、日常工作量偏大、工作成就感不强、自主性低下、薪酬待遇的不公平以及社会地位低下等。

（二）职业倦怠——MBI-GS 工作倦怠量表

1. 量表介绍

包括情绪衰竭、玩世不恭和成就感低落三个维度，内部一致性系数分别为 0.88，0.83 及 0.82。MBI-GS 量表适用 16 岁以上各个行业的所有人群。

2. 调研结果

情感衰竭，平均得分：2.70 ± 1.42 分。

玩世不恭，平均得分：1.76 ± 1.38 分。

职业效能：平均得分：1.98 ± 1.48 分。

职业倦怠：平均得分：2.17 ± 1.11 分。

3. 调研讨论

从整体水平来看，非在编护理人员的职业倦怠状态较好。有效缓解非在编护理人员的身心压力：得分最高的维度是“情感衰竭”。说明护士对护理工作缺乏一定的主动性，有一定的挫折感、紧张感，甚至害怕从事本项工作；这可能与护理工作繁忙、人手不足等因素有关，尤其是有离职意愿的护士偏于年轻化、工作时间短，其临床工作经验不足，遇到危重患者病情变化时病情观察能力及抢救能力不足，担心出错。“职业倦怠”与“离职意愿”之间存在显著相关性（$r = 0.317$，$P = 0.000$）。

（三）心理授权（Psychological Empowerment Scale，PES）

1. 量表介绍

包括 4 个维度、12 个条目：①工作意义：个体根据自己的价值体系和标准，对工作目标和目的价值的认知；②自我效能：个体对自身完成工作能力的认知；③自主性：个体对工作活动的控制能力；④工作影响：个体在多大程度能够影响所在组织在战略、行政、管理和运营等方面的结果。总的 Cronbach's α 系数为 0.86，回答采用 Likert5 级评分制，由“非常不同意”到“非常同意”分别赋予 1～5 分；分数越高，表明心理授权后的认知程度越高。

2. 调研结果

(1) 工作意义：平均得分：3.78±0.89分。自主性：平均得分：3.66±0.71分。(2)自我效能：平均得分：3.92±0.65分。(3)工作影响：平均得分：3.06±0.82分。(4)心理授权：平均得分：3.62±0.59分。

3. 调研讨论

非在编护士心理授权有待提高。合同制护士的心理授权水平处于中等水平，得分由高到低依次是：自我效能、工作意义、自主性、工作影响。其中，"工作影响得分最低"可能与医院管理者在医院发展信息及前景规划、相关制度更新、职业生涯规划、能级考核制度等相关信息传递上不够及时有效，导致合同制护士对于医院发展动态及自身发展的最新消息缺乏了解。"自主性得分较低"可能与相关管理者对相关工作的授权较为局限，工作中不会有很大的自主权有关；可能与进修培训学习机会少，非在编护理人员护士获得外出进修、培训的机会相对较少。"自我效能与工作意义得分较为理想"这表明非在编护理人员对护理工作目标、工作价值以及对自身工作能力有较高的认知；这可能与护士自我工作责任感、职业素养以及相关护理工作制度乃至法律的约束有关。"心理授权"与"离职意愿"之间存在显著相关性（$r=-0.406$，$P=0.000$），这与张美燕等人研究结果相似。

(四) 护士工作满意度——卡劳斯克咪勒满意度量表(MMSS)

1. 量表介绍

由8个维度，31个条目组成，包括福利待遇、排班、工作与家庭的平衡、与同事的关系、互动机会、职业机会、被表扬和认可、控制与责任。适用于临床护士工作满意度的调查。量表整体 Cronbaeh'a 系数为0.89，各维度 Cronbach'a 系数从0.60～0.84。

2. 调研结果

福利待遇：平均得分：2.64±0.85分。排班：平均得分：3.22±0.81分。工作与家庭平衡：平均得分：3.41±0.73分。与同事的关系：平均得分：3.91±0.75分。互动机会：平均得分：3.47±0.87分。职业机会：平均得分：3.28±0.81分。被表扬与认可：平均得分：3.55±0.73分。控制与责任：平均得分：3.35±0.70分。工作满意度：平均得分：3.34±0.62分。

3. 调研讨论

非在编护士工作满意度处于中等水平；得分较低依次是：福利待遇、排班、职业机会、工作与家庭的平衡；得分较高依次是：与同事的关系、被表扬与认可。这与郑旭娟、侯淑肖、赵瑾等人研究结果相似。可能原因包括：①福利待遇：比如待遇未能体现护士工作风险和劳动技术价值，在分配过程中不够公平透明；各医院对护士绩效分配大多按照科室医疗量核算，并未充分考虑护士劳动强度、技术含量、工作风险，未能充分体现“多劳多得、优绩优酬”的分配原则。在护士无力改变的情况下，她们可能会产生对福利待遇不满的负面情绪，从而产生离职意愿。②排班、工作与家庭的平衡：比如临床护理工作的特殊性使得护士很难拥有规律的生活。实行弹性排班给予护士选择班次的权力，集中安排学习活动时间，尽量不占用护士休息时间。③职业机会：护理的专业化发展对提高护士有关日常工作的掌控能力以及面对患者展示出的专业自信与专业化水平也具有重要意义。④“工作满意度”与“离职意愿”“职业倦怠”“心理授权”之间均存在显著相关性（$r=-0.538$、-0.208、0.525，$P=0.000$）。

(五) 组织承诺——中国职工组织承诺量表

1. 量表介绍

由5个维度，25个条目组成，包括情感承诺、规范承诺、理想承诺、经济承诺、机会承诺；回答采用Likert5级计分法，总分25～125分，分数越高表示组织承诺水平越高；Cronbaeh'a系数为0.86，重测信度系数为0.89。

2. 调研结果

情感承诺：平均得分：2.56±0.69分。规范承诺：平均得分：2.71±0.77分。理想承诺：平均得分：2.69±0.71分。经济承诺：平均得分：2.38±0.70分。机会承诺：平均得分：2.22±0.67分。组织承诺：平均得分：2.52±0.49分。

3. 调研讨论

非在编护理人员组织承诺有待进一步提升。非在编护理人员组织承诺处于中等偏下水平，得分较低依次是：机会承诺、经济承诺。这与张钊华、兰佳庆、王海丽研究结果相似。可能的原因包括：护理工作是一项风险性高、任务重、工作负荷大的技能性工作；护理人员职业发展空间有限，临床护理人员职业机会较少，大多数护士从事的都是临床护理操作，护理管理岗位有限；护理人员的工资待遇较低，护理行业存在严重的付出与回报不平衡，临床护士的社会地位偏低。“组织承诺”与“离职意愿”“心理授权”“工作满意度”之间均存在显著相关性（$r=-0.341$、0.425、0.475，$P=0.000$）。

（六）工作压力源

1. 量表介绍

由5个维度，35个条目组成，回答采用1～4级评分法，分别为1——从未遇到或经历过（没有压力）；2——有时遇到或经历过（压力较小）；3——经常遇到或经历过（压力较大）；4——几乎每天遇到或经历过（压力很大）。标化得分越高，提示引起的压力越大。

2. 调研结果

护理专业及工作：平均得分：3.08±0.78分。工作量及时间分配：平均得分：3.25±1.01分。工作环境及资源：平均得分：2.62±1.01分。病人护理：平均得分：2.88±0.74分。管理及人际关系：平均得分：2.24±0.82分。工作压力源：平均得分：2.80±0.70分。

3. 调研讨论

有效缓解非在编护理人员的工作压力源。非在编护理人员工作压力源处于中等水平，得分较高依次是：护理专业及工作、工作量及时间分配。这与鲍娟研究结果相似。可能的原因包括：a. 这与护理工作性质有一定的相关性，包括工作繁忙、护理排班；护理人力资源不足、床护比无法达到理想状态；b. 护理绩效考核制度不完善，护士收入与付出不成正比；人际沟通技巧欠缺和不到位，包括与上级领导、医生、同事、患者及其家属，导致彼此之间的矛盾，影响工作与生活，影响生理与心理状况。

（七）离职意愿与各影响因素之间相关作用路径分析图

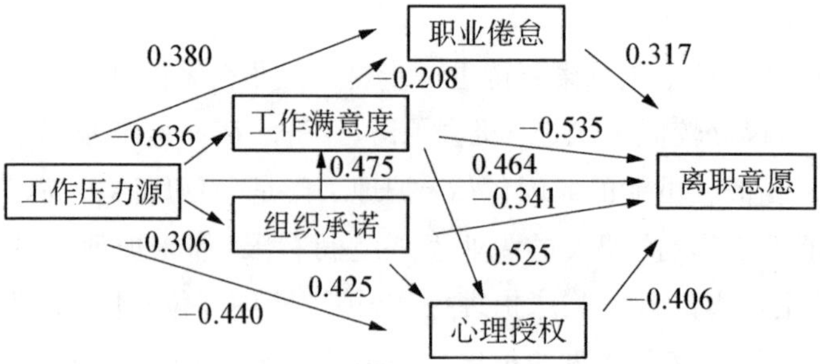

四、上海市公立医院非在编护理人员离职意愿及影响因素结论及对策

(一) 非在编护理人员离职意愿比较大

非在编护理人员离职意愿与医院类型、年龄、文化程度、工作年限、职称有相关性。导致合同制护士离职的原因可能包括：职业发展空间小、职称晋升机会少、日常工作量偏大、工作成就感不强、自主性低下、薪酬待遇的不公平以及社会地位低下等。

(二) 非在编护理人员离职意愿的相关影响因素

离职意愿的相关影响因素包括：职业压力：检查考核、自我提升；人际关系：医护关系、护患关系；职业倦怠；工作与家庭之间的平衡；职业认可度；付出与收入不成正比：工资待遇低、工作量大、人力不够；职业环境；职业防护；其他：学历、性别、是否规培轮转。离职意愿与职业倦怠、心理授权、工作满意度、组织承诺、心理压力源之间有显著的相关性，比如：护士职业倦怠水平越高，离职意愿程度就越高；护士心理授权水平越高，离职意愿水平越低；组织承诺水平越高，离职意愿水平越低。

(三) 降低离职率的改善对策

1. 科学完善护理人力资源配置体系

第一，基于护理工作量、风险度、技术含量的护理人力资源配置：凭借护理工作量点数软件，综合考虑各科室收治患者危重程度，风险度、技术难度、特级、一级护理工作量、床位周转率等因素，构建数学模型，有效配置护理人力。

第二，完善绩效考考核，充分体现多劳多得、优绩优酬：采取目标管理法和360o考核方法，在制订“责任包干、扁平管理、工效挂钩、自主分配”的绩效考核制度的基础上，实施多维度护理工作绩效量化考核，充分考虑能力、素质、贡献、绩效等结构，突出在工作岗位、工作量及工作效果的考核力度，实施护理薪酬绩效分配有效的动态管理。

第三，构建科学的临床护理人员能级晋升体系

2. 构建公平公正、分层规范化培训体系

建立渐进式梯形人才培养模型、研发临床护理情景式考核模式、开发多样化

灵活性的培养形式、完善护士规范化培训体系。比如结合国家卫生计生委办公厅下发《新入职护士培训大纲(试行)》文件以及既往规培经验,从多层级培训教师遴选、多途径培养方案设计、多维度考核指标形成构建切实可行新入职低年资护士临床技能培训考核体系。重点关注新护士病情观察能力、协助治疗能力、应急处理能力、风险预控能力、健康教育能力、抢救配合能力的培养与考评。

3. 加强职业防护,创造安全的护理执业环境

关注护士在执业过程中生理、心理、社会方面存在的职业损害,通过定期职业防护、硬件设施配套管理、安全职业环境创建、心理与社会支持防护措施,进而提高护士职业生命质量,科学规避护理职业风险,营造轻松和谐工作氛围。

4. 加强团队文化建设,增强职业归属感

第一,管理者应学会适当授权,给予护士鼓励并调动产生高绩效所需积极性,从而提高护士的自信心和成就感,最终达到提高工作满意度降低离职意愿的目的。

第二,帮助护士建立职业归属感,树立良好的职业道德观,促进专业能力的提高对提高护士对工作的控制能力与自主性发挥着至关重要的作用。

第三,建立学习型组织机制,完善医院相关信息的宣传体系,建立行之有效的激励机制,完善考核、晋升、奖惩制度,提高护士工作自主性和工作影响力,提高护士的心理授权感知水平,提高护理服务质量。

第四,护理管理者应该给予临床护士更多的人文关怀,主动关心护士的心理健康,培养和谐的科室氛围,增加护士的主人翁感,增进护士对医院的情感。

(本文获第二十届年会征文二等奖)

文化建设

利用劳模资源优势推进卫生职业精神培育的实践与思考

池朝霞

（上海市医务工会）

劳模是劳动者中的优秀代表和领头羊，劳模精神是推动社会发展的强大力量，也是社会主义核心价值观的重要组成部分。在当前追逐国家富强、民族振兴、人民幸福的中国梦进程中，需要无数医务职工的职业付出，更需要他们拥有自觉的道德追求和良好的职业精神。如何发挥劳模资源优势，用劳模精神引领、推进卫生职业精神培育，是近年来上海市医务工会不断探索的一个课题。

一、劳模资源优势的表现

1. 品牌优势

劳模不仅是生动的个体，而且是行业和单位内响当当的品牌。当我们说起于漪、李斌、俞卓伟、于井子、樊嘉等劳模时，就会想到他们分别是教育、电气、卫生等领域的代表人物，是这个行业内广为人知的品牌。正是因为他们具有的品牌优势，使劳模具有更深远的社会影响力和感召力。

2. 业务优势

劳模是劳动者中的优秀者，他们本身就是本行业和岗位内的技术能手和业务精英。例如：于漪在中学语文教育中改革创新，讲课如春风化雨浸入学生的心灵，引人入胜；王振义在国际上首创开展诱导分化治疗恶性肿瘤，首次治愈成人白血病，被誉为中国转化医学领路人；樊嘉完成各类复杂肝癌切除手术 7 000 余例，肝移植 1 200 余例，首次提出适合中国国情的肝癌肝移植适应证——“上海复旦标准”。

劳模们在平凡的岗位上爱岗敬业、勇于创新、争创一流，练就了过硬的本领，是这个专业的翘楚。他们所具有的业务优势，使劳模成为了行业坐标和时代领跑者。

3. 道德优势

不同岗位涌现出的劳模，同时也是职业道德和职业精神的践行者。“爱岗敬业、争创一流、艰苦奋斗、勇于创新、淡泊名利、甘于奉献”，这 24 字的新时期劳模精神，集中概括了劳模所具有的道德品质，也与社会主义核心价值观一脉相承。他们所具有的道德优势，使劳模具有了榜样和价值引领的作用。

劳模精神是职业精神的最高境界，是在职业精神基础上的提炼与升华，具有先进性。“大医精诚、平等仁爱、敬畏生命、追求卓越”是卫生职业精神的概括，具有职业特殊性。而两者具备我中有你、你中有我的特点，具有相容性。劳模所具有的资源优势以及劳模精神与职业精神的天然联系，给卫生职业精神培育提供了优秀的资源和多样的手段。

二、利用劳模资源优势推进卫生职业精神培育的具体实践

当前，上海卫生计生系统共有劳模 494 人，他们是卫生计生系统的宝贵财富，是广大医务职工学习的楷模。在医务职工职业精神培育过程中，注重劳模精神的宣传弘扬、推进医务职工的职业技能提升和实现行业形象的社会认可，是三个不可或缺的环节。

（一）宣传弘扬劳模精神，用劳模品格推进职业精神培育

劳模精神只有借助劳模事迹的广泛宣传，才能为人知晓、深入人心，并转化为自身的职业要求。宣传弘扬劳模精神需要多手段、多角度，生动立体地展示劳模风采和高尚情操，激发广大医务工作者向身边的劳模与先进人物学习，自觉将提高医疗技能与塑造良好医德形象相结合，全面提升职业素养。

1. 开展“五个一活动”，广泛宣传劳模精神

借助劳模评选年，积极开展“五个一活动”，包括：开展一次全系统宣传弘扬劳模精神的推进大会，即对全市卫生系统的新劳模进行表彰，对典型事迹进行交流，安排一线医务职工参加大会，聆听劳模事迹。下发一本医务系统劳模事迹的汇编，近年来市医务工会对劳模事迹进行整理编辑，并已形成了“白衣天使”系列汇编，《白衣天使的风采》《白衣天使的楷模》《白衣天使的典范》等劳模事迹汇编材料相继编印下发。拍摄一套劳模宣传片，医务工会为了增强劳模宣传的生动感与影响力，采用电视宣传片形式，深入宣传弘扬劳模精神，并制作完成了《健康卫士时代先锋——2010 年度全国先进工作者、2007—2009 年度上海市先进工作

者与模范集体》事迹宣传片，该宣传片不仅向基层下发，还将会通过电视台等媒体，向社会广泛宣传。另外，还印制“一本劳模台历”、举办“一次劳模讲坛”，利用多种渠道宣传劳模事迹。

2. 创新宣传载体，传递医者之魂

近年来，医务工会采集系统全国劳模工作和活动场景照片，与劳模事迹汇编成《医之魂——上海市卫生系统全国劳模风采录》画册，在系统内广泛宣传。医务工会还首次举办了上海市卫生计生系统劳模影像展，以纪实的手法，借助图片大规模地记录和展现了卫生计生系统不同时期的 44 位劳模典型代表、5 个劳模创新工作室和模范团队的先进事迹和形象，组织近 5 000 名医务职工前来观展。有参观者留下了“向劳模致敬”“人民健康，就是我们的使命”“从小事做起，用心服务每位患者”等观后感。劳模影像展，既是一次卫生劳模精神的集中展示，也是职业精神的教育范例，激励年轻医生投身卫生事业。同时，还开展了“医之魂”主题演绎，医务职工围绕身边的劳模事迹，自编自演了不同形式的原创作品，极大地弘扬了行业劳模精神和卫生职业精神。

3. 举办劳模论坛，共话中国梦

举办“弘扬医之魂，共话中国梦——上海市卫生计生系统劳模论坛”。论坛上，俞卓伟、范金成、王拥军等劳模围绕卫生行业现状、青年医务人员成长、如何发挥劳模先进引领作用等话题，与广大医务职工面对面倾心交谈，在医务职工中引发广泛共鸣。

(二) 发挥劳模业务优势，提升医务职工职业技能

1. 结对青年医师，传授职业技能

发挥劳模的业务优势，开展劳模与青年医生结对子活动，将劳模的业务技能传授给年轻一代。同时，经过言传身教，让年轻医生感染到劳模的闪光点，使劳模精神潜移默化地影响职业精神的形成。

2. 开展科技创新，提升团队技能

医务工会积极开展系统“劳模创新工作室”和“劳模创新工作室示范点”评选工作。近年来，樊嘉、陈赛娟、邱蔚六、王拥军、周永昌等创新工作室先后被授予上海市劳模创新工作室称号。通过创新工作室评选，有效地促进了劳模带动工作室团队开展创新活动，发挥劳模“传、帮、带”的作用，开展技术培训、业务交流、高师带徒等活动，培育知识型、技能型、创新型职工。一大批年轻的医学人才和团队实现了快速成长，为提高人民健康水平打下坚实基础。

（三）发挥劳模引领作用，用劳模精神提升行业形象

1. 组织劳模义诊，彰显大医精诚

从2010年起，结合世博会、建党90周年主题活动，围绕卫生中心工作，奉献社会，服务市民，多次组织“守护生命——上海市卫生系统劳模专家大型义诊”，使其成为一个社会认可度高、行业特色鲜明的劳模品牌活动。2011年医务工会结合“纪念建党90周年”主题活动，开展了“寻红色足迹”劳模义诊系列活动。市医务工会共组织5批劳模和医学专家，先后赴韶山、井冈山、遵义、延安、宁夏等为革命老区近1 200人进行义诊和健康咨询活动。

2010年至今，医务系统先后开展了13次义诊活动，其中本市内大型义诊6次，外地义诊活动7批，参与单位总计达60多家，劳模专家近600人次，服务群众12 000余人。

2. 结对沪上劳模，增进行业友谊

医务志愿者为劳模医疗保健咨询服务结对工作开始于2000年，先后组织了五批结对活动。73家医院的678位医学专家与沪上外系统劳模结成保健对子，服务全国劳模、全国五一劳动奖章获得者和市劳模1 400人，为他们提供健康咨询服务。医务志愿者在为兄弟系统劳模提供医疗保健咨询服务的同时，也加强了与兄弟系统劳模之间的联系、学习与交流，展示了卫生系统劳模的行业形象。

3. 开设劳模讲坛，守护市民健康

华东医院俞卓伟院长、中山医院杨秉辉教授、九院邱蔚六院士、岳阳医院房敏院长以及王拥军、刘颖斌、李惠萍、王家东、张兴儒等劳模利用休息日，开设劳模讲坛，向市民宣传健康饮食、疾病防治、口腔健康、中医养生等知识，与市民进行直接沟通，得到市民的积极响应和欢迎。

此外，卫生系统劳模还积极参与市级活动，向人民英雄纪念碑敬献花篮，为《劳模》杂志提供养生知识等，展示了卫生系统劳模良好的社会形象。无论是对内的宣传，还是对外的展示，都是借助劳模精神来传递卫生职业精神。

三、用劳模精神推动卫生职业精神培育的现实困难与思考

上海市医务工会在用劳模精神推动卫生职业精神培育中不断探索，并取得了一定的成效。自2010年以来，系统内产生全国和市级职工职业道德先进集体6个，先进个人6人，行风测评总满意率居于前列。但是，要使这项工作继续深

化，还需解决好如下三个矛盾。

1. 宣传劳模的载体、内容的单调与现实多样需求的矛盾

首先，在新媒体环境下，宣传弘扬劳模精神的载体需要创新。在保留传统的报告会、事迹汇编、宣传片等宣传载体之外，更要挖掘和利用年轻人喜欢的新型载体，如网络、微信、微博、话剧等。

其次，宣传的内容要有深度，突出人性化、真实性和感染力，通过挖掘劳模身上的闪光点，在宣传他们“爱国、敬业、诚信、友善”的品质之外，还要体现他们作为普通人所应有的良好品德。

2. 个别劳模的自身表现与人们的期待产生矛盾

作为社会楷模的劳模，大多数得到人们认可，但也不排除个别人评上劳模后，放松了对自身的要求，劳模自身形象与社会和人们的期待产生矛盾，群众和社会认可度不高。

3. 劳模参与社会公益活动的主观意愿与现实条件产生矛盾

卫生计生系统劳模具有参与社会公益活动的热情和愿望，但现实中，许多人业务工作繁忙，病人预约在前，周末安排有会诊等任务，一些公益活动无法参与。

针对上述三个矛盾，需要今后在利用劳模资源推进职业精神培育中重点把握：创新宣传劳模精神的手段，深度挖掘劳模事迹，提升劳模事迹的感染力；把好劳模评选申报关口，禁止带“病”授奖，建立劳模道德档案，保证劳模的公信力；相对固定劳模参与的社会公益活动如“守护生命”义诊、劳模讲坛等，增加活动的吸引力。

发挥劳模引领，用劳模精神助推卫生职业精神是一个漫长的过程，只有在宣传手段上不断创新、宣传深度上不断挖掘，克服现在存在的一些矛盾，才能将两者融会贯通，真正利用劳模资源优势推进卫生职业精神的培育。

（本文获第十八届年会征文一等奖）

职工文化建设的形式、途径及对提升职工素质的作用

上海市疾病预防控制中心工会

文化对于社会发展起到了举足轻重的作用;而文化建设既是建设物质文明的重要条件,也是提高人民思想觉悟和道德水平的重要条件。职工文化建设作为整体文化的重要组成部分,作为工会履行维护职能的重要手段,对于开展丰富多彩的职工文体活动,倡导健康文明的生活方式,满足职工群众日益增长的精神文化需求,提高职工队伍的素质,从而推动构建和谐企业,都有着极为重要的现实意义。

上海市疾病预防控制中心(以下简称"市疾控中心")是上海市专业从事疾病预防控制的技术机构,职工中有半数具有中高级技术职称。市疾控中心一直以来十分重视职工文化建设,特别是近几年来,市疾控中心始终坚持先进文化的前进方向,把职工文化建设作为构建和谐单位和贯彻落实新医改的重要内容和抓手,通过开展丰富多彩的文体活动,提升了职工文化素养,丰富了职工精神生活,增强了单位乃至整个疾控系统的凝聚力。

一、党政支持、领导参与

中心党政领导对于职工文化建设工作一贯给予大力支持,使得工会在各项工作中如虎添翼。凡是党政联席会议上涉及工会工作的议题,都认真讨论,研究解决,一时不能解决的,想方设法创造条件也要解决。市疾控中心地处市区中心地带,办公用房十分紧张,但党政领导仍通过内部挖潜,在原10层办公楼上扩建了一层,全部用作"职工之家",面积达到近400平方米,并购置了乒乓球台、健身器械、乐器等活动设施;同时还在中心院内开辟出了一个篮球场。这些硬件设施的投入使用,一方面为职工提供了锻炼活动的场所,也为乒乓球队、文艺队进行训练提供了有利的条件。

同时，在文化建设中为了更好地服务于职工，市疾控中心工会充分利用网络资源，于2008年在单位内网上开设了“工会E网”，其内容包括工会新闻和通讯、法律维权、民主管理、劳动保障及政策法规等。通过“工会E网”这种信息化的新渠道，让职工在第一时间充分、全面地了解工会工作和活动的信息，同时职代会提案落实情况也在第一时间通过“工会E网”向全体职工公开通报，做到“你有所呼、我有所应”，提升了工会“真诚服务、桥梁纽带”的形象，进一步缩短了工会与职工间的距离。

工会工作离不开党政的关心支持，这不仅是在于硬件上的投入，更在于党政领导的带头参与。例如，在2009年“庆国庆60周年、迎世博200天——上海市疾控系统十月歌会”和2010年“唱红色赞歌、颂红色经典——上海市疾控系统庆祝建党90周年文艺汇演”中，中心党政领导以及各区县党政领导出席歌会，以小组唱和大合唱的形式，和全市疾控系统广大干部职工一起引吭高歌，共同庆祝。

正是通过这样不懈的努力，中心工会的工作也得到了全体职工的肯定。近年来，中心职工对工会工作满意率均达到97%以上，工会主席评议满意率也均达到90%以上。

二、形式多样、塑造品牌

为增强职工间的凝聚力，努力打造健康的单位文化，丰富职工的业余生活，提高职工的身体素质，中心工会以每年举办的中心艺术节为契机，相继开展了多种形式的文体活动，倡导全体职工的积极参与。其中“疾控杯”乒乓球赛到今年已经经历了十二届的历程，逐渐扩展到由市、区(县)二级疾控中心以及铁路局疾控等19支代表队、200名运动员参加的具有一定规模的比赛，“疾控杯”乒乓球赛已成为疾控系统的一个著名品牌。这种“以赛会友，推动系统内部交流”的方式也引起了中国疾控中心的关注和认可。2010年3月全国疾控系统“世博杯”乒乓球邀请赛在上海闵行区体育馆隆重举行，比赛共有中国疾控中心和12个南方片省级疾控中心，以及东道主上海市疾控中心共14支代表队、近150名运动员参赛。

在成功举办“疾控杯”乒乓球赛的基础上，根据职工们的爱好和特点，中心工会还进一步组建了足球队、篮球队、舞蹈队。2010年上海市疾控系统首届“疾控杯”篮球赛在复旦大学医学院篮球馆隆重举行。本次比赛共有各区县疾控中心，以及东道主上海市疾控中心17支代表队、近200名运动员参赛；同时，乒乓队、足球队和篮球队代表中心积极参与虹桥街道所组织的各类活动并获得良好的成绩。

市疾控中心工会不仅推动疾控系统内的各项体育活动，也十分重视其他文化建设。每年中心工会都会在中心内部举办“艺术周”活动，内容涉及各种群众喜闻乐见的文娱活动，如插花、拔河、跳绳等等。而且每年的艺术周还紧密结合当年的重要活动，进一步丰富了艺术周的内涵，如 2009 年和 2010 年分别组织全市疾控系统召开了国庆 60 周年和建党 90 周年的大型歌会。近年来，还不断结合青年人的特点，加入了微电影等新元素；邀请专家开展“我爱旅游”“我爱理财”等专题讲座；组织职工参加“中式烹调师”学习项目，联系专业拉丁舞老师为爱好者提供培训，吸引了青年职工的积极参与，也深受大家的好评。值得一提的是，很多项目都是利用了大家的业余时间，这也表明好的活动是有着广阔的群众基础和良好的参与度的。

三、文化建设突出能力提升

市疾控中心是一个专业技术机构，文化程度相对较高；中心工会一直致力于营造乐于学习的氛围，积极打造学习型团队。学习内容不局限于专业技能，更突出了职工维权、消防灭火等与工会工作密切相关的能力培训。

近几年来，中心工会每年都会有计划地开展一系列的工会知识的培训工作，邀请中心以外的专家来为职工答疑解惑。如为了增强职工代表的责任意识，提高提案质量和参政议政水平，充分发挥职工代表的作用，邀请市医务工会领导对职工代表进行了培训。培训后，代表们表示一定将所学知识应用到工作中去，发挥好中心与职工的桥梁纽带作用。2010 年，中心工会举办了工会干部培训班，40 余名来自各部门的工会干部参加了为期 2 天的培训。专家着重阐述了新时期职工队伍维权维稳、工会干部自身建设等一系列问题，也得到了与会者的一致好评。2012 年组织了题为“学习职代会规范、履行职工代表职责”的主题报告，使大家明白了职工代表大会的作用，特别是新形势下职工代表大会的作用和职工代表应有的作为。通过每年的培训和学习，使职工代表和工会干部明确了自己的职责和任务，摆正了国家、集体、个人三者之间的利益关系，改进了思想作风、工作作风，树立了大局意识、服务意识。

同时，中心工会积极开展岗位技术比武。如中心设有义务消防员，除了每半年一次的常规消防演练外，还有每年一次的军训和消防知识强化培训，进行实物演练和理论培训。2010 年在市医务工会组织的市卫生系统消防技能比武大赛中，中心代表队从 48 支代表队中脱颖而出，以优异的表现获得了比赛的一等奖。

在加强工会组织建设的同时，中心工会更注重动员职工为中心的发展建功立业。为确保中心构建“国际一流公共卫生机构”总体目标的全面实现，工会紧紧围绕中心年度各项工作要求，积极组织开展各种培训和岗位技能竞赛等工作，推动职工技术创新。如 2009 年 10 月中心工会联合应急办、安全保卫科和中心团委在上海警备区某训练基地共同举办了迎世博青年应急队伍集训，通过专业防护的训练，使大家的专业应急技能得到了巩固和提高。

中心工会也十分注重推动岗位技术创新，除 2010 年中心结核病防治科获 2007—2009 年度上海市医务职工科技创新优秀团队外，急性传染病防治科在开展传染病现场流行病学调查和突发事件应急处置过程中，自主研发了一项基于智能手机的疾病监测系统。该系统在 2008 年上海市卫生系统抗震救灾工作中得到初步应用，在全市范围内逐步推广应用。2012 年，该智能手机系统获得国家知识产权局实用新型专利，并获得了市医务工会的职工科技创新“星光计划”二等奖。

四、文化建设与单位发展相结合

市疾控中心是上海市主要从事公共卫生防制工作的专业机构，承担了大量防病业务工作。中心工会本着文化建设服务中心发展的基本思路，以全面服务中心发展为己任，积极配合中心党政，发挥好联系职工的桥梁作用，通过倾听职工心声，让全体职工能充分理解中心工作的目标和发展方向，使全体职工能焕发出强大的凝聚力和战斗力。特别是在 2010 年至 2011 年中心开展全员竞聘工作的过程中，从方案起草到正式实施，工会都积极参与，认真履行各项职责。2010 年职代会审议通过了《上海市疾病预防控制中心、上海市预防医学研究院全员竞聘工作实施办法》，2011 年竞聘过程中，工会组织职工代表全程实施监督，确保了整个过程的公开、公平和公正，较好地配合行政落实了此项繁复的工作，得到了职工们的一致好评。作为民主管理的重要举措，2009 年开始，在中心党委领导下，工会与中心职能部门共同组织了民主沟通形式的恳谈会，对职工关心的重大问题和即将实施的相关制度，一般都有工会等部门联合召集座谈会和通报会，事先听取职工意见，避免了由于事先不沟通而造成的误解。两年来中心就有关问题的征询和座谈已经举行了三次座谈会，达到了事先预想的效果，群众反映良好。

2012年在开展“面对面、心贴心、实打实服务职工在基层”活动过程中，工会根据中心内部用工性质的不同，针对性地召开了三次座谈会，分别由在编在岗职工和非在编在岗职工参加，充分了解职工们的困难和需要解决的问题。此后在中心党政领导支持下，工会认真分析职工诉求，积极研究措施和对策。所解决的问题既有职工的民生问题，如中兴路体检站无食堂，经工会出面与闸北区中心医院协调，建立搭伙机制；又有非在编职工的发展问题，如在岗期间的继续教育问题，包括在职攻读硕士以上学历或学位等，通过与行政协商，将参照在编职工的管理办法。这一切落到实处的举措，真正让同志们暖在心里，也得到了职工们的一致好评。

五、带动行业文化建设

市疾控中心工会在推动文化建设的过程中，从未局限在单位内部，而是以推动全市疾控系统文化建设为目标。中心工会不仅定期召开区县疾控中心工会主席联席会议，共同探讨工作中的新问题、新方法和新思路，还在各项活动中积极邀请区县疾控中心职工的参与。如在2010年世博会过程中，举办了全市疾控系统的世博摄影比赛，整个活动影响面大、参与人数众多，最后的获奖作品还在全市疾控系统进行了巡展，这也很好地促进了系统间的凝聚力。而在市疾控中心开展的疾控精神大讨论中，中心工会也积极配合中心党委，不仅发动全体职工结合本职工作，畅谈自己心中的“疾控精神”，还组织区县疾控共同参与，献计献策。最后形成的“曲突徙薪、博学明道、方寸纳海、健康为上”的十六字疾控精神也充分体现出了整个疾控系统的特点和内涵，得到了各方的好评，使得全体疾控人对自己所从事工作的内涵有了全面和深入的理解，也充分体会到了社会所赋予疾控人的责任和希望。

市疾控中心职工文化建设的实践证明，只有用先进思想、优秀文化以及健康向上的职工文化活动，活跃和丰富职工的精神文化生活，满足职工多层次、多样化、多方面的精神文化需求，才能不断激发广大职工的工作热情和活力，从而不断推进构建和谐单位的进程，推动公共卫生事业的整体发展。

（本文获第十六届年会征文二等奖）

职工素质工程建设的实践与思考

池朝霞

（上海市医务工会）

近年来，上海市医务工会以劳模精神引领为重点，深化主题实践活动，开展职工技能竞赛、岗位创新和文体活动，推进“互联网+”在工会工作中的运用，全方位提升医务职工素质，有力推进上海卫生计生事业的改革发展和健康中国建设。

一、以劳模精神引领为重点，推进医德医风建设，提升职工职业素养

上海市医务工会直属基层工会目前有劳模234位，其中全国劳模29位，全国“五一”劳动奖章获得者11位。医务工会在提升职工职业素养中注重发挥劳模的引领作用，用榜样的力量感染、带动身边的医务职工，推进医德医风建设。

1. 增强宣传实效，让劳模精神深入人心

2013年以来，以“弘扬医之魂，共筑中国梦”为主题，通过不同形式在卫生计生系统深入宣传劳模精神和劳动精神，营造尊重劳模、学习劳模、争当劳模的良好氛围。

第一，举办“弘扬医魂之美，展现医者之蕴”劳模影像展，用400余幅照片生动呈现了劳模个人和劳模团队的先进事迹，并在上海图书馆和市工人文化宫进行巡展，组织6 000名医务职工前往参观。

第二，开展上海市卫生计生系统劳模论坛，组织2015年卫生计生系统劳模宣传表彰活动，开展劳模先进事迹宣讲活动，组建宣讲团深入基层宣传劳模先进事迹。

第三，编印《医之魂——上海市卫生系统全国劳模风采录》画册和《医界楷模》等劳模事迹读本，编辑制作劳模事迹微电影和宣传片作品集。医务劳模的先进事迹和传递出的卫生职业精神深深影响着医务职工遵守“一切以病人为中心”

的服务理念，模范遵守职业规范和职业道德。

2. 打造活动品牌，向社会传递医者仁心

2010年起，市医务工会每年组织“守护生命——上海市卫生计生系统劳模专家大型义诊”，使其成为行业特色鲜明的品牌活动。从2014年起，“守护生命”义诊走进崇明、松江、宝山，一定程度上帮助郊区居民解决看病难、看专家难的问题。目前，市医务工会已组织了16批次的劳模专家义诊活动，总计参与单位达70家，劳模专家800余人次，服务群众16 000余人。2011年结合“纪念建党90周年”，组织4批劳模和医学专家，先后赴韶山、井冈山、遵义和延安，为革命老区群众提供义诊和健康咨询活动。守护生命义诊，增强了医务职工奉献社会的公益心，医者仁心得以更广泛地传递。

3. 开展“六个一”活动，让职业道德内化于心

2007年起，全市医务职工有了医德档案，从机制上对医务职工的职业道德进行监督。但良好医德的养成，更是一个自我认知和自我约束的过程，需要内化于心、外化于形。2012年，市医务工会开展以“责任在我心，诚信伴我行”为主题的“六个一”活动。通过一次大讨论、提炼一批岗位格言、举办一场辩论赛、征集一批合理化建议、宣传一批好人好事和组织一次岗位实践等，进一步推动新形势下医德医风建设。全市各级医疗卫生机构共开展大讨论698场次，参与职工34 432人次。在活动的基础上，开展了上海市医务职工医德医风建设辩论赛。48支参赛队就医患关系、职业道德等内容展开辩论。上海电视台新闻透视栏目、《劳动报》和《上海工运》对辩论赛进行专题报道。这一系列活动的开展，推动医务职工对职业的人文思考，有助于将职业道德内化为自觉的理性认知并转化为实际行动。

二、以主题实践活动为特色，发挥媒体宣传效应，推进医患关系和谐

百姓的健康需要医务职工的守护，医学的风险性、未知性、特殊性和医务职工的超负荷运转也需要社会和患者的理解和认同。

1. 利用媒体宣传平台，增进社会深度认知

近两年，联合东方卫视制作国内第一部医院题材大型纪实性节目《急诊室的故事》，与上海电视台合作策划制作纪录片《人间世》，这两部纪录片真实反映医务职工的工作状况和医患关系，创造极高的收视率，引发社会的广泛关注以及对卫生工作和医务职工的深度认知。与主流媒体与新媒体合作，开展“发现医者之

美”主题活动，传递行业正能量。

2. 组织主题实践活动，增进医患信任理解

近年，相继开展了“阅读医学人文书籍，提升医学人文素养”主题征文活动，举办“讲精彩故事，为天使点赞”主题活动，组织举办“全市卫生计生系统先进典型故事分享会”。选出有代表性的优秀作品在上海教育电视台进行了一场“上海市医务职工故事汇活动”，250 位观众现场聆听了名医大家、普通护士、乡村医生等与病人和患者之间的感人故事，并由教育电视台向全市两次录播，在医务职工和社会上产生良好反响。

3. 召开和谐医患恳谈会，主动会诊“医患矛盾”

2012 年，结合电视剧《心术》的热播，召开了“看心术、论心术——和谐医患恳谈会”，邀请社会各界人士共同会诊“医患矛盾”。经过恳谈会，大家达成共识：要通过“换位思考”多理解对方，医生要把病人当亲人、当兄弟姐妹，相信会换回更多理解。医生和病人其实是一条战壕里的“战友”，只有相互信任才能战胜疾病。

三、以职工发展为目的，开展技能竞赛科技创新，提高职工医疗水平

医务职工是卫生改革的主力军和健康城市的担当者，他们的个人成长发展影响着医学事业的发展和百姓健康的水准。近年来，医务工会更加关注医务职工个人的发展。

1. 开展主题培训，培养健康心理

面对医务职工工作压力大、职业倦怠感突出的现实，医务工会引入心理援助项目，开展了巴林特小组工作坊系列培训，集中进行了入门班和提高班两个阶段的培训，近百名学员参加。各基层单位也相应开展了巴林特小组，为医务职工舒解工作压力、提升医患沟通技巧和培养健康心理搭建了良好的平台。

2. 组织技能竞赛，提升业务能力

从 2010 年开始，先后组织“迎世博”现场急救技能大赛，住院医师、卫生监督、家庭医生、全科医生、护理和消防安全等岗位练兵、技能竞赛活动近 15 次，参加医务职工 2 万余人。并组队参加全国卫监、妇幼等大赛，获得全国卫生监督岗位竞赛团体总分第一名、全国妇幼健康技能大赛一等奖等优异成绩。

3. 开展科技创新，增强创新能力

为发挥科技创新在全面创新中的引领作用，用医学创新成果服务社会和患

者，医务工会从2011年起开展劳模创新工作室评选工作，已产生市劳模创新工作室7个，系统劳模创新工作室19个。开展"星光计划"职工科技创新优秀项目评选，推进职工科技创新"五小"主题活动。参与上海职工合理化建议和优秀发明选拔赛，仅2015年，医务系统共有8人获得"第五届上海市职工科技创新标兵"称号，获得合理化建议和创新成果5项，上海市职工先进操作法/优秀成果8项。近三年来，市医务系统共获得优秀发明金、银、铜奖88个，职工技术创新金、银、铜奖84个。

四、以文化建设为平台，丰富文体活动内容，全面提升职工素质

1. 加强职工书屋建设，提升职工人文素养

加强职工书屋基础建设，每年向4家全国示范点、6家市级优秀自建点和系统14家职工书屋赠送图书。并相继开展了"迎世博"英语演讲比赛、"颂红色经典"诗歌朗诵、"忆红色岁月"、"人文关怀、医道传承"等读书征文活动。通过读书活动，推动学习型班组和学习型单位建设。

2. 筑牢行业文化品牌，激发职工工作活力

市医务工会认真举办好五年一届的医务职工文化艺术节和职工运动会，将这两项品牌活动作为医务职工的"嘉年华"。2009年以来，已先后组织了第七、第八届职工文化艺术节，第十届职工运会。另外，还组织了纪念建党90周年红歌会、上海市卫生系统庆祝建党90周年主题汇演等系列活动。这些活动作为全行业职工参与的文化盛会，进一步激发了医务职工的工作热情和创造活力，他们的风采得到了集中展示。

3. 推进文体阵地建设，有效凝聚医务职工

目前，市医务工会有书画、摄影、桥牌、乒乓球、羽毛球和大怪路子6个协会组织和25个医务职工文体活动基地，包括语言艺术、音乐鉴赏、多媒体视听及教育、骑行、烘焙等，覆盖到25家基层卫生单位。并拥有市医务职工天使合唱团、民乐团和管乐团3个艺术乐团。作为职工文体活动的主阵地，各协会、基地和乐团吸引职工积极参与，组织参加行业和市级、全国级赛事，取得了优异成绩。

五、以"互联网+"为拓展，创新工作手段，提升服务职工能力

发挥"互联网+"在工会工作中的作用，创建"上海市医务工会"微信公众号，

吸引粉丝 17 000 余人。在微信平台开展“惠员课堂”，每周有培训。医务职工通过加入微信公众号，可直接报名参加相关培训。今年，医务工会还开展了“爱乒才会赢”医务职工乒乓擂台赛系列活动，共开展四期赛事。所有参赛选手通过微信报名，并经过“人气大比拼”微信投票选出进入攻擂赛的选手。每一期赛事的四个环节都通过医务工会微信平台进行发布。为配合“中国梦、劳动美”电信杯班组文化网络大奖赛，市医务工会认真组织发动，动员 200 多个班组加入申公社 APP 参赛。“互联网+”在工会工作中的应用，提升了工会工作效率和工作覆盖面，有效打通服务职工的最后一公里。

六、进一步加强职工素质工程建设的思考和建议

市医务工会注重发挥自身优势，开展职工素质工程建设，取得了一定的成绩，但结合新的形势发展和工作需要，还需在以下方面加强和改善。

一是医务职工的职业环境有待改善。当前不尽如人意的职业环境，让一些医务职工产生负面情绪。医务职工是高风险、高压力和高工作量的职业群体，随着医患恶性事件的不断增加，医务职工的人身安全和身心健康受到冲击和影响，焦虑症、抑郁症出现上升趋势，医务职工患大病的人数逐年增多，对他们的心理疏导和疾病防范显得更加迫切。

二是职工素质教育资源整合有待改善。提升职工素质工程，不仅是工会组织的工作内容，干部人事部门、教育部门、科研部门也承担着不同的职能，医院应采取有效措施整合各方资源、提升工作效果。

增强职工整体素质是推动行业向前发展的力量源泉，市医务工会将围绕健康中国 2030 规划和上海卫生中心工作，以上海职工素质工程建设五年规划为指导，加强优秀品牌项目建设，进一步提高医务职工职业道德修养和业务技能水平，团结引领医务职工发挥主力军作用，为上海市卫生计生事业的持续发展，为健康中国建设做出应有的努力。

（本文获第二十届年会征文二等奖）

上海市某三甲专科医院职工文化需求调查报告

周　韵　杨兴宇　王海云　薛　旻
（上海市精神卫生中心）

为了解职工的文化需求，有针对性地开展工作，上海市精神卫生中心工会于2017年9月28日—10月12日对医院职工进行网上随机问卷调查。调查内容包括一般情况（性别、岗位、职称、工作年限等），文化需求情况（参加活动频率、时间、目的等），对文化活动的建议等。

一、调查结果

1. 一般情况

职工以自己的工号登录OA办公平台后，参与本次职工文化需求的问卷调查。共有309名职工参与问卷调查，占全院职工总数的20.34%。其中，20～30岁的占27.83%，31～40岁的占39.81%，41～50岁的占25.24%，50岁以上的占7.12%。在调查对象的岗位分布上，医生占9.71%，护士占52.43%，医技占13.59%，行政占13.27%，后勤占5.83%，科研占5.17%。

在调查对象的工作年限分布上，5年及以下的占17.48%，6～10年的占24.27%，11～20年的占27.83%，21年及以上的占30.42%。在调查对象的职称分布上，高级职称的占3.88%，中级职称的占33.33%，初级职称的占54.05%，无职称的占8.74%。

2. 文化需求程度

关于生活中满足自身文化需求的最主要途径，由高到低依次为“网络”（占68.61%），“电视、广播”（占13.27%），“工会活动”（占11.65%），“报刊、书籍”（占6.47%）。

关于推动参加工会文化活动的最主要的动力，由高到低依次为“个人兴趣”（占56.31%），“活动有意义”（占38.19%），“同事的推荐”（占3.88%），“领导的要求”(占 1.62%)。

关于最希望工会组织的参观或观影活动，由高到低依次为“文化演出类(电影、话剧、戏曲、舞剧等)”(占 73.46%)，“体育赛事类(篮球、足球、乒乓球等)”(占 10.68%)，“文化展演类(书展、动漫展等)”(占 7.77%)，其他(占 8.09%，主要以博物馆参观为主)。

关于平时最喜欢参加的文化活动，由高到低依次为“旅游”(占 29.45%)、“文艺类(书法绘画、舞蹈、声乐、摄影等)”(占 25.24%)、“手工类(DIY 制作、烘焙等)”(占 20.39%)、“体育类(游泳、棋牌、跑步等)”(占 16.18%)、“电子竞技类(电子游戏、王者荣耀等)”(占 8.41%)、“机械类(赛车、卡丁车等)”(占 0.33%)。

3. 参加文化活动的情况

关于一年参加工会活动的频率，由高到低依次为“5 次及以下”(占 66.99%)，“6～10 次”(占 21.04%)，“从来不参加”(占 7.44%)，“11 次及以上”(占 4.53%)。

关于工会“六大文化”主题活动的喜爱情况，由高到低依次为“艺术文化”(占 40.13%)、“健康文化”(占 29.45%)、“女性文化”(占 14.89%)、“传统文化”(占 9.39%)、“红色文化”(占 3.56%)、“岗位文化”(占 0.65%)、“都不喜欢”(占 1.93%)。

关于参加工会活动的主要原因/目的，由高到低依次为“提高自身素养、生活品质”(占 51.46%)，“增长知识、技能”(占 20.06%)，“增强同事间沟通、扩大交际”(占 14.24%)，“娱乐消遣打发时间”(占 7.12%)，“强身健体”(占 6.8%)，“不想参加、领导胁迫”(占 0.32%)。

关于影响参加活动的主要原因，由高到低依次为“工作任务重，压力大，没时间参加”(占 66.67%)，“缺少合适的同伴，难以长期坚持”(占 22.65%)，“活动形式单一，缺乏吸引力”(占 9.71%)，“不是主动参加，不情不愿”(占 0.97%)。本次调研共收到对工会组织文化活动的建议 292 条。

二、职工文化需求的特点和期望

1. 职工文化需求具有差异性、多元化、个性化特点

调查问卷中，工会就“您平时最喜欢参加的文化活动”“工会开展的六大主题活动，您最喜欢的文化板块”等 6 题，按年龄(20～30 岁、31～40 岁、41～50 岁)，岗位(医生、护士、医技、行政、后勤、科研)分别进行统计，发现不少差异性。其

中，对“您平时最喜欢参加的文化活动”按年龄统计，20～30 岁、31～40 岁这两个年龄段的职工主要选择“文艺类”“手工类”“旅游”；而 41～50 岁的职工则增加了“体育类”，符合中年职工更注重健身、养生的生活习惯。对“工会开展的六大主题活动，您最喜欢的文化板块”的统计中，“艺术文化”“健康文化”在 3 个年龄段都分列第一和第二；但在第三的位置上有明显差异，20～30 岁年龄段由“女性文化”占据第三，31～40 岁、41～50 岁这两个年龄段则都由“传统文化”占据第三。

可见“传统文化”在中年职工中更受欢迎。对“您平时最喜欢参加的文化活动”按岗位统计，“医生”和“行政”两个岗位的前三排序如出一辙，依次为“文艺类”“旅游”“体育类”；护士和医技两个岗位的前三排序也惊人地相似，依次为“旅游”“手工类”“文艺类”，符合护士和医技岗位职工动手、实际操作能力强的岗位特色；后勤岗位以“体育类”和“电子竞技类”位居前二，符合男性职工较多的特点；科研岗位则平均分布。

临床医护由于忙于工作，疏于对家庭的陪伴。在问卷调查中，不少临床护士表示，希望能够组织亲子郊游、参观、烘焙等活动，陪伴孩子的成长，也希望组织“医二代”参观医院，使孩子们对父母的工作环境有所了解；规培医生则表示，初到上海，人生地不熟，希望可以组织参观具有上海特色的文化场馆、景区（如弄堂文化、朱家角等著名景区等），加快对上海、对医院的了解，从而可以更好地融入医院大家庭，为今后的学习生活打下良好的基础。

2. 职工期望文化建设制度化、常态化

关于“对工会文化活动提建议”，职工各抒己见，就活动的准备、运行、宣传等方面提出宝贵意见。职工的意见主要包括：活动前，希望工会能提前一周将活动安排通过 OA 平台或微信做好预通知，照顾窗口、临床医护人员的排班需求，特别是电影抢票活动；活动中，希望将活动（培训）分为初级班、中级班、高级班，在保证参与面的同时注重活动进阶性和纵深发展；活动后，希望对活动内容、老师、组织方、不足等进行打分，提建议，及时了解职工对活动的反馈情况，使活动不仅仅停留在组织、开展层面，而要发现、挖掘不足及闪光点，使之成为制度化、常规化的工作。

3. 职工对文化活动的建议及启发

关于“心仪的培训老师、形式、地点推荐”，可归纳出职工喜爱的职工文体活动具有的特点，对今后工会组织文化活动有参考价值。

一是在活动地点方面。职工倾向于就近原则，希望充分利用院内资源（如职工食堂、文体特长职工等）因地制宜开展社团、手工 DIY 等活动；大型活动（表彰大会、艺术节等)则倾向于租借专业场地、设备,以使活动取得更好的效果。

二是在活动时间方面。窗口部门(门诊收费、翻班护士)倾向于下班、周末时间段;行政、后勤岗位则倾向于午间休息时间段。

三是在活动形式方面。职工倾向于以(小)团体互动形式,增强职工间的交流沟通(如组织徐汇、闵行院区篮球赛、足球赛等体育赛事和郊游活动等);倾向于举办不占用大量时间(如手机摄影、春联征集、网上知识问卷等)的活动;倾向于项目简单、突出趣味性和娱乐性的活动(如趣味运动会、各类 DIY 活动等)。

四是在活动周期方面。职工倾向于具有一定周期和规律性的活动,如将培训分为初级班、中级班、高级班,在保证参与面的同时注重活动进阶性和纵深发展。

关于"至今令您印象最深刻的工会活动",职工写道:"京剧培训班,除了增加对国粹文化的了解和提升外,还可以参加表彰大会的演出,提高参加活动的积极性""庆祝香港回归 20 周年知识竞赛,网上答题的形式使忙碌的医务工作人员,足不出户即可参加工会活动,护士姐妹们一起讨论题目,培养了爱国情怀,增长了知识""手机摄影培训讲座,没有高大上的理论,老师手把手将构图、取景等技巧说得十分详尽,让我学到了非常实用的生活小技能""传统文化中的元宵、中秋 DIY 活动十分应景,每次动手完成一次 DIY 作品,都十分有成就感"……以上节选的是部分职工的反馈,不难看出一项好的活动就是要让职工有满满的获得感,获得一项技能,获得一次展示自己的机会,获得一次学习充电的机会。

三、建议

1. 探索"社团+工会"模式,打通工会服务职工的"最后一公里"

关于"推动您参加工会文化活动的最主要的动力",有 56.31%的职工选择"个人兴趣",可见"兴趣是最好的老师"。工会希望通过文化社团的建立,改变以往工会组织活动的传统模式,打破常规和部门的界限,通过有特长的职工作为社团骨干,将有共同爱好的职工聚集在一起,通过传帮带的形式,充分调动职工的主动性、积极性和参与热情,形成"骨干带头、工会辅助、共同参与"的良好氛围,缩短医院文化与职工的距离,同时为医院储备文体人才。

2. 探索"互联网+工会"模式,扩宽工会服务职工的新渠道

关于"生活中,满足自身文化需求的最主要途径",68.61%的职工选择"网络";关于"您主要以何种渠道知晓工会文化活动信息",77.99%的职工选择"OA

办公平台”。由此可见，互联网的迅猛发展，改变着媒体格局，以网络为主的新兴媒体已取代以报刊、书籍等为主的传统媒体。党的群团工作会议及《加强和改进群团工作的意见》提出，要打造网上和网下互相促进、有机融合的群团工作新格局，推进网上工会建设是工会适应现代科技革命大势的必要选择。工会组织要提高运用新媒体的能力，加强“互联网＋工会”的工作模式，为职工提供更精准的服务。同时，要加强对职工网络安全的宣教，特别是加强职工对舆情网站、个人信息、隐私保护等方面的宣教，确保网络安全；要注重联合党办、宣传等相关部门做好纸媒等传统媒介的建设，使之与新兴媒体相融发展，多角度多形式做好工会的宣传工作。此外，加强与部门工会主席、各工会组长的联系，使之成为“传声筒”，将工会讯息及时传达给广大职工群众。

3. 完善“品牌＋工会”模式，延伸工会服务职工的新内涵

品牌既是一种实力，也是一种文化。自2012年起，工会每年举办“劳动最光荣”职工岗位技能竞赛月活动，针对不同岗位开展技能比武、岗位培训、优质服务竞赛等活动30余项，提高职工的实践操作技能水平。“书香满院”职工读书月活动通过书评、征文、读书沙龙等形式，为职工文化生活添彩助力，成为工会文化品牌。“快乐工作三十年，职工体育健身月”通过趣味运动会等形式，传播全民健身理念，在职工中取得良好反响。

在今后的工作中，工会将着力打造文化品牌，特别要重视文化品牌的人文内涵和人文导向，克服“活动不少，参加人员老面孔多、真正符合职工需求的少”“急功近利，只求轰动效应，不求实际效果”等弊端，满足广大职工的文化需求。

新时期职工诉求呈现出多样化、个性化、复杂化的特征，对工会工作提出更高的要求。面对新挑战，工会工作的思路、内容、方式、途径、手段也需与时俱进，以适应职工群体需求的多种变化。在工作中，工会要发挥教育、建设职能，挖掘、整合、优化资源，在形式上下功夫、在内容上做文章、在功能上求创新，使职工文化建设更具有渗透力、凝聚力和感染力，以丰富职工群众的美好生活新体验，以文化建设做强做大做优的丰厚成果为中心发展注入文化力量。

（本文获第二十一届年会征文二等奖）

医院文化建设实践与思考

朱文秀　严　肃　俞郁萍
（上海交通大学医学院附属瑞金医院）

瑞金医院在百年发展过程中，涌现出一批在行业内具有影响力的名医大家，积累了为社会和大众所认同的丰富人文资源和宝贵精神财富。同时，全国文明单位三连冠、2010 年度中国最佳医院排行榜位居上海第一、内分泌学科获该专科排名第一、治疗急性早幼粒细胞白血病获圣捷尔吉癌症研究创新成就奖……这一系列的荣耀和成绩，离不开一种成就成功的续航力——文化。文化是管理的最高境界，有了文化，才能凝练出核心价值观，医院的经营之道、员工的处事准则才能得以体现，最终成为一种自然而然的状态。有了文化，医院才能立于业界、基业长青、造福百姓！

理论上，医院文化的定义：是医院在长期的实践中逐步形成的具有自身特色的基本理念、价值观念、道德规范、规章制度以及行为方式的总和。对医院来讲，医院文化从表层的物质文化上升到深层的精神文化，涵盖了资金、技术、服务、人才、管理、品牌等所有与医院发展相关的文化因素，是贯穿于医院持续发展的生命线，是医院生存和发展的根本，是医院生命力和内在活力的核心要素之一。谁拥有了与时俱进的先进的医院文化，谁就会在激烈的医疗市场竞争中立于不败之地。

实践中，作为瑞金人的理解：医院文化是迈进一所医院的大门，看到的一草一木，感受到的医务人员的举手投足；它是医生用手将听诊器暖热，轻轻放在患者的胸口，而不是冰冷待之；它是有大片草坪和绿树环抱的花园供病人散步小憩；它是偌大的门诊大厅里标识指引清晰合理，导医人员主动为患者提供便捷服务；它是所有的医疗原则和行为，无论在熟人面前还是陌生人面前都是一视同仁。这些看似分散的环节，都以其直观的细节呈现了医院文化的内涵和力量。

一、将医院文化与提升医院医教研核心技术相结合，获得行业内的认同

医院的首要任务是治病救人，没有医教研技术力量支撑的医院，很难形成先进的医院文化。因此，能够为治病救人贡献出自己的一份力量，是所有瑞金人共同的追求。1907年姚宗李主教创办了“广慈医院”，当时仅有2名法国医生、55张病床，但傅培彬、邝安堃、叶衍庆、王振义等伟大前辈们以高尚的医德、忘我奉献的精神、精湛高超的医术，成为激励瑞金后辈不辍耕耘、孜孜以求的精神力量和行动源泉。100年来，瑞金人领跑在现代医学前沿，从20世纪50年代的成功抢救邱财康，70年代的首例同种原位肝移植，90年代的白血病治疗研究，21世纪的器官移植、紫娃康复，瑞金攀登了一个又一个的医学高峰，创造了无数的生命奇迹。

为促进医院全面可持续的发展，在发展医疗技术的基础上，推动医院文化建设更是一个强而有劲的动力和导向。医院文化建设从本质上讲是对历史的高度传承，对现状的清醒认识，对目标的不懈追求，这绝对不是一蹴而就、一成不变，而是需要与时俱进、传承积淀、不断创新的。唯有坚持创新、追求卓越，才能更好地服务社会、服务百姓，完成保障人民群众身体健康的任务。瑞金始终坚持“人无我有，人有我多，人多我优”的信条，探索并建立医院技术创新管理体系，走质量安全立院、特色技术兴医的发展道路，瑞金靠实力赢得了一个又一个令人骄傲的“第一”——成为目前上海市拥有国家临床重点专科数量第一的医院；在全国最佳医院排行榜上，名列上海第一，其中，内分泌专科排名全国第一；在医疗质量万里行问卷调查中排名第一；王振义院士获得国家最高科学技术奖，是上海交大历史上的第一人；国家自然基金项目获得数全市医院第一。

二、将医院文化与坚持以人为本的服务理念相结合，为病患提供优质服务

瑞金始终把医疗服务作为品牌来经营，从空间到流程、从硬件到软件、从数字化到人性化，全面体现了“一切以病人中心”的服务理念。积极开展特色专病门诊，以普通挂号接受高年资对口专家诊治的理念，切实给百姓带去实惠和方便；设置一层式的服务，极大地缓解了患者单纯配药开具检查化验候诊时间过

长，乘坐电梯困难的现象；设立疑难病例会诊中心，多学科专家对看似雷同症状的患者进行针对性的个性化诊疗，最大限度地减少患者盲目往返奔波，及时有效地为患者解除病痛；颠覆传统就医模式，在上海率先推出门诊一站式收费模式，将先诊疗后结算做到实处；自助服务、彩虹家园志愿服务、预约诊疗全面开展等等……仅仅是优化一项流程，提供一个方便，增添一份关怀，这一切的努力、用心和改变，这些能使患者切身感受到的实招，就是为了一个目标：努力建立人文关怀的就医环境，努力缓解医疗供需的就医矛盾，努力提供人性化的优质服务，努力促进医患关系的和谐改善。

提高患者满意度不能流于形式和口号，而是要体现在医疗工作的每一个环节之中，瑞金的每一位员工都在各自的岗位上将一些细小的、不起眼的枝节问题处理得当，减少工作中的失误和患者的抱怨。轮椅车上的遮阳伞、医用移动分隔帘、床头助力绳、特制引流袋等便民措施，彰显了瑞金对患者的一片爱心，瑞金人没有让“为患者提供更加优质、周到的服务”成为一句空话。“广博慈爱、追求卓越”时刻激励着全院广大员工，只有用心将医疗服务做精做细，才能使“以人为本”的理念落到实处，因为，提升服务是一个只有起点，不会终结的过程。

三、将医院文化与服务社会承担责任相结合，坚持公益性办院方向

瑞金在完成繁重的医教研任务的同时，更是将承担社会责任、体现公立医院的公益性作为己任。从承担世博医疗应急保障任务、“11・15”重大火灾救治，到高速公路车祸直升机救护、温州动车事故救治、地铁10号线追尾伤员救治等等，一系列突发性公共安全事件中都有本院医务人员的无私奉献。在他们身上，我们又似乎看到了当年抢救邱财康时瑞金员工在院长办公室门口排队要求献皮献血；看到了唐山大地震时瑞金医疗队队员顶着7级余震风餐露宿、在废墟中抢救每一条生命；看到了在闷热的资料室里查阅资料，在臭气熏天的猪圈里观察术后动物的先辈们！

这些抢救成功的背后，更彰显着瑞金人在关键时刻挺身而出、忘我奉献的精神品质：在坐公交回家的途中、收到手机新闻就立马打的返回抢救室；刚坐下与家人共进晚餐，看到电视新闻就立刻放下手中碗筷赶回医院；刚下班驾车回家路上，听到电台广播旋即调头驱车回院……这是集职业理想、职业态度、职业责任、职业技能、职业纪律、职业良心、职业信誉和职业作风于一体的职业精神的体现。这种职业精神的建立和养成除了基于医院文化的支撑、老一辈医德风范的熏陶

以及不懈的全员培训之外，更有不断在实践中锤炼，着力推进职业精神向职业实践的转化。

四、将医院文化与提高员工素质相结合，全方位塑造医院建设的基石

医院文化建设的根本任务是以人为本，尊重人、爱护人、相信人、教育人、培养人、塑造人，全面突出员工的智慧、技术、理想，充分尊重和体现员工的价值观。因此，瑞金尤其强调创造“只要努力，就有机会”的公平竞争环境，充分挖掘员工的潜力，调动员工的积极性、创造性与竞争力。

（1）完善以构建理念文化为目标的思想培育机制。引导医务人员树立起“以病人为中心”的理念，把病人的利益放在第一位。医院员工培训部创新培训内容和形式，重点设置礼貌礼仪形象、沟通技巧、人文关怀、职业道德、纠纷案例培训课程，提高医患沟通能力和服务水准。

（2）完善以构建行为文化为目标的医德规范机制。从推动理念文化向行为文化转化入手，把构建先进的医院行为文化作为端正医德医风的重要举措，结合医院实际，制订了《岗位服务标准和文明礼仪规范》，对门急诊、医技及临床科室的各个岗位、窗口，从语言、穿着、行为、操作等全方位进行了统一和规范。

（3）完善以构建形象文化为目标的环境感化机制。瑞金把营造温馨舒适的就医环境、保留百年特色历史建筑、制作规范划一的指引标识等作为内涵建设的重要内容，使病人在医院不仅能得到生理上的治疗，更能得到心理上的安慰和愉悦。

（4）完善以构建品牌文化为目标的机制。一是培育科室文化，如：瑞金内分泌科倡导“用心呵护您的健康”的学科使命、微创外科凝练出“微创、微笑、细微”三微标准、乳腺疾病诊治中心奉行“一站式服务、个体化关爱、多学科综合治疗”的服务理念。二是传播名医文化，弘扬名医名家，推行终身教授制度，提升人才发展空间。三是打造瑞金精品文化项目：“瑞金讲坛”注重人文知识传播，“瑞金茶室”注重倾听员工心声，“红色之旅”注重干部思想教育，“文化艺术节”注重陶冶职工文化情操。四是肩负起教育引导群众健康生活的社会责任。“门诊专家周周讲”“世界疾病日义诊”吸引了众多的患者和群众，使更多的百姓了解医院，熟悉医护人员，产生良好的社会效应，扩大了医院、名医和专科的知名度。

五、将医院文化与管理过程相结合，推动医院持久恒新的发展

随着人们思想观念和社会行为的巨大变化，对医疗卫生行业这个最密切关系民生利益的公益事业产生了巨大的冲击，医院外部大环境的变革也使医院在生存与发展中经受着考验，医院管理实践的新课题，要求医院管理者的思维和管理方式也要随之发生变化，医院文化建设就是适应了这种变革而在继承和创新的基础上所逐步形成的管理实践。

瑞金从制度文化建设着手，规范医疗行为、完善监督机制，推行绩效考核，深化优质护理服务工程，加强医疗环节质量管理；从廉政文化教育出发，建立医德档案、开展警示教育、干部诫勉谈话、签署道德承诺书；借助网络文化新型平台，开设瑞金发布、推广智能化电子病历，移动医护工作站，抓好信息化建设提速；依托集团文化辐射效应，树立了医院的品牌标杆，让百姓受益得实惠……这一切提升了医院的管理水平，促进了医院的创新驱动、转型发展，医院文化建设的成果为医院的发展提供了支撑，形成了院科两级的有序管理。

六、思考与展望

1. 如何加强法制保障，优化医疗执业环境

如今的医院已然是一个开放的小社会，社会上的任何风吹草动，都会在这里产生共鸣。因此，每个行业、每家医院在着力打造内部自身的主流文化及核心价值观的同时，似乎还应该有外部的推力和支撑，那就是：法律保障（卫生法）、政策导向、舆论氛围。优化的医疗执业环境只有内部环境与外部环境互相协调了，行业的文化建设才能健康可持续发展。

2. 如何使医院品牌永葆生命力

医院无论历史长短，都会有故事，只要有创新，这个故事就会有文化，有了文化就可以塑造品牌，任何一种品牌都被赋予了丰富的文化内涵。因此，以先进文化打造医院品牌，应该成为我们的共同使命，然而，品牌建立之后，还需要维护、积累和创新，不然，再好的品牌也会毁于一旦。

3. 如何提升员工的凝聚力向心力，追求工作的卓越

作为医院的管理者，我们应该了解员工所思、所想、所求，特别是年轻医务群体的思想状况，或许他们更关注的是：个人的发展、职称晋升、收入分配、评价机

制、职业的尊严等。我们如何引导和满足他们的需求，从而激发他们对医学事业的热情和追求，对技术的精益求精，对生命的敬畏。

4. 如何进行文化的提炼和文化的表达

卫生系统有着源远流长、博大精深的医学文化和人文资源，如何去提炼、向社会表达我们的文化并让社会和患者所接受，让法律所覆盖，从而回归医学的本质和尊严，这应该是我们共同的责任和使命。

结语

当下处在医疗改革时期，市场经济的发展促进了人们对信仰、财富、职业归属等价值观的转变。这个时刻，医院更需要结合传统医学的“大医精诚”理念、西方医学的人文精神、我国的革命人道主义精神，建立与时俱进的医院文化价值体系。时代在变，环境在变，但瑞金精神没有变，“广博慈爱，追求卓越”是瑞金人坚守的信念，在傅培彬、邝安堃等巨星陨落之后，瑞金依然群星闪耀，新一代瑞金人将继承救死扶伤的职业精神、追求真理的科学精神、锲而不舍的钻研精神和勇于进取的创新精神，立足岗位、创先争优、为深化医改，维护人民群众身体健康作出新的更大的贡献。

瑞金医院已走过一百多年的风雨征程，传承、提炼、诠释更具有时代特征，更深入人心的新百年文化，是我们新的追求。我们要以“瑞金医院文化建设年”为契机，以打造优秀精品文化项目为抓手，深化延伸“广博慈爱，追求卓越”的核心价值观，完善医院文化建设设施，挖掘、培育多元化的科室文化，搭建员工对医院各项工作评价的平台，凝聚智慧和力量，努力将瑞金建设为国际医疗文化的交流平台。

（本文获第十六届年会征文二等奖）

基于提升职工素质的医院文化建设实践探索

蒋 勇 吕雯倩 吴 昱 颜航群 徐立刚 杨新潮

（上海市第一人民医院）

随着公立医院改革的全面推进，公立医院面临着新的发展机遇和挑战，加强“以人为本”的医学人文精神的建设成为推动医院可持续发展的内在动力。工会在深化医院文化内涵建设，提升职工素质方面应大有可为，应为推进医院文化发展建设、深化卫生计生事业改革作出积极的贡献。

一、研究背景

1. 新时期医院文化建设的重要性

医院文化是医院的灵魂，是医院生存和发展的重要战略资源和宝贵的物质及精神财富，是提高医院整体素质和核心竞争力的重要内容，是决定医院持续发展的精髓。在市场经济条件下，现代医院之间竞争的不仅仅是医疗技术和设备，更重要的是医院文化建设和职工素质的高低，医院文化已成为医院未来生存和发展的根基和成败的关键，因此，提升医院职工素质、加强医院文化建设，对于提高医院的整体管理水平，促进医院的跨越式发展具有极其重要的作用。

2. 职工素质的提升在医院文化建设中的重要性

如果说医院文化建设是医院发展的灵魂，那么把灵魂实质化的核心，就是职工素质的提升。随着卫生改革的不断深化和医学科学发展的日新月异，医院做好职工素质教育工作已成为实现可持续发展、更好地为人民健康服务的关键所在。面对新形势的任务和挑战，医院如何全面提升职工素质，强化管理，争创一流，既是一门新兴学问，又是卫生改革发展与卫生事业管理的中心环节，更是社会各界普遍关注的焦点、热点问题。

3. 目前医务职工素质所处的现状和困境

“以病人为中心”的医疗服务理念，是一种充满人文关怀的服务理念，也是我国现代医院改革与发展的主题。尽管医务人员从事的是治病救人、实行人道主义的至仁至善的医疗事业，但无法不受社会大环境下医患关系紧张、人文素质弱化的消极影响，部分医务人员离职业道德的高标准和社会公众的高期望值还有相当距离。

目前比较常见的医务职工素质所处的困境有：缺乏作为白衣天使的责任意识；只注重临床技能的提高，忽略人文素质的提高；价值观出现偏移；缺乏团队意识；缺乏良好的沟通技巧和必要的礼仪规范等等。美国的医学教育中更重视实践能力的培养，主要包括沟通交流技能和临床思维能力，而我国的医学教育体制决定了医生接受人文教育的时间较少于发达国家。以学习专业知识为主，以人文学科为辅的教育体系，使医学生缺乏学习和提升人文知识的动力，导致了医学生的人文知识普遍较低，人文素质相对缺乏，从而在走进工作岗位后仍然存在普遍认知缺乏的状况。

医务人员良好的人文素养，是在工作中塑造出来的。无论是刚毕业参加工作的青年医务人员还是长期工作在临床的资深医务人员，甚至是各层面的医院管理人员，都需要在工作中不断提升自身的素质。

二、资料与方法

1. 研究内容与对象

本研究以某三甲综合性医院为点，对医院目前职工素质及对人文素养的认知进行调研、总结、分析，调查本市卫生系统职工素质认知的现状，以及各医院开展的职工素质提升的活动及成效。

2. 研究方法

研究方法包括：文献研究、问卷调研、专家（书面）访谈。全部调研数据经过编码和逻辑校对后，利用 epi-info2000 软件进行录入，应用 SAS8.2 软件进行统计分析。

三、研究结果

1. 调查对象的一般情况

1 566 名调查对象年龄主要分布在 50 岁以下的年龄段。调查对象的文化程度分布，其中大专及以上学历占 95.42%。调查对象的岗位分布，大部分为临床医护及医技人员，这也是开展服务的主要对象。

调查对象在文化建设及素质提升方面的认知。职工认为医院文化建设中最需要加强的是深层精神文化；缺乏责任意识和传承意识是职工认为素质问题的重要方面。

在影响职工素质提高的原因方面，调查对象认为目前存在的主要问题是缺乏责任意识和传承意识。同时，认为社会大环境和医院整体氛围对提升职工素质有较大影响。此外，在医院层面职工认为影响较大的是人文管理理念的淡漠和职业发展规划的单一。在科室层面，科室特色文化的形成以及科主任的管理理念也是重要因素。

在提升职工素质的途径方面，调查对象希望在专业技能的培训和文化修养方面有所增加，这说明在综合素质方面，职工需求还是比较明显的。关于对本单位的职工素质教育活动满意程度，调查对象均对本单位工作满意度较高。

2. 部分医院开展的素质提升活动及成效

通过对多家医院工会工作的访谈和调研，发现在职工素质的认知上大家都有一定的共识，认为职工素质的提升涉及方方面面，不仅是医院整体文化内涵，也是每个人的言行举止，不仅是短时间内开展的活动，更是医院长期推行和不断完善的内容。职工对自己的素质提升也有自己的想法和要求，一些的传统“填鸭式”学习或“被动式”活动已经逐渐不被职工所接受。

目前，卫生系统内部分医院也采取了卓有成效的活动，在提升职工素质、深化医院文化建设方面起到了积极的作用。市一医院在不断摸索的过程中也开展了适合医院实际和职工需求的活动，如组建“身边人讲身边事”的市一模范讲师团，结合新职工培训，给大家上了生动一课，并以拓展培训方式，结合院史、院人文环境、院核心价值观，对新职工进行医院文化教育活动，反响甚佳。医院也以打造职工广场文艺汇演、女性论坛、职工家庭日等工作品牌来展现医院文化、凝练医院精神，取得良好成效。

四、讨论

职工素质的提升应围绕医院职工的特点和实际，多形式、多内容、多层面地来切实提高职工综合素质。

第一，以认同为基础。工会开展的各项活动是围绕职工群体所开展的，所以要以服务职工为出发点，职工认同，才是工会工作开展的基础，否则就只能成为自己搭台自己唱戏的被动局面。第二,以需求为导向。素质提升的重要方面是体现职工的成长和发展需求,因此,要达到提升职工素质的目的,就一定要从职工的需求出发,以问题为导向,才能贴合职工,也能吸引职工积极参与。第三,以综合为手段。从调研中发现,职工素质不仅包括表层文化,也包括深层精神;不仅在医院层面,也有科室层面;不仅涉及专业技能的提升,也包括人文修养的丰富。因此,开展相关工作需要多层面、多形式、多维度综合的手段。第四,以创新为特色。时代在不断变化,传统的形式和活动固然有其品牌效应,但仍要结合职工的认知水平和接受程度的变化而不断创新。用适应新时代的创新的形式和渠道,让素质教育活动深入人心,更受职工的欢迎。第五,以成效为评价。基于职工素质提升的医院文化建设不是暂时的过场,是需要不断完善和持续进行的系统工程。要以职工的满意度、感受度,以及他们的收获和成果为评价内容,虽然这部分成效的评价还没有比较系统和全面的指标,但也可作为今后研究的方向和内容,对提升素质的工作有更客观的评价,以便改进提高。

（本文获第十九届年会征文二等奖）

品管圈在提升职工书屋电子化管理程度中的应用

陆　敏　秦嗣萃　张洪寅子
（复旦大学附属中山医院）

品管圈(QCC)就是由相同、相近或互补之工作场所的人们自动自发组成数人一圈的小圈团体(又称 QC 小组,一般 6 人左右),全体合作,按照一定的活动程序来解决工作现场、管理、文化等方面所发生的问题及课题。它是一种比较活泼的品管形式。某三甲综合性医院工会通过两年时间,连续两轮将 QCC 活动主题设定在提升“职工书屋管理”方面,循序渐进地进行改善,2016 年 4 月至 10 月开展了本轮品管圈活动。

一、品管圈实施过程与方法

1. 培训

工会邀请医院品管圈内培训师对工会干部进行品管圈相关知识培训,并采取理论与实际相结合、实施前培训和实施中指导相结合的培训模式展开基本知识培训,帮助圈员掌握品管圈的工作方法。

2. 成立品管圈

工会于 2012 年成立大树圈。2012 年到 2015 年共开展了三轮品管圈活动,2016 年 4 月启动第四轮品管圈活动,经圈员集体讨论继续沿用前三轮活动“大树圈”的圈名和圈徽。由工会的拼音首字母“G”组成大树的主要轮廓,“H”则组成大树的树干,树冠中的小树叶构成“人”字,三个“人”字则组成一个“众”字。象征着医院工会利用有限资源,提高效率为医院职工提供更多更好的服务。大树圈由 7 名工会干部作为圈员,工会负责人担任辅导员,办公室专人担任圈长,每月组织 1～2 次活动。

3. 主题选定

在主题选定过程中,活动组根据自身工作的特点结合部门工作的方向,共提出四个较有现实意义的主题改善方向。各圈员分别从领导重视程度、重要性、本期达成性和圈能力四个维度并根据各维度相应权重对备选主题进行评分。最终，“提升职工书屋电子化管理程度”以总分最高成为此次活动的改进主题。

网络平台不受时间、地点的限制，方便即时传播和下载，非常适合工作强度大且经常处于忙碌工作状态下的医务工作者。将活动主题设定为“提升职工书屋电子化管理程度”，旨在利用互联网进行传播和分享，开辟文化建设新阵地。同时加快学习型单位的建设，促进医院文化的蓬勃发展。

4. 拟定计划书

此次品管圈活动时间跨度定为 2016 年 4 月至 10 月，活动期间明确各计划项目负责人，每一位成员都按照品管圈自主性、群众性、民主性的宗旨分配到各自负责的对应项目。

大树圈按照品管圈活动步骤，运用甘特图管理工具，拟订了本轮活动计划书：2016 年 4 月第 3 周至 5 月第 1 周，主题选定；5 月第 2 周，计划拟订；5 月第 3 周至 6 月第 1 周，现况把握；6 月第 2 周，目标设定；6 月第 3 周，目标解析；6 月第 4 周，对策拟订；7～8 月，实施检讨；9 月第 1 周，效果确认；9 月第 2 周，标准化；9 月第 3 周，检讨与反省；9 月第 4 周，资料整理与讨论下期主题。以上环节均由工会干部担任负责人，活动地点也在工会。

5. 现状把握

某三甲综合性医院工会职工书屋至今已开办数十年，为满足更多职工不同层面的文化需求，每年添购 1 500 多册类型丰富、优秀畅销的文化书籍，包括文学、励志、管理、传记、旅游、生活等，为职工们提供了多样的选择。为进一步方便职工检索存书书目、查询图书的实时在架信息、阅览每月上架新书，大树圈设计了调查问卷，深入调查医院职工对于书屋信息化功能方面的需求。

大树圈对全院职工进行随机抽样，从不同职务、岗位、年龄层抽取职工作为调查对象发放问卷。问卷回收后，对调查显示的各类欠缺项目进行了统计分析。分析结果显示，近年来随着工会对职工书屋建设的重视和投入，职工对书屋的热爱和需求也越来越高，这对书屋传统的管理模式也提出了挑战。经过大树圈对现存管理模式的讨论及调查问卷数据显示并根据二八法则，确定将书屋“电子化管理思路不够”和“人工服务跟不上”作为本次改善的重点。

6. 目标设定

改善前职工书屋电子化程度较低，25 人中仅 15 人采用电子化途径进行网上书屋浏览。本次活动的目标是 25 人中应有 22 人以上采用电子化途径进行网上职工书屋浏览与应用，改善幅度为46.67%。

7. 要因解析

由"现况把握"中发现了导致职工书屋电子化管理程度不高的差错项主要是"电子化管理思路不够"和"人工服务跟不上"，因此，全体圈员将这两项运用经验回想、头脑风暴的方式，分别绘制了鱼骨图。

通过汇总鱼骨图中所有"鱼刺末端"的问题根本原因，全体圈员对此进行重要性打分评价，依据二八法则获得要因9项，针对该9项要因进行真因验证，经再次调研，超过81%问卷调查对象提出工会职工书屋"实时更新不够""网上检索功能不完善""图书在不在架不可知"。根据二八法则选出真因。

8. 对策拟定

针对真因，全体圈员利用头脑风暴法寻求所有可能的解决方案和改善对策，所得备选对策再利用评价法，对其可行性、重要性、经济性等方面逐一打分，优5分、可行3分、差1分，统计7人总分，并按二八法则计算理论分值，从而由真因"实时更新不够"和"网上检索功能不完善"最终分别得出两条对策，总共为四条对策，依次为"制订规则每月1日和15日定期新书上架，并由专人执行""实现根据书名、作者两种书目检索功能""开发读后感及评论输入功能"和"开发图书在架查询功能，并由专人负责更新在架情况"四条对策。

9. 对策实施

工会在职工书屋网站建立了新书预览模块，并指定专人在每月1日和15日定期进行新书上架更新。同时通过院内网和某三甲综合性医院官网同时进行新书上架提示，方便职工及时浏览到新书上架动态。其次，工会建立了职工书屋数据库，使用扫描仪扫描现有图书封面及CIP页，结合现有资料，包括书名、作者、价格等信息制作电子数据库，利用医院网络中心Microsoft SQL Server系统，并将后台数据库储存于医院服务器中。实现6 500多册书屋书目网上检索功能，方便职工随时随地在网上进行浏览。再次，工会开发了图书在架情况查询功能，让职工实时查询图书在架信息，减少因想借的书不在架而造成的无效往返。

这一系列有效措施通过QCC活动的开展得到了切实的执行和落实。

二、活动结果

1. 有形成果

通过本次活动，将改善前的25人中仅15人(电子化管理程度约60%)采用电子化方式进行职工书屋图书浏览提升至 25 人中 22 人(电子化管理程度约 88%)采用电子化方式浏览图书,除了拟订的四项对策外,还制订了标准作业书,目前都维持良好,作为日常管理制度执行。目前职工书屋电子化管理程度大大提升,平均达到 88%以上。数据显示此轮品管圈活动已达到了预设目标,取得了成功。

2. 无形成果

通过本轮品管圈活动也提升了圈员的内在素质。大树圈根据品管圈活动步骤绘制了雷达图,从图中可直观体现出圈员的内在素质和综合能力在活动后得到改善。因此,此轮品管圈活动的开展不但有效提高了工会职工书屋图书借阅量,切实达到了用足资源、服务职工的目的,同时也增强了工会团队的整体素质。

通过本轮品管圈活动,改进了职工书屋管理中的不足,凝聚了本部门的团队工作意识,加强了与其他部门之间的合作,同时也带动了全院职工的工作热情,为更好地服务患者、服务职工打下坚实的基础。

(本文获第二十届年会征文二等奖)

健康促进

医务人员心理健康及影响因素研究

华　健
（复旦大学附属肿瘤医院）

一、研究背景及意义

1. 研究背景

医务工作是一项人际关系敏感复杂的特殊服务工作，具有高度专业性和社会人文性；其主体医务人员不仅肩负着紧张繁忙的诊疗和救治工作，还要处理与患者包括家属之间的复杂人际关系，而且随着新技术和技能的推广、新服务领域的拓展，需要不断更新知识体系和提高临床实践技能。随着我国医疗体制改革的转型，人民群众不断增长的医疗保健需求与现阶段医疗发展不平衡之间的矛盾逐渐凸显，职业风险、职位竞争以及医患关系的复杂性给医务人员的身心带来极大的压力。

近年来，医务人员的心理健康状况日益受到国内外学者的关注。一项全国随机调查统计发现，有近66%的医务人员经常或一直感觉到身体不适；30%以上的医务人员经常或一直自觉处于强迫、抑郁及焦虑等精神应急状态。由于研究地域、人群、方法等不同，所得出的研究结果不尽相同。但总的来说，医务人员的身心健康状况令人担忧，医务人员繁重、严苛的工作状态，加上病患及其家属对疗效和治疗费用的预期，医务工作压力渐增，已成为职业倦怠的高发群体。在长期的高体力消耗、高风险处境的状况下，医疗、护理人才流失严重，尤其是护理人员离职的现象日益突出。

影响医护人员心理健康的因素有很多，其中，压力（应激）是非常重要的因素。工作压力是从业人员的职业要求与个体承担能力不平衡引起的身心压力状态，而这些压力会导致医护人员在工作中表现出注意力不集中、记忆力下降、易怒或者抑郁、抱怨增多等情况。医务职工心理健康与否对工作满意度又有一定的影响，也间接影响到对患者的服务质量。

2. 研究目的及意义

本研究旨在对医护人员的心理健康和相关影响因素进行研究。从心理健康、工作满意度和压力等方面入手，了解医护人员目前的心理健康状况，以及探索与其相关的影响因素，从而为后期的个人心理干预提供依据，并为医院的组织管理提出建议。

二、研究对象及方法

（一）研究对象

本研究的对象为医务人员，通过分层随机抽样的方法抽取 1 000 人进行调研。

（二）研究方法

本研究采用质性访谈法和横断面问卷调查法。

1. 质性访谈法

本研究采用分层随机抽样的方法，对医院职工抽取不同类别、不同层面的 50 人作为质性访谈的对象，了解其主要压力现状及来源，为研究筛选及编制问卷提供方向。

2. 横断面问卷调查法

根据相关文献及质性访谈的结果，本研究使用自编问卷对医院职工进行调查。2017 年 7 月至 8 月，共发放调查问卷 1 000 份，回收问卷 885 份，回收率为 88.5%；其中有效问卷 811 份，有效率为 91.6%。

（三）研究工具及内容

1. 研究工具

本研究根据相关文献及质性访谈结果，编制此研究使用的医务职工心理健康状态调查问卷。所使用的问卷除人口学信息外，包含心理压力、身体压力、情绪状态、职业枯竭、心理资本、抑郁倾向、工作满意度、组织承诺、工作资源、工作要求等 10 个部分，共计 175 题。问卷具有较高的信效度，其中科隆巴赫系数为 0.90，KMO 值为 0.98。

2. 研究的理论模型

本研究使用的心理健康模型以“工作要求—工作资源”(JD—R)理论进行编制。工作要求与资源模型是当前分析众多影响职工心理状态及组织态度因素的成熟、实用模型。该模型认为,众多影响因素归为工作要求和资源(包括工作资源和个人心理资本)两大类。工作要求过大会导致负面的心理状态(如负面压力);工作资源充足可缓解工作要求对心理状态的负面影响,促进心理健康;职工个人心理资本(包括自信、乐观、希望、坚韧)高也可以起到类似工作资源的作用。职工心理状态的好坏进一步影响职工的工作满意度和对组织的忠诚度。

(四) 资料整理及统计分析

本研究使用Excel、SPSS等软件,采用描述统计、频次统计、方差分析、均值比较及相关分析等方法对调查数据进行整理和分析。

三、研究结果

(一) 职工的个人心理状态分析

从个人心理状态来看,本研究群体中职工个人心理状态总的得分(47)略低于全国总体(59),说明本研究群体中职工的个人心理状态较差。

1. 职工整体压力状态

本研究群体中职工的整体压力状况主要从压力主观感受、心理压力和身体压力三个方面来分析。与全国总体相比,本研究群体中职工的压力感受较高,心理压力较大,身体压力较大。具体表现为:本研究群体中职工的压力主观感受(65)高于全国总体(44),心理压力(57)高于全国总体(46),身体压力(47)高于全国总体(43)。

进一步的数据分析表明,本研究群体中职工在工作中经常或总是出现的心理压力是:压力大、焦虑、没有耐心、心力耗尽、难以放松等;经常体验到的身体压力是:身体疲惫、眼部过劳、记忆力下降。

2. 职工整体情绪状态

情绪状态方面(包括积极情绪、消极情绪和抑郁倾向三个指标),本研究群体中职工的积极情绪(55)高于全国总体(53),消极情绪(49)高于全国总体(38),抑郁倾向(46)高于全国总体(29)。这表明,本研究群体中职工在日常工作中虽然保持有较高的积极情绪，但同时体验到较多的消极情绪，抑郁倾向也较高；并且本研究群体具有高抑郁倾向的职工占21.1%，需对这些职工进行抑郁主动干预。

进一步分析发现，职工体验到较少的积极情绪是平静、心情舒畅、快乐、愉悦、满足；职工体验较多的消极情绪是心烦、压抑、焦虑；职工的抑郁倾向主要表现为精力差、睡眠困难，难以入睡或早醒或睡不踏实、越来越不自信。因此，需要在平时工作中改善职工的消极情绪体验，关注职工的高抑郁倾向，发现问题及时进行干预。

3. 职工整体职业枯竭状态

职业枯竭方面（包括缺乏工作活力和质疑工作价值两个指标），本研究群体中职工缺乏工作活力水平（61）高于全国总体（54），质疑工作价值水平（43）与全国总体（43）相当。这说明，本研究群体的职工虽然较为缺乏工作激情和活力，但是认同自身的工作价值。

进一步分析表明，本研究群体中职工的职业枯竭主要表现为："下班后，感觉疲惫不堪""早上起床后，想着要去上班就感觉很累""整天工作让自己感觉很有压力"等。

4. 职工整体心理资源状态

从个人心理资源整体来看，本研究群体中职工个人心理资本（64）低于全国总体（68），表明本研究群体中职工的个人心理资本状况不佳。本研究群体在个人心理资本的四个维度包括自信、希望、坚韧、乐观，得分均低于全国总体。这表明职工在工作中的信心不足，应对挑战和压力的能力稍弱，对未来的希望和面对问题的态度也较消极。

（二）职工对组织的态度分析

从整体来看，本研究群体中职工对组织的态度（61.2）略高于全国总体（60.6），本研究群体的职工对组织的态度较好。

1. 职工的整体满意度和组织承诺

组织态度主要从职工对组织的总体满意度、组织承诺和辞职意向等几个指标进行分析。结果显示，本研究群体中职工对组织的总体满意度（61）高于全国总体（59），组织承诺（60）略低于全国总体（61），辞职意向（32）略高于全国总体（30）。这说明，本研究群体中职工总体来说对组织的满意度和情感依附较高，虽然辞职意向略高，但与全国总体水平相一致。

2. 职工离职意向及离职原因分析

本研究群体的职工中有9.4%的人有很高的离职意向，他们经常或极想离职。导致他们想要离职的主要原因是：工作整体压力大（占47.2%）、付出和回报不成正比（占40.7%）、工作太累了（占39.0%）等。由此可以看出，本研究群体中职工离职的主要影响因素是工作压力、薪酬回报和工作负荷等因素。

四、影响因素及不同人群分析

（一）影响因素分析

1. 工作要求因素

通过SWOT分析发现，导致职工出现较大负面心理状态的工作要求主要包括工作负荷、工作要求变化、工作内容、倒班和工作家庭平衡等方面，需要重点加以关注。

另外，角色冲突模糊和考核对职工心理状态和组织态度的影响较大，虽然其出现频率较低，但是职工仍希望加以改进。

2. 工作资源因素

工作资源方面，薪酬回报、管理制度、工作环境和工作自主化是职工感受较低的资源，并且这些因素对职工心理状态和组织态度的影响较大，需要重点关注。

上级支持、团队氛围、职业发展、休假、员工关爱、领导风格和人际关系对职工的心理状态和组织态度的影响较大，但这些资源相对比较充足，职工感受较高，建议继续保持。

（二）不同人群的心理状况分析

我们按照人口学信息对不同岗位、年龄、职称、学历、性别、婚姻状态的职工分别进行比较，深入了解需关注的职工人群。

1. 不同岗位的职工

不同岗位的职工心理健康状况比较结果显示，护理岗位的职工心理状态的总分显著低于其他岗位的职工。其中，医生岗位的高压力主观感受占比为84.40%，护理岗位的职工为70.80%，行政后勤和医技岗位的职工分别为68.60%和69.10%。值得关注的是，医生岗位、护理岗位职工的高抑郁倾向占比显著高于其他岗位，分别达到24%和25.6%。

对组织态度的调研结果显示，不同岗位的职工有显著性差异：医技岗位和行政岗位的职工对组织的认可度较好，医生和护理岗位的职工对组织的认可度较差，其中护理岗位的职工工作满意度最差，呈现出高辞职意向，比例为13.30%，远超过其他岗位。

护理岗位的职工个人心理状态和组织态度的水平显著低于其他岗位的职工。其特点为：压力感受较高，心理压力最大，身体压力最大；职业枯竭最高；积极情绪水平最低、消极情绪水平最高；心理资本水平显著低于其他岗位职工；组织态度水平最低，高离职意向等，值得关注。需要关注的工作要求指标是认知负荷、工作要求变化、倒班、工作家庭平衡和工作负荷；需要关注的工作资源指标是薪酬回报和管理制度；需要关注的社会生活压力源是家庭支持、异地适应和工作家庭冲突。

医生岗位的职工个人心理状态和组织态度水平较低，虽然压力感受最高，但是有较好的心理资本。需要关注的工作要求指标是工作负荷、考核、工作要求变化、工作责任、倒班和工作家庭平衡；需要关注的工作资源指标是薪酬回报和人员；需要关注的社会生活压力源是家庭生活、子女教育和工作家庭冲突。

医技岗位的职工和行政后勤岗位的职工的个人心理状态水平均较高，组织态度水平较高。其特点为：压力感受较低，心理资本水平较高，组织态度水平较高，离职意向占比较低。其中，医技岗位的职工需要关注的指标是工作内容、工作责任和职业发展。行政后勤岗位职工需要关注的指标是角色冲突模糊、职业发展、人员和管理制度。

2. 不同年龄的职工

不同年龄的职工心理健康状况比较结果显示，50岁及以上的职工心理状态总分显著高于其他年龄的职工，30～39岁的职工心理状态总分显著低于其他年龄的职工。其中，30～39岁的职工高压力主观感受占比为78.10%，40～49岁的职工为75.30%，30岁及以下和50岁及以上的职工分别为65.50%和57.70%。高抑郁倾向占比显示，30～39岁、30岁及以下和40～49岁的职工较高，而50岁及以上的职工则最低。这意味着，心理状态较好的是50岁及以上的职工，30～39岁、30岁及以下和40～49岁的职工欠佳，尤其需要关注30～39岁的职工。

30～39岁的职工个人心理状态水平显著低于其他年龄的职工，组织态度与其他年龄职工不具有显著性差异。其特点为：压力感受最高、心理压力最大；职业枯竭最高；积极情绪水平较低；工作满意度最低，呈现高离职意向，占比为9.1%！需要关注的工作要求指标是工作负荷、工作要求变化、工作内容、角色冲突模糊和倒班；需要关注的工作资源指标主要是薪酬回报和工作环境；需要关注的社会生活压力源是家庭生活、子女教育和父母赡养压力。

40～49岁的职工个人心理状态特点为：心理压力较低；职业枯竭中的工作活力水平较高，工作价值认同水平较低；积极情绪水平最低；工作满意度较低，但高离职意向占比较低。需要关注的指标是工作负荷、职业发展、员工关爱和工作自主化；需要关注的社会生活压力源是家庭生活和子女教育。

30岁及以下的职工个人心理状态水平较高，特点为：压力感受较低、心理压力较高；职业枯竭中的工作活力水平较低，比较认同工作价值；积极情绪水平较高；工作满意度较高，但高离职意向占比最高达到12%。需要关注的指标是工作要求变化、角色冲突模糊和倒班。

50岁及以上的职工个人心理状态水平最高，其特点为：压力感受最低、心理压力也最低；积极情绪水平最高；工作满意度最高，没有高离职意向。需要关注的工作要求指标是考核和工作内容；需要关注的指标是同事支持、上级支持、团队氛围、人员和管理制度；社会生活压力源方面均表现最好状态。

3. 不同职称的职工

不同职称的职工心理健康状况比较结果显示，没有职称等级的职工心理状态总分显著高于其他职工，具有初级职称的职工心理状态总分显著低于其他职称的职工。其中，高级职称的职工高压力主观感受占比为82.90%，中级职称的职工为78.50%，初级职称和没有职称的职工分别为70.80%和61.20%。高抑郁倾向占比显示，初级职称、高级职称和中级职称的职工较高，尤其需要关注初级职称的职工。

对组织态度的调研结果显示，不同职称的职工有显著性差异：没有职称的职工水平最好，初级职称的职工最差。其中，初级职称的高辞职意向占比最高(为11.60%)，没有职称的职工的高辞职意向却也表现出较高水平(10.2%)，而中级职称和高级职称的高辞职意向水平均较低，分别为3.5%和4.9%。

初级职称的职工个人心理状态和组织态度水平显著低于其他职工。其特点为：压力感受最高、心理压力最大，身体压力最大；职业枯竭最高；消极情绪水平最高；自信水平却最低；组织态度水平最低，高离职意向占比最高。需要关注的工作要求指标是工作要求变化、倒班和工作家庭平衡；需要关注的工作资源指标是薪酬回报、管理制度和休假；需要关注的社会生活压力源是家庭生活、工作家庭冲突和父母赡养压力。

中级职称的职工个人心理状态和组织态度水平较低。其特点为：压力感受较高、身体压力较大；工作价值认同较低；但自信水平较高；高离职意向占比最低。需要关注的工作要求指标是工作内容、工作负荷和工作要求变化；需要关注的工作资源指标是同事支持、团队氛围和工作自主化；需要关注的社会生活压力源是家庭生活。

高级职称的职工个人心理状态和组织态度水平较高。其特点为：压力感受较低，身体压力较低，但心理压力较高；虽然工作价值认同较高，自信水平最高，高离职意向占比较低，但工作活力较低。需要关注的工作要求指标是工作负荷、考核和工作家庭平衡；需要关注的工作资源指标是上级支持、职业发展、人员配备、工作环境、员工关爱和领导风格；需要关注的社会生活压力源是父母赡养压力和社会支持。

没有职称的职工个人心理状态和组织态度水平最高。其特点为：压力感受最低，身体压力和心理压力最低；工作活力较高，工作价值认同最高；自信水平较低；但高离职意向占比较高，也值得关注。

4. 不同学历的职工

不同学历的职工心理健康状况比较结果显示，各学历水平职工的心理状态水平和组织态度没有显著性差异。其中，博士学历的职工高压力主观感受占比最高，为 88.7%；硕士学历的次之，为 83.2%；本科学历的较低，为 74.4%；专科学历的最低，为 62.3%。

本科学历的职工特点为：身体压力最大；工作满意度最低，高离职意向占比较高，值得关注！需要关注的工作要求指标是工作要求变化、工作内容和倒班；需要关注的工作资源指标是职业发展、管理制度、员工关爱和工作自主化；需要关注的社会生活压力源是子女教育。

专科学历的职工特点为：身体压力较大；自信水平最低；工作满意度较高，但是高离职意向占比最高。需要关注的工作要求指标是倒班。

硕士和博士学历的职工特点为：身体压力较低；自信水平较高；高离职意向占比较低。需要关注的工作资源指标是团队氛围和人际关系；需要关注的社会生活压力源是子女教育。

5. 不同性别的职工

不同性别的职工心理健康状况比较结果显示，不同性别职工的心理状态水平没有显著性差异，心理资本水平也无显著性差异；但对于组织态度水平、工作满意度和组织承诺，男女职工有显著性差异，男性高于女性。女性的辞职意向占比为 10.3%，显著高于男性的 5.3%。同时，女性职工有明显的高抑郁倾向，占比达 22.4%，值得关注。

女性职工特点为：身体压力最大；消极情绪水平最高；职业枯竭中的工作活力水平较低。需要关注的工作要求指标是认知负荷、倒班和工作家庭平衡。

五、结论和建议

调查结果显示，本研究群体的职工个人心理状态和个人心理资本均显著低于全国总体，组织态度略高于全国总体。其中，个人心理状态指标普遍需要关注和重视，尤其警惕高抑郁倾向人群有着高比例的特点；同时个人心理资本水平普遍低于全国水平，需引起注意。

（一）研究结论

1. 职工的个人心理健康状态

与全国总体相比，本研究群体中职工的个人心理健康状态较差，表现为压力感受较高、心理压力较高、身体压力较高。在总体情绪方面，本研究群体的职工虽然认可工作价值，在日常工作中保持有较高的积极情绪，但同时体验到较多的消极情绪。本研究群体具有高抑郁倾向的职工占到 21.1%。值得关注的是，医生岗位、护理岗位职工的高抑郁倾向占比显著高于其他岗位，需要对这些职工进行抑郁主动干预。

本研究群体的职工总体缺乏工作活力，但并不质疑工作的价值水平。这说明，本研究群体的职工虽然较为缺乏工作激情和活力，但是仍然认同自身作为医务工作者的工作价值。本研究群体的职工的心理资源水平低于全国总体。这表明，职工在工作中的信心不足，应对挑战和压力的能力稍弱，对未来的希望和面对问题的态度也较消极。尤其是低学历、低职称的医务职工自信水平较低，获得的工作资源较少，需要组织管理者关注。

2. 职工对组织的态度

本研究群体中职工对组织的总体满意度高于全国总体，组织承诺略低，辞职意向略高。本研究群体的职工中有 9.4%的人有很高的离职意向，他们经常或极想离职。工作压力、薪酬回报与工作负荷是职工离职的主要原因。不同岗位职工的组织承诺有显著性差异：医技岗位和行政岗位的职工对组织的认可度较好，医生和护理岗位的职工对组织的认可度较差，其中护理岗位的职工工作满意度最差，高辞职意向比例最高，为13.3%。

数据分析显示，影响医务职工心理健康状态和组织态度的因素包括：工作要求中的工作负荷、工作要求变化、工作内容、倒班和工作家庭平衡；工作资源中的薪酬回报、管理制度、工作环境和工作自主化。不同群体中需重点关注护理岗位、初级职称、30～39岁的职工人群，以及女性职工。这些群体的职工个人心理状态低、组织态度较低，需要给予重点关注。

（二）组织管理建议

通过各因素对职工心理状态及组织态度的影响和各因素表现的相关分析发现，导致职工出现较大负面心理状态的工作要求主要包括工作负荷、工作要求变化、工作内容、倒班和工作家庭平衡。工作资源方面，薪酬回报、管理制度、工作环境和工作自主化是最能提升职工心理健康状态、组织满意度和组织承诺的影响因素。同时，这些也是让职工感受最不足的资源，是需要重点加以改善的组织因素。不同岗位、年龄、职称以及性别的职工的心理状态各具特点，主要影响因素不尽相同，组织管理者在管理中应给予不同的重点关注与支持。

1. 优化工作要求，合理确定工作任务

在医院的管理工作中，安排给医务职工的工作任务应当与他们的能力相适应，过多的任务会使医务职工过于疲劳、职业倦怠、枯竭、压力感受增大甚至出现不良心理问题。在工作要求和内容变化时，对医务职工适时提供技术指导和培训，帮助医务职工制订工作家庭平衡计划，帮助医务职工认识和正确看待家庭同工作间的关系，调和两者之间的矛盾，缓解由于工作家庭关系失衡而给医务职工造成过大的压力。

2. 丰富工作资源，提供社会支持

建议组织的管理者调整和改善管理风格，促进不同部门之间的交流沟通，加强沟通技能和管理技巧的实操训练，建立和谐的沟通氛围，提高对医务职工的工作资源支持。要明确工作制度，将组织管理制度及时、有效地传递给基层医务职工，取得他们的理解和支持。要为医务职工提供健康、安全、良好的工作休息环境和配套措施，降低由不良工作环境带来的不良影响。同时，要关心新职工、年轻职工的工作适应和成长，关注医院中护理团队的身心健康与职业成长，尤其是需要为低学历、低职称或倒班的医务职工提供更多的工作资源和工作支持，提升这些医务职工的心理健康状态和心理资源水平，从而提高医务职工的组织满意度，增强医务职工对组织的归属感。

3. 推行职工协助计划和心理关爱服务

通过鼓励医务职工积极关注身心健康，主动参与心理咨询辅导、压力情绪培训讲座等，使医务职工能够主动学习及使用积极的情绪调节方式及心态调整方法，使自身心理资本获得提升。同时，要提升职工的心理健康状态，增强适应能力、弹性能力和压力应对能力，以更加健康积极的心态应对工作生活中的压力；有效降低管理成本，预防负面心理要素对医院工作造成的影响。

鉴于本研究群体的医务职工高压力感受、低心理资本的心理特点，建议在医疗行业单位内推行职工协助计划（EAP），建议培养组织内部的 EAP 专员，组建职工协助团队，积极营造健康友善的组织氛围。要帮助和促进 EAP 关爱大使在医院内部的工作开展，推动职工对心理健康的关注和了解，积极开展各种层面、各种形式的职工关爱活动，建立支持型组织，有效缓解职工的不良心理健康及行为，降低组织管理风险

4. 对重点群体给予重点关注

医院内部不同群体中需重点关注的群体包括护理岗位职工、初级职称职工、30～39 岁的职工以及女性职工。这些群体的职工个人心理状态低、组织态度低，需要组织管理者给予重点关注和支持。建议针对这些重点群体提供针对性的心理干预、适时开展团建、团辅等心理咨询和心理支持服务。在这些群体的职业发展、薪酬回报、工作自主化、领导力、工作环境、制度激励、能力提升、上级支持、团队和谐、同事支持等方面，组织上需要提供更多的支持和帮助。

（本文获第二十一届年会征文一等奖）

上海市三甲医院临床医务人员职业压力与倦怠状况及心理健康援助对策研究

苏家春　耿道颖　柯颖达　卢　霏　樊　琪

（复旦大学附属华山医院）

随着我国医疗卫生体制改革的深入，繁重的工作任务、日新月异的技术革新、医患矛盾的日益尖锐等各种因素无时无刻不在影响着医务人员的身心健康。医务人员的职业倦怠和压力研究成为当前医院管理的一项重要课题。然而我国在这方面的研究还处于起步阶段，工作倦怠和压力研究对象大部分集中于教师、护士和其他一些处于高危环境的工作者，尚缺乏对临床医务人员的群体性研究。本研究通过对上海市 10 家三甲医院临床医务人员职业压力和职业倦怠现状分析，以期探索建立适应卫生系统行业特点的心理援助机制。

一、对象与内容

1. 调查对象

采用随机抽样的方式，抽取上海市 10 家三甲医院的临床医务人员，包括医生、护士、医技人员，共发放调查问卷 1 200 份，收回 1 196 份，回收率 99.67%；剔除不合格问卷 16 份，最终获得有效问卷 1 180 份，有效率 98.33%。

2. 调查内容

问卷除了性别、年龄、婚姻状况、最高学历、工作岗位、所在医院类别（综合性医院或专科医院）、科室、工龄、编制情况、专业职称、健康状况等一般项目以外，还包括如下三项。

(1) 医务人员工作压力源调查表。该调查表参考了上海师范大学编制的临床医生工作压力源问卷，并在此基础上进行适当改编。改编后的调查表由 31 道题目组成，分别从组织管理因素、职业兴趣因素、工作负荷因素、职业发展因素、人际关系因素、医患关系因素、外部环境因素等七个维度对医务人员的压力值进行测量。根据 Likert 4 点计分法，分数越高，表示压力值越高。经检验，其信度、效度分别为 0.881 和 0.885。

(2) 职业倦怠量表。采用国际上应用最为广泛的 MBI-SS 量表,包含了三个维度共 22 道题,分别测量:情感衰竭(emotional exhaustion, EE)、去人格化(depersonalization, DE)和个人成就感(personal accomplishment, PA)。采用 Likert 7 级计分法,情感衰竭和去人格化分值越高表示职业倦怠感越强,个人成就感分值越低表示职业倦怠感越强。情感衰竭、去人格化和个人成就感的内部一致性系数分别为 0.897、0 757、0.849。

(3) 统计学方法。全部采用 SPSS 19.0 软件包进行统计处理,计量资料采用均数±标准差表示,计量资料用频数和百分比表示。

二、结果

1. 医务人员压力源

结果显示,给医务人员造成工作压力的因素由高到低分别为外部环境因素、工作负荷因素、职业发展因素、医患关系因素、组织管理因素、职业兴趣因素、人际关系因素。工作压力均值为 2.58±0.40,其中压力强度超过均值的有 3 项,分别为外部环境因素、工作负荷因素和职业发展因素。

2. 医务人员职业倦怠现状

调查显示,1 180 份样本中,情感衰竭阳性率为 39.8%,去人格化阳性率为 40.8%,个人成就感阳性率为 22.5%。将本次调查的医务人员职业倦怠分值与国外马斯勒(Maslach)职业倦怠量表中的常模作 *T* 检验,结果显示情感衰竭和个人成就感的均值较 Maslach 常模高,而去人格化的均值较 Maslach 常模低,三项分值的差异有统计学意义。七个方面的工作压力全部与职业倦怠的情感衰竭维度、去人格化维度呈显著的正相关。有五个方面的工作压力与职业倦怠的个人成就感维度呈显著的负相关,分别为组织管理因素、职业兴趣因素、职业发展因素、人际关系因素、医患关系因素。

3. 医务人员自我认知和主观调适

调查结果显示,尽管 79.7%的员工自认为可以应对压力,但是仍然有 59.9%的员工认为压力比较大或者非常大。在医务人员自发采取的应对压力的方法中,90.9%的医务人员会选择自我调节(运动、美食、睡觉等)压力,77.1%的医务人员会通过找家人、朋友倾诉的方式来调适压力,选择参加单位文体活动、找上级领导或工会寻求帮助或寻求专业医生咨询的只占 10.8%。目前医院对于职工压力调适主要采用的方式有开展文体活动、个别谈心、组织心理疏导活动和小组座谈等，但是医务人员对医院这些举措的感受度却普遍不强，医务人员感受到医院通过提供文体活动缓解压力的占 57.2%，通过提供个别谈心缓解压力的占 37.4%，通过提供心理疏导活动缓解压力的占 23.4%，通过提供小组座谈缓解压力的占 18.0%，而有 7%的医务人员认为医院未采取过任何措施。被调查者中熟知“员工关爱计划(EAP)”的仅占 0.2%，有一些了解的占 8.2%，不了解的占 91%。但是有 87.7%的医务人员认为有必要在医院开展有针对性系统性的“员工心灵关爱计划”项目，1.8%的医务人员认为没有必要开展“员工心灵关爱计划”，9.0%的医务人员表示说不清。而对“员工心灵关爱计划”项目设置的调查中，医务人员的需求依次为：医疗保健服务(占 58.4%)、休闲娱乐活动(占 55.9%)、个人成长发展规划(占 54.2%)、危机事务援助(占 47.8%)、儿童/老人照顾指南(占 42.4%)、心理疏导(占 41.0%)、个人专业素养(占 40.6%)、课程培训或沙龙(占 30.9%)。

三、讨论

1. 临床医务人员压力源特征

本次调查结果表明，当前医护人员所面临的工作压力较多，压力强度较大。这些压力既有来自职业本身的压力，也有社会大环境对这一职业群体所造成的压力。首先，就职业本身而言，医务人员面临高技术、高强度、高风险的工作压力，尤其是三级医院的医务人员同时肩负着医疗、教学、科研等多重任务，常常面对来自全国各地的患者，病人多、病种复杂、病床使用率和周转率高。研究显示，医务人员长期处于高负荷的工作状态，作息时间不规律，加班超时工作已成为家常便饭。他们还需要随时处理突发疾病或应对病情的变化，机体长期处于高度的应激状态，导致精神高度紧张，容易引起紧张、焦虑等情绪。第二，由于目前医疗保障制度尚不完善，加上社会舆论的片面报道，导致医患矛盾激化，医疗纠纷不断出现，而现有的法律法规难以保护医务人员的合法权益。不断上升的医疗纠纷发生率和媒体多次报道的伤医事件，给医务人员造成了巨大的精神压力。第三，医务人员还面临着职业发展方面的压力。在现行制度下，医务人员要想晋升职称，必须承担科研课题，取得科技成果，并且在特定级别的刊物上发表一定数量的论文，因此在繁忙的工作之余，医护人员不得不抽出时间做科研、写论文，工作压力也显著增加。

2. 医务人员职业倦怠现状及与工作压力的关系

本次调查的职业倦怠程度与Maslach常模比较可以看出，上海三甲医院医务人员情感衰竭维度的职业倦怠显著高于国外常模。国内外研究结果发现，员工体验到的工作环境或生态与目标期望的“不一致感”会引起他们的倦怠，当医务人员面对繁重工作量与社会不理解、“付出—回报”失衡、对患者“付出—信任”失衡等“不一致感”而无力处理这些压力时，便容易陷入倦怠。从工作压力和职业倦怠的关系来看，七个方面的工作压力与职业倦怠的情感衰竭、去人格化都呈正相关关系。这说明社会舆论环境、医患关系、工作负荷、职业发展、职业兴趣、组织管理、人际关系等压力使医务人员面临相对高资源的消耗，导致医务人员出现情感衰竭状况，使医务人员刻意与工作对象保持距离。而影响医务人员个人成就感的压力源主要是职业兴趣、职业发展、人际关系、医患关系和组织管理因素。

四、对策

1. 员工帮助计划(EAP)的概念及背景

EAP是英文employee assistance program的缩写，是组织为员工设计的一项长期的、系统的援助和福利计划，是组织进行压力管理的一种有效方法。EAP最早起源于20世纪初美国企业对员工酗酒行为的干预。20世纪80年代以来，随着人力资源管理的发展在全世界迅速普及。目前在世界500强企业中，有90%以上建立了EAP，美国有将近四分之一企业的员工享受EAP服务，EAP已成为衡量组织人性化管理的一项指标。

2. 员工帮助计划(EAP)初探

(1) 危机前援助：以预防为导向。危机前援助面对的是医院所有职工，其目的是减少或消除导致职业心理压力和心理问题的因素，建立一个积极的、支持性的工作环境。通过开展职业压力测试和心灵测评评估员工的压力源和心理状态；通过搭建员工与管理者之间的沟通交流平台、开展心理健康主题培训和组织灵活的放松性活动，帮助员工缓解工作压力。

(2) 危机中援助：以解决问题为导向。危机中援助最重要的是及时性，最好在危机事件发生后的24～48小时内进行干预。应激事件如果没有得到及时处理，会转变成慢性心理疾病，增加解决的困难。对于正常医疗过程中无辜被伤害的医务人员，医院除了第一时间给予支持和慰问外，可以为职工投保并办理人身意外伤害保险，必要时给予法律咨询援助。对于其他突发的应激事件，医院可采用救济补助和心理援助相结合的方式给予援助。

(3) 危机后援助：以缓解不良情绪为导向。一些危机的影响一旦产生后，并不会立刻表现出来，但会在以后的生活中对员工产生长远而潜移默化的影响，这就需要对其进行进一步的跟踪观察和及时干预。医院可邀请心理专家对受情绪或心理问题困扰的员工定期提供团体心理辅导和个体心理咨询；还可以有针对性地开展巴林特小组活动，通过对具体案例的讨论，提供一个出口，使医务人员得以缓解在工作中所产生的焦虑和挫败情绪。

(4) 以试点形式引入医院外专业人员辅导和干预并适度推广。医院可整合行业内资源，邀请行业内其他医疗机构的心理学专家对员工及其所在团队提供辅导和咨询，也可根据实际情况，局部及部分引入第三方专业机构提供服务，在重点部门以试点形式适度推广。

五、建议

医院开展员工关爱计划不应当仅仅只是解决具体的、现实的个人问题，还应该帮助员工提高减少或消除导致心理问题的原因，预防心理问题的发生。应当从更全面的角度来设计预防问题、发现问题和解决问题的整个过程。援助对象应该包括全部员工。

由于EAP在中国还处于起步阶段，大多数行业和医院管理者以及基层员工对其还比较陌生。要顺利实施以EAP为核心的员工关爱计划，一方面要做好宣传工作，打消员工的种种顾虑，使他们能从心里接受EAP。另一方面，更重要的是要争取管理者的支持和合作，使他们认识到开展员工关爱计划在降低当前本行业从业者的高危风险及正确面对卫生体制攻坚改革方面的必要性，不仅有利于提升员工职业心理资本，促进员工个人成熟与发展，提高员工满意度和忠诚度，还可以保证医院和各科室和谐稳定发展，提升工作效率，最终提高患者满意度和医院核心竞争力。

(本文获第十九届年会征文一等奖)

上海医务职工的心理健康状况研究

——以黄浦区为例

俞丽辉　李　婷　陈　蓉　胡胜雄　张　蕾　吴佳婉　周　殷

［上海市黄浦区卫生学校　上海市黄浦区卫生和计划生育委员会　上海市卫生和健康发展研究中心(上海市医学科学技术情报研究所)］

医务职工的心理健康状况关系到患者的身心健康、医疗质量的提高和医疗卫生事业的可持续发展。医务职工面临激烈的职业竞争和繁重的临床、教学和科研任务，还承受着来自社会、家庭和单位的巨大精神压力，长期处于较高水平的心理应激状态。特别是在上海这样的特大城市，医务人员的工作压力更大。柯颖达等对上海 10 家三甲医院 1 180 位临床医务人员的调查结果显示，59.9%的医务人员工作压力大，排在前三位的压力来源分别是外部环境、工作负荷、职业发展。

黄浦区是上海市医疗资源较丰富的区域，目前系统内的医务人员共有 4 355 名。自 2000 年以来，黄浦区经历了两次区划调整，正面临四家医疗机构的整合迁建，涉及 2000 余名医务职工的岗位变化。随着医疗卫生体制改革的逐步深入，不可避免地对医务职工的心理状况产生影响。本研究以黄浦区为例，关注黄浦区医务职工所面临的心理问题，了解医务职工的心理健康现状，分析可能的影响因素，评估其心理健康服务需求，并根据本区域内医疗卫生单位的特点，探寻科学合理的心理健康服务途径与方法，为提高广大医务职工的心理健康水平提供科学建议。

一、研究对象与方法

(一) 研究对象

2017 年 7—12 月，本研究按照典型抽样的原则，抽取了黄浦区内 12 家医疗卫生机构的 643 名在岗医务职工进行问卷调查。在 643 名受访的医务职工中，性别以女性为主，占 77%；婚姻状况以已婚者为主，占 78.4%；年龄以 25～49 岁为主，其中 30～39 岁占到 42.9%；文化程度以本科为主，占 63%，大专的占 24%；职称以中级职称和初级职称为主，中级职称的医务职工占 47.7%；工作岗位以医生和护士为主，分别占到 30%和 33.6%，合计为 63.6%；岗位工作年限为 6～10 年的占 25.5%，21～30 年的占 20.8%，11～15 年的占 20.5%，5 年及以下的占 14.8%，16～20 年的占 11.2%，30 年以上的占 7.2%。调查样本的结构性分布特征与黄浦区区属医疗卫生机构的医务职工总体特征基本吻合，说明调查对象对总体的代表性较好。

（二）调查方法

一是问卷调查法。经过文献查阅、专家及课题组讨论，本研究自行编制了《心理健康服务需求问卷》（主要包括受访者的个人基本情况、家庭供养情况、健康状况自评、工作和职业环境），并采用全国通用的症状自评量表（SCL－90），采取纸质调查问卷与网络调查问卷相结合的方式开展调查。其中，网络调查问卷依托问卷星平台开展。本研究共发放问卷 643 份，回收 643 份，且问卷均符合要求，有效率为 100%。

二是访谈法。本研究抽取 84 名医务人员进行小组访谈，访谈内容包括目前的工作压力感、心理健康状况需求、医院提高医务职工心理健康状况的建议等方面。同时，选取 36 名医疗机构管理者进行个人深入访谈，主要了解医务职工的心理健康整体情况、医务职工的工作量和工作环境等方面。

（三）统计学方法

本研究的计量数据用均数 ± 标准差（ ± s）表示，两组数据间比较采用 T 检验，多组间比较采用方差分析（ANOVA），两两比较采用 SNK 法；以 $P<0.05$ 为差异有统计学意义；多元回归模型以 SCL－90 总均分为因变量，采用逐步回归方式，自变量进入和剔除的标准均设定为 $P<0.05$。

二、研究结果

（一）受访医务职工的心理健康状况总体上好于全国常模，阳性检出率为 12.31%

本次调查的医务职工（$n=643$）与 1 388 人的中国常模的比较结果可以看

出，黄浦区一级、二级医院的医务职工的 SCL-90 总分、总均分阳性项目数和阳性症状痛苦水平（positive symptom distress level，PSDL）均低于全国常模，阴性项目数高于全国常模，差异有统计学意义（$P<0.01$）。除躯体化因子外，其余 9 项因子分均低于全国常模，且差异有统计学意义（$P<0.01$ 或 $P<0.05$）。结果提示，黄浦区一级、二级医院的医务人员的整体心理健康水平较高。这可能与其所从事的专业有关，医务人员具有较好的专业优势和素质，能够进行自我调节和自我保健。该结果与古国平等、王香平等、顾敏等的研究发现相似，与冀永娟等、张国荣等、王阿妹等的研究结果有异。这可能与样本量大小及地区差异有关，也可能与调查对象所在医院的等级不同、调查对象所在岗位不同有关。

SCL-90 总分超过 160 分即认为该人具有中度或以上的心理问题，检出率为阳性。据此标准，黄浦区一级、二级医院的医务人员中度以上心理问题检出率为 12.31%。结果提示，尽管黄浦区一级、二级医院的医务人员整体心理健康水平良好，但之中仍存在亟待解决的问题，需要得到关注。深度访谈资料也进一步佐证了以上发现。受访人员也认为，目前黄浦区医务人员总体心理健康情况尚可，但也有少数医务人员存在焦虑、抑郁等不良心理状况。

（二）抽样调查未发现男职工与女职工的心理健康状况存在显著差异，但在二孩政策下，女职工需更多支持与关注

调查结果未发现黄浦区医疗卫生机构的医务职工中男女两性之间的心理健康状况存在显著差异，这与刘艳等对 113 名杨浦区疾控中心职工的调研发现相似。深度访谈发现，绝大多数的女医生、女护士，除了做好工作、承受职场压力、面临竞争中的性别歧视之外，还需承担比较多的家务、处理家庭成员之间的关系。但是，男职工面临的家庭压力和经济压力可能会更大。

特别是在目前全面二孩政策下，生育二孩对于医务职工个体尤其是女性医务工作者，对于医院都会产生一定的影响。不过，这一影响或许是阶段性的，随着孩子长大，女职工会将主要精力投入到工作中，会更专注于工作。因此，单位会考虑在这一特殊阶段给予生育二孩的职工尤其是女职工更多的支持，以帮助职工更顺利地度过这一困难时期，并在女职工生育比较集中的时间段做好工作预案。

（三）不同年龄、工龄的医务职工心理健康存在差异，中青年职工需更多关注与帮助

抽样调查发现不同年龄的医务职工的心理健康状况存在一定程度的差异。

这与众多调研的发现相类似，主要表现在不同年龄组的敌对因子和精神病性因子差异具有统计学显著性（$P=0.00$，$P=0.04$），其中30～39岁的人群的敌对因子和精神病性因子得分最高。这说明30～39岁组的医务职工最易有恼怒、发脾气和冲动的表现，神经质的强烈程度相对于其他年龄组而言也是最高的。随着年龄的增长，总痛苦水平(general symptomatic index，GSI)有降低倾向(各年龄组间差异不显著)，敌对因子和精神病性因子的得分也在降低，50岁及以上医务职工的心理健康状况是最好的。

抽样调查还发现，岗位工作年限不同的医务职工的心理健康状况存在一定程度的差异性，这与王香平等的研究发现具有相似之处。岗位工作年限不同的医务职工的GSI无显著性差异，但细分各因子来看，岗位工作年限不同的医务职工的抑郁因子分、敌对因子分和恐怖因子分具有统计学上显著的差异(P值分别为0.03、0.05、0.05)。其中，岗位工作年限为11～15年的医务职工的忧郁因子分和敌对因子分最高，显著高于其他岗位工作年限者。这说明，该工龄段的医务职工忧郁苦闷的情绪多于其他职工，也最易有恼怒、发脾气和冲动的表现；工作年限为5年及以下的医务职工的恐怖因子分最高，显著高于其他岗位年限者，说明工作年限短的职工对孤独和公共场合的惧怕程度高于工作年限长的职工。

(四) 影响医务职工心理健康的因素分析

张敬悬等的研究表明：影响医护人员心理健康水平的前三位的因素依次是：来自患者的心理损害、自身健康状况和生活事件。本文的研究发现如下。

1. 自身状况

通过抽样调查询问了受访者的健康状况，主要包括身体健康状况自评、睡眠情况自评和有无慢性疾病的情况。结果显示，受访者对身体健康状况的自评较好。50.7%的受访者回答健康状况好和较好。对于睡眠情况的自我评价中，回答好和较好的比例分别为17.3%和28%，合计为45.3%。此外，有25.2%的受访者有1种慢性病，有9.5%的受访者有2种及以上慢性病，大部分(65.3%)的受访者没有慢性病。方差分析结果显示，医务职工的身体健康状况自评对其心理健康状况有显著的影响。身体健康状况自评越好的受访者的心理健康状况总均分、阳性项目数、PSDL越是显著偏低（$P=0.00$），SCL-90的10个因子分也越低($P<0.01$或$P<0.05$)。

2. 家庭生活的压力

抽样调查中还询问了受访的医务职工父母是否需要生活照料和经济补贴。结果显示，32.5%的受访者回答父母需要生活照料，27.1%的受访者回答父母需要经济补贴，他们的心理健康状况差于没有父母需要生活照料或者经济补贴的医务职工。

父母是否需要生活照料对医务职工心理健康状况的影响的 T 检验结果为：其一，有父母需要生活照料的医务职工的 GSI 显著高于没有父母需要生活照料的医务职工（$P=0.02$）；有父母需要生活照料的医务职工的 PSDL 显著高于没有父母需要生活照料的医务职工（$P=0.01$）。其二，有父母需要生活照料的医务职工的躯体化、强迫症状、忧郁、焦虑、敌对、偏执以及其他 7 项因子均分均显著高于没有父母需要生活照料的医务职工（$P<0.01$ 或 $P<0.05$）。

父母是否需要经济补贴对受访医务职工的心理健康状况的 t 检验结果显示，有父母需要经济补贴的医务职工的 GSI 显著高于没有父母需要经济补贴的医务职工（$P=0.00$）；有父母需要经济补贴的医务职工的阳性项目数高于没有父母需要经济补贴的人，阴性项目数相应地少于没有父母需要经济补贴的人，且差异均是显著的（$P=0.00$）；有父母需要经济补贴的医务职工的 PSDL 也显著高于没有父母需要经济补贴的医务职工（$P=0.00$）；细分来看，有父母需要经济补贴的医务职工的 10 项因子分均显著高于没有父母需要经济补贴的医务职工（$P<0.01$ 或 $P<0.05$）。

3. 工作的压力

调查发现，79.6%的被调查医务职工回答有加班的经历。94.2%的受访医务职工或多或少认为工作有压力。65.3%的受访者回答感受到职业竞争激烈，除了临床等工作以外，医务职工还要面临晋升职称、完成论文和课题、通过理论考核等方面的压力。受访者对目前从事职业的疲劳感也是非常明显的，27.1%的人表示经常有疲劳感，37.6%的人回答有时有疲劳感，26.9%的人回答偶尔有疲劳感，仅有 8.4%的人回答没有疲劳感。

方差分析的结果显示，受访者是否感受到工作压力大、是否有职业疲倦感，这两类情况对其的心理健康状况具有显著的负面影响。越是频繁感受到工作压力大，越是频繁有职业疲劳感的受访者，心理健康状况总均分、阳性项目数、PSDL 越是显著偏高。经常感受到工作压力大的受访者的心理健康状况总均分、阳性项目数、PSDL 显著高于其他受访者（$P=0.00$），并且 SCL - 90 的 10 个因子分均显著偏高。

4. 就业环境

从医务职工工作环境来看，受访者对单位硬件设施的评价不是很高，认为单位硬件设施好和较好的人分别占15.1%和33.1%，认为一般的人占38.7%，认为较差的人占13.1%。抽样调查结果显示，大部分受访的医务职工都表示有过因工作而带来的焦虑或抑郁的情绪，其中13.5%的医务职工表示经常有工作带来的焦虑或抑郁的情绪，28.8%的受访者回答有时候会有负面的情绪，43.2%的受访者表示偶尔会有负面的情绪，仅有14.5%的受访者表示没有这些负面情绪。产生负面情绪的最主要三大来源分别是工作量大、医改带来的压力、工作纠纷或被投诉。其他因素，如单位或科室的调整整合、晋升压力以及工作与家庭的冲突等，也均给部分受访者带来了焦虑或抑郁情绪。

方差分析结果显示，受访者是否感觉到工作带来的焦虑或抑郁的情绪对其的心理健康状况有显著的负面影响，越是频繁感受到工作带来的焦虑或抑郁情绪的受访者的心理健康状况总均分、阳性项目数、PSDL越是显著偏高，并且SCL-90的10个因子分均显著偏高（$P<0.01$或$P<0.05$）。

同时，医务工作者获得的劳动报酬与其工作付出相比，显得偏低。抽样调查发现，85.7%的受访者年总收入在12万元及以下；受访者对薪酬的满意度不高，表示满意和较满意的受访者分别占5.8%和14.5%，两者合计为20.2%；满意度为一般的人是最多的，占44%；表示不满意的占35.8%。深度访谈资料也显示，医务人员收入与付出不成正比，医务人员感觉绩效工资收入分配欠合理，工作更加繁杂，经常力不从心，对工作积极性的负面影响较大。

5. 影响医务职工心理健康状况的多因素分析

基于上述单因素分析的结果，本文建立多元回归模型，分别纳入调查对象的人口学特征（包括性别、年龄）、自身状况（包括婚姻状况、学历、岗位、职称、从事岗位年限、身体健康状况自评）、家庭生活压力（包括父母是否需生活照料、父母是否需经济补贴）、工作压力（是否感受到工作压力大、是否有工作疲劳感、是否经常加班）和就业环境（是否有因工作产生的焦虑和抑郁情绪）等五个方面的因素，共计14个自变量，以SCL-90总均分为因变量，采用逐步回归方式，自变量进入和剔除的标准均设定为$P<0.05$。

模型整体通过统计学显著性检验，$F=40.433$，$P=0.000$。14个自变量中，有5个自变量最终进入了回归模型，分别是是否有因工作产生的焦虑和抑郁情绪、身体健康状况自评、从事岗位年限、父母是否需生活照料、是否经常加班。

三、讨论

当前，加强全社会的心理健康服务已引起党和国家的高度重视以及社会的广泛关注。2016 年 12 月，国家卫生计生委、中宣部、中央综治办、民政部等 22 个部门共同印发《关于加强心理健康服务的指导意见》(以下简称《意见》)，充分体现了心理健康服务涉及社会生活的方方面面。医务职工作为社会成员的组成部分，更有其特殊性。医务职工承担着贯彻落实《意见》里提出的各项工作任务，同时也面临着因生活节奏加快，竞争压力加剧，行业的高风险、高负荷带来的种种心理问题和困惑，同样有心理健康服务的迫切需求。因此，建议卫生计生行政部门尽早研究出台加强医务职工心理健康服务的地方性政策法规，并纳入行业发展规划，加以规范和制度化。要充分利用卫生计生行业自身具有的医学、心理学的科学理论背景，制订相应的符合行业特点的政策措施，促进医务职工的心理健康服务，从而建设一支业务技能精湛，心理素质良好的专业技术队伍，更好地贯彻落实《意见》提出的工作任务，为全民的身心健康服务。

本次调查反映出，医务职工的心理问题已不同程度引起单位领导层的关注，也采取了一些对应措施，如组织职工旅游、开展文体活动、帮助困难职工、加强职工思想沟通等，对缓解职工的心理压力起到了一定作用，但目前还没有形成系统的服务机制。为此，有必要加强和改进思想政治工作，提高科学管理水平，建立健全医务职工心理健康的服务制度。特别是要充分发挥医务工会组织的积极作用，经常举办丰富多彩、愉悦身心的文体活动，注重人文关怀和心理疏导，开展职工心理状况调查，进行心理健康宣传，建立心理健康服务队伍，加强心理健康培训，必要时可建立有专(兼)职人员负责的内部心理辅导咨询机构或引入外部心理咨询服务机构，随时对有心理问题的职工进行专业心理咨询辅导。通过一系列的举措，切实帮助职工提升职场心理效能、进行压力情绪管理、协调人际关系等，努力营造积极向上的医院文化与和谐关怀的人文环境。

(本文获第二十一届年会征文一等奖)

上海医疗卫生行业员工关爱现状 PEST—SWOT 分析及 EAP 实施策略

苏家春　柯颖达　卢　霏　陈　红
（复旦大学附属华山医院）

在落实“健康中国 2030”战略、凝心聚力打好医改攻坚战的大背景下，如何创造新机制、新办法加强员工关爱，从身心健康、个人成长和社会适应等方面系统改善医务人员的职业压力，提高工作积极性，提升职工获得感、满意度和归属感，实现有尊严地工作、体面地生活，是当前我国卫生系统面临的一大挑战。本课题通过调研上海市 10 家医疗卫生机构的员工关爱工作开展现状，全面分析员工关爱工作的优势、局限、机遇和挑战，探索并提出一套适合医疗卫生行业的 EAP 服务模式和应用策略，为医疗卫生系统“人本管理”文化的落地提供依据，为行业工会保障职工权益和合理维权提供建议。

一、上海市医疗机构开展员工关爱类工作现状调研

研究对象：上海市 10 家医疗卫生机构的管理专家或工会干部，其中综合性医院 6 家，专科医院 3 家，站所单位 1 家。

调研方法：专家访谈为主，问卷调研为辅。

调研内容：医疗机构的基本情况，包括员工总数及构成、年门诊量、年急诊量、年手术量等；员工关爱工作开展现状，包括管理层的重视度和支持度、员工关爱工作导向、员工关爱工作主导部门、员工关爱项目的内容和形式；员工关爱工作效果评价和瓶颈困惑。

调研结果显示，各家医疗机构的管理层普遍重视或非常重视对员工的关爱支持。大部分医疗机构都是以员工需求为导向开展员工关爱类工作，仅一家以完成工作任务为导向。员工关爱工作的执行部门主要涉及党群系统（工会、团委、社工部、群工处等）、人力资源部、护理部和部分临床科室，有些活动是以多部门协作方式开展。各家单位的员工关爱工作各具特色，如减轻职业压力、改善职

业倦怠类的巴林特小组、“相约星期四”“我爱我行我快乐”品管圈等；促进个人成长类的岗位技能比武、培训讲坛等；提升综合素质类的文体活动、拓展培训、读书活动等；医疗保健类的职工体检、保健讲座等；促进家庭幸福类的亲子活动、院内暑托班等；福利服务类的疗休养、建立帮困互助体系、职工慰问等。

被调研的机构大多数都认为现行的员工关爱类项目取得了比较好的效果。但同时也存在着瓶颈和困惑，通过访谈以及 2015 年《上海市三甲医院医务人员职业压力与倦怠调查及对策研究》的调查统计，关爱项目的问题主要表现在以下几个方面。(1)医护人员主动参与的积极性不高，尤其是临床专家和高层次技术人员参与度低。医务人员自发调适压力的途径中选择参加单位文体活动、找上级领导或工会寻求帮助或寻求专业咨询的只占 10.8%。(2)员工关爱类项目的策划和执行大多由工会主导，其他部门配合度不高，配合效率较低；(3)员工关爱项目主题较零散，没有系统性地设置和安排；基本局限在文体活动、个别谈心、组织心理疏导活动和小组座谈等。(4)员工对关爱项目的感受度和获得感不强；医务人员对医院提供文体活动解压的感受度占 57.2%，提供个别谈心解压的占 37.4%，提供心理疏导活动解压的占 23.4%，通过提供小组座谈缓解压力的占 18.0%，而有 7%的医务人员认为医院未采取过任何措施。(5)项目宣传抓手不明确，效果评价没有统一标准。

被调研机构普遍认同：复旦大学附属华山医院于 2013 年启动的“华山员工关爱计划(EAP)”，建立全院员工“员工三级心理援助体系”，同步开展员工关爱实践和理论研究；上海市第六人民医院东院于 2014 年引进专业 EAP 机构，采用外置模式开展“快乐天使”E-EAP 计划等等探索，这些先行先试者充分感受到 EAP 对营造关爱文化、缓解职业压力、和谐人际关系等方面的巨大作用，虽然目前医疗卫生系统对员工关爱计划(EAP)的认识和实践尚处试验探索阶段，但开展以 EAP 理念为核心的员工关爱计划是改善医疗机构员工关爱现状，强化“以人为本”管理理念，创新医改攻坚期医疗机构人力资源服务管理方式的有效工具。

二、上海医疗机构员工关爱类项目开展现状 PEST—SWOT 分析

PEST 理论主要是对组织或单位宏观环境的分析模型，P 代表政治(political)，E 代表经济(economic)，S 代表社会(social)，T 代表技术(technological)。由于这些因素一般都是外在的，受组织影响相对较小，因此分析的客观性较强。SWOT 理论是一种能够较客观且准确分析和研究组织或单

位发展现状的研究方法，包括优势（strength）、局限（weakness）、机会（opportunity）、挑战（threat）。本研究运用PEST和SWOT两种管理理论，参考借鉴相关学术成果，通过文献查阅、专家访谈、问卷调研等方法，构建了一个上海卫生系统员工关爱类项目开展现状PEST-SWOT分析模型。

1. 优势（strength）

政治环境优势：管理层重视，有较为健全的具备员工关爱服务功能的党群系统和职能部门。

经济环境优势：对于目前已开展的医院员工关爱项目，实施经费能得到保证。

社会环境优势：社会已经开始越来越关注医务人员的身心健康。

技术环境优势：绝大多数机构以员工需求为导向设计关爱项目，内容和形式各有特色。

2. 局限（weakness）

政治环境局限：主导部门主要是工会，其他各部门配合度不高，配合效率较低。

经济环境局限：员工关爱经费的使用缺乏整体统筹和规划。

社会环境局限：职工的获得感不强，响应度不高，尤其是临床专家和高层次技术人员参与率较低。

技术环境局限：项目设计和实施较零散，缺乏系统整合和理论支撑，可复制性不强。机构间横向评比没有统一评价体系。项目的纵向评估实施成效缺乏整体评价标准。

3. 机遇（opportunity）

政治环境机遇：员工关爱的政策面支持信号渐强。

经济环境机遇：医院愿意为员工关爱项目以及员工援助师的培养投入经费。

社会环境机遇：医院员工关爱意识逐渐增强。医院EAP先行先试经验得到重视和推广。

技术环境机遇：旨在协调医院EAP实施的行业平台业——中国EAP医疗卫生行业联盟已开设。

4. 挑战（threat）

政治环境挑战：管理层对如何运用专业的EAP工具，系统性设计开展员工关爱项目缺乏认识。

经济环境挑战：若采用外部模式的员工关爱计划，会面临服务费用过高、经济负担较重的问题。

社会环境挑战：社会宣传不到位。

技术环境挑战：尚缺乏员工关爱专业人员。人力资源开发功能尚未得到重视。

从以上 PEST—SWOT 分析可以看出：随着新医改的深化，各医疗卫生机构的运营管理将愈加重视"以人为本"的人文关怀和人力资源水平提升。被发达国家广泛采用并在我国企事业单位得到实施推广的员工关爱计划（employee assistance program，EAP），作为企事业单位出资为组织内员工提供的系统性长期性的援助计划或福利项目，是实现以人为本的管理和改善人力资源状况的辅助管理工具。虽然由于医疗卫生行业的工作性质、服务对象与其他行业相比有很大差异，其员工压力源和主要心理问题带有行业特殊性，但医疗卫生系统各机构应当引入并推广 EAP 实践，通过项目实施惠及广大医务人员，提升医院管理水平，并探索出一套适合本行业的 EAP 服务模式和应用策略，为医疗卫生系统员工满意度和忠诚度的有效提升以及医院人本化管理真正落地提供有力支撑。

三、医疗卫生行业员工关爱 EAP 的实施策略

1. 明确实施 EAP 的目标

对员工个人而言，EAP 的开展有利于员工培育积极健康的职业心态，降低工作压力，提高工作绩效，提高生活质量和社会适应能力，促进身心健康和家庭和睦。对医院而言，EAP 则能及时化解危机事件，稳定军心，减少或消除医院管理者与员工之间的障碍，提高员工满意度，增强组织凝聚力，提高员工工作效率，提升医院核心竞争力。无论采用什么执行模式，组织的管理层应该明确员工关爱计划的目标，并宣传推广。

2. 确定 EAP 服务模式

马西（Masi）等人认为，员工关爱计划的执行模式可以分为内置模式、外设模式、联合模式、混合模式四种。笔者认为，不同规模医院在不同阶段宜采用不同的 EAP 模式。

（1）规模较大、资源较丰富的综合性医疗结构应以内部主导、辅以部分外包的混合模式为首选。因为首先大型医疗机构有能力安排专职或兼职人员负责项目的统筹策划、组织和实施；第二，大型医疗机构的内部资源较为丰富，可以充分利用拥有的精神医学、心理学或者社工背景的专业人员提供技术支持；第三，在

内部模式主导的基础上，适当引入EAP供应商的服务，使EAP的开展既具规范性又具灵活性和可操作性，同时还能有效控制成本。

（2）大多数规模小、资源较少的医疗机构在EAP初始阶段，可直接选择外部服务模式切入，待内部服务系统逐步建立后回归混合模式。规模较小的医疗机构因受资源的限制，以单位主导开展EAP往往会力不从心。将EAP项目外包，由社会上具有EAP资质的专业机构或专业人士来设计和运作EAP的具体项目，设计具有针对性、专业化、多样化的服务，则可以降低医疗机构在人力、物力和时间资源方面的耗费，提高EAP的实施效率。但应注意到，外部机构提供的服务经费较高，对非营利机构来说经济负担较重；另一方面，由外部机构只懂心理而不懂医的人员承担EAP项目实施起来难免存在隔靴搔痒、针对性差的问题。因此，医疗机构在EAP运营过程中应逐步培育起内部关爱师团队，建立内部服务系统，最终回归到混合模式。

（3）待各医疗机构EAP发展到一定阶段，可采用联合模式。建立起医院间EAP协作平台（如行业联盟），协调各家医疗机构的资源，整合各单位EAP需求共性开展外部合作，交流推广各方的特色EAP项目，做到优势互补、资源共享，最大限度地减少重复投入，最大限度地提高员工关爱计划的质量和效率。

3. EAP的服务内容（横向模块）

刘易斯（Lewis）提出EAP覆盖八大方面的内容，包括：个别心理咨询、团体心理辅导、其他咨询服务、职业生涯规划、教育培训、特别服务、紧急服务和研究工作。而医务人员具有行业特殊性，对EAP需求的聚焦点有所不同，根据前期的调研发现，医务员工的需求主要集中在四个方面：身心健康，主要包括健康体检、健康生活指南、压力疏导、心理健康知识普及等；个人成长与职业发展，主要包括新职工入职培训、个人成长发展规划、职业技能培训、职称晋升辅导等；社会适应，主要包括科室团队建设、人际交往和沟通、危机事务援助等；家庭建设，主要包括儿童/老人照顾指南、和谐家庭关系、家庭理财等。

4. 实施EAP的流程（图1）

步骤一：客观评估和问题诊断可以从员工职业压力、心理健康等角度入手，了解员工的身心状况和具体需求，分析实施EAP的组织环境，确定在医疗机构实施EAP的方案和具体内容。

步骤二：EAP方案设计实施

（1）单位整体方案

笔者认为，根据医务人员的工作性质以及所处的工作环境等多方面因素，结

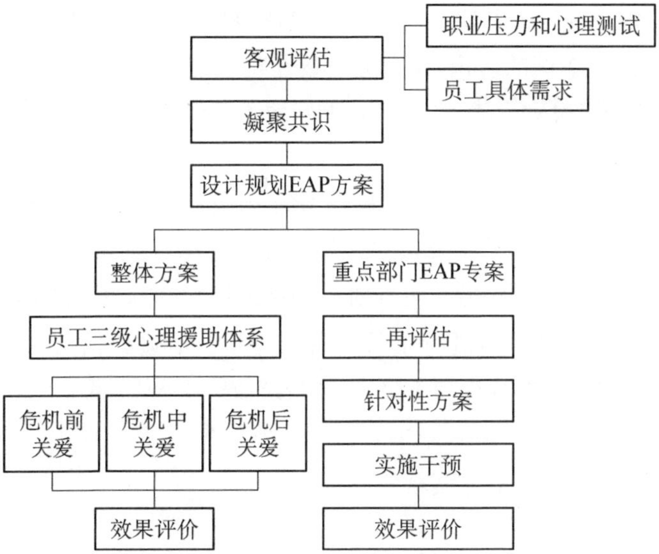

图 1　医院 EAP 实施流程

合员工关爱计划的经典理论，EAP 在医疗机构管理中的应用包含以下三个层面的工作(又称“员工三级心理援助体系”)。

危机前关爱(初级预防)：应该以正确认识和合理预防为导向，对象为全体员工。其目的是减少或消除导致职业心理压力和心理问题的因素，建立一个积极的、支持性的工作环境。同时，通过培训和教育，帮助员工理性应对工作中所遇到的应激事件，并掌握应对应激事件和心理问题的方法和技巧，做到危机事件超前应对。

危机中关爱(二级预防)：以解决问题为导向。在出现危机事件时，第一时间(最好在危机事件发生后的 24～48 小时内)给予员工关爱和支持，帮助员工及时宣泄情绪和压力，有效进行情绪管理和压力管理。

危机后关爱(三级预防)：以缓解不良情绪为导向。针对员工已经出现的不良情绪和消极行为，要进行跟踪观察，必要时应及时干预，防止员工心理问题恶化，避免个人问题渗透到工作层面。例如，可将“巴林特小组”纳入医院 EAP，整体运行，使医务人员得以宣泄在工作中所产生的焦虑和挫败情绪，同时使参与其中的更多医务人员从中受益。

(2) 重点科室 EAP 专案

医院可对受情绪或心理困扰的员工和科室部门，制订小型 EAP 专案，定期提供针对性的团体心理辅导、个体心理咨询和团队拓展活动，保证员工能够顺利、及时地获得心理咨询及团队支撑。医院还可以有针对性地开展巴林特小组活动，通过对具体案例的讨论，使医务人员在宣泄焦虑和挫败情绪的同时，从小组成员的反馈和启发中形成新的视角，更好地了解患者。

步骤三：EAP 实施效果评价和持续改进

理论界尚没有建立起标准化的 EAP 实施效果评价体系。笔者认为，可以通过两种方式评估 EAP 的实施效果。一是短期效果可评估员工对项目实施过程及成效的态度；二是中长期效果可针对一些具体指标（如心理健康指标、压力值、倦怠值以及员工满意度等）进行干预前后的测量。通过评估结果和反馈，分析 EAP 实施过程中存在的难点和不足，以便持续改进 EAP 方案。

四、建议

第一，有条件的医院在 EAP 起步阶段应发挥主导作用，充分利用现有的党群工作系统和功能设置，做好任务的整合协作。例如，在员工个人成长与发展辅导方面，可以由工会与教育处、人力资源部、团委、护理部联合起来，共同策划，资源共享，分层策划员工成长辅导项目。外置模式运行的单位也应在起步阶段设立内部合作团队，全程参与。

第二，充分利用行业内资源及 EAP 供应商资源，逐步培养一批具备 EAP 操作能力的职工，建立医院员工关爱专员队伍，熟练掌握 EAP 的现代理念以及相关的知识、理论和方法，配合医疗机构对影响组织绩效的个人或群体问题实施干预。这是有效实施 EAP 的技术保证。

第三，医院 EAP 的开展既需要标准化又应避免过度僵化，项目设计应当着眼员工和单位的实际需求，结合各医疗机构文化和具体特点，在遵循 EAP 总体原则的前提下建立起动态、灵活的实施体系，以科室、部门或特定人群为目标试点开展，以点带面，逐步推广。

第四，医疗卫生行业应建立 EAP 协作平台，加强协作并同相关主管部门合作，探索建立一套较为科学完整的员工关爱体系（EAPS），包括建立相对统一的实施评价体系，便于行业管理层评比激励，促进行业员工关爱整体水平提高。

（本文获第二十届年会征文一等奖）

上海市公立医院医务人员心理危机预防、预警和干预的研究

苏家春　柯颖达　卢　霏
（复旦大学附属华山医院）

随着医疗体制改革进入深水区，医务人员在价值观念、职业发展、执业环境、人际交往、工作生活等领域的冲突和压力不断加大，心理危机的产生概率随之增高。这对医务人员自身的成长和发展，对科室和医院的正常运营都造成了严重的影响。2017年，国家卫生计生委、中宣部等22个部门联合印发《关于加强心理健康服务的指导意见》，强调普遍开展职业人群心理健康服务。在新形势下，关注医务人员心理健康，研究和构建医务人员心理危机的预防和预警机制，做好心理危机高危人群的识别和干预工作，对于维护医务人员身心健康，提升获得感、满意度和归属感，进而促进医疗卫生从业队伍的健康稳定和提升士气有着重要的现实意义。

一、调研对象、方法与内容

1. 调研对象

本次调研的对象为上海市15家医疗卫生机构的临床医务人员。这15家医疗卫生机构包括综合性医院8家、专科医院6家、区级医务工会1家。本研究发放调查问卷1 060份，最终获得有效问卷1 025份，问卷有效率为96.7%。

2. 调研方法

本次调研的方法包括专家访谈法和问卷调研法。

3. 调研内容

本次调研的内容包括三个方面：一是上海市15家医疗机构医务人员的压力源、情绪自控能力、心理健康现状；二是医务人员心理危机的表现形式、诱发因素和后果；三是医务人员心理危机的预防、预警、干预措施和体系建设。

二、医务人员压力源、情绪自控能力和心理健康现状

1. 医务人员压力源

医务人员的压力源量表为自行编制，该调查表参考了上海师范大学编制的《临床医生工作压力源问卷》，并在此基础上进行适当改编。结果显示，医务人员因外部环境产生的压力值最高，其次是职业发展，工作负荷居第三，工作难度居第四。压力总水平为6.4分(满分为10分)。

2. 情绪自控能力

情绪自控能力测试采纳了上海师范大学编制的“情绪自控能力量表”，从情绪稳定性、活跃性、自虑性、紧张性等四个维度进行评估，最终生成情绪自控能力总评分，按很好、良好、一般、欠佳、不佳分类。结果显示，情绪自控能力很好或良好的有368人，占35.9%；一般的有490人，占47.8%；欠佳的有122人，占11.9%；不佳的有45人，占4.5%。可见，该量表能够筛查出医务人员心理健康的高危人群。

3. 心理健康现状

医务人员心理健康现状是以专家访谈的形式，调查了解各家机构心理异常的职工人数和有轻度心理问题的职工人数。在15家医疗机构中，发生心理异常的职工人数少于5例的有7家；大于5例但少于10例的有4家；大于10例的有3家。有轻度心理问题的职工人数小于10%的有11家；大于10%但小于20%的有2家；大于20%的有1家。

三、医务人员心理危机的表现形式和产生原因

1. 医务人员心理危机的表现形式

当心理危机发生时，个体总会出现一系列的心理行为反应。医务人员心理危机主要表现在以下几个方面：一是情绪反应，强烈的焦虑、抑郁或狂躁等。二是认知反应，钻牛角尖(偏执)、万念俱灰(绝望)。三是意愿和行为反应，反应性过激或淡漠，医患关系和人际关系紧张，意志力薄弱等。四是躯体反应，睡眠障碍、饮食障碍、头部或身体的疼痛、心悸、高血压等。

2. 医务人员心理危机的产生原因

医务人员心理危机的产生原因包括三个方面：一是个体内部原因，如遗传、

早期家庭环境、成长经历、人格特征、认知偏差、人际关系和沟通能力等；二是职业环境原因，如日常超负荷的工作量、持续性的紧张、医疗政策环境和医疗执业环境不理想等；三是应激事件或重大变故，如遭遇医疗纠纷、意外人身伤害、灾害疾病、家庭重大变故等。

3. 医务人员心理危机的后果

对于个人而言，心理危机会导致医务人员消沉颓废、人际关系和医患关系持续恶化、影响个人发展机会等。对于家庭而言，心理问题的沉重负担容易引发家庭危机。对于医疗机构而言，心理危机会带来组织内部环境失调、社会声誉受损等严重后果。然而，从辩证的视角看，医务人员心理危机带来影响并不仅仅是负面的，如果当事人能及时得到干预和帮助，危机往往会演变为机遇，不仅可以及时遏制危机，还可能使当事人学会应对技巧，恢复或提高心理平衡水准，获得成长和发展。

四、构建医务人员心理危机三维立体干预体系

(一) 第一维：建立“预防—预警—干预”三级干预模块机制

1. 建立常态化的预防机制

建构常态化的心理危机预防机制最核心的目标是促进医务人员心理的成长成熟和提高医务人员心理健康的自我管理能力。而实现这一目标需要把握两个方面。

(1) 开展心理健康教育。首先，提高医务人员对心理危机的思想认识，纠正人们以往常常把心理危机误认为是心理疾病的错误认识，从而以一种更加宽容的心态面对心理危机者。第二，普及心理健康知识和压力应对策略，通过心理培训、压力管理培训、巴林特小组等方式，提高医务人员辨别心理危机的能力，对自己内心的压抑、紧张、焦虑等负面情绪学会合理地宣泄、转移、放松等，增强心理危机干预意识。

(2) 建立支持性的环境。要加强医疗机构党、政、工、团的合作，全方位关注医务人员生理、心理、社会问题。要实施人性化的管理制度，营造一个健康宽容、积极向上的支持性的组织环境。同时，建立同伴支持和团队支持，实现在工作、生活和情感方面的互帮互助。

2. 建立动态性的预警机制

构建具备动态监测功能的心理危机预警机制，及时识别心理健康高危群体以及潜在或现实的危险因素，可以为心理干预提供可靠信息，做到早发现、早诊断、早干预。

(1) 确定心理危机预警指标体系。目前，比较通用的衡量心理危机的指标体系一般包括几个方面：负性情绪指标(包括类型、症状程度、持续时间、刺激源等，具体指焦虑、抑郁等负性情绪)，人格缺陷指标(包括类型、症状程度和可能原因，常见的人格缺陷有自卑、偏执、敌对和自我中心等)，躯体症状指标(具体项目可参照 SCL－90 临床症状自评量表)，工作状态指标(包括类型、症状程度和可能原因，常见的有工作效率的持续下降、工作状态明显低落等)，个体发展状态指标(包括个体人格特征、自信心、个人对挫折的应对方式、社会适应能力)，社会环境指标(包括与家庭成员、同事朋友的关系，对亲情、友情、爱情的看法，对学习工作生活的满意度)。根据这些指标，卫生系统可以适时研发适合本行业特点的量表。

(2) 确定心理问题识别预警的对象和范围。要建立心理健康自检系统和医务人员心理健康数据库，定期对医务人员进行心理健康状况的调查，筛查出的阳性高危人员列入预警库，作为预警对象进行重点预防。要建立医务人员心理危机报告制度，一旦发现有异常，应以最快的速度向科室党政工负责人、分管领导或者心理危机干预中心报告，以便及早判断，确定危机等级。对于设有 EAP，或者有心理咨询团队的医疗机构，可以在日常工作和生活中接受医务人员的咨询。对于轻微的心理问题，一般通过咨询就可以解决；如果遇严重的心理问题，须把人员名单放入预警库，作为预警对象进行重点预防。

(3) 评估预警信息。对进入预警库的医务人员，要由专业人员对他们进行全方位地分析，要确保信息的真实性、可靠性，并根据预警指标，评价心理危机的严重程度。

3. 建立发展性的干预机制

发展性的危机干预是指针对处于心理危机状态的个体及时介入，分层次多途径地给予心理援助和个性指导，使其症状得到缓解和消失，进而帮助其识别危机中蕴含的机遇，获得新的应对技能，使其得以成长和成熟。

(1) 心理危机干预的四个阶段：第一阶段为危机评估。首先要全面了解危机事件及其诱因，列出问题清单并分出轻重缓急，鉴别有无严重的躯体疾病或损伤，判断自杀自伤或杀人伤人的危险性，最后寻找危机干预的切入点。第二阶段为危机干预的计划。在理解危机伤害的基础上明确干预目标，结合当事人心理需要和功能水平列出干预步骤，并构建家庭、单位和社会的支持系统。第三阶段为危机干预的实施。要帮助当事人合理宣泄负性情绪，引导当事人面对现实采取有效行动，建立新的社会交往关系和环境，必要时可接入专业医疗机构治疗。第四阶段为危机的解决和随访。首先要准确判断问题解决的程度，适时结束干预以减少依赖性，强化新习得的危机应对方法，帮助当事人总结调整心态的体会，提高耐受力，鼓励当事人举一反三地解决问题。

(2) 心理危机干预的形式通常包括咨询干预(通过设立 EAP 热线或心理援助热线进行电话咨询，或一对一咨询辅导)、辅导干预(巴林特小组或团体心理辅导)、专业干预(转介专业心理机构进行治疗)。

(二) 第二维——建立“心理信息员或员工关爱师—医疗机构 EAP 中心—EAP 联盟或专业心理机构”三级组织网络

医务人员心理危机的预防、预警、干预是一个系统工程，需要多方面多环节的配合。通过建立“心理信息员或员工关爱师—医院 EAP 中心—EAP 联盟或专业心理机构”三级网络体系，可以建成医务人员心理问题干预的快速反应通道。心理员(或称 EAP 关爱师、员工援助师等)一般由一线职工、支部委员、部门工会干部担任，须经过专业机构培训后上岗，负责信息的采集、预警和基础性心理问题的咨询。医院 EAP 中心是医院员工心理援助的基站，可以系统地整合医院内各种资源，提供包含身心健康、个人成长、职涯发展、社会适应等四大模块的咨询服务和支持性活动。EAP 联盟或专业心理机构是员工心理援助的外部合作组织，通过与医院内部 EAP 合作，共享资源，提供优质专业的心理辅导、干预与治疗服务。

(三) 第三维——重点人群及频发时间

重点人群及频发时间维度主要是针对预防模块，确立不同人群不同时间段上的预防重点，一般以新职工、研究生或基地学员、处于职业瓶颈期的职工为主；频发时间主要以新职工入职适应、科研晋升等高发期为主，提前预防，防患于未然，有计划、有组织、有目的地进行预防和干预。

综上所述，医务人员心理危机预防、预警和干预需要医务人员自身、医疗机构、卫生行业以及社会的共同关注和参与。领导层应高度重视医务人员的心理健康，各部门需要密切配合。只有这样，“心理危机三维立体干预体系”才能发挥最大的作用，从而最大限度地减少和防止医务人员心理危机尤其是恶性事件的发生，充分保障医务人员的身心健康和个人发展，以及医疗机构的正常运营和组织发展。

（本文获第二十一届年会征文一等奖）

基于医务员工心理健康调查的三级综合性医院 EAP 研究

龚震晔
（上海交通大学医学院附属瑞金医院）

一、研究背景及意义

1. 研究背景

目前 EAP 理论与实践研究集中在企业组织，关于医院的研究比较罕见。本次研究所采用的 EAP 定义，即组织为其成员设置的一项系统的、长期的帮助和福利计划，也被公认是一种现代化的管理工具，旨在维护员工心理健康，提高其工作效率，改善组织管理等。EAP 已在西方国家得到广泛应用，世界 500 强企业中有 90％以上建立相关服务。其服务内容涉及员工、员工家属、管理者、工作环境、组织管理方式等诸多方面，是一种有价值的心理管理和服务模式。

2. 研究意义

研究表明，EAP 对于降低员工工作压力、职业倦怠，改善工作情绪，提高工作效率有积极作用。目前国内医院开展系统 EAP 项目较少，一方面是由于社会、医院本身的认知偏差，另一方面是由于医院将管理工作重点放在医疗质量安全和患者的身心诊疗与康复方面，而忽视了医务人员自身的心理健康。另外高学历、高强度工作的医生对心理解压、心理疏导等讳莫如深也是原因之一。

因此，本文研究从职场压力源、职业倦怠角度审视三级医院医务人员管理，首先拓宽了学术研究的范围。其次，本研究有利于提高医务人员工作幸福感、组织承诺的管理效果，为三级医院管理者提供新的思路。最后，本研究有助于掌握医务人员主要压力源和职业倦怠的主要表现。EAP 可行性体现了医院管理者对员工精神层面的关注，对提升员工压力管理应对能力，巩固并提高员工的组织承诺与归属感，营造人文关怀医院氛围，增强医院文化和凝聚力有重大意义。

二、研究对象与方法

（一）研究对象

本次调查对瑞金医院25个部门工会随机发放问卷。发放问卷410份，回收408份，回收率99.5%；有效问卷407份，有效率99.8%。研究对象均为我院在职、在岗职工，可以视为整群抽样。

（二）研究方法

1. 比较分析法

西方国家对于员工援助计划的理论研究和实践探索起步较早，理论成果与实践也较为丰富。鉴于我国和西方国家的社会文化差异，因此进行比较研究可以学习国外对EAP研究的理论与实践经验。另一方面，在我国现阶段，EAP在外资企业中应用较为广泛，而企业与公立医院在工作性质和特点方面与其存在显著性差异，因此需要进行比较研究，探索适合于医院的EAP模式。

2. 问卷调查法

本次调查以对我院医务人员问卷测评的方式进行，问卷总共分为四个部分：第一部分样本基本信息；第二部分医务人员压力源；第三部分职业倦怠情况；第四部分EAP需求及可行性探究。本研究从几个方面考察了医务人员对EAP的态度，包括自我认知、主观调适等。根据调查所得分值、频次，定义问题大小和急缓，最后提出了解决问题和预防问题的可行性方案。

通过匿名问卷方式，调查我院医务人员压力源、职业倦怠、EAP需求等。问卷信度Cronbach'Alpha系数0.904，结构效度系数0.842，说明问卷具有较好的信、效度。

3. 文献研究法

运用中国知网学术文献总库、万方数据库等资源，查阅和搜集国内外有关EAP理论研究和实践研究，充分了解国内外EAP现状及应用前景。

（三）统计学处理

所有数据资料经仔细检查、整理、核对，采用Epidata 3.1建库，SPSS 15.0进行统计学分析，采用描述性统计分析、卡方检验、两独立样本T检验、多因素回归分析等，找出医院 EAP 模式可行性路径与方法。

三、结果与分析

(一) 基本情况

本研究以随机抽样的方法对我院医务人员进行了职业压力、职业倦怠及 EAP 需求调查。共收到有效问卷 407 份，其中男性 119 人，女性 288 人。被试年龄范围 22～60 岁，平均年龄为 41.1 岁。(表 1)

表 1　问卷基本情况

基本信息	分类	人数	基本信息	分类	人数
年龄	30 以下	179	婚姻	未婚	159
	31～40 岁	138		已婚	242
	41～50 岁	65		离异	5
	51～60 岁	25		丧偶	1
户籍	本市	321	编制	在编	264
	外省市	86		非在编	83
学历	研究生	190		派遣	31
	本科	135		规培	29
	大专/高职	76	职称	高级	35
	中专/高中	6		中级	123
工作年限	5 年以下	168		初级	249
	6～10 年	74	岗位	医师	145
	11～20 年	90		护士	134
	21～30 年	51		医技	91
	30 年以上	24		行政	37

(二) 压力源情况

工作压力源调查问卷共 31 题，分为组织管理因素、职业兴趣因素、工作负荷因素、职业发展因素、人际关系因素、医患关系因素、外部环境因素七个因子。问卷设计得分标准为A代表1分、B代表2分、C代表3分、D代表4分。计算每个条目的平均分,然后以项目的因子载荷作为权重,计算得出各因子的平均分。分值大于3的项目,说明该因子使医务人员产生的压力为中度以上。

(1) 我院医务人员总体职业压力现状。通过统计分析,对数据进行处理,得到我院医务人员总体职业压力调查结果。(图1)从压力源分布情况可知,来自外部环境的压力较大,如媒体的负面报道、法律法规及医疗保障制度的不完善等,成为了医务人员压力主要来源之一。其次是工作负荷所产生的压力,医院里的日常工作已经给医务人员带来很大的压力。然而,因人际关系因素引起的压力最小,说明我院医务人员间具有较好的人际关系,同事之间工作氛围轻松,这一结论与国内学者针对高校教师压力管理相关研究结果不谋而合。

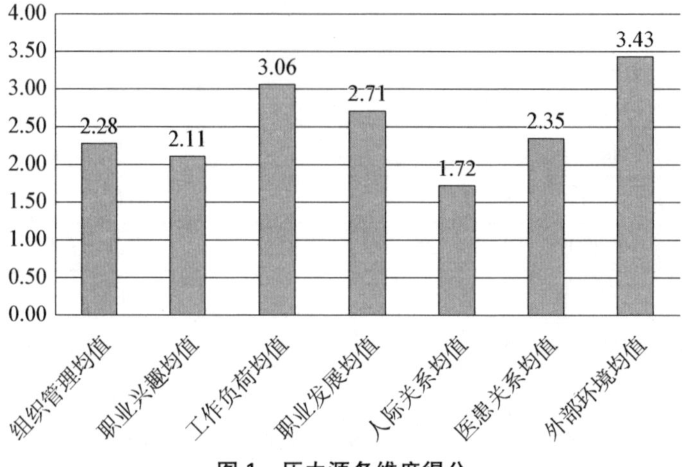

图1 压力源各维度得分

(2) 影响医务人员压力源因素分析。通过对影响医务人员压力源因素分析,组织管理与年龄、婚姻状况、学历、工龄、健康状态相关;职业兴趣与年龄、婚姻状况、工龄、编制、健康状态相关;工作负荷与岗位、编制、健康状态相关;职业发展与性别、年龄、户籍、婚姻状况、学历、工龄、编制、职称、健康状态相关;人际关系与性别、年龄、婚姻状况、学历、岗位、职称、健康状态相关;外部环境与婚姻状况、岗位、编制、健康状态相关。在个人基本情况中,仅科室分布对职业压力源没有影响;健康状态对职业压力源以及七个维度均有影响。

(3) 医务人员压力源多元回归分析。鉴于压力源与受调查者诸多因素相关,对有显著性差异的压力因素进行多元回归分析,以总压力为因变量,个人基本情况为自变量，通过多元逐步回归分析发现，职业总压力与岗位、工龄、健康状态具有统计学意义。对于影响压力源因素分析，年龄、户籍、婚姻状况、工作岗位、工龄、编制和健康状态是影响总压力均值的主要因素；多因素回归分析发现，工作岗位和健康状态是影响总压力均值最主要的因素。

(4) 不同岗位医务人员压力源分析。对于不同岗位的医务人员进一步分析发现，除了职业发展压力源不同岗位医务人员组间比较差异无统计学意义外，其余各压力源组间差异均有统计学意义($P<0.05$)，医生及护士的压力明显高于医技、行政职能部门。排名前三位的职业压力源是外部环境、工作负荷和职业发展。

(三) 职业倦怠

(1) 总体情况。本研究职业倦怠是根据修订的 MBI-GS 量表，分为情绪倦怠、去人格化、工作成就感三个维度，将三个维度及总分结果定义成五个级别。经过数据统计分析，我院医务人员中轻度职业倦怠人数占 36.1%，中度人数占 10.6%，重度人数占 0.5%；存在职业倦怠人数 192 人，占 47.2%。(表 2)

表 2　不同岗位医务人员职业倦怠情况

职业信息	医生 ($n=144$)	护士 ($n=134$)	医技人员 ($n=91$)	行政部门 ($n=37$)	F 值	P 值
情绪疲惫	24.28±11.34	27.63±11.75	18.33±11.01	17.38±10.10	12.14	<0.001
去人格化	12.56±6.92	12.54±7.31	9.34±6.45	7.97±6.92	6.36	<0.001
工作成就感	19.31±12.45	22.81±11.52	18.54±11.90	18.32±10.69	3.26	0.012
总倦怠	56.13±22.45	65.98±20.46	46.21±21.65	43.67±22.98	10.90	<0.001

(2) 不同岗位医务人员比较分析。对不同岗位医务人员的职业倦怠情况进行深入分析，护士群体职业倦怠情况最严重，行政人员职业倦怠情况最轻。

(3) 影响医务人员职业倦怠因素。在众多影响医务人员职业倦怠的因素当中，婚姻状况、岗位以及健康状态对于职工的影响最大。三种因素与总倦怠评分之间有较强的相关性($P<0.05$)。性别、年龄、户籍、学历、科室、工龄、职称与职业倦怠因素上不存在显著性差异。进一步分析发现，在我院医务人员中，护士在总倦怠评分得分最高，医生次之，医技人员和职能部门工作人员得分最低。

(四) EAP需求

经过统计调查,我院医务人员没有系统接受过心理援助项目,由此可见,对于心理辅导和咨询,我院使用程度还是较欠缺。医务人员在处理工作压力、职业倦怠上,缺乏经验和方法,医院应为员工提供缓解工作压力,处理职场情绪的渠道。

三级医院承担着大量的医疗、教学、科研等任务,也承载着较高的来自各方面的工作压力,容易导致医务人员焦虑、暴躁等负面情绪,而不良的情绪会直接影响周围同事、临床带教学生乃至波及家庭成员。久而久之,这些都会对医务人员工作效率、工作成效均带来消极因素。而且由于中国传统文化、高学历、职业本身等因素,医务人员都不愿意过多谈及自己隐私,更避讳论及心理问题,因此很少有医务人员能够主动、积极地寻求专业心理咨询来缓解压力。

所以,当被问及"对于EAP的了解程度",69%的受调查者表示"听说过,但不了解",仅6.9%的受调查者表示"熟知";而被问及"医院一般通过什么方式缓解员工心理压力",受调查者表示"组织开展文体活动"方式最多,依次是"个别谈心""小组座谈"。"心理疏导活动"在我院使用并实施情况较少,也反映出EAP系统项目中,较为常见的心理疏导活动(如巴林特小组、心理调适培训等)尚未在医院普遍开展。EAP是具有持续性、长效性、系统性的压力管理机制,能很好地弥补医院管理中缺乏员工心理援助的机制的缺口。由此,建议三级医院引入EAP具有很大的必要性。

最后,关于"希望医院采取何种方式让员工认知和缓解工作压力",受调查者最期望的方式依次是:完善激励制度(如薪酬、福利等)、提供心理专题讲座或课程、提供心理疏导及咨询、畅通职工参政议政渠道。同时,我院医务人员针对医院可开展的EAP项目提出了一些建议。调查数据显示,"最希望从EAP项目中,对员工提供帮助服务"依次是:压力和情绪管理等课程培训或沙龙、儿童和老人照顾、心理疏导、个人专业素养。

四、讨论与建议

1. 提高对管理层认同度,提升员工内心公平度

文献资料表明,EAP项目导入后,员工的工作环境满意度、工作关系满意度、薪酬福利满意度和总体工作满意度得分高于EAP导入前,EAP的外部评

估、诊断、督导、培训客观上提高了员工心理能力和自我心理健康水平。另外，员工对医院组织管理层的心理接纳、认同程度，在很大程度上影响了员工对医院制度、工作流程的心理公平程度。因此，建议在医院实施 EAP 导入前和导入一年后，针对同一批员工进行问卷调查，统计员工在压力源、职业倦怠、心理状况、EAP 实施等方面改变情况，为医院 EAP 项目分阶段、分层次、分目标开张提供科学依据。

2. 关注护理职业压力与倦怠，在 EAP 引导下开展减压舒缓项目

在我院护理人员的总倦怠评分最高，这与职业压力源有很大关系。护理人员常见压力来源有杜绝发生差错、高强度工作、护患纠纷、家庭及亲子关系等。有些压力情况较复杂，需对其采取较为专业的减压放松方法，如参加心理团体小组、催眠放松、正念减压、逐级放松、交互抑制等，建议这些可在医院工会、社工等部门协作下，在专业老师指导下，以 EAP 讲座、培训和咨询等等方式进行。

3. 开展家庭团队辅导 EAP 项目，全方位提高员工幸福感

医院 EAP 在员工、管理层中，通过项目、活动、培训等形式开展已逐渐被大家所采纳。建议在医院 EAP 项目中，融入家庭团队心理辅导课程或咨询，通过心理剧角色转换、镜像技术等手段，有效促成员工、家庭成员心理换位、调适，从而形成更为成熟的家庭成长模式，提高员工社会、家庭、组织层面认知水平。

4. 加强医院人文环境建设，完善人性化管理制度

当前，医疗行业正处于转型期，传统医患关系在快速变化的互联网时代下面临极大的挑战。所以，在新环境下，医院将面临着传承与发展的命题。医院管理者需继承传统文化，回归“以人为本”的医疗环境，同时给予员工更多的人文关怀，让其更了解自身行为对医院、患者的意义，感受工作的价值所在，以提升医院管理的内涵质量，提高员工的职业素养。

另外，需创造条件、机会让员工对工作本身拥有自主性，以使得员工心中产生关键心理状态——工作责任感，进而影响员工的工作行为表现。

5. 根据不同群体，制订相应的“EAP + ”计划，满足员工成长需求

“EAP + ”是在原来仅以项目、课程、活动为形式的单独 EAP 基础上，通过科学、有序、阶段设计，成为具有系统性、全面性、动态性以及预防干预性的项目，使得 EAP 更为完整、全面。EAP 项目应根据不同医院不同的文化、人群特征、服务目标定制。本文的研究结果，相较于上海市职业倦怠情况，基本符合。但是，不同的组织存在不同的问题，具有不同需求，这些最终都会决定着 EAP 应包括怎样的内容。因此，当今综合性三级医院应提倡“EAP + ”服务，以医院文化为导

向，组织为前提，自行设计、实施与评估。今后，无论是员工的职业选择、岗位培训、职业发展，还是组织变革、平等对话、冲突化解等，都可以使用员工援助计划，真正让“EAP+”融入到医院文化中，落地到医院管理中。

（本文获第十九届年会征文一等奖）

EAP与区域卫生计生行业职工权益保障

江欲红　许雯俊
（杨浦区医务工会）

一、EAP带来的新起点

随着医药卫生体制综合改革进入关键时期和攻坚阶段，卫生计生系统的发展模式呈现出一种高速动态的过程，而这种动态过程考验着组织和人力资源，并将造成一定的冲击。面对组织动态的发展过程，如何使组织与人力资源之间平衡发展，使职工的权益得以保障，EAP的实施无疑是最为有效和必要的措施。

一是因为EAP不通过其他媒介产生作用，而是直接地影响组织成员的思维方式与实际技能。这些新的思维和新的技能可以有效提升组织成员在组织发展与变革中的适应水平，保障行业在变革中稳中求进。

二是因为EAP让组织与个人呈现出一种平衡的状态。通过实施EAP，可以根据组织发展与变革的现实需要，适时调整组织成员的支持力，使组织的发展与变革始终维持在一个适当的水平上。

二、EAP带来的新举措

杨浦区属卫生计生单位现有基层工会23家，其中三级医院工会有1家；二级医院工会有3家；公共卫生及专科医院工会有8家；社区卫生服务中心工会有11家。

近年来，杨浦区医务工会面对区域内纷繁复杂的改革形势，以人力资源为主抓点，立足管理者与医务人员、患者与医务人员、医务人员与医务人员之间多重矛盾交织面，围绕系统实际，借鉴先进经验、突破传统模式，全面建设EAP运行机制，积极探索构筑"公转、自转、联转"的新格局。

1. 以小见大，构筑保障职工权益“公转”模块

EAP建设并不是目的本身，而是推动工会工作融入职工生活的方法与措施。建设之初，我们以“个体影响整体”的思路，以“细胞进入骨髓”的方法，着力组织培育“医工百人员工援助师团队”。在服务职工的过程中，他们既是EAP的实施者也是EAP的参与者，既是EAP的骨干力量也是我们职工中的一分子，在潜移默化的相互渗透中，促使系统内的EAP队伍不断存蓄发力。在此基础上，杨浦区医务工会依托中国EAP医疗卫生行业联盟平台，形成两级联合实施体。由杨浦区医务工会牵头，各基层单位参与推进，逐步探索建立杨浦医工EAP联盟，把服务职工工作向基层渗透，让EAP的细胞在职工之间相互感染，体现工会权益保障工作的新思路、新水平。

2. 以心见薪，构筑保障职工权益“自转”模块

我们把围绕和服务大局中存在的问题与短板作为当前工作的突破口。一方面，站在职工的立场上做工作，帮助职工群众共享医药卫生事业综合改革发展的成果；另一方面，把握好阶段性的发展特点，顺势而为、因势利导，可持续、可承担地推进职工权益保障工作。我们主要通过“三个融合”建立自转模块。

一是推进职工文化建设与EAP项目实施相融合，做实做强1+8职工文化圈，主动对接区域内大型创意类的主题活动，打造品牌性项目。

二是推进医院民主管理与EAP项目实施相融合，不断完善医院职工议事平台，推广基层“院长书记茶室”“月月谈”“相约星期四——谈谈您的烦心事”等群众工作方法。

三是推进职工保障制度与EAP项目实施相融合，签订女职工特殊利益专项集体协议、职业病防治专项集体协议，签约率、履约率均达到100%，创新职工代表巡视制度，以职工力量维护职工的权益，推进职工疗休养、健康体检等无形薪资的增长。

3. 以轻润物，构筑保障职工权益“联转”模块

建设立体化的EAP平台，以润物细无声的方式，多管齐下，形成并蒂联枝的联转模块。

一是与杨浦区总工会联转，帮助职工实现自身价值。先后以“推进卫生新医改，当好健康守门人”惠民实事工程立功竞赛活动、“GP俱乐部”为抓手，为职工搭建施展才能的舞台，提高其工作责任意识，促进其较快成长。

二是与跨界联转，帮助职工实现自我期望。运用购买第三方服务或项目补贴等模式，为职工提供更多具备组织优势和资源优势的服务项目，如“弄堂里的

回忆——趣味运动会”“畅想杨浦、悦动滨江——创意行”等主题活动，通过特定环境的设计，满足职工的表现欲，创造较好的条件，实现精神激励，促进凝聚力的提升。

三是与信息联转，帮助职工加入网上工会。运用杨浦 e 工之家微信公众号，通过活动项目的设置，制造员工的企盼心理，化解员工的工作压力。通过推出“每月 e 影”“走进经典”抢票等活动，以低标准、固定的员工福利活动项目，巩固职工的参与度。运用大数据库，对工会服务职工的有关数据进行分析对比，进一步完善服务方案和工作措施，并为 EAP 服务过程提供信息化技术支撑。

四是与基层专业单位联转，帮助职工改善心理工作环境。借助杨浦区精神卫生中心、杨浦区疾控中心专业化的团队，通过个体化、团体化的心理疏导方法，了解问题发生的原因，改善工作环境，帮助解决实际困难，化解心理障碍。

三、EAP带来的新思考

在《“健康中国 2030”规划纲要》中明确了健康服务策略从以治疗为中心的疾病管理转变为以健康为中心的全程管理，全程促进公共卫生服务。因此，区域卫生工作的职责将更为宽泛。

从长远来看，随着医疗卫生体制和社区综合改革的不断推进，医务职工将面临更多的保障需求，涵盖从职工收入分配、社会保障、劳动就业、劳动保护之外的更多职场内外的心理、生理负荷。

杨浦区医务工会将继续着力发挥 EAP 的优势，弥补传统职工保障工作的不足，在心理测量与辅导中发挥作用。

一是预防心理困扰的风险。通过心理测评量表等专业化工具，帮助处在消极状态的职工恢复至常态，帮助处在常态的职工更积极、更快乐、更便于发挥自己的潜力。同时，提升所有员工快乐的感觉，让每个人都发挥出其所具备的潜能，逐步向以提升为导向的 EAP 格局努力。

二是解决部分员工的心理困扰。针对员工高学历、高专业化的特点，依托由高校、医务、专业机构组建的“员工关爱师库”，通过建立“冥想训练场”“老肖心理咨询工作室”，集合多方力量，探索形成以内部项目管理（含专业人员培养等）为主，以第三方专业机构指导和服务为辅的混合运行模式。

三是提升医务人员的心理资本。结合卫生计生行业的特点，围绕医患冲突、突发事件应对、医患沟通等内容开展技巧培训，适时增加以健康养生、家庭理财、家庭教育、情感婚姻等为主题的宣讲活动，进一步提升职工的抗压能力。此外，要寻求建立一个具有正负效用平衡概念的高心理资本组织，用积极的领导力把心理资本融入EAP的每一个模块中。

实践表明，职工权益保障建设要实现目标、取得实效，必须努力探索EAP这样富有生机与活力的活动载体；必须结合自身特点和工作实际，在组织的活动内容、活动方式、设置形式等方面不断创新，从而帮助我们不断拓宽工作的思路，丰富工作的内容，活跃工作的形式，扩大活动的阵地，延伸活动的触角，为EAP工作的开展搭建良好的平台，营造浓厚氛围，积极开创新形势下工会工作的新路子。

（本文获第二十一届年会征文二等奖）

医务工会巴林特小组工作坊培训的应用实践

复旦大学附属中山医院工会

一、引言

近年来国内发生的医患矛盾与纠纷的恶性事件时常见诸媒体的报道，引起全社会的关注和讨论，对临床一线医务人员增加了无形的压力与困扰。虽然影响医患关系的因素是多方面的，但作为21世纪的临床医师有必要重视良好医患关系的建立、改进医患沟通技能、关注患者的心理健康，只有这样才能真正做到提高医疗质量与满意度。

在20世纪50年代，英国精神病学家、心理分析师巴林特(Michael Balint)提出了"The drug，doctor."(医师即药物)的理论，并和社会工作者伊妮德・阿尔布(Enid Albu)在英国伦敦创建了"巴林特小组"。巴林特小组方法在推广后得到了持续的发展并获得了国际上的认可，目前国际上已有23个国家成立了巴林特小组或巴林特协会，是一种在国外广为运用的训练全科医生处理医患关系的方法。近年来，巴林特小组的影响迅速在中国扩大，目前复旦大学附属中山医院、北京协和医院等都有巴林特小组定期活动的记录。在一些大型综合医院中也开始把"巴林特小组"这个项目作为临床医学身心医学基本技能培训的方法推广。巴林特小组的活动作为心身医学技能培训常规项目，每月在中山医院定期开展，深受广大医生的欢迎。

"巴林特小组"是一种训练全科医生处理医患关系的方法。其主要活动内容是一组医生与经过培训的主持人(一般是精神科医师)一起定期开会，讨论他们服务过程中遇到的与心理社会因素有关的案例，重点是针对医患关系进行讨论。"巴林特小组"不仅仅讨论心理学方面的问题，其案例还包括所有医生遇到的各种病人类型，通过具体讨论病人的特点和该医生在诊治过程中观察到的事实及内心感受为依据，通过提问、讨论、建议等方式集众医生智慧来共同处理这些难题。“巴林特小组”的建立就体现了“医生本身就是治疗药物”这一特点，也体现了“以患者为中心”的医疗模式，是综合医院开展心理工作的有效方法之一。巴林特小组通过心理治疗中的移情和反移情等的基本技术，目的是提高医生识别这些自身和患者的情绪反应，使医生更好地理解和帮助病人，巴林特小组主要针对患者和家属的心理问题及医患关系方面，通过为医生提供处理职业困惑的机会，并且帮助他们获得有效的应对策略。

二、资料来源和研究方法

2015 年上海市医务工会与中山医院共同商讨关于医务工会巴林特小组工作坊培训方案，决定在 2015 年 2—3 月做相应的课题准备，并开展动员会介绍巴林特小组，并做相应的场地、会务、资料准备等工作。巴林特小组活动由上海市医务工会牵头组织，由复旦大学附属中山医院专家团队承担授课、培训的任务。

2015 年 4 月—5 月，巴林特小组工作坊开始进行初级班的培训，共有 19 家医院 96 位临床医生、护士、社工及行政管理干部参加培训，培训分 2 个批次。在初级班培训后 6 个月，于 2015 年 9—10 月巴林特小组工作坊再进行提高班的培训。每个学员参加 6 天共 48 小时的培训，参加 16 次巴林特小组的培训。在初级班培训中学员分别作为组员、案例提供者、观察者参与到巴林特小组的活动中，有教学演示的“fish-bowl”小组，有分组巴林特小组讨论，在培训中也运用了巴林特小组中的雕塑、角色扮演等技术；在高级班的培训中学员作为组员、案例提供者、观察记录者、协同组长、组长等身份并在各自单位尝试开展巴林特小组工作，由资深的巴林特小组组长协助督导（表 1～3）。

表 1　初级班培训内容及课程安排

讲座	心身医学的发展与巴林特小组 巴林特小组工作介绍 新形势下医患关系及医患冲突特点 雕塑技术在巴林特小组中的运用 医患沟通通技巧与冲突管理 医院文化对员工职业压力管理的作用
巴林特小组训练	巴林特小组演示“金鱼缸”(雕塑)3 次 巴林特小组案例讨论 6 次

表 2　高级班培训内容及课程安排

讲座	MUS 医学无法解释的症状与医患沟通 新形势下医患关系及应对技巧 职业化医患关系与职业冲突管理 如何带领巴林特小组 巴林特小组开展工作实践 工作生活的平衡艺术
巴林特小组训练	巴林特小组“金鱼缸”团体(督导) 巴林特小组案例讨论　分组(雕塑)(督导)6 次

表 3　巴林特小组活动的具体流程

时间	报告者	全体人员	小组组长
5～10 分钟	介绍案例的重要方面	倾听，感知，想法，感受，想象	控制时间和内容。
<5 分钟	阐明问题	倾听	最多关于问题的 2～3 个方面，肯定报告者阐明的问题和应对能力。
<10 分钟	回答问题	询问关于案例的相关细节问题	预防小组成员解释 + 建议。
30 分钟	坐回原位，倾听，不再作任何解释	自由表达对信息中提到的问题的看法、感受和思考，在讨论过程中的想法的改变	鼓励发言，肯定不同的观点，但保护案例报告者。控制时间和讨论的目标。
10 分钟	个人总结发言	—	询问报告者“你所听到的哪些对你很重要?”
2～3 分钟	—	—	总结和感谢发言者。结束。

在培训活动结束后通过问卷调查和访谈的形式对于巴林特小组的活动培训内容进行反馈，统一发放上海市医务工会巴林特小组工作坊调查问卷，高级班的问卷采用网络平台进行调查，共计收到有效调查问卷 76 份，同时，就巴林特小组工作开展中的普遍问题对 8 位学员开展深度访谈。访谈内容主要包括：医患沟通基本技能、职业培训和继续教育、日常沟通情况及对今后医患沟通培训的期望。

所得数据采用 SPSS 17.0 对数据进行处理，计量资料采用均数 ± 标准差进行统计描述，计数资料采用百分比进行统计描述。

三、结果

1. 问卷资料结果

2015年3—11月,共有19家三级甲等综合医院和三级专科医院96位医生参加了初级班和高级班的培训,其中有46位学员同时参加了初级班和高级班的培训,参加的医生包括不同年资(主治、副高、正高),涵盖各个专业(内科、外科、妇产科、儿科、精神科、全科、肿瘤科、中医科、老年科、全科等),护理人员主要为负责带教的临床科室护士长,行政人员主要为各个医院的工会干部及医务科的工作人员,并且本次培训中有8位医务社工。

2. 深度访谈结果

本次调查就巴林特小组工作开展中普遍问题对8位学员作了深入访谈,访谈内容主要包括了:医患沟通基本技能、职业培训和继续教育、日常沟通情况及对今后医患沟通培训的期望方面。

结果显示在各单位开展活动的过程中,为使巴林特小组活动更有效,需要吸引更多的临床一线工作人员的参与,工会、团委及医院的共同参与是开展巴林特小组活动的一种行之有效的方式,巴林特小组工作坊需要获得医院不同部门之间的相互配合支持。另外,医生希望在培训结束后仍然有持续的督导和共同学习提高的机会,以及对医疗纠纷处理等方面有更多的经验分享。在本次培训中,各个单位都有4～5位学员参加,这对学员以后在自己单位带领巴林特小组活动非常有帮助。规范化培训医生们对临床处理医患关系方面更多的是关注自己由于临床知识不足和与不同人群沟通技能的不足,以及在处理医疗问题中感到患者对自己的信任和依从性不够而感到的困惑,所以他们对巴林特小组的活动感到非常新奇和期待,通过巴林特小组的活动在理解患者的感受、提高沟通技能方面获得了很多启发和帮助,希望在不同年资的医生中定期开展此类活动,以拓展自己看待医患关系的视野。

通过培训一批能够开展巴林特小组活动的核心成员,很多医院也具有了在本单位开展巴林特小组活动的能力。在19家参加培训的医院中有13家医院已经开展了巴林特小组活动,有8家医院已做到在护理人员、规范化培训医生及本院医生中定期开展和定期督导巴林特小组活动。

四、讨论

在临床的医疗实践工作中，医师是主体，起着重要的主导作用。面对需要治疗、照顾和帮助的病人，医师的压力是非常巨大的。如果这些压力得不到有效的缓解和释放，就会产生种种心理问题，甚至走向极端。近期，在美国的一项研究显示，大约有12%的医生在一生中曾经患过抑郁症，但他们很难接受这一事实。一项对14个国家1963—1991年的心理健康调查表明，男性医师的自杀率可比普通人高3.4倍，而女性医师的数字可达5.7倍。在我国很多地区开展了医师心理健康状况调查分析，关注医师心理的健康。医生们往往很少意识到心理上的困境及其对看病过程的影响，他们也不了解其他的医生是怎样面对这些困难的。巴林特小组对化解职业倦怠的意义在于在小组活动中分享他们的体验，共同回顾确认工作中积极的一面，就可以在医生中间形成相互支持的氛围。巴林特小组的案例讨论反映出了中国综合性医院医生的困惑，主要表现在对自我期望和医疗现状之间的冲突，在选择医学专业时抱有的利他奉献的道德期望与医疗现实的矛盾冲突，在救死扶伤的美好愿望和对病痛无能为力时自责、内疚和自我怀疑；也有针对治疗过程中无法回避的医疗规范制度和患者无法承担医疗费用等问题的困惑，以及由此产生的无助感和职业成就的丧失感。通过“巴林特小组”的工作可以帮助医生应对一些临床问题的困扰，起到自我调节以防止医生自身的“心力耗竭”。

以往的巴林特小组活动，通常是在综合医院开展的，但在实践过程中发现，由单独科室开展这项活动面临参与人员不足的问题，所以巴林特小组工作坊往往是通过继续教学培训的形式集中开展的，而且参与者以心理科、精神科和内科医生为主。在本次医务工会组织的巴林特小组工作坊的培训中，来自临床及行政社工部门的医院员工可以更广泛地讨论诊治流程中的“大”医患关系，而且本次活动也更关注患者的家庭关系、经济支持、文化信仰等社会心理问题，在高级班培训中，学员可以协同做组长，对案例进行观察、督导，这种形式对提高学员在组织和带领巴林特小组活动方面的技能有很大帮助。在培训中也发现基于案例讨论的形式深受广大医生欢迎，学员也喜欢分享自己类似的经历，除了表达感受以外也更愿意对医患之间的沟通交流提供有创造性和实用性的建议。参与巴林特小组的医生均表示，通过小组的讨论和经验分享，很多困扰自己的问题得到了解决，在心灵上获得了释然并感受到来自周围同行们的支持，既拓展了新视角也学习了许多对类似问题的新的处理经验，具有很强的实践意义。

五、结论

医务工会组织的巴林特小组工作坊的分期培训，对在各个医院开展巴林特小组活动有非常重要的推动作用。巴林特小组工作坊可以帮助临床医务工作者提高沟通技巧及共情技术，帮助临床医务人员识别和处理自己的情绪压力，有助于解决困扰临床医务人员的非医学技术方面的问题，有助于缓解职业倦怠，提升职业能力和职业幸福感。医务工会通过组织开展巴林特小组工作坊的分期培训，丰富了工会对医院员工人文关怀活动的形式，提升了医生的职业积极性和职业幸福感，有助于缓和紧张的医患关系，从而有助于形成医院良好的医疗环境，并促进整个医疗卫生事业的发展。

（本文获第十九届年会征文二等奖）

巴林特小组活动促进医护人员职业生涯健康发展

范理宏　陈翠萍　沈迎春　陶建民　万祎洁　蒋　金
（上海市第十人民医院）

巴林特小组是一种关注和促进医患关系，加强对医患、护患关系理解的小组活动方式。巴林特小组活动是通过角色转换、遐想、共情等方式分析事件当事人（医务人员、患者或患者家属）情绪背后的心理过程，体验当事人的情感感受。

医患关系本身具有技术性、伦理性、法律性、经济性、社会性等多重属性。在传统生物医学模式下培养出的医务人员，熟知解剖生理等医学知识，熟练掌握诊断和治疗的知识，但仅凭此并不能提供现如今所需的医疗服务。患者作为有疾病的生物个体，不仅受到疾病症状的影响，还受到心理、社会等众多因素的影响。在医疗服务过程中，医生不仅把患者当作治疗对象，更要对患者的心理因素敏感，把患者作为"一个人"，从其心理和社会角度出发来对待。基于一部分医务人员对患者的心理因素等认识存在有盲点，考虑到医务人员的沟通能力、共情能力、自我认知、自身情绪及患者心理期望对医患关系的影响，我院于 2014 年年初开始，在接待办、门诊药房、收费处、急诊科等窗口部门对医务人员开展了巴林特小组活动。通过十余次的干预，这些部门的医务人员在自我认知、沟通能力、理解医患关系、处理自身情绪变化等方面都有了很大的提高，并以此促进了他们职业生涯的健康发展。

一、巴林特小组在我院的应用情况

1. 巴林特小组活动概况

由医院心理科主任及经过巴林特小组培训的医务人员担任巴林特活动小组组长，每次活动由一名组长及参加活动的 10 名医护人员共同组成，毛遂自荐进行案例汇报，汇报者讲述与患者或家属之间发生的不愉快的经历。汇报结束后，小组成员就不清楚的细节进行提问，案例汇报者根据实际情况予以回答。提问结束后，案例汇报者后撤一步，将自己的椅子挪出小组形成的圈子，然后暂时不发言。这时，小组成员针对发生医患关系紧张的案例进行讨论以及分享感受，展示出医患关系的不同色彩，整个过程持续20～30分钟。在这个过程中，汇报者一直在圈子外边静静地观察和倾听，关注之前没有看到的问题，在情感体验和理性反思这两极之间来回穿梭，探索医患关系层面被忽视的部分，活动结束之前案例汇报者陈述感受。

2. 巴林特工作小组活动过程及医务人员自我认知成长

(1) 报告者自我认知成长。报告者：患者×××，男，45岁，2014年3月21日因两天前无明显诱因下解黑便1～2次/天、成形、量中等，无其他不适来院急诊，经查血常规，血HB：67g/L，大便常规OB(++++)双联法，为进一步诊治拟“上消化道出血”收住院。患者告知医生因家庭经济特别困难，只有5 000元看病钱。入院后给予相关检查，胃镜、肠镜等常规检查，未能发现阳性结果。患者得知已花费6 000多元医疗费时，与医生大吵大闹，认为钱花完了但疾病没有明确诊断，并且入院时跟医生讲清楚只有这点钱，现在让他无法接受，甚至与医生发生肢体冲突。之后报警“110”，警方参与平息事态，患者要求自动出院。患者属于三类医保人员，全额支付后可回街道报销一定比例。几天后该患者的三位长辈来到接待办，说明患者的特殊情况，父母均相继去世，没有老婆孩子，经济拮据，能否开取5 000元的发票。但这种情况医方无法操作，因账目还差1 000多元，数字不大，希望请长辈想办法帮忙凑齐结账，再开具发票。三位长辈听了我的这番话，觉得不能达到她们目的，开始暴跳如雷，侮辱谩骂医生及接待人员。我开始郁闷，无奈，想不通，认为患者家属不讲理，把医院当成商场进行讨价还价。通过以上大家体验式的发言，我郁闷压抑的心情放松许多，思想有所转变，同情患者、换位思考的话，像这样的患者其实很痛苦的，医务人员应该同情理解他的窘迫处境。

(2) 报告者及小组成员自我认知成长。报告者：有一天，我在正常发药，突然听到有人对我大声吼道，“我的药用法不对，你不说的啊”。我抬头只见一位约50岁左右的中年男子拿着用法清单和药摆在我的眼前，我随后仔细看了服药单和药品，看到是美卓乐药品，清单上的用法用量写着是2粒。我对病人解释道，这是医生电脑打下来的用法用量，而且2粒的确也在合理的用法用量之中。病人不予理解地说，我拿药和清单去问过医生了，医生说是服4粒，不是2粒，你怎么不和我说呢，单子上错了这个你不知道吗？接着是一大堆发泄的话，我当时感到很无奈，很委屈，只能默默听他发泄完后离开，带着不愉快的心情继续我的工作。但我一直想不通，不是我的错，病人为啥要对我发那么大的火。

小组成员乙：当我听到××说了这样的一个案例之后，我也很为××的经历打抱不平，为什么我们医务人员就要被别人冤枉，被别人指责，我们做错什么了吗？为什么一直说我们的不是，这不仅是××的困惑，也是我们的困惑，在医患矛盾日益激烈的今天，我们该如何看待这类事件呢，下次再遇到这类事情该如何解决呢？组长鼓励大家针对当时发生的情景就一些不明确的细节进行了提问，包括那位中年男子的衣着、可能的文化背景、当时的语气、事后态度等，目的是让大家更加清晰地了解事件的来龙去脉，还原当时的情景。随后组长要求当事人××退后一步在圈子外边保持沉默，

“不管别人的评价是否吻合你的想法都不许赞同或反驳”。在这个阶段，组长鼓励成员发言，让小组成员充分展开遐想，对两位当事人进行换位思考，设身处地地体验事件双方的情绪情感，自由说出他们的想法、感受。

小组成员乙发言：如果我是病人，来到医院看病本来就心情不好，再加上到处都要排队，当我拿到药了终于可以回家休息了，又发现药品用法用量打错了，那我自然要发泄，要愤怒，要不满，可作为病人的我又怎么会知道这不是药剂师写的用法，肯定会责怪把药品清单交给我的药剂师。当我这样想了以后，我充分感受到了病人的无奈和痛苦，其实他们也不是故意想跟我们吵架，只是为了发泄心中的难受和不满。作为一名医务工作者，我很同情这位病人的遭遇，对于他的不解和愤怒，我们应该压制住内心的不满，心平气和地向他解释，并应该通过相关渠道与医生沟通，尽快处理好这件医患矛盾，而不是要与他争个明白，将矛盾激化。

××在认真听取了小组成员的发言后深受启发，内心的委屈感消减了许多，对患者的行为也能理解了，感悟到以后怎样正确去处理类似问题。××活动后体会：通过这次巴林特小组活动，我也学到了很多，领悟了很多。回顾整个过程，如果医生能多说一句“口头医嘱和处方单上的医嘱不一致，你按我的口头医嘱服药”，也许这病人也没有那么大的火气了，也不会冲到窗口来对我发泄，给我当时的工作带来一些影响。这样的发泄也许也会把其他病人心中的各种不满情绪带出来，给我们窗口工作带来混乱。再者我如果站在病人的角度考虑，为病人多想想，收费排队，看病排队，拿药排队，一路看病下来，心中难免积压了一些怨气，再加上最后服药的用量不对，和医生交代的不一致，达不到理想的治疗效果，心中不满和怨气要在我这里发泄出来，从旁人看来这也是可以理解的。这么一想我也就释然了。现在门诊药房人员紧张，工作量又大，在发药的时候更要认真仔细，确保正确。看到有疑问的地方，或服用某些特殊药品时，多提醒病人一句，

多关照病人一句，让病人再去和医生确认一下。这么一来病人也会对我们多一些信任，怨言也就自然少了，可以避免很多纠纷。既然有些客观事实已经存在，在我们不能改变这些事情的时候我们只能改变自己，提高业务能力，学会换位思考，调整好心态，把我们本职工作做好，把好就诊过程中的最后一道关。实在感到憋屈时，我们也可以在私下对同事说说，发泄一下。避免和病人发生正面冲突，带来一些不必要的纠纷。相信我可以做得很好的。有机会的话，我们也可以更好地学习交流一下。小组成员乙活动后的体会：我参与了整个巴林特小组的讨论，突然发觉任何矛盾都不是什么问题，所有工作带来的不开心、不愉快都能迎刃而解，而这次巴林特小组的独到之处在于它是在心理动力学框架下遵循保密性、无评判、不分析、尊重个案等操作原则，秉承"人在无意识中是相通的"的理念，强调的是个案给我们带来的心理感受。我想如果每次我们都能站在病人的角度看问题，那么我们的医患关系将越来越好，我们工作的心情也会很好。

二、巴林特小组活动的特点及意义

1. 巴林特小组活动的特点

（1）巴林特小组是将医务人员从解决医疗问题的压力下解放出来，以医患双方的互动作为焦点，获得来自不同专业背景的专业人士之间彼此的支持和理解。通过这种方式与医务人员工作，精神分析中"容器"和容纳的概念会以体验的方式展示出来。

（2）巴林特小组不给出问题的答案和解决问题的建议，也不提供支持。把关注点放在理解医患关系上，而不是提出解决方案，这样做还可以发展医务人员的人格。

（3）巴林特小组不是支持性小组、治疗性小组或案例讨论小组，而是专注于医患关系，注重提高医护人员倾听和共情能力的专业人员训练小组。

（4）巴林特小组可以使汇报者能够做到以旁观者的身份来观察和谈论自己，我们就不再被自己的习性所控制，从根本上提高自我认知能力。巴林特小组活动可以在我们发展成为一个独立观察员时，就能站在一个更加客观的位置上认识自己，并进行自我改进。

2. 巴林特小组活动的意义

巴林特小组活动以提高医护人员的自我认知能力为主导，让医务人员理解患者及家属的情绪及行为，以包容的心态去对待患者，释放自己内心的负性情绪，缓解自身压力，提高沟通技巧，有效改善医患关系，并得到组织及社会的支持，从多角度促进医护人员职业的成长。

三、巴林特小组的收获

（1）获得了自我醒悟的机会。受巴林特小组活动中同伴话语的影响，报告者进行反省和思考，不断调整和改善自身行为，从而获得自我醒悟的机会。

（2）得到了同事的情感支持。医务人员很少有机会交流他们在与病人交往过程中的感受及医患、护患互动的具体细节。组员通过在巴林特小组中分享体验，了解到其他医务人员是怎样面对所遇到的困难，可以在医务人员中间建立相互支持。

（3）得到了有效的减压及心理疏导。巴林特小组可以提供一个出口，使医务人员在工作中产生的焦虑和挫败等情绪得以宣泄，从而释放了心中的负面情绪，得到有效的减压和心理疏导。

（4）学会了换位思考，有效改善医患关系。医务人员一方，常见权威而疏远的专家、客观而实际的“教练”、保护而辛劳的“慈母”等角色；患者一方，常有要求服务的“消费者”、四处探究的“观光客”和无辜无力的“求助者”等角色。通过巴林特小组活动，使医务人员放下自己的角色，站在病人的角度进行思考，从而改善了医患、护患的关系。

（5）提高了沟通能力。巴林特小组讨论的是医务人员亲历、涉及沟通的事件，巴林特小组特有的活动流程即倾听同事的观点，有助于医务人员发现自己先前的盲点，可以强化医务人员的直接经验，提高对沟通知识和技巧的实际运用能力。

四、总结

巴林特小组活动有效提高了医护人员的自我认知能力，并使其不断进行自我改进；使医护人员学会了倾听和自我反馈，提高了医护人员的沟通交流能力及对病人的理解能力，并获得了同事的支持；使医务人员在同事间分享他们的经验，从而对医患关系有新的发现与认识，并正确理解医患关系，学会妥善处理医患冲突。巴林特小组活动提高了参与者的自我认知能力，从而促进医护人员职业生涯的健康发展。

（本文获第十八届年会征文二等奖）

研究型中医院职工的压力管理

沈　超　王继兰　徐　敏
（上海中医药大学附属曙光医院）

随着卫生改革进一步深入及医患关系的日趋紧张，同时身处高科技、高风险、高责任、高负荷环境中的医疗行业职工，又要面临激烈的竞争和沉重的家庭负担，工作和心理压力越来越大。同时，随着中医药事业三年行动计划的落实，研究型中医院建设正如火如荼地进行着，其医务职工面临着科研和临床的双重压力。造成医务职工工作压力越来越大的原因是多方面的，它是工作性质、医院管理与评价、自我因素、社会因素等共同作用的结果，是客观因素与主观因素交互作用的结果。这就给我们管理者提出了新的课题——压力管理。

一、医务人员工作压力现状

为了解职工对自身压力的真实评价，医院工会对院内部分职工进行了压力状况的问卷调查。根据单位实际情况，问卷调查采用分层比例抽样的方法，选取调查对象。被调查的职工采用自填问卷方法，共选择 200 名职工进行问卷调查，实际填写问卷 200 份，回收有效问卷 200 份，有效问卷回收率达 100%。通过调查研究，将建立压力管理的理念，找出释放压力的方法，变压力为动力，让我院员工都以健康向上的积极的精神面貌投入到研究型中医院的建设中。

调查对象中，男职工占 25.29%，女职工占 74.41%；平均年龄 35 岁，其中年龄在 18～30 周岁占 39.41%，31～40 周岁占 40.29%，41～50 周岁占 15.59%，51～60 周岁占 4.12%。调查职工的教育程度为：小学及以下占 0.29%，初中占 0.59%，高中占 6.18%，大专（高职）占 32.94%，大学本科占 45.29%，硕士及以上占 14.71%。调查对象中，一线职工（包括医生、护士）占 57.65%，专业技术人员占 29.41%，管理人员（包括行政、后勤）占 12.94%。调查对象中，1980 年以前进入单位的职工占 4.41%，1980—1989 年进入单位占 10%，1990—1999 年进入单位占17.35%,2000—2009年进入单位占51.76%,2010年及以后进入单位占16.47%。

(一) 压力的表现

医务人员较大的压力主要分为工作压力、精神压力、社会环境压力、个人成就压力。部分医务人员因长期背负着压力带来的负性情绪,减弱或丧失了学习业务、提高医疗技术水平的能力,不同程度上表现出对诊疗活动的厌倦和对患者的冷漠;当病人对医务人员的医疗服务、治疗结果不满时,立即产生防范、戒备心理,抵触情绪较强;发生医疗事故后,个人须承担精神压力、经济责任以及由此产生的医疗纠纷,引发医务人员焦躁情绪和抑郁心理;长时间超负荷的工作以及焦虑、紧张的心情使许多临床医务人员身体呈亚健康状态。

(二) 产生压力的原因

1. 工作压力

病人要求高。在医疗实践中,诊断、治疗的效果是难以准确估计与确定的,因此便不可避免地出现一定的漏诊、误治及由此引发的医疗纠纷;在诊疗工作中,为考虑患者的经济承受能力,少做检查或不做检查,却为日后发生的病情变化埋下了隐患,一旦发生纠纷,需要举证时,医生拿不出检查原始记录;在诊疗中要求病人做某项检查,而检查结果正常,则易被投诉乱检查、多收费。病人发生欠费、逃费后,所属科室、个人要承担追费责任。

劳动强度大。在调查中,90%以上的职工表示工作强度大,经常加班,作息时间与家人不一致导致沟通时间少等等。确实,医务人员加班和值班过于频繁,不仅难以享受一些法定节假日,有的甚至连正常的下班休息也难以保障。加之,遇到一些急、危、重症病人的抢救,他们往往是没日没夜,牺牲休息也是在所难免。在繁重的工作之余,还要撰写各类论文,做各类调查研究、实验室研究,完成大量的研究型医院考核指标,精神压力巨大。

职业风险高。在调查中,99.4%的职工感到在医疗纠纷处理中自身安全得不到保障,并且对于子女学医愿望也持反对意见居多,大多数医务人员不希望子女学医,认为医生这个职业在现在的社会大环境中过于危险。医疗工作"健康所系,性命相托"的特点决定了医务人员从事的是高风险职业。医务人员一方面要全身心地投入本职工作,另一方面为防范"医疗事故"和"医疗纠纷",医务人员每天时时刻刻要绷紧神经对付工作中的压力。

2. 精神压力

在调查中，30.1%的职工觉得就从事的工作而言有很大压力，45.6%的职工觉得有较大压力。医务人员与患者医疗知识的不对称，病人对医学科学的特殊性认识不足，对医疗效果的期望值过高，最终未达到患者家属的期望值。患者家属因不满治疗结果引发对医务人员的人身伤害，无相应的法律来保障医务人员的合法权益。医务人员自身安全得不到保障，缺乏安全感，使得医务人员对医疗纠纷产生恐惧感。医院目前正在创建研究型医院，医务人员除了面对各类医疗上的压力，还要应付各类岗位竞争，担心优胜劣汰，双重压力使医务人员不堪重负。

3. 社会环境压力

新闻媒体有时过度夸大行业中个别弊端或故意炒作医疗纠纷，再加上群众在抱怨“看病难、看病贵”的同时，也把矛头指向医院和医务人员。所以，现阶段医疗问题成为社会热点、焦点的中心，医务人员也时时处于舆论旋涡中。社会舆论压力大，医患关系紧张，敌对情绪日益凸现，病人对医院的不信任影响了广大医务人员在人们心目中的形象，挫伤了医务人员的自尊和积极性。随着医疗改革的市场化，各地医院转制的信息影响着医务人员，工作保障、个人前途问题影响着工作；同事弃医从商（医药代表、医疗器械代表等），与其不菲的收入对比而产生巨大的心理落差，造成心理失衡。在我们的调查中，100%的职工感到社会舆论压力大，医患关系紧张。76.3%的职工担心发生医疗事故或医疗纠纷。

4. 个人成就压力

调查中，98.9%的职工感到职称晋升竞争激烈。在繁忙的工作之余，必须撰写论文、做课题，以期得到职称上的晋升、成就上的认可、收入上的增加。要实现晋升愿望，只有不断地学习与钻研，才能适应变化与发展了的医疗事业要求。

调查对象每月收入情况为：月收入在1 620元以下的占2.65%，1 620～2 999元占3.24%，3 000～3 999元占6.47%，4 000～4 999元占17.94%，5 000～9 999元占63.48%，10 000元以上占6.24%。医疗行业的特殊性，广大医务人员所从事职业的技术含量高、工作时间长、劳动强度大、自身付出多。然而，他们的劳动报酬、个人收入所得却与其工作付出、劳动风险程度、自身价值以及所承担的责任等不成正比甚至严重失调。

二、对原因的分析

1. 医疗行业缺乏社会的信任和理解,医患关系紧张

医疗的高风险性与诊疗效果的不确定性未得到社会的理解,年资不同的医务人员水平各有差异,医疗效果亦不同。但是社会对此未予理解,出现不正常的医疗效果或一般医疗缺陷时,便引发围攻冲击医院,殴打医务人员,结果造成医务人员巨大的心理压力。面对危重病人或疑难复杂疾病病人,不敢大胆实施有风险的医疗救治,不敢进行有价值的医学探索,不敢开展有风险的新技术等。因承受着医疗纠纷心理压力,医生首先考虑避免损害的出现,如果治疗存在着较大的风险,医生宁可采取明哲保身的态度,避免高风险性治疗,患者的生命和健康利益得不到最大的保障,医学科学技术丧失了在不断探索中前进的动力。医生对医疗技术不能勇于追求和探索的状况,严重阻碍了医学的发展,最终受到损害的是广大患者。

2. 国家和政府对医疗卫生事业的经济投入偏低,自身发展艰难

目前,医院的经济来源是有限的差额拨款外加以药补医,医务人员的技术劳动价值很低,医务人员工作时间长、强度大、无规律,加班加点通宵抢救病人是经常性的义务。《劳动法》在医院无法体现。医疗卫生事业长期作为一项福利面向人民群众,进入市场经济以来,现存许多医疗体制弊端凸显,医疗收费标准的严重滞后,医院自身的生存发展日益艰难,受经济利益的驱动,难以避免少数医务人员的价值取向偏移。另外,医务人员的待遇普遍偏低。据调查,医务人员的工资水平为社会平均水平的1.19倍,远低于普通高等教育部门的1.71倍,自然科学研究部门的1.6倍,社会科学研究部门的1.69倍,信息咨询业的1.86倍,更不说其与能源、电信、交通部门的收入差距了。

3. 医闹现象屡禁不止,医生自身安全得不到保障

现行的医疗保障体系及其相关的法律、法规没有及时地跟上市场经济的步伐,尤其是医疗事故的保障制度和医务人员职业风险的保险制度。近些年国家发展了,但部分群众对政府、社会以及成功人士怀着敌视心理。医院作为政府窗口、医务人员作为最大的社会工作者群体,又被舆论误导为“混得很好”的一个群体,成为最容易被报复、破坏的一个薄弱点。近年来,“医闹”事件比比皆是。在论述医患矛盾和纠纷时,公众及媒体普遍认为患者是弱势群体,因而更习惯对患者予以同情,对医院或医生予以责难。对患者侵害医生权利及医疗秩序的违法

行为视而不见。其实不然，时至今日，医生也成为弱势群体。

三、缓解压力的对策及减压方法

（一）缓解的对策

1. 加强心理疏导，提高压力应对能力

医院管理者应定期组织医务人员学习心理健康知识，对医务人员进行心理指导，加强人生观、价值观的教育，掌握与病人心理沟通的方法和自我心理调解的方法，正确调整好自己的心态，培养理性待人处事的能力，缓解紧张情绪，维持身心健康，以最佳的工作方式、最高的工作效率、最好的护理质量全方位服务于病人。同时医院各管理部门还应组织多种健康有益的活动，以缓解医务人员的工作和精神压力。

2. 合理配备人员，有效缓解工作压力

管理者要考虑医务人员的切身利益，根据各员工的特点，扬长避短，合理安排工作时间和人员配备，实行弹性排班制，以减轻当班人员的工作强度。

3. 增强法律意识，提高自我保护能力

医院管理者应组织医务人员进行系统的法律法规知识培训，正确认识"举证责任倒置"举措是医疗法制化的必然进程，也是规范医疗行为的必然趋势。医务人员在诊疗工作中应严格按照规范调整自己的医疗行为。

4. 协调医患关系，创造良好工作氛围

医务人员应学习必要的沟通技巧，在诊疗过程中及早与病人进行充分沟通，尊重病人的知情权，让他们对医疗行为和医务人员有更多的理解，增强彼此间的信任和理解，用语言或者墙报、宣传单等方式对病人进行健康教育，还要对其进行权利和义务的宣教，与病人及其家属建立一种和谐的医患关系。这样可避免大量的医疗纠纷，减轻工作和精神压力。

（二）减压方法

1. 情绪放松训练疗法

当觉得压力大，喘不过气来的时候，先做几个深呼吸，喝杯水，安静坐，甚至发呆，让脑袋空白，接着想象愉快场景或事情，重新调整内部生理时钟，不必做48小时超人，找出事情优先级，简化事情。

2. 自我认知减压疗法

选择释放压力能量。可以一吐为快、音乐减压、阅读书报、泡热水澡、大喊大叫大哭大笑、与人为善、光线减压、食物减压、写作减压、睡眠减压、外出旅游等等。

3. 芳香精油减压疗法

芳香放松剂有助于平缓压力,产生低频脑波,让心情平静放松,抵抗沮丧。玫瑰解忧、黄春菊缓解紧张情绪、薄荷油镇静神经、熏衣草平衡情感、香柠檬有助于消解焦虑、红木缓解压力、柑橘有温和镇静作用。

4. 中医养生睡眠疗法

中医养生"三分调,七分养"。人体脏腑失衡时,用食品药物调养,七分要通过睡眠、饮食、情志、运动等习惯保持平衡。顺应天地自然规律,"食饮有节,起居有常,不妄作劳",做到"和于阴阳,调于四时",而能"终其天年,度百岁乃去"。晚上 9 点到凌晨 3 点是养护肝胆最佳时间。如果长期过子时不睡,就会伤肝、伤胆。

5. 生理减压物理疗法

对抗压力,也可以用生理减压技术。例如自助按摩、全身压膝、按摩头盖、泡脚等,都可以不同程度的缓解压力。

6. 色彩能量减压疗法

用各种颜色的物品调整情绪。白色增加纯洁度、橘色提高人的兴致、粉色唤醒人的意识、红色点燃人的热情、绿色慰藉人的神经、蓝色为人增添凉爽、绿色常青植物给人以和平安全感。

7. 肢体运动减压疗法

体育锻炼是培养健全人格的心理训练方法。例如:太极拳是流动的运动。减缓压力,增强体质,有放松肌肉和神经系统的作用;瑜伽功能将人的心理、身体和呼吸结合让内心平静,改进身体状态和身体健康等等。

8. 心理暗示减压疗法

运用减压游戏,提升感受幸福的能力。减压游戏都有明确指向性和目的性,游戏将压力"梳理"和"描绘"出来,使人更容易面对和接受。

9. 呼吸技术减压法

正确的呼吸方法可抗精神压力。适当的呼吸习惯是心理和身体健康的基础。呼吸训练方法能解除焦虑、压抑、急躁、肌肉紧张和疲劳,也能用于防止屏息、过度换气、短促呼吸和手脚冷等。

10. 音乐治疗减压法

亚健康者可以听莫扎特的《b小调第四十交响曲》、西贝柳斯的《悲痛圆舞曲》等;失眠者可以听《春江花月夜》《平沙落雁》等;心情抑郁者可以听《光明行》《喜洋洋》等;焦虑者可以听《塞上曲》韩德尔的组曲《焰火音乐》等;疲劳过度者可以听《假日的海滩》《矫健的步伐》等乐曲。

11. 营养调理减压法

鲜美食物可改变心情。多吃各类酸,少吃盐。吃少于14%的高蛋白,少吃盐就能使压力激素下降30%。补充新鲜谷物豆类,可减少压力。还有调查表明,在两周内,每天补充1 000毫克的维生素C、维生素B_6和其他多种矿物质,可帮助减少55%的压力。

12. 保健按摩减压法

可以尝试浴面、按揉颈项、按揉太阳穴、按揉百会穴、梳发与摩顶等,对减压有一定帮助。

13. 足部药浴减压法

降压的足部药浴疗法有:取夏枯草30克,钩藤、菊花各20克,桑叶15克,煎水浴足,每日1～2次,每次10～15分钟。或取钩藤20克,剪碎,布包冰片少许,于每日晨起和晚睡前放入木盆内,加热水浴脚。每次30～45分钟,10日为一疗程。

14. 工会开展各类减压活动

工会每年组织职工进行疗休养;定期举办各类心理讲座;开设成人芭蕾舞、肚皮舞及瑜伽班;开展"玉文化"等兴趣班;组织篮球、足球俱乐部;每周五中午举办"员工沙龙",每期确定一个主题,搭建一个职工与院领导的沟通平台。工会通过举办各类活动,很好地缓解了职工的压力,使工会真正成为职工的"娘家人",成为职工们真正的"家"。

总之,随着研究型中医院的建设,医务职工必将面临着科研和临床的双重压力。医院在注重内涵建设的同时,还应更多地关心职工,以人为本。归根结底,研究型医院建设靠的是人,具有身心健康的医务人员是医院建设的主力军。我们应当根据医务人员职业压力的各种原因帮助他们寻求与之对应的减压方式,真正做到以人为本。当然,这其中不仅要靠医务人员的自身调整,更需要医院管理层及社会各阶层采取积极、适当的措施加以支持和干预。

(本文获第十七届年会征文一等奖)

试论医护人员职场压力与职业安全

浦东新区医务工会课题组

被称为“白衣天使”的医护人员作为社会中最重要的群体之一，守护着千千万万个家庭的健康与幸福。过大的工作压力和恶性医患矛盾的频频爆发，使得医护人员的职场压力与职业安全逐渐成为社会关注的焦点。为了掌握浦东新区区属医院医护人员的工作压力及职场安全现状、分析医护人员工作压力及职场威胁的来源、种类、程度以及对工作生活的影响，本课题组开展了“浦东新区医护人员职场压力与职业安全调查”。调查发现，医护人员的职场压力较重、职业安全得不到保障，因此必须引起各级政府、医疗卫生主管部门和社会各界的重视和关注，使医院有一个安全的环境、医护人员有一个和谐的氛围，使医患矛盾得到正确的处理，建立起互信互谅的新型关系，携手共同战胜病魔。

一、职场压力较大

1. 新区医护人员职场压力总体较大

调查显示，有 39.81%的医护人员认为目前工作压力过大，更有 7.25%的人认为工作压力超出可承受的范围；而仅有 1.09%的医护人员表示完全没有压力。可见目前新区医护人员普遍存在压力较大的情况。(图 1)

2. 医疗风险、理解支持、待遇负荷为职场压力主要来源

在六大压力来源中，有近八成(74.22%)新区医护人员认为“医疗风险压力”是最大的压力来源；其次是“待遇负荷压力”，占 67.26%；排第三的则是“理解支持压力”，占比 54.02%。其余依次为：管理评价压力(34.79%)、专业水平压力(24.28%)和人际关系压力(17.33%)。

3. 新区医护人员人际关系较好，与同事、领导相处融洽

调查显示，近八成(79.94%)的医护人员与同事、领导能较好相处。可见，目

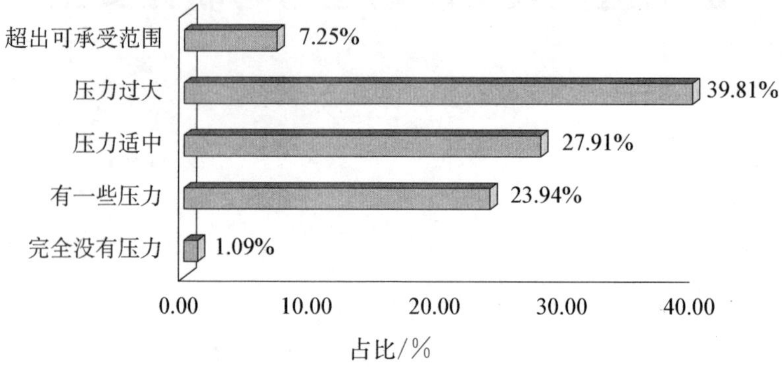

图1　职场压力总体结构

前医护人员在同事和领导等内部人员间的相处压力较小，能做到和睦共事、相处融洽。

4. 理解支持压力较小，家人普遍比较理解但社会尊重程度亟待提高

调查显示，大部分(64.6%)医护人员的工作能得到家人的理解与支持，这在一定程度上给医护人员全身心投入工作起到了一定的解除后顾之忧的作用。但另一方面，认为受到社会尊重或很尊重的医护人员仅占13.7%，这一现象明显与医护人员“白衣天使”的称号严重不符。

5. 身边吵架和暴力发生的频率近年来呈上升趋势

调查显示，14.16%的医护人员表示身边经常发生吵架和暴力事件；37.11%表示偶尔发生；更有1.91%的医护人员表示频繁发生。因此可知，目前医护人员在工作中确实存在或多或少的不安全因素隐患，吵架和暴力事件在近几年中呈上升趋势，这些都很可能会给医护人员的人身安全造成威胁。

6. 专业水平随着医学科学进步而仍有待提高，技术职称评定则压力较大

随着医学科学的进步与发展，医护人员大多能主动学习，从容应对本职工作。调查显示，有34.92%的医护人员认为其专业水平仍有很大的发展潜力；75.17%的医护人员则表示在应对工作困难方面基本无压力。从科研要求来看，等级越高的医院的医护人员科研压力越大，且职称评定也愈加激烈。有近七成的医护人员认为当前职称评定压力比较大和很大。

7. 待遇负荷压力较大，平均每天工作时间过长，对收入不太满意

调查显示，仅24.69%的医护人员工作时长在8小时以下，其余均在8小时以上，更有1.09%的医护人员工作时间超过了15小时，由此看出医护人员整体

的工作强度非常大。而与付出相比,得到的收入却不甚满意。仅11.1%的医护人员满意目前的收入状况,1%的医护人员很满意自己的收入,近半(48.6%)的医务人员明确表示不太满意和很不满意。

8. 医疗风险压力较大,自身安全保障程度略有不足

面对高度不确定的医疗风险,有过半(53.3%)医护人员表示经常或偶尔确实发生。不良事件的发生给医护人员带来很大的人身安全威胁,仅4.8%的医护人员表示完全能保障自身安全。可见,在高风险的状态下,自身人身安全保障明显捉襟见肘。

9. 管理评价要求过高,过半医护人员认为考核压力大

调查显示,54.3%的医护人员认为压力较大,27.8%的认为压力很大;仅3.6%的医护人员认为考核压力不大。同时,32.3%的医护人员认为目前考核体系较为不合理,9.8%的认为非常不合理,由此可见在职医护人员对目前所设置的考核体系普遍不太满意。

二、职场环境较危险

1. 新区医护人员职场危险性不容小视

调查显示,近半(48.0%)医护人员认为自身所从事的工作具有较大和很大危险,仅4.5%的医护人员认为工作基本没有危险。说明目前医护人员普遍认为在工作方面存在一定的危险。

2. 职业暴露感染疾病压力较大,较难判断物品传染性

调查显示,42.1%的医护人员认为判断物品是否存在传染性比较困难,8.4%认为非常困难,这在一定程度上也增加了医护人员职业暴露感染疾病的概率。此外,医护人员疫苗接种较少,分别有35.4%和6.1%的医护人员表示接种的疫苗数很少和没有接种过疫苗,容易发生锐器伤害导致感染但基本没有因感染导致疾病。51.9%的医护人员表示容易遭受锐器伤害导致感染,18.5%表示非常容易遭受锐器伤害导致感染。

3. 医疗器械隐患较小,基本没有医疗设备伤害

调查显示,医院对各类医疗设备管理较为严格,基本没有发生各类高压设备爆炸等事故。同时在实用医疗器械方面,仅5.6%的医护人员表示经常受医疗器械伤害,23.3%的医护人员表示基本不受医疗器械伤害,12.6%表示从未受伤害。在重视程度方面,仅0.8%的医护人员表示院方对医疗器械的隐患非常不

重视，36.3%的医护人员表示院方对医疗器械的隐患比较重视，10.5%表示院方对医疗器械的隐患非常重视。

4. 医患关系比较紧张，一半医护人员认为社会媒体的报道情况有失偏颇

调查显示，仅1%的医护人员认为医患关系非常和谐，绝大多数医护人员认为当前医患关系紧张，其中41.9%的医护人员表示比较紧张，20.7%认为非常紧张。同时，2.2%的医护人员认为患者家属或医闹医托的闹事频率非常频繁，21%的医护人员认为闹事频率很少，14.5%的医护人员认为闹事基本没有发生过。在社会媒体的报道方面，仅0.5%的医护人员认为社会媒体的报道非常客观，17.7%的医护人员认为社会媒体的报道存在错误，20.9%的医护人员认为社会媒体的报道非常扭曲。可见，错误或者扭曲的新闻报道误导患者，丑化医护人员形象，给原本就日益紧张的医患关系雪上加霜。

三、医护人员的价值观.

1. 新区医护人员对自身工作较为认同

调查显示，41.7%的医护人员认为自己的工作比较有意义，12.4%的医护人员认为自己的工作非常有意义。另有33.8%的医护人员对于自己从事的工作比较自豪，10.5%的医护人员对于自己从事的工作非常自豪。可见，新区医护人员对自身所从事的工作认同感较高，具有一定的自豪感。

2. "医二代"的可能性比较低，半数医护人员不关心医疗事业的发展

调查显示，仅0.5%的医护人员非常支持自己的孩子成为医护人员，25.4%的医护人员比较反对自己的孩子成为医护人员，48.4%的医护人员非常反对自己的孩子成为医护人员。可知目前医护人员对自己的孩子成为医生基本都是持反对态度的。另一方面，10%的医护人员对医疗事业的发展前景没有信心，18.3%的医护人员对医疗事业的发展前景比较有信心，5.5%的医护人员对医疗事业的发展前景非常有信心，大部分医护人员投给了"一般"这个选项。虽然大多医护人员对自身工作有一定的认同感，但目前紧张的医患关系、糟糕的工作环境、巨大的工作压力正在一步一步蚕食医护人员的职业认同感，从而造成对医疗事业发展前景的漠不关心。

四、建议与对策

(一) 缓解医护人员工作压力的建议与对策

1. 待遇负荷、工作时间方面

提高薪资待遇几乎是每位医护人员最期盼的。医护人员希望国家能够加大对医疗的投入,尤其在提高工资水平方面做出切实行动。同时大部分医护人员希望根据医患比、床护比,在重要岗位上适当的增配医护人员,尤其是缓解一线医务工作人员的高强度工作,保证休息时间,让劳累的医护人员得到充分的休息。

2. 管理评价方面

管理评价在医护人员的意见与建议中是备受关注的一项。部分医护人员觉得自身所处的医院论文课题考核任务过重,医院过分注重各项检查。认为不应该为检查而检查,为考试而考试,这样会导致本末倒置,医生仍要以看病为主。面对市区上级部门的质控检查,需要在检查前进行统一、透明的培训,使二级和三级医院的起跑线在同一个起点。基层医护人员希望降低他们的科研论文要求。

3. 医疗风险方面

医疗风险压力中,医患矛盾的问题尤其突出。医护人员迫切希望政府能够建立安全保障制度,颁布相关法律,确保医护人员能在一个安全的环境下工作,必要时能与警方合作。袭医应当作为袭警一样看待,需要重罚。同时建议从严规范整治医闹不良事件的发生,对不良分子从严处理。

4. 理解支持方面

社会舆论的支持与医护人员的压力密切相关。医护人员希望社会能够避免在未调查清楚事情的原委前就对医疗事故进行偏颇报道。同时,社会更需要去支持、认可医护人员这一弱势的群体,对他们多一些理解,多一些关爱。

5. 医疗制度方面

医疗体制的问题也是医护人员压力的一大来源。有医护人员提到当医疗被推向市场,医疗被一些人变成了生财之道,医生和病人处在这利益链的末梢,无数双手伸在医院的背后,国家真是重视的话,就要下决心斩断利益链,减少中心环节。建立一系列健全的法律,做到有法可依。更多的医护人员谈到医疗体制时建议加强社区医院的建设，积极探索三级甲等医生与社区医生的交流制度，使三级医院的专科医生能定期深入社区，指导社区医院相关疾病预防与诊断工作的开展。同时，医护人员建议医院的就诊流程应该优化，提出根据病情轻重来安排就诊。另一方面，政府需要增加医保投入，使老百姓确确实实地感受到国家真正地服务于民。

（二）缓解医患矛盾的建议与对策

1. 促进医患双方沟通

医护人员提出，医患双方如果能够充分的沟通，就能避免很多矛盾的产生。作为医护人员，应该用心对待患者，既要解除其身体上的痛苦，也要关注其心理感受。从患者来说，也要体谅医生工作的不容易，医生是一个高风险、高技术的职业。建议可建立一个交流沟通的平台，能平衡各种利益的关系，为医患矛盾寻找一个良好的解决之道。

2. 媒体舆论客观公正

与医护人员的压力一样，媒体舆论依然对医患矛盾产生很大的影响。医护人员认为某些记者的误导是导致医患矛盾的主要因素。医护人员期望社会媒体能够客观公正的报道，避免有失偏颇的报道。

3. 提升居民素质

作为医护人员要有自己的职业素养、职业道德、为民服务的思想。医护人员表示，医患矛盾的产生离不开自身。医护人员自身要严于律己恪守行业的道德准则。在提升医护人员职业素养、职业道德的同时，医护人员医疗水平、技能的提高也很重要。这样可以提高医疗服务的满意度，降低医患矛盾的发生。另一方面，患者也是构成医患矛盾的因素之一。因此社会媒体应当加大对医疗知识宣传、普及的力度。

（本文获第十八届年会征文一等奖）

卫生事务联合工会职工压力状况问卷调查分析

沈建平
（上海市卫生事务联合工会）

为了进一步了解卫生事务单位广大职工目前工作状态和所感受到的压力状况，以便工会更有针对性地开展工作，舒缓职工心理压力，帮助解决职工实际问题和困难，推动“面对面、心贴心、实打实服务职工在基层活动”的开展，促进和谐劳动关系的建设和各项卫生事务事业的发展，卫生事务联合工会于2012年9月进行了一次职工压力状况的书面问卷调查。

一、基本状况

上海市卫生事务联合工会目前由市卫生局下属6家单位组成，分别是市卫生局信息中心、市卫生局财务管理中心、市卫生局老干部活动室、市卫生人才交流服务中心、市卫生局援外物资供应站、市卫生局幼儿园。目前有在职职工工会会员123人。本次职工压力状况调查共回收到有效问卷105份，占职工会员人数的85.4%，其中女职工占70%以上。

二、问卷调查数据汇总及信息提取

本次调查问卷共有39个问题，可归类为对工作环境的感受（工作岗位、收入分配、人际关系等）、对压力的感受（工作、生活等）和应对压力的态度及方法三个方面。

1. 卫生事务单位工作环境基本可以，但有几个问题需要关注

从回收的问卷来看，职工对目前单位的工作环境和自己所在的工作岗位总体还是认可的，满意度超过50%，不满意或不适合的不到10%。尤其是对工作胜任能力的自信心很大，达80%，12.4%的人觉得心有余而力不足。

职场中的人际关系较为微妙，有 18 人认为比较沉闷、紧张或回避，占 17.1%，但无一人觉得自己与同事相处不太和睦，认为自己与同事相处融洽的有 83 人，占 79%。

对于工作中遇到的困难或问题，61.9%的职工不会感到孤立无援，25.7%的人偶尔感到无助，有 5.7%的人经常会感到无助。

然而，有三个问题值得关注：一是收入分配的公平公正性。在当前社会大背景下，分配是十分敏感的问题，57.1%的人觉得收入水平一般，不满意的占 17.1%。但单位内部分配的公平公正性更受到职工的关注，特别有两家单位，职工反映较强烈，一家不满意度达 43%，另一家则高达 56.3%。二是职工觉得自己在单位内的价值体现不够。认为自己的能力和业绩能被领导认可的 49 人，占 46.7%；不清楚领导对自己看法的有 29 人，高达 27.6%；觉得自己的意见会受到领导重视的只有 19 人，占 18.1%；直言被领导忽视的或与领导不协调的有 6 人，占 5.7%；26 人回答不清楚，占 24.8%。三是自身对今后的发展模糊不清，信心不足。如感觉发展空间较大的只有 15.2%，较小或没有的占 50.5%，不清楚的 34.3%。

2. 压力普遍存在，对大多数职工的身心尚未构成严重影响

现代社会中有压力是正常的，关键是压力的大小强弱及其对人的身心是否造成严重影响。从这次问卷看到，卫生事务单位的大多数职工有一定的压力，但影响不大，表现出自我调节和抗压能力还是较强的。

3. 产生压力因素多元化，单位内部员工管理作用不可轻视

我们正处在一个深化改革和快速转变的时期，社会矛盾的凸显性和多发性必然会影响到每一个人，因而也造成产生职工压力的多元性。从问卷中可以看到，职工中存在的压力，既有来自于工作中的，也有来自于生活中的；既有经济方面的，也有人际关系等多方面的，且职场中非工作因素的影响很大。

4. 面对压力，乐观向上和自我调节是主流

从问卷中发现，大多数职工面对压力，抱有积极的态度，并通过自我调节，有效地控制自己的情绪，不把压力和情绪带入并影响工作。从最近一次开怀大笑的时间看，50.5%的人是在一周内，13.3%的人在一月内，半年至一年的占 8.6%，不清楚的为 27.6%。

5. 多数职工较为理智，但进一步营造良好的工作环境的要求逐步突显

来自工作中的压力已成为绝大多数职工面临的现实问题，能否正确对待压力，减轻和缓解工作中的压力，不仅有助于职工的身心健康，也有利于提高工作

效率，减少失误差错，保质保量按时完成卫生事务各项任务，对此，应引起各单位领导的高度重视。

6. 职工自我缓解压力的方法多样化，有益的健康的生活方式占主导

在现实生活中，大多数职工还是通过自我克制和调解来缓解压力，调节情绪。虽然方法多种多样，但占主导地位的方法基本上是积极健康的。从遇到挫折的处置方法来看，冷静处理的占 76.2%，感到紧张的占 19%，不知所措、绝望沮丧和大发脾气的为 5.7%。

7. 家庭和朋友是内心倾诉的最好对象

毫无疑问，和睦的家庭是和谐社会的细胞，正常的良好的亲人关系是人们保持身心健康特别是心理健康的首要因素。从倾诉的对象来看，选择家人的居多，占 51.4%；其次是朋友，占 45.7%。

8. 业余生活尚不够丰富多彩，单位活动需进一步充实提高

由于工作节奏紧张，压力较大，家庭负担和责任较重，生活成本增长较快等多种因素，当然也有电视的简便和丰富、网络的快捷等优点，人们在工作之余的精神生活出现“宅”的倾向，这也同时给单位提出了在新的时代条件下，如何开展既有吸引力，又能有效丰富职工精神文化生活活动的新课题新任务。对于单位职工的文化生活，认为比较丰富的占 24.8%，一般的占 47.6%，不丰富或基本没有的占 22.9%。

三、启示与工作目标

在社会纷繁复杂的变化时期，特别是不断深化改革，集团之间、群体之间、阶层之间乃至个人之间的利益博弈公开化、白热化甚至激烈化，在充满竞争的环境中，来自于就业岗位、收入报酬、住房条件等经济方面的和来自于职场升迁、荣誉地位、自我价值实现等精神层面的压力，以及还有错综复杂的工作环境与人际关系的处理，无疑将导致员工在职场中的工作压力和心理压力加大。

自 20 世纪 60 年代美国心脏病学家通过长期的临床观察和研究发现 A 型性格冠心病发病率是 B 型性格的 2 倍后，世界各国的学者对人在职场中的性格进行了深入研究，依据人的行为方式作出了分类，并形成一定的共识。A 型性格被描述为有很强的内驱力，雄心勃勃、锋芒毕露、自尊心强、竞争心强，对工作投入大，有很高的成就需要。其三大特征是：①成就竞争取向、追求完美，却带有内在的不安全感或未满足的自尊：倾向于强烈的自我批评，严于律己，工作上精

益求精，而且为目标努力奋斗，但较少感受到努力与成就的喜悦。②时间急迫性，容易失去耐心：似乎总是在与时间赛跑，他们经常对于延迟及浪费时间感到不耐烦，不知道休息和照料自己，不会享受生活的乐趣，整天使自己处于“紧张状态”。③生气与敌意：他们容易被激怒，容易对他人心存疑虑或敌意，不能容忍自己看不惯的事情，爱大声争辩，不善于妥协。

与A型性格相反，B型性格的特点是：慢条斯理，不慌不忙，性情随和，不喜欢与人争斗，待人接物上能隐忍，比较宽容；可能没有太大的目标，但比较切合实际又符合自己能力，对成败得失看得较淡，不太在意成就的大小，没有争强好胜的压力，但能承担自己的责任；工作与休息的界限较为明确，工作生活从容不迫，有条不紊，劳逸结合能自我调剂；生活方式悠闲自在，对工作生活较容易满足，时间观念不是特别强。

此外，德国心理学家在20世纪80年代又提出了C型性格。C型性格的人多数在童年形成压抑，过分合作，过分忍耐，总是忍气吞声，逆来顺受，回避矛盾，自生闷气。他们往往过度克制自己，压抑自己的悲伤、愤怒、苦闷等情绪。这种人在遇到挫折时，其实内心并不是无怒无恨，只不过强行对自己进行压制罢了。

国内媒体近年来屡有报道，员工(特别是白领阶层)的压力普遍增大，工作压力已成为危害健康的首因，“过劳死”、猝死现象、自杀行为亦常常见诸报端。据一家世界知名调查机构的调查，在全球80个国家和地区的1.6万名职场人士中，认为压力高于去年的，中国内地占75%，位列第一，大大超出全球平均值的48%，其中上海更是超出80%，位于调查城市之首。另据日前举行的第九届中国EAP(员工心理援助)年会上公布的最新《员工压力调查报告》显示，近七成职场人士趋向“A型人格”。该报告还披露，在变革环境下，员工感受到的压力来源前三位分别是工作本身、职业发展和成就以及组织结构和氛围。这类压力不仅存在于民营企业和跨国企业，国企中工作人员同样感受到多重角色、人际关系的压力。这同本次卫生事务联合工会的问卷调查结论不谋而合，差别只限于危害后果的程度不同。

通过对卫生事务各单位105名职工压力问卷的汇总和分析，基本了解到了目前卫生事务单位广大职工在工作中所面临的心理压力及想法，虽然总体判断职工心理乐观向上，但压力的增大以及趋向A型性格的庞大群体已略见端倪。由此也给工会及各单位党政领导一些启示，如何更有针对性地做好职工思想工作，组织开展丰富多彩的职工活动，改善工作环境，缓解职工压力，降低工作焦虑，进一步增强凝聚力，更有效地激励职工以充分发挥其积极性，促进卫生事务各项工作的顺利发展，将是摆在各级组织、全体干部面前的一项不可回避的任务，对于工会更是一项刻不容缓、义不容辞的职责，并可以着力从以下四个方面做起。

1. 进一步关心职工的事业发展和价值体现

卫生事务单位的职工比较传统，看重自己的事业成就与发展空间，关注个人的职务晋升与职业发展规划，为此，各单位在员工管理上应从事业单位的特点出发，不仅让职工在各自岗位上充分发挥其主观能动性和工作积极性，更要让其体现出岗位成才和岗位立功的自我价值。同时，也要经常帮助职工特别是年轻职工做好职业发展规划，让其看到自己不断努力的方向和发展目标，更有利于职工持之以恒地激励和鞭策自己。

2. 进一步提高绩效考核和收入分配的透明度与公正性

各单位在争取不断提高职工的收入，让大家分享改革发展成果的同时，也要充分体现公平公正公开性，协调好职工对收入的满意度和心理感受的平衡，只有这样才能真正发挥考核与分配激励机制的有效作用，否则则会事倍功半，引发矛盾，挫伤或抑制一部分人的积极性，起不到激励先进、奖勤罚懒的功效。

3. 进一步改善工作环境，创造条件形成合理的性格群体结构

由于A型性格自尊心强，争胜心强，过于追求完美，这一人群无疑容易增加压力。如果A型性格人群不断扩大，即意味着愈来愈多职工的身心将可能受到严重危害。因此，各单位要从改善工作环境入手，让职工在民主、和谐、平等、公正、宽容、友善的氛围中工作，在完成卫生事务各项任务的同时，要注重人本管理，提高工作的“幸福指数”。

4. 进一步加强文化建设和团队建设，形成并集聚正能量

加强文化建设，不仅对于教育、组织和引导职工起着巨大作用，而且对于净化环境、形成和谐劳动关系、集聚正能量、推动卫生事务事业发展具有重要意义。团队又是职工除家庭以外的最重要的与人相处的环境，对于职工的思想、行为、心理、认知、相交以至价值观、生活方式等都有着重要的影响，因此，一个良好的团队，不仅表现在整体的精神风貌和工作能力，而且也体现在每个个体成员的综合素质和与人相处的团结协作的精神之中。在团队建设中，中层干部(团队的主管领导)是关键，通过以主管为核心，以文化为魂，以工作环境为抓手，以公正、包容、诚信、责任为价值导向的团队建设，卫生事务单位的工作环境必将得到优化，广大职工的素质也将得以提升。

（该文获第十六届年会征文一等奖）

浅议工会在缓解医务人员压力中的作用

王海云
（上海市精神卫生中心）

当前我国医疗改革不断推进，人民群众对卫生健康事业发展的要求不断提高，然而各项对医务人员的保障机制不尽完善，长期超负荷工作使在医疗第一线的临床医务人员的压力巨大。工会作为“职工之家”，要采取多种措施积极应对，缓解医务人员所承受的压力，使压力得到有效释放，促进医院的和谐发展。

一、医务人员压力来源比较

在我院工会随机对217位职工所做的压力调查中发现，总压力危险人群检出率为30.8％，其中医生压力危险人群检出率为36.6％，护士压力危险人群检出率为35.1％，医技人员压力危险人群检出率为20％，行政后勤人员压力危险人群检出率为8.3％。

经过对不同人群间压力来源及频率比较后发现，各岗位首要压力来源均为“收入少”；其次为“工作量大”；位列第三位的压力来源，医生为“遇到疑难病例”，护士、医技及行政后勤人员为“家庭照顾少”；第四位的压力来源均为“晋升压力大”。

二、医务人员压力来源分析

1. 关于收入

目前国家和政府对医疗卫生事业的投入偏低，医院的经济来源有限，尤其作为精神卫生专科医院，承担了大量社会公益性、公共卫生工作，为社会稳定做出了贡献，但是医疗收费标准的滞后，使得医务人员的技术劳动价值没有得到充分体现。

2. 关于工作量

医学是一个发展迅速的学科，临床医疗实践具有不确定性、未知性、探索性等特点。随着人们法律意识、自我保护意识的不断提高和《侵权责任法》《医疗事故处理条例》的正式实施以及配套文件的出台，医疗机构与医务人员面临着比以往更高的职业风险和压力。患者家属因不满治疗结果引发对医务人员的人身伤害事件屡屡发生，保障医务人员的合法权益的法律薄弱，医务人员对医疗纠纷产生的恐惧感转化为工作压力。另外，医务人员工作时间长，双休日、节假日加班、值班频繁，加之遇到急危重症病人的抢救，不仅难以享受法定节假日，有时甚至连正常的下班休息也难以保障，忽略了对家人的照顾，也易产生家庭矛盾。

3. 关于职称晋升

医务人员从初级职称到高级职称的晋升，必须在工作之余承担不间断地学习和考证的压力，部分医务人员还担负着研究生、实习生、见习生、进修生的教学任务，在繁忙的工作之余，撰写论文、做课题，以期得到职称上的晋升，成就上的认可和收入上的增加，而这更加重了医务人员的负担。对医疗任务的时间及注意力投入不足，容易发生各种诊疗问题，进而加大了医务人员的工作压力。

三、工会缓解医务人员压力的对策

作为医院职工的群众组织，工会应切实履行职能，帮助医务人员正确认识和适应目前的执业环境，建立相应的减压机制，减轻心理压力，提高医务人员的心理健康水平。

1. 落实维护职能，构筑人文健康释压平台，共同面对压力。

在帮助职工减轻压力时，工会要了解职工不同的思想动态、迫切需求，既从宏观上把握职工群体的变化趋势，又从微观上关注职工个体的具体状况，用多样化的工作方式贴近不同职工群体，有针对性地开展工作。2013 年我院工会根据新护士刚刚走出校园，踏入职场，环境的改变，身份的转换，使新护士较易产生工作压力大、焦虑、孤独、懊恼甚至愤怒情绪的情况，与护理部联合成立“护士心灵驿站”，由取得国家二级心理咨询师证书的医生、护士长担任“心灵导师”与新进护士结对。在医院业务用房极为紧张的情况下，仍然辟出专门场地精心布置，配置沙发、茶几，免费提供咖啡、茶，在温馨优雅的环境里，“心灵导师”为新护士“心理按摩”，舒缓减压，也让护士有了宣泄自己情绪的倾诉平台。现在“护士心灵驿站”的服务对象已由原来小范围的新进院护士覆盖到全体护士，体现了工会对职工的人文关怀。

2. 强化参与职能，重视职工利益表达诉求，主动承担压力。

工会要强化参与职能，发挥职工主人翁作用，组织职工参与民主管理、民主决策，进一步扩大职工的知情权、参与权和监督权。2013年根据有关上级文件规定，我院进行分配方案改革。在方案制订之前，党政班子就明确“分配方案是有关职工切实利益的大事，一定要让职工了解，职代会通过后才能执行”。有关部门召开三次方案介绍会，就大家提出的疑问进行答复、说明和解释，对职工代表提出的建设性意见和建议，有关部门进行论证与吸纳，及时进行调整，充分体现了职工代表参与民主决策，行使民主权利的重要作用。方案在职代会上以91.35%的同意率高票通过，职工在参与院内事务的同时，明确了自己的责任和努力方向，感受到自己是医院的主人，从而主动承担责任和压力。工会还积极将职工的建议向有关部门反映，在岗位设置、人员配备、工作时间安排等方面进一步优化，提高工作效能。

3. 拓展建设职能，创造良好医院文化氛围，快乐分享压力。

工会以丰富多彩的活动，调节职工生活，减轻紧张工作带来的压力。2013年我院工会举办“大地在歌唱”职工诗歌朗诵比赛和“寻找精中好声音”歌唱比赛，首届“快乐工作三十年——职工体育健身月”活动，吸引了200多名职工参与，年龄最大的59岁。同时，以职工兴趣爱好为导向，组建足球队、篮球队、乒乓球队等群众性的文体社团，促进职工之间的相互交流，增强职工队伍的凝聚力，有益于职工身心健康。

我院工会与有关部门定期开展各类先进评选，如先进工作者、先进集体、我心目中的精中人、十佳好事、文明班组、“六型”班组等，并通过院报、外网、OA网、宣传栏等广为宣传；组织“书香满院——职工书评展示月”活动，获奖书评在OA网刊登，在全院范围内营造了积极向上的良好氛围，也使职工产生强烈的自豪感和荣誉感。

4. 延伸教育职能，提高职工队伍整体素质，增强解压能力。

在调研中，我们发现压力并不全都来自工作本身，部分的压力源于医务人员自身知识、技能老化带来的心理压力，病人期望与医务人员知识技能水平之间的差距导致产生的焦虑感等。工会要充分发挥“大学校”作用，根据职工不同情况，分层次、有重点地进行素质教育，提高职工队伍整体素质。2013年我院工会举办“劳动最光荣——职工岗位技能竞赛月”活动，组织医护急救演练、精神卫生法知识竞赛、护士操作比赛、药剂知识竞赛、夏镇夷论坛，提高全院职工的岗位技能水平;举办“劳动成就梦想”青年微演讲比赛、“我的梦”青年英语演讲比赛,加强人生观、价值观的教育。

针对护士提出“关注护理人员身心健康,定期开展体检和解压培训”的建议,工会于 2013 年连续举办四场“护士心理压力管理培训”,邀请心理专家、瑜伽教练,从心理学理论、工作实践、解压保健操等方面,引导大家适应医疗行业的职业特色,学会如何有效地构建和谐的医患关系,抵御不良心理状态的影响,促进护士身心健康,提高工作质量。系列讲座不仅邀请广大护士参加,也吸引其他岗位的女职工共同参与。在培训后进行的效果测评中,94.59%的受访者认为“培训很有必要”,81.08%的受访者认为“在个人心态的调节和解压方法的运用方面最有收获”。

总之,工会在缓解医务人员压力的工作中,要从实际出发,根据不同的压力源采取有针对性的减压措施,引导医务人员正确对待压力,转化压力,创新思路和方法,使压力管理成为工会维权工作中的新亮点。

（本文获第十七届年会征文二等奖）

权益维护

医务知识女性对劳动经济权益、民主政治权利、自身价值实现的利益诉求特点、基本特征、影响因素和对策

蒋超瑛　包　晰　沙丽娜　李智超
（上海市第一妇婴保健院）

医务知识女性（下文简称“知识女性”），是整个医务女性群体中的佼佼者。她们的选择往往引领整个医务女性群体，成为后者的示范和趋势。因此，从知识女性这一特殊群体对劳动经济权益、民主政治权利、自身价值实现的利益诉求出发，分析其特点、基本特征、影响因素及对策，对于整个医务女性群体具有特殊意义。在医疗卫生领域中，知识女性所占的比例很高，了解她们的选择有利于调动这一群体的工作积极性，提高医院的整体工作效率；有助于将消极因素最小化，保障其合法权益，谋求知识女性的更大发展，从而推动医院和谐建设。下面作者将通过真实数据所反映的具体内容进行详细探讨，帮助医院在今后知识女性利益诉求方面的工作中把握重点、对症下药。

一、知识女性对劳动经济权益、民主政治权利、自身价值实现的利益诉求的特点

为了准确及全面地掌握知识女性对于利益诉求的想法，作者将调研对象设定为 300 人，共计发放 300 份调查问卷，回收问卷 271 份，回收率为 90. 3%。随后对回收的调查问卷进行筛选，筛选的原则如下：首先，问卷中是否存在漏答项目；其次，问卷设计题目中，是否存在前后答题不一致的情况。符合上述条件之一的被视为无效问卷。本次筛选出有效问卷 239 份，有效率为 88. 19%。本次调查问卷的目标对象中，大专学历占总人数的 21. 77%，本科占 68. 1%，硕士研究生及以上占 10. 13%。下面将根据有效问卷显示的具体数据展开描述和分析，由此归纳具体特点。

（1）您对劳动经济权益、民主政治权利、自身价值实现的利益诉求持何种态

度：根据统计数据显示，对于劳动经济权益表示“主动追求”的职工人数占总人数的50.85%，“被动接受”占36.44%，“无所谓”占11.44%，很难讲占1.27%。对于民主政治权利表示“主动追求”的职工人数占总人数的40.68%，“被动接受”占34.32%，“无所谓”占21.61%，“很难讲的”占3.39%。对于自身价值实现表示“主动追求”的职工人数占总人数的58.72%，“被动接受”占22.55%，“无所谓”占13.62%，“很难讲的”占5.11%。这表明随着妇女解放和医疗卫生事业发展，知识女性的主观能动性日益提升，具有主动追求相关利益诉求的愿望和勇气，敢于争取应得的利益。

(2) 您认为相较男性，女性在实现劳动经济权益、民主政治权利和自身价值过程中的难易程度：认为劳动经济权益方面女性“更容易”实现的职工数占总人数的5.11%，“更困难”的占51.49%，“一样”的占29.79%，“很难讲”占13.62%。认为民主政治权利方面女性“更容易”实现的职工数占总人数的5.13%，“更困难”的占49.57%，“一样”的占29.91%，“很难讲”占15.38%。认为自身价值方面女性“更容易”实现的职工数占总人数的5.56%，“更困难”的占46.58%，“一样”的占37.61%，“很难讲”占10.26%。这表明大部分知识女性在实现劳动经济权益、民主政治权利、自身价值的过程中，需要面临新时期的各种挑战，在竞争激烈的医疗卫生领域中仍然处于弱势地位，承受着来自各方的压力。伴随着近年来的生育高峰，我院女性医护人员的工作强度明显增加。尤其是需要翻班和值班的医务人员，在做好本职工作的同时还要兼顾家庭，工作和生活压力与日俱增。

(3) 您认为知识女性在劳动经济权益、民主政治权利、自身价值实现的利益诉求上的参与度：在劳动经济权益参与度上，认为参与度“很大”的职工人数占总人数的13.98%，选择“一般”的占69.92%，“不大”的占11.02%，“不清楚”的占5.08%。在民主政治权利参与度上，认为参与度“很大”的职工人数占总人数的13.56%，“一般”的占62.71%，“不大”的占18.64%，“不清楚”的占5.08%。在自身价值实现的参与度上，认为参与度“很大”的职工人数占总人数的13.98%，“一般”的占66.10%，“不大”的占13.56%，“不清楚”的占6.36%。这表明知识女性在利益诉求方面的参与度有一定的增长空间。我院通过职代会、院务公开、各类选举等形式开展工作的过程中，需要进一步加大宣传，鼓励更多的知识女性参与，同时也说明了做好相关工作的有效性和必要性。

二、知识女性对劳动经济权益、民主政治权利、自身价值实现的利益诉求的基本特征

研究知识女性对于利益诉求的基本特征有助于找到问题的主症，挖掘隐藏在表面形式下的深层次原因，对于深入剖析主客观因素，找到主要突破口具有指导意义。

（1）您认为知识女性在实现劳动经济权益、民主政治权利、自身价值过程中参与途径：根据统计数据显示，认为实现劳动经济权益参与途径“很多”的职工占总人数的11.91%，“一般”的占71.49%，“很少”的占12.34%，“很难讲”的占4.26%。认为民主政治权利参与途径“很多”的职工占总人数的8.97%，“一般”的占69.66%，“很少”的占15.38%，“很难讲”的占5.98%。认为实现自身价值参与途径“很多”的职工占总人数的14.10%，“一般”的占67.52%，“很少”的占14.53%，“很难讲”的占3.85%。这表明一定比例的知识女性认为实现利益诉求的参与途径需要不断拓宽，有效延伸。

（2）您对劳动经济权益、民主政治权利、自身价值实现的相关方针政策是否了解：对于是否了解劳动经济权益的相关方针政策，选择“是”的职工人数占总人数的28.51%，选择“否”的占31.91%，“不清楚”的占39.57%。对于是否了解民主政治权利的相关方针政策，选择“是”的职工人数占总人数的24.79%，选择“否”的占33.76%，“不清楚”的占41.45%。对于是否了解自身价值实现的相关方针政策，选择“是”的职工人数占总人数的30.64%，选择“否”的占28.94%，“不清楚”的占40.43%。选择“否”和“不清楚”的占六到七成，表明相关方针政策可能存在宣传不到位、制度不健全的情况。

（3）您主要通过哪种形式实现劳动经济权益、民主政治权利、自身价值：在劳动经济权益的实现方式上，选择“部门科室等直接相关部门”的职工人数占总人数的48.73%，选择“院务公开民主管理制度”的占22.59%，选择“送温暖、帮扶困难职工、金秋助学等长效机制”的占13.20%，选择“岗位建功、劳动技能竞赛”的占15.48%，选择“其他”的占0.00%。这表明在劳动经济权益的实现上，知识女性最直接接触的具体部门是最主要的渠道，在今后保障知识女性相关利益诉求的工作中，需要重点指导落实。

在民主政治权利的实现方式上，选择“各类选举与被选举”的职工人数占总人数的43.01%，选择“参与社会事务”的占31.72%，选择“向上级部门及领导提

出意见和建议”的占 20.16%，选择“上访及投诉”的占 5.11%，选择“其他”的占 0.00%。表明在知识女性的观念中，传统的选举与被选举仍然是最主要的参与形式，这对于今后继续搭建平台、丰富渠道提出了新要求和新目标。

在实现自身价值方面，选择“在工作岗位上”的职工人数占总人数的 31.55%，选择“在家庭生活中”的占 27.68%，选择“与社会的和谐统一中”的占 16.79%，选择“在精神信念中”的占 13.10%，选择“在个性发展中”的占 10.89%，选择“其他”的占 0.00%。表明相较家庭生活等形式，更多的知识女性倾向于投入社会竞争，在工作中展现能力和价值，这对于医院做好相关工作提出了进一步要求。

三、知识女性在劳动经济权益、民主政治权利、自身价值实现的利益诉求的影响因素

根据搜集的调研数据，结合工作中的实际经验，现对知识女性在利益诉求方面的影响因素，逐条进行梳理和总结。

1. 传统性别观念

在“男主外、女主内”和“男尊女卑”等男权文化观念和社会舆论影响下，男性和女性的价值体现评价标准存在差异。对于男性，通常以他的社会价值来衡量他的成功与否。他们在工作上的成就受到社会肯定的同时，淡化了其在家庭角色中应该承担的责任，对于工作上的激烈竞争引起的对家庭付出的减少将普遍得到社会的理解和支持。而对于女性，大多以家庭经营得是否成功作为评价标准，在家庭与工作产生矛盾的情况下，专注于工作从而影响到家庭生活容易受到来自社会和家庭成员施加的压力。因此，这一显著区别制约了一部分知识女性在劳动经济权益、民主政治权利、自身价值实现的利益诉求上的预期。

2. 生育和家务劳动

大多数知识女性仍然承担着比男性更多的家庭责任，下班后需要做饭、带孩子、照顾老人，在工作中又要扮演一个称职的员工，在生育期和哺育孩子期间更是大大地消耗了知识女性的时间、精力和财力。虽然目前的政策强调了对女性的保护，但在实际操作中对违反政策情况的处罚力度不够，执行力度也不够。长期持续的现实情况，使得知识女性对于利益诉求变得不敏感，削弱了应有的自信和要求。

3. 医疗竞争环境

随着医院工作节奏的加快，知识女性承受着前所未有的压力。医疗工作、子女教育、家务劳动等问题都考验着知识女性的抗压力。有培训机会或者招聘录用时，一些医院更偏重男性，认为男性医务人员的综合素质更高，这些都不利于知识女性的长期发展。总而言之，知识女性在利益诉求方面面临一定的障碍，缺乏平等竞争的发展机会，在各类分配和奖励中处于弱势。

4. 自身素质、主体意识等主观因素

一定比例的知识女性缺乏独立自主性，目前享受到的权利基本依附于制度规定。受到男权文化根深蒂固的影响，有的知识女性将兴趣爱好完全放在美容、游戏等方面，对日常工作持着敷衍的态度，只满足于做一些轻松简单的工作，将目标锁定在寻找"金龟婿"身上。还有的普遍情况是，研究生、博士生等高学历的知识女性在择偶中害怕男性认为她们学历太高，会成为她们择偶过程中的障碍，有意隐瞒自己的真实学历。这些主观因素致使一部分知识女性偏向传统家庭角色的回归，忽略了对于其他利益诉求的追求。在医疗卫生系统中也经常出现因为医务工作繁忙，跳槽到医药公司，或者要求调整现有岗位的女性。

5. 制度条例

现行的制度取向不利于知识女性维护其合法权益，例如大部分女性医务人员的退休年龄相较男性提前 5 年，且选拔干部时存在提名候选人限制在 45 岁之内的情况，这对较高占比的高学历晚工作的女性医务人员不利，限制了知识女性人力资源的充分运用。又如在招聘就业、干部录用时存在着重男轻女现象，一些保护女性的制度条例在实际操作中反而给女性的发展带来负面影响，部分医院人为地筛选掉面临结婚及生育的女性医务人员，降低了知识女性获得与男性同等利益诉求的机会。

6. 大众传媒

网络、电视、广告、书籍等大众传媒载体通常以贤妻良母、某人的女友或太太的形式出现，强化了固有的女性家庭主内观念，变相提倡了以男性审美标准为主导的错误理念，对于女性的工作生活做了一个偏差引导，仍然无法摆脱附属于男性的意识形态。这导致部分知识女性在与男性竞争冲突的情况下，相较男性削弱了对利益诉求的追求。

四、改善知识女性对劳动经济权益、民主政治权利、自身价值实现的利益诉求的影响的对策

1. 开展性别社会化教育

对全员进行性别社会化教育，消除对性别的狭隘认识，改善工作生活中潜在的对女性的性别歧视，分担知识女性被动承担的多种责任，寻求男女平等和谐发展。在开展培训的过程中，可以通过讲课、座谈、走访等各类形式，开设性别讲课、组织男女两性讨论、亲自到知识女性家中慰问，将性别社会化这一概念逐步引导成为主流思想，这一过程不是一蹴而就的，需要长期的努力。我院目前通过"中午学堂"这一平台开设各类相关培训和讲座，受益对象覆盖了全体员工，因为性别社会化的教育不仅是针对女职工，男性职工也同样需要受到教育和培训。这一工作将帮助知识女性人才茁壮成长，也是推进性别社会化的进程。只有奠定了良好的群众基础，才能从根本上提高全员意识，完成医院相关工作的和谐发展。

2. 协调处理角色冲突

对于知识女性而言，实现社会或家庭其一的自身价值并不困难，但是大部分知识女性既想要成功扮演"好母亲、好妻子"的角色，又想兼顾医疗工作，为知识女性提出了难题。为患者诊疗服务给知识女性带来的幸福感并不亚于家庭和谐，但是当两者产生冲突时需要牺牲知识女性的社会价值。因此，在矛盾不可调解的情况下，知识女性需要学会协调处理好角色冲突。第一，要取得家庭成员的支持和理解。积极营造大家共同分担家庭事务的氛围，大力提倡家务劳动社会化，将她们从繁琐的家庭事务中解救出来。如医院已有部分女性职工，请了钟点工或者保姆分担家务劳动。其次，提高自身综合素质，积极争取领导的支持和重视，从而获得更多培训、锻炼的机会，为解决实际问题添砖加瓦。如我院的特色活动之一："读书接力活动"正是一个提高知识女性内涵修养的好平台，开设至今，院长、科室主任、专家纷纷参与并给予支持，赢得了广大女性职工的好口碑，今后将继续帮助更多的知识女性提升自我。

3. 创造良好的医疗环境

医疗技术的跨越性发展和信息化转变促使知识女性地位提升，淡化了知识女性相较男性体质较弱的竞争劣势。在此基础上，进一步为知识女性提供平等竞争的良好医疗环境，扩大知识女性的活动空间，为致力于利益诉求充分实现的

知识女性创造有利条件。同时，寻求专业人士的支持，提供畅通的利益诉求渠道也将起到积极作用。目前我院在职代会、“Face to Face”职工面对面沙龙、合理化建议等形式中多次征求女性职工对于利益诉求的意见和建议，并且有的放矢进行整改。当然这些都只是知识女性工作中的一小步，未来有更深入的工作等待我们完成。

4. 唤醒主体意识、参与意识

从知识女性自身出发唤醒其主体意识和参与意识。其中主体意识指的是对自身在客观世界中的地位、作用、价值的自觉意识，它包括权利意识、独立意识、发展意识。知识女性对于利益诉求是主动追求的，医院需要尊重鼓励她们的主体意识和参与意识。让知识女性在面临选择时，按照自己的真实意愿做出适合自己的选择，让她们物质层面和精神层面的独立性发挥作用，能够选择并且承担独立选择的后果。如果知识女性的自主意识缺乏，将被动承担不应由其独立承担的后果。我院开展的各类巾帼建功、岗位创新活动，“爱，让美丽绽放”等专题活动，让知识女性在为患者服务中激发对自身价值的全面认识，提高她们的自信心，鼓励她们实现自己的价值。

5. 完善相关制度

通过建立健全相关制度来保障知识女性的就业权利、晋升机会、劳动保护等，推行公平合理的激励机制和竞争平台。要充分执行现行制度和法律法规，如《中国妇女发展纲要》《妇女权益保障法》《女职工劳动保护规定》等。同时，为了避免实际操作中的弊端，需要建立与其配套的行之有效的监督机制，杜绝执行不力的现象。值得深思的是，在医疗资源有限的情况下，要真正实现利益分配的平等，将相关制度落到实处，是一项需要长期坚持的原则。我院目前有《职工行政福利补助的相关规定》《院务公开责任人制度及责任追究制度》等相关配套制度，我们要根据医院发展的实际情况，在工作中建立长效机制、不断完善改进。

6. 加强正面宣传

随着女性解放，医务领域涌现出了许多成功的知识女性典范。积极宣传造势对于知识女性群体是一种正面的积极能量，使广大知识女性意识到自身利益诉求的重要性和可行性。这种直接的榜样力量将营造良好的氛围，引领知识女性群体朝着与男性并肩的方向前行，排除万难维护自身的利益诉求，在平等竞争受到挑战的情况下保持自信心和原动力。我院要充分利用院内网 OA 系统、院报、公告栏、各类会议等宣传途径，加强巾帼示范女性的宣传力度，为医院的知识女性群体找到引航的“灯塔”。

知识女性对于劳动经济权益、民主政治权利、自身价值实现的利益诉求，体现了她们的社会地位和政治地位，也体现出医疗卫生领域发展进步的程度。综上所述，我们可以通过以上的方法和渠道，帮助知识女性提升综合素质，开阔视野，从满足知识女性的利益诉求着手，依法维护知识女性的应得利益，让她们为更好服务患者、建设和谐社会做出应有的贡献。

（本文获第十七届年会征文一等奖）

关于医院开展法律咨询援助服务工作的实践与探索

徐　瑾　李　娟　杨振华

（上海市中医医院）

党的十八届四中全会审议通过了《中共中央关于全面推进依法治国若干重大问题的决定》（以下称《决定》），明确了全面推进依法治国的指导思想、总体目标、基本原则和重点任务，对新形势下全面推进依法治国，建设社会主义法治国家作出了整体部署。基层单位如何深刻领会、全面贯彻《决定》精神，着力推进社会主义法治化建设，上海市中医医院工会、退管会和女职工委员会（以下称工、退、妇组织）通过在基层单位内部开展法律咨询援助服务这一举措，从一个侧面对基层单位推进法治化建设工作做了有益的探索和尝试，取得了较好的成效。

一、医院法律咨询援助服务工作的界定

医院法律咨询援助服务是指医院通过一定的组织形式依法依规为职工群众提供相关的法律、政策、规章等方面的咨询援助服务，调解处理职工与医院、职工与职工、职工与社会、职工与家庭等之间的利益关系冲突而开展的一种无偿的咨询援助服务行为。其目的是通过咨询援助服务，开展普法教育，增强干部职工法治化意识，依法维护职工权益，提高医院依法管理的能力，促进医院管理规范化、民主化、程序化、法治化进程，从而为实现依法治国的总体目标作出应有的贡献。

二、医院开展法律咨询援助服务工作的动因

早在2008年，上海市中医医院工、退、妇组织在研究工作中发现，近年来医务人员的生存压力急剧上升，外有社会高度关注的医患矛盾压力，内有司空见惯的利益矛盾冲突，加之医务人员日益繁重的工作负荷以及生活、家庭、婚姻等诸多社会问题，以致医务人员在工作生活中的忧虑不能及时得到排解的情况下，往

往是碰到大事走司法途径很难，碰到繁琐小事又难于启齿，怒气只能窝在心里，这样既影响情绪又影响工作，随之内心的包袱不断加重，工作生活的烦恼不断增多，个人和单位的发展都受到了不同程度的影响。如何帮助职工排忧解难引起了医院工、退、妇组织的思考，正是在这样的现实背景下推出了为职工群众开展法律咨询援助服务这一举措。

三、医院法律咨询援助服务工作的基本做法

在医院内部开展法律咨询援助服务工作，涉及咨询服务人员的资质问题（主要是法律法规知识），职工群众的信赖度问题，咨询援助服务的效力问题，以及咨询服务的内容、范围、形式、管理等诸多问题，上海市中医医院在开展该项工作的实践中感到，要做好该项工作，需着重注意以下几个方面。

首先，要确立以贯彻企事业单位职工代表大会条例为法律咨询援助服务工作的基本准则，以明确落实职工的知情权、参与权、表决权、监督权，切实维护职工的权益为基本职责，以坚持依法依规为开展法律咨询援助工作的基本依据，用三个"基本"确保法律咨询援助服务工作有一个正确的导向。

其次，在医院开展法律咨询援助服务工作，必须取得医院党政组织的支持，必须由工、退、妇组织牵头和相关职能科室的积极参与。上海市中医医院在开展此项工作中，不但党政领导积极支持，召开动员启动大会，为法律咨询志愿者颁发聘书，还以文件形式下发了上海市中医医院《关于开展法律咨询援助服务工作的决定》，用组织行为确保该项工作规范顺利地开展。

第三，要注重队伍建设。一是建立骨干队伍，招募一批热心服务职工又具备一定法律法规知识的干部职工为志愿者，成立医院法律咨询援助志愿者服务队。二是以工会小组为单位建立法律咨询援助服务信息员网络队伍，确保咨询服务工作信息畅通，及时发现援助服务对象，开展主动咨询援助服务。三是组织动员职工同参与共推进，引导职工开展维权自治，从自我维权中提高法治意识，增强法治观念，提升医院法治化建设水平。

第四，要明确服务形式。在院报和院内局域网上公开法律咨询援助服务志愿者的联系方式，采取面询、函询、电话咨询等多种形式方便职工咨询。

第五，要明确咨询的内容和服务范围，加强咨询援助服务的管理，确保法律咨询援助服务工作有序开展。

四、开展法律咨询援助服务工作的成效评估

1. 问卷调查

采用发放问卷随机调查方法，对本院一般职工、退休职工、党政管理人员，工退妇管理人员共 365 人进行了问卷调查。

表 1　上海市中医医院法律咨询援助服务工作问卷调查汇总

调查分类	调 查 内 容	基本看法
知晓度	对医院法律咨询服务工作的开展情况了解	233 了解　132 不了解
必要性	对开展医院法律咨询援助服务工作的看法	335 有必要　27 无所谓　1 没必要
工作评价	对医院法律咨询援助服务工作的评价	238 满意　100 一般　36 不满意　1 不了解
服务需求	对劳动就业方面的咨询援助服务需求	293 需要　49 未考虑　23 不需要
	对劳动保障方面的咨询援助服务需求	306 需要　56 未考虑　3 不需要
	对劳动安全方面的咨询援助服务需求	317 需要　35 未考虑　13 不需要
	对婚姻家庭方面的咨询援助服务需求	269 需要　67 未考虑　29 不需要
	对妇女儿童权益方面的咨询援助服务需求	295 需要　46 未考虑　24 不需要
	对专业技术职务晋升聘任方面的咨询援助服务需求	317 需要　35 未考虑　13 不需要
	对绩效工资分配方面的咨询援助服务需求	329 需要　28 未考虑　8 不需要
	对用工性质方面的咨询援助服务需求	306 需要　39 未考虑　20 不需要
	对老年人权益方面的咨询援助服务需求	293 需要　55 未考虑　17 不需要
服务形式	采取何种咨询援助服务形式合适(多项选择)	287 面询　131 电话咨询　75 书面咨询　1 网络
工作效用	对促进医院精神文明建设工作的作用	329 有　31 一般　5 无
	对推进社会主义核心价值体系建设的作用	319 有　34 一般　12 无
	对推进工会维权工作的作用	335 有　30 一般　0 无
	对推进退休职工维权的作用	327 有　31 一般　7 无

续表

调查分类	调 查 内 容	基本看法
工作效用	对推进医院文化建设的作用	325有　33一般　7无
	对推进和谐医院建设的作用	332有　27一般　6无
	对增强医院凝聚力提升正气的作用	332有　18一般　15无
	对推进工会法制化建设的作用	344有　21一般　0无
	对提高职工自我维权意识的作用	337有　24一般　4无

调查结果显示：医院职工对开展法律咨询援助服务工作了解的知晓度达到64%，反映了干部职工对开展这一工作比较关注；问卷调查显示医院干部职工对开展这一工作认为有必要的占92%，反映了医院开展这一工作是服务职工群众的必需；问卷调查反映了医院干部职工对开展这一工作的满意度达62%，表明了开展这一工作的成效性；调查问卷对九个方面的服务需求进行了解，职工群众最迫切需要的是涉及经济利益矛盾方面的咨询援助占90%，最次的婚姻家庭方面的服务需求也占74%，这不仅反映了职工群众服务需求的普遍性，同时更反映了为职工群众维权内容的多样性和维权任务的艰巨性；特别是开展法律咨询援助服务工作对促进医院全面建设的重要作用的认可度平均达90%以上，对在医院开展法律咨询援助服务工作的重要性给予了充分的肯定。

2. 法律咨询援助服务工作事项结果评价

表2为法律咨询援助服务事项结果情况综合分析。

表2　上海市中医医院法律咨询援助服务事项统计表

序号	咨询时间	咨询人	咨询事项	咨询形式	咨询处理结果
1	2008-12	职工S某	年终奖金问题	电话	沟通协调解决
2	2009-01	职工P某	车祸赔偿事宜	面询	给予解释
3	2009-01	职工C某	退休工龄纠纷	面询	协调后社保局于2010年解决
4	2009-02	职工C某	公证程序咨询	面询	给予解释指导
5	2009-02	退休职工Z某	关于职称聘任	书面	已协调解决
6	2009-02	职工Z某	关于本单位职工子女用工问题	书面	协调人事作协调解释工作

续表一

序号	咨询时间	咨询人	咨询事项	咨询形式	咨询处理结果
7	2009－03	职工 T 某	关于用工性质待遇差异	电话	工作解释答复
8	2009－03	职工 Z 某	关于帮助职工子女就业问题	面询	委托妇委做了工作
9	2009－03	职工 D 某	关于返聘工作待遇	面询	已协调解决
10	2009－03	职工 J 某	关于申请提前退休事宜	面询	已作解释
11	2009－05	职工 Z 某	有关女儿就业安排事宜	面询	请人事部门帮助联系
12	2009－07	职工 X 某	婚姻家庭纠纷	面询	协调解决
13	2009－07	职工 W 某	岗位被打事件	书面	已联系公安部门处理并作捐助物资慰问解决
14	2009－08	退休职工 F 某	关于享受在职职工疗休养待遇事宜	面询	协调解决享受在职待遇
15	2009－10	退休职工 L 某	关于本院孤老的房产处理事宜	面询	给予指导解释
16	2009－12	职工 W 某	关于岗位安排利益分配	电话	协调解决
17	2009－12	退休职工 W 某	关于职工邻里纠纷	面询	协调 2 年解决
18	2009－12	退休职工 W 某	关于职工邻里纠纷	面询	协调 2 年解决
19	2009－12	职工 D 某	关于住房补贴事宜	电话	协调解决
20	2010－02	职工 T 某	医患纠纷殴打事件	面询	已协调解决
21	2010－03	职工 Y 某	关于待退休事宜	面询	已协调人事部内部给予解释答复
22	2010－04	职工 Z 某	关于在职学历教育待遇问题	面询	已告知相关规定
23	2010－04	职工 Z 某	离异子女托费事宜	面询	已与人事协调解释相关规定
24	2010－05	职工 Z 某	科室关系协调	电话	已与人事协调解决
25	2010－08	退休职工 Y 某	家庭困难要求返聘事宜	书面咨询	协调后阶段性返聘

续表二

序号	咨询时间	咨询人	咨询事项	咨询形式	咨询处理结果
26	2010 - 09	职工 T 某	援滇困难求助	面询	已与人事部门协调解决
27	2010 - 09	职工 J 某	奖金分配异议	面谈	已与人事部门协调解决
28	2010 - 11	职工 W 某	岗位职务工资争议	书面	已与人事部门协调解决
29	2010 - 12	职工 G 某	专业等级聘任事宜	电话	已与人事调整协调解决
30	2011 - 02	职工 Q 某	上班途中助动车摔伤能否确认工伤	面询	解释规定
31	2011 - 03	职工 X 某	子女就学问题	面询	协调解决
32	2011 - 06	职工 Z 某 C 某	奖金分配问题	书面	协同人事科调整解决
33	2011 - 09	职工 H 某	疑工作环境造成孕儿畸形问题	书面	协同人事后勤调整解决
34	2011 - 11	职工 S 某	医患纠纷待遇区分	电话	协调解决
35	2011 - 11	退休职工 C 某	住房补贴事宜	面询	解释规定
36	2012 - 02	职工 Z 某	专业技术职务聘任问题	面询	解释规定
37	2012 - 02	职工 Z 某	职工家庭纠纷	面询	疏导解决
38	2012 - 06	职工 S 某	家庭暴力	面询	妇委协调上门工作解决
39	2012 - 10	退休职工 Z 某	执业资格认定问题	书面	协助人事解释政策规定
40	2012 - 11	职工 Z 某父亲	精神患者相关待遇处理	面谈	协同人事协调解决
41	2012 - 11	退休职工 Z 某	养老金调整事宜	面谈	协同人事解释
42	2013 - 03	职工 H 某	奖金扣款异议	口头书面	协同人事协调解决
43	2013 - 06	职工 G 某	劳动合同异议	面谈	协同人事协调解决
44	2013 - 07	职工 S 某	家庭矛盾	电话	协同妇委协调解决
45	2014 - 03	退休职工 L 某	关于增加退休职工体检项目	口头电话	采纳接受解决

续表三

序号	咨询时间	咨询人	咨询事项	咨询形式	咨询处理结果
46	2014－04	退休职工 L 某 C 某	关于调整退休职工体检时段	书面	已协调解决
47	2014－06	职工 Z 某	关于调整护士中夜班停车问题	书面	已协调解决
48	2014－07	职工 G 某 Z 某	关于院内停车异议	书面	已协调解决
49	2014－10	职工 Z 某	退休职工遗产处分	面谈书面	已帮助协调
50	2014－11	职工 W 某	关于妥善解决职工相关福利对待	口头	已得解决
51	2014－11	职工 L 某母亲	关于职工就医问题	电话	协调解决
52	2014－12	职工 H 某	夜班工作期间受患者侮辱	书面	申请医务工会帮助解决
53	2015－01	职工 G 某	关于先兆流产休养问题	面询	协调解决
54	2015－01	职工 Z 某	关于集体宿舍住宿事宜	书面	协调解决
55	2015－03	职工 Z 某	关于女儿婚姻纠纷	面谈	协调解决
56	2015－04	职工 Y 某家属	关于车祸补助问答	面询	协调解决
57	2015－06	职工 S 某	专业技术职务聘任	书面电话	解释规定
58	2015－06	职工 B 某	下班车祸工伤认定问题	面询	解释规定
59	2015－07	职工 L 某父亲	职工提前退休	书面	协调解释
60	2015－08	职工 W 某	关于职工家庭困难事宜	电话	协调帮助之中

结果显示，在 60 件咨询事项中 38 项得到解决，21 项得到疏导解释，1 项正在协调解决之中。统计结果表明，在基层单位开展法律咨询援助服务不仅有事可做，更是有事需做，不仅强化了工会组织的维权意识，也是新时期新形势下基层单位维权思维的一种创新，更是职工群众维权自治，推进基层单位法治化建设的一种模式。由此，医院党政组织也给予了充分的肯定，法律咨询志愿者服务队被医院评为十佳好事，法律咨询援助服务工作被上海市卫生系统评为“优胜文化品牌”，上海医工报以《“维和行动”创新职工维权模式》作了宣传，劳动报以《医护职工维权“自治”创新模式试水》作了推广报道。

五、医院开展法律咨询援助服务工作的几点启示

（1）在医院开展法律咨询援助服务工作是医院职工的迫切需求，尤其是医务职工既有单位工作压力与利益冲突，又有社会的责任与社会生活的矛盾，为医务职工开展法律咨询援助服务是新形势的现实必需。

（2）开展法律咨询援助服务工作对推进医院全面工作具有重要作用。开展法律咨询援助服务工作不仅是法治化建设的一个工作模式和具体要求，同时也是医院精神文明建设工作的重要组成部分，是践行社会主义核心价值体系建设的具体体现，是医院文化建设的重要载体，是和谐医院建设的基础，是医院党政组织凝聚正能量、调动积极性的重要抓手，更是工、退、妇组织群众工作的重要内容和工、退、妇组织履职的具体表现，切实开展好这一工作，将对医院全面建设具有促进作用。

（3）在医院开展法律咨询援助服务工作对加强医院民主管理具有推进作用，通过开展法律咨询援助服务工作能更好地促进医院管理制度化、规范化和程序化，促进医院管理民主、管理公开、管理规范，从而不断提升医院管理的科学化水平。

（4）在医院开展法律咨询援助服务工作对提高干部职工的法治观念、增强依法办事意识、营造医院法治氛围具有引导作用。通过开展法律咨询援助服务工作，一是可以促使医院工、退、妇组织和法律咨询服务志愿者努力学法用法，自觉提高法治意识，不断提高依法服务依法维权的能力，努力实现维权思维创新、模式创新和机制创新，不断提高维权水平。二是可以营造干部职工学法、知法、懂法、用法的氛围，努力造就基层单位工、退、妇组织依法积极主动维权，职工群众依法依规维权自治的法制化建设的生动局面。

（5）通过开展法律咨询援助服务工作，不仅较好地发挥了工、退、妇组织的作用，而且更好地坚定了工、退、妇工作者的服务信念。只要坚持为职工群众办好事、办实事，工、退、妇工作就一定有生命力；只要坚持为职工群众排忧解难，工、退、妇工作者就会成为职工群众的贴心人；只要坚持服务职工群众这个立足点和出发点，工、退、妇组织就能充分发挥好桥梁和纽带作用，只要各级基层组织在工作实践中不断创新探索，建设法治化国家的远大目标就一定能实现。

（本文获第十九届年会征文二等奖）

新常态下工会维护医务职工权益工作面临的问题及对策

吴闵弟　祁新花　张　丽　朱　宏　吴恩贞
（上海市闵行区医务工会）

当前，我国经济发展进入新常态，上海正处于创新驱动发展、经济转型升级的关键期，工会工作的对象、内容和环境条件发生深刻变化。大量“体制外”职工的合法权益亟需工会组织去代表和维护；职工日益增强的维权意识及其维权行为亟需工会予以有序引导；随着信息化特别是新媒体的快速发展，各种思想文化相互碰撞，亟需工会突出维护职能来增强防范抵御工作的实效性。调查显示，医务职工承担着医疗、科研和教学等大量工作，95.5%医务职工认为自己有工作压力或压力非常大，60.9%医务职工认为自己的报酬与工作量不成正比。针对这样一支特殊的服务对象，医务工会的工作也面临着严峻的考验。本调查研究，旨在发现新常态下工会在维护医务职工权益工作方面存在的问题，并对于工会如何进一步创新工作方式，做好工会转型，提出相应的对策。

一、医务职工维权状况调查

为了了解医务职工维权现状，闵行区医务工会在召开工作例会时，向基层工会主席传达调研目的，并随机选择闵行区所属公立医院 10 名工会主席进行半结构式访谈，听取意见、建议；在前期调研的基础上自行设计了“新常态下工会维护医务职工权益调查问卷”，随机抽样调查了闵行区三级医院、二级医院医务职工各 50 名及一级医院医务职工 100 名，由基层工会主席或班组长向本单位职工说明本次调研的目的并征得本人同意后，填写本问卷。问卷匿名填写，发放问卷共 200 份，回收 200 份，有效问卷 197 份，问卷有效率 98.5%。参加问卷调查人员平均年龄 37.2 岁，男 30 人，女 167 人。数据统计分析采用 spss 18.0 进行，统计结果如表 1、表 2、表 3 所示。

表 1　参与调研医务职工基本状况（$n=197$）

职工状况	n	构成比/%
文化程度		
中专	14	7.1
大专	68	34.5
本科	108	54.8
研究生及以上	7	3.6
职称		
初级	110	55.8
中级	81	41.1
高级	6	3.0
工作年限		
5 年以内	35	17.7
6～9 年	36	18.3
10 年以上	126	64
职业		
医生	40	20.3
护士	85	43.1
医技	23	11.7
管理	49	24.9

表 2　医务职工的工作现状（$n=197$）

工作现状	n	构成比/%
付出与报酬		
相符	77	39.1
不相符	120	60.9
职业安全保障		
能	68	34.5
不能	129	65.5

续表

工作现状	n	构成比/%
工作压力		
非常大	87	44.2
一般	101	51.3
没有	9	4.5

表 3　医务职工的维权调查($n=197$)

维权情况	n	构成比/%
最关心		
工作环境的保障	32	16.2
付出与工资报酬	103	52.3
外出进修学习机会	6	3.0
保障人身安全	56	28.4
保障权益的制度		
职工代表大会	118	59.9
院务公开	71	36.0
党政工联席会议	8	4.1
有困难谁出面帮助		
党政领导	48	24.4
行政部门	24	12.2
工会组织	125	63.5

通过调查显示,频发的暴力伤医事件,患者对医务人员缺少信任,医患关系紧张,加上有些媒体不负责任的负面报道,使得 65.5%的职工觉得上班时安全不能得到保障;风险大、责任强、技术含量高、工作量大、强度大、工作时间长、晚夜班及节假日加班费太低,使得 60.9%的职工觉得付出与回报不成正比;医务职工最关心的是付出与报酬的匹配,其次是能保障他们的人身安全,再次是创造良好的工作环境,增加外出进修学习机会。

二、工会维护医务职工权益工作现状

1. 职工权益受侵害的方面

(1) 人身安全保障权益。医务人员在工作中受到病人或家属的人身伤害，包括辱骂、殴打、甚至恶性伤医事件，医院成为社会暴力的宣泄口，超越了人们所能承受的道德底线，危害了医务人员的根本利益。

(2) 经济权利。主要体现在一线职工、非在编人员等重点人群的工资福利待遇等方面。非编职工与在编职工承担着同等的工作任务和压力，劳动强度大，但缴纳社会保险费用基数不同，工资报酬相对较少，个人发展受限，自身价值难以体现。薪酬待遇的差别极易诱发非编职工的心理失衡，导致他们不能更好地发挥出个人的聪明才智。

(3) 健康休息权益。由于工作量大，人员紧张等问题，32%医务人员经常加班，其中又有 44%的人员加班时间在每周 4 小时以上。

(4) 公平权。绩效改革打破了平均主义，医院各科室由于所属领域的不同，待遇方面存在一定的差异，导致各科室间产生矛盾；具体到每个职工，由于工作领域和工作经验等相关方面的不同，也会存在一定层次的利益冲突。有的职工的思想意识跟不上时代节奏，会认为受到了不公正的待遇。

2. 工会维护医务职工权益现状

(1) 医务职工伤害援助对策。对于职工在上班期间碰到恶意伤医事件，启动医务职工援助方案，与党政配合，及时报警，予以心理疏导，经济补助，并提供法律援助，把对职工的伤害降到最低。

(2) 非编职工及时入会。让非编及时加入工会组织，关注他们的合同签订情况，关注他们医疗、养老、工伤保险、互助保障的交纳情况以及绩效奖金的分配机制，务必保障他们的基本利益，让他们对医院的发展充满信心。

(3) 关心加班职工。比如职工在非上班期间参加活动、会议、讲座等，应予以相应的补偿和报酬。

(4) 优化绩效改革方案。对涉及职工切身利益的事情，及时广泛听取职工意见，绩效改革方案要在职代会获得多数职工代表表决通过，方能实施。对于职工有疑问者要及时了解原因，与相关部门做协调沟通，给职工合理的解释。

3. 工会在维权工作方面所面临的问题

(1) 暴力伤医不是简单的医患关系问题，而是严重的违法犯罪行为。从根源上看，它是医药卫生体制改革滞后、医患对立情绪长期积累、看病难看病贵问题尚未缓解造成的。但是标本兼治，从源头上解决暴力伤医问题一时之间是难以做到的。

(2) 现阶段我国的民主与法制建设不够健全，工会实际地位与法律地位相距较远，基层工会干部维权左右为难，力不从心或劳而无功。维权工作与医院某些行政规定相抵触，以服从医院规定为主，考虑医院运营、收入情况，难以全部实施。

(3) 基层工会工作人员多为兼职人员，另自身缺乏法律方面的专业知识和法律意识不强，在工作中也影响了工会的维权工作。

(4) 基层工会经济实力薄弱，帮扶资金有限，只能对困难和特困职工实行临时困难慰问或救助。工会在维护弱势群体的具体利益时只能参与和帮助，解决不了职工的根本问题，使得职工感受度不强。

(5) 职工对民主管理工作参与度下降。在医疗卫生行业，繁忙的业务工作，职称晋升等压力，让医务人员每天都忙于应付工作。很少有职工会主动参与到民主管理工作中来，对于工会组织的活动，也常常因为工作关系不能积极参与。

三、工会维护医务职工权益工作对策

维护职工合法权益是一项长期的系统工程，是工会组织开展各项工作的核心，用什么方法，通过哪些途径维权，是重点问题，它涉及维权的实际效果。

1. 建立医务职工思想动态网络

工会要经常深入基层，及时掌握劳动关系的动态、职工权益的实现状况和职工队伍的发展变化，把握职工思想脉搏，为加强源头参与和开展维权工作提供依据。同时要客观地分析职工思想变化的根源，注重从源头上帮助职工解决问题。建立区医务工会、基层工会、基层职工思想动态信息员的三级网络体系。

将思想觉悟高、责任心强的职工聘任为职工思想信息员，对信息员的职责作出明确规定，要求他们及时对职工群众最关心、最关切的问题、情况进行搜集，如实反映单位职工的想法。及时了解职工的愿望和合理维权要求，明确阶段性的维权重点。

2. 注重主动维权和源头维权

工会维护职工合法权益应在主动“维权”和源头“维权”上下功夫，积极主动参与医院各项规章制度、方案、计划的讨论制订，努力做好“源头”维护；认真协助配合党委行政抓好各项规章制度的学习和贯彻执行，做好解疑释惑，化解职工思想顾虑；主动参与或开展劳动监督检查、劳动生产保护、劳动争议调解预防、生活保障等工作，及时发现问题，并向党委行政提出解决问题的建议和措施。

3. 引导职工合理表达诉求

畅通职工诉求的通道，健全职工诉求表达机制，让职工可以充分表达自己的诉求。工会可以通过职代会、合理化建议等有效途径，表达职工的诉求。一直以来职代会是职工参与企业民主管理的有效方式，但召开次数有限，影响了沟通的及时性，职工代表巡视制度可以充分弥补此不足。职工代表是每位职工自愿推荐的“代言人”，让他们参与民主管理、民主监督和民主维权，审核和表决医院重大事宜、群众合法利益相关的重大决策及规章制度，才能使他们的维权功能充分体现。通过实行院务公开，进一步完善职代会组织建设，强化职代会职权，增强职工民主管理工作的实效性。

新形势下的工会维权工作，需要工会把维护职工的整体利益和维护职工个体的利益结合起来，必须在整体上维护职工群众合法权益的同时，更充分关注或重视维护每个职工群众的具体利益，使工会的维权工作落实到每个职工群众的切身利益上，增强职工对工会组织的归属感和认同感。

4. 探索非编职工的关心管理机制

让非编人员参与职工代表大会，享受与在编职工相同的民主权利；定期开展非在编人员体检，享受安全卫生权益；慰问非在编人员、开展疗休养工作，享受同等福利待遇；遵循按岗取酬和公平公正的原则，建立非编职工待遇增长机制、考核评价机制，搭建发展平台，实施年度考核评优，每年组织优秀非编职工入编，从而更好地激发和调动非在编职工的工作热情。

5. 做好工会干部的法律法规知识培训

提高工会干部的工作能力是做好工会工作的重要保证。应加强工会干部的能力素质培训，全面提高工会干部的理论水平、政策水平和实际工作能力。工会干部应着力提高联系员工的能力，善于表达员工意愿、集中员工智慧、凝聚员工力量；应着力提高维权能力，熟悉相关法律、畅通维权渠道、讲究维权艺术。

6. 开展职工素质工程，维护好职工的发展权

医院的发展和职工素质的提高是“双赢”的。工会要帮助职工提高自我竞争力，积极为职工自我发展搭桥铺路。通过岗位培训、技术创新、技术比武、知识竞赛等，使职工更好地掌握专业知识并提升专业技能；营造医院文化氛围，维护好职工精神文化权；积极开展丰富多彩的文体活动，以满足职工精神文化的需要，

增进职工的身心健康；让职工能在一个安全、健康的环境中工作，同事之间沟通愉快和谐，并且有民主公平、团结进步、积极向上的工作氛围；经常性为职工提供进修提升的机会，让职工们在创造劳动价值的同时，提升自己，感受到自我价值的实现。

7. 深入实施送温暖工程，维护好困难职工基本需求

帮扶是工会维护职工利益最直接最具体的体现。工会应及时掌握困难职工的基本情况，把组织的温暖送到职工手中，真心实意地为他们排忧解难。

工会工作重在维权、难在维权、贵在维权。深化维权是工会一项长期的工作，需要我们广大工会干部在今后的工作中不断研究，积极探索，努力构建更加有效的维权工作格局。

（本文获第十九届年会征文二等奖）

医院工会在处理职患冲突过程中维护职工权益的工作机制研究

黄　敏　乔　蓉　胡亚琼　尹晶娴
（上海市儿童医院）

一、研究背景

（一）医疗服务中多方面的矛盾与冲突

职患冲突是特殊情境下的医患关系，也是医务职工在工作场所发生人事伤害、财产损失和心理创伤等不良后果的威胁因素。在“医者施医、患者求医”的医疗服务中，由于经济状况、价值取向、角色意识、道德水平、法律法规等多方面的矛盾与冲突，导致职患冲突的发生存在绝对性和偶然性。随着经济体制的转轨、医药卫生行业的改革、人民健康需求水平的提高，职患冲突问题演变和加剧。职患冲突成为医院工会和医务职工的所必须直面的突出问题，原因有以下几点。

一是政策法规尚未建立健全。2002 年的《医疗事故处理条例》和举证责任倒置的规定、2005 年职业化医闹的出现、2009 年底通过的《侵权责任法》、2010 年医疗纠纷第三方调解机制的启动，反映出这十余年间医患关系经历了恶化、撕裂、流血升级，依然没有好转的趋势。

二是恶性伤医事件连续频发。据卫生部统计数据显示，2010 年全国医疗纠纷事件较 5 年前增长了 68.3%，2013 年已经多达 7 万件左右。根据中国医院协会近日发布的《医院场所暴力伤医情况调研报告》，暴力伤医事件的发生医院从 2008 年的 47.7%上升至 2012 年的 63.7%，住院区、就诊区、办公区成为医院场所发生暴力伤医事件的高发区。

三是医改亟待解决的突出问题。在医改的推进过程中，医疗制度设计和运行过程中公平与效率的失衡、医疗机构运营管理中经济效益和社会效益的矛盾、医务人员执业现状中个人价值和社会价值的落差在逐步优化和着力完善。医务人员是医疗卫生服务的实施者，也是公立医院改革的践行者。在医患关系中，医务人员承担着医患委托代理关系和交易关系，他们提供医疗服务的质量和数量直接关系到医疗服务的效率、效果和效益，因此其切身权益必须得到高度重视。

（二）医院工会维护职工权益的困境与挑战

医院工会的重要职能是维护职工权益，在处理职患冲突过程中需要给予医务职工及时、有效、恰当的组织、经济和其他形式的保障和补偿。在实际工作中，医院工会面临着现实的困境和严峻的挑战。

一是如何为医务人员营造适宜的职业环境，防范职业风险。在医疗服务中，医务人员承担着医患委托代理关系和服务交易关系双重身份。在医患冲突中，由于法制不健全、政策不明晰、流程不衔接，加上患者是“弱势群体”的代名词，使得医务职工在受到不法侵害或不同伤害后，其基本权益、合法诉求、经济补偿和精神赔偿较难得到落实，医务人员的职业环境和权益保障令人担忧。

二是如何为医务人员争取合理、全面的薪酬保障体系。受传统道德思想的影响，“救死扶伤”“重义轻利”是社会对医务人员道德水准的评价准则。根据马克思的劳动价值论，培训成本、工作强度、职业风险应该与薪酬回报和社会待遇成正比。作为具有特别知识和技能的专业人员，医务人员在履行职能中如果给他人造成损害还要承担相应的民事责任。因此，在医务人员的收入分配上，既要体现技术的价值性又要体现医疗服务提供的风险性。

三是如何切实关爱医务人员，调动积极性，提升获得感。与一般社会分工相比，医疗行业是一个高风险、高压力、高技术性的行业。职业环境日益恶化、职业生涯漫长艰辛、潜在职业病风险大使行业吸引力下降、职业倦怠感加剧。当下严峻的医生执业环境让不少填报医学专业的学生望而却步。中国医师协会的一项调查显示，薪酬待遇和工作条件成为医务人员离职的主要原因。在提高专业技术水平和应对繁重医疗工作的同时，医闹职业化和医患纠纷极端事件的频发，更使医务人员身心健康和人身安全受到严重威胁，医务人员队伍流失情况也日趋严重。因此，需要从制度安排、政策建议、劳动防护、法律援助、政策咨询等方面来发挥医院工会的作用。

二、研究过程

本文拟通过研究医院工会在处理职患冲突过程中的维护职工权益的工作机

制，破解目前医院在职患冲突处置中归口管理不明晰、工作流程不明确、权益保障不到位等问题和难点，通过文献检索、现状调研等方式，了解医院工会工作人员、医务职工对职患冲突维权工作的认知水平、态度立场、参与程度、实际需求和发展现状，进一步探索职患冲突中医院工会维护和保障医务职工权益工作的范围界定、启动程序、主要内容和流程路径，制订职患冲突防范机制、预警与应急措施和法律援助、维权保障的实施方案，探讨如何发挥医院工会的组织优势、职能优势、整合资源的优势使医务职工的维权事务落实到位。

本研究以基层医院工会工作人员及职工为研究对象，通过问卷调查和专家访谈的方式开展课题研究。

问卷调查：以基层医院工会工作人员、医务人员为调查对象，设计调查问卷2份，一份为《职患冲突过程中维权工作机制调查问卷》，该问卷填写对象为医院工会工作人员，共回收问卷15份，通过摸底调查了解医院工会目前在职患冲突过程中维护职工权益的工作机制。另一份为《医务人员在职患冲突过程中所面临的困境与挑战》，该问卷填写对象为基层医院职工，共回收问卷177份。

三、研究的内容及结果

本次回收的有效问卷中，医务人员比例为：市级医院114人(65.54%)，区县中心医院39人(20.9%)，社区卫生中心24人(13.56%)。参与问卷的工会工作人员均为市级三级医院工会。

(一) 医院工会维护职工权益机制建设

1. 职患冲突危机或暴力伤医事件应急预案得到有效建设

被调查的15位工会工作人员均表示，其所在的单位均完成了职患冲突危机或暴力伤医事件应急预案的建设工作。同时，在被调查的177名医务人员中，有85.88%的医务人员表示，其所在单位开展过应急处置的专题培训或模拟演练；仅有1.69%的医务人员表示从未接受过应急处置的专题培训或模拟演练。另外，60.45%的被调查人员表示，其所在单位对医务人员开展过防暴防身的专题培训；14.69%的医务人员表示，没有接受过防暴防身的专题培训。由此可见，职患冲突危机或暴力伤医事件应急预案在大多数医院均得到了有效建设。

2. 处理职患冲突危机或暴力伤医事件有着有效分工

在被调查的15位工会工作人员中，有93.33%的人员所在的单位，在处理职患冲突危机或暴力伤医事件时，做到了归口管理，统一指挥，流程明晰；仅有6.67%的人员表示处理机制还在建设当中。同时，15位工会工作人员均表示，在处理职患冲突危机或暴力伤医事件时，都是由工会来完成慰问、安抚与陪同就医工作。

3. 通过法律途径维护医护人员权利

在被调查的15位工会工作人员中，有13位曾为医护人员提供过法律咨询服务，其中包含4项民事诉讼与3项刑事诉讼。同时，有80%的工会工作人员表示，在处理职患冲突危机或暴力伤医事件时，为医护人员请过代理律师或是法律顾问。所有被调查的工会工作人员均认为职患冲突危机或暴力伤医事件侵犯到医护人员的人身权与生命健康权。由此可见，医院工作已经从法律途径，做到对医护人员权利的维护。

(二) 医院工会维护职工权益存在的问题

1. 工会组织机构与管理制度不完善

医院工会作为医院职工权益的代表者和维护者，同时也是党的各项方针在基层落实的组织者和实施者，其自身的有效管理意义重大。从我国工会管理工作实践来看，其民主管理还存在着很大的问题，工会的职责无法充分发挥，缺乏应有的独立性和自主性，职代会的民主运行机制滞后，选举制度不尽如人意。因此，管理问题是我国医院工会组织的一个首要问题。

2. 工会吸引力和凝聚力不强

由于医院工会在工作中过于重视职工对医院管理方式的服从性，从而忽视医院职工自身的需求性，同时职工对工会的性质认识模糊，认为是医院管理体制的附属物，不能有效地解决一些实际问题。因此组织观念削弱，理论创新意识淡化，地位不突出。医务人员在工作中遇到冲突危机时，第一时间通知对象为院办、保卫部等职能部门，并希望得到工会、所在科室的保护和安抚，然而在工会层面，工会小组/部门工会容易被忽视。由此可见，多数职工认为，工会应在事件发生后看望当事人，其职责仅为慰问关心职工。

(三) 医院工会维护职工权益存在问题的原因分析

1. 定位不清楚

首先，部分医务管理人员认为医患关系主要靠医院职工个人与就医患者双方进行协调处理，医患关系的处理可以由医院的投诉管理部门，例如医务科、纠纷办等部门来进行处理,并认为应该是在发生医患纠纷后才需要积极地介入,否则就是浪费人力物力和财力,也是没有必要的,这种偏差认识的存在,使得工会很难在医患关系的构建中发挥积极的作用。

2. 发挥作用的途径少

虽然部分医院工会在医患关系的构建中发挥了积极作用,但其参与的途径仍然有待进一步增加,并且主要是从医院职工的角度来考虑如何改善这种关系,而没有从就医患者的角度来思考问题,寻找解决问题的办法。例如工会通过向职工介绍提高服务质量,介绍避免正面冲突的处理方法,但总体来看,由于恶化的医患关系更多的是患者基于对自身病情的认识存在偏差,或者对医疗系统本身存在误解和误读等原因造成的,并不能简单地从职工的角度来寻找解决问题的办法,这就要求工会在进一步完善职工这一途径的同时,创造性地从患者的角度来寻找突破口,促进和谐医患关系的构建。

3. 工作方法有待创新

当前,工会参与构建和谐的医患关系,主要依靠与医院职工或者患者进行面对面的交流等方式来进行,这种方式虽然能在一定程度上起到积极作用,但需要有善于沟通能力,且懂医疗业务的工会干部才能在沟通中将各种问题解释好处理好,且情绪激动的患者难以被有效地说服,这就要求工会在参与方式上进行创新。特别是当前工会干部主要是从如何帮助职工争取更多福利待遇,组织职工开展各类文化体育活动和维护职工合法权益为己任,而缺乏对医患关系构建的专门研究和学习,通过沟通就能解决医患矛盾的工会干部数量相对较少,若不进行方法上的创新,将使得工会在医患关系构建中的作用大打折扣。

四、对策与建议

1. 发挥工会维权功能,确保医务人员人身、财产安全

《工会法》第六条明确规定维护职工合法权益是工会的基本职责。医学职业权利是法律、道德赋予医务人员角色的权利,法律上的权利是指医务人员依法拥有的权利和应享受的利益;道德上的权利是指在道义上允许医务人员行使的权利和应享受的利益。《中华人民共和国执业医生法》规定:医生在执业活动中,人格尊严、人身安全不受侵犯。维护生命尊严是一种必然性的义务,生命的尊严是检验和衡量医患关系的试金石,是医疗发展的生命线。

医生有要求病人和家属配合诊治、在特殊情况下干涉病人行为的道德权利,

同时，医生的道德权利具有一定的自主性。医务人员的自主是指在注册的执业范围内，是医疗法律赋予的，不应依附于地位、权力、财富以及表面的威严和强势，是谁也不能侵犯的。职工在医疗服务中遇到的暴力伤医事件，工会组织一方面亲自上门慰问，表达医院的关怀、关心，送去温暖；一方面在国家政策的保护下，需要勇敢站出来，为职工说话，拿起法律的武器严惩医闹，维护医务人员尊严，弘扬正气，做到不躲避、不妥协、不息事宁人。

2. 发挥工会维稳功能，给医务人员一个安全的执业环境

在深入推进医疗卫生体制改革过程中，历史的积淀问题和现实的发展问题交织在一起，医务人员的困惑和患者的期盼交织在一起，对医疗行业高风险的认识不足而产生的思想观念的碰撞，行为的过火时有发生，给工会工作带来了新的课题。医院工会除了在维护职工合法权益方面要下大力气、花大功夫外，还要在维护医院稳定方面大有作为。维权与维稳是统一不可分的，维权历来是工会的“金字招牌”，工会职责就是让职工满意，让党放心，而维护医院稳定是大局，没有稳定一切无从谈起；稳定是政治基础，一切问题都需要在稳定的基础上依法理性解决。因此，医院工会必须在党委的领导下，积极主动站在第一线，与有关部门一起处理好有苗头的医闹，防微杜渐，依法理性解决有关问题。

3. 发挥工会协调功能，构建和谐医患关系

医院工会维权维稳工作是一个互动的过程，需要医患双方共同参与和关注，医患双方是对立统一的，一方的存在要以对方为基础。大量事实说明：医患双方中的任何一方不尊重或侵犯对方的权利是引起医患纠纷的原因之一。因此，工会在维护医院职工权益的同时，还应帮助患者维护权利，要把维护患者的权利作为前提，因为在医患双方的医学知识和能力上存在着事实上不平等，患者存在着“求医”心理且处于弱势地位，只有维护了患者的权利才能有利于建立起指导—合作或共同参与的伙伴信托关系，维护患者权利的关键是保证医疗的质量和安全。医患双方在享受一定权利的同时，必须履行一定义务才能保证医疗工作的正常运行，才能相互间产生感情的共鸣，才能调动双方进行医疗决策的积极性，从而有利于医务人员的正确决策和有序地开展医疗卫生保健活动，最终有利于患者的康复。工会要通过微信、微博、QQ 群等现代方法和谈话、座谈等传统方法指导患者合理、合法维权，做到维权有度、维权有依据、维权有底线，尊重医务人员人格尊严、权利和劳动价值，在任何情况下都不能侮辱医务人员，更不能漫骂和殴打医务人员，做到文明就医，实事求是对待疾病，冷静客观地要求医务人员。

4. 发挥工会教育管理功能，重塑白衣天使形象

医院工会组织要站在长远发展的战略高度，从自身特点和优势出发，充分发挥工会的教育职能作用，做好职工的思想政治工作，开展理想信念教育、社会主义核心价值观教育、法律法规教育，积极支持医务人员的进修、培训工作；协助有关部门，充分利用各种媒体，加大好人好事的宣传力度，扩大正面影响，努力树立医务人员的良好形象。

医务人员要维护"白衣天使""生命守护神"的荣誉，必须提高自身道德水平，遵守职业操守，坚守道德底线。当前，医改正在艰难破冰，外部环境的改善尚需一个过程。因此，唯有医者先行，不等待、不抱怨、不放弃，传承仁心仁术，才能重塑职业尊严。

医生从业的行为规范从根本上讲应该是自己的良心和尊严，而医生的良心和尊严大多数时候依赖医院维护，因此，工会要代表职工群众监督医院的管理，要求医院对医务人员的管理应该人性化，不要出了问题就一罚了事。当媒体对出错的医务人员不公正地报道时，要据理力争，维护医者的良心和尊严。要维护医务人员的尊严，必须多听听他们的声音，不让管理成为他们的负担，在他们出现错误的时候，给一些积极的帮助而不是简单冰冷的惩戒，帮助他们树立自信。

（本文获第二十届年会征文二等奖）

医务人员职业伤害与卫生法制建设的研究

江欲红　庄惠民　强瑞娟

（杨浦区医务工会）

医务人员担负救死扶伤的使命，是掌握着疾病诊断和救治丰富知识和技能的群体。在日常工作中，需面对罹患各种疾病的患者，经常暴露于化学、物理和生物有害因素中，并处于心理学和工效学的过度应激状态。遇到突发性公共卫生事件时，则需面对并处理濒临危难的个体、群体和危险的环境，他们所遇到的职业性危害，既有慢性长期的影响，又有急性突发性的危害。如何保护这一特殊职业人群的身体健康、生命安全，并改善他们的职业生命质量，是职业卫生工作者和社会，包括工会组织在内都必须担负的责任。长期以来，医务人员职业暴露与防护问题未引起社会、研究单位和管理部门的足够重视，法规和标准滞后、相关研究不深入，缺乏全面、完整的关于医务人员健康状况的评估资料。

为此，课题组通过调查，比较系统地了解反映医务人员面临的主要职业危害因素对健康的影响，并针对医务人员职业危害防治工作中存在的问题，从贯彻《职业病防治法》和 WHO“人人享有职业卫生”的全球战略出发，探讨如何在立法、服务、管理、培训和技术支持层面上建立“平战结合”的医务人员职业卫生防护体系，把医务人员视为特殊职业人群，纳入职业卫生的防护范围，让广大医务人员在“救死扶伤”过程中，始终得到切实、有效的职业卫生防护。

一、医务人员面临的主要职业危害因素

众所周知，医院环境的特殊性对医务人员造成的职业伤害往往被人们忽视，如医院使用的各种化学消毒剂、化疗药物对环境的污染；患者的血液、体液等污染环境或医疗用品；接触 X 线、激光、放射性核素等都会对医务人员造成不同程度的危害。

1. 物理性职业危害因素

随着医学科学的进展，医院新型的医疗器械和设备越来越多，由此产生的噪声、高温、激光、电离辐射（如X线、γ线、α粒子辐射等）及非电离辐射（如高频电磁场、微波、超声波、激光、紫外线等）加大了对医务人员的危害。

锐器损伤是医务人员物理性危害的最常见职业事故，调查表明在医院工作的医生、护士、实验室人员和清洁工都是创伤的高危人群。在工作中医护人员经常被针头、刀片、缝合针等医疗锐器刺伤，或通过黏膜及皮肤直接接触患者血液而感染血液传播性病原，如乙肝病毒（HBV）、丙肝病毒（HCV）和艾滋病（HIV）等。调查显示门诊抽血室、注射室、急诊室和手术室是医疗锐器伤害较重的岗位，护士为高暴露群体。另外针刺伤还可以传播一些其他疾病，如疟疾、败血症、伤口感染等。

据国外开展的针刺伤对医务人员的研究显示，针刺后乙肝病毒（HBV）感染风险是6%～30%，丙肝病毒（HCV）是3%～10%，艾滋病（HIV）为0.2～0.5%。美国医护人员艾滋病（HIV）感染者中84.2%因皮肤刺伤所致。我国的一项对临床护士针刺伤的调查结果显示，针刺伤率高达80.55%，人均年刺伤4.36次，其中被污染的针头刺伤者达74.48%，远高于美国的针刺伤发生率61.1%。

医院的噪声主要来自空调、空气净化系统、麻醉机、监护仪的机器声、报警声以及高频电刀、电钻、吸引器等产生的声音。长时间接触噪声可引起头昏、耳鸣、失眠、注意力分散等症状，对人体听觉、神经系统、消化系统、内分泌系统以及人的情绪都有一定的影响。国外从20世纪80年代开始对医院中的噪声进行调查研究，发现医院洗衣房内噪声超过85dB；加拿大医院洗衣房的工作人员中有48%的人出现了听力损伤。我国对医院噪声的调查表明，消毒供应室在抽真空排气时，其噪声有时高达86.1dB，洗衣房的噪声高达90.9dB。

2. 化学性职业危害因素

在医院环境中，存在对人体有害的化学物质，医务人员长期处于其中，可能造成伤害。造成医务人员化学伤害的危险因素主要有消毒剂、麻醉剂和化疗药物等。如常用消毒剂中的过氧乙酸、含氯消毒剂等可能造成呼吸道及皮肤伤害，某些消毒剂如甲醛和一些化疗药物如硫唑嘌呤、环磷酰胺、雌激素、非那西丁等可能有致癌作用。

汞对人体的危害国内外均有报告，但医院对汞一直未进行职业卫生监督管理。我国对某市8家医院口腔科65名医护人员的一项调查显示：工作岗位空气中汞超过国家最高容许溶度 1～2 倍。其中 15 名医护人员尿汞超过国家正常值。

3. 生物性职业危害因素

在医疗活动过程中，患者携带的细菌、病毒等病原微生物通过飞沫、血液、排泄物及其污染物等传播给医务人员，使其有被感染相应的传染病的危险。2000 年 7 月美国疾病控制中心确认 56 名医务人员血清 HIV 阳性与职业性接触有关。广东省 2002 年医务人员在治疗护理艾滋病病人的过程中就发生了 15 起职业暴露。随着死亡、发病人数和就诊人数的不断增加，医务人员 HIV 暴露的机会也会大大增加。

传染性非典型肺炎（SARS）是 2002 年 11 月开始在人类暴发流行的急性传染病，遍布全球 32 个国家和地区，是一种传染性极强的呼吸系统疾病，该病在医务人员中发病率极高，充分显示了医务工作人员的职业风险。2003 年，我国内地累计报告传染性非典型肺炎（SARS）病例 5 329 例，其中医务人员 969 例，占 18%，是传染性非典型肺炎（SARS）的第一大高发人群。甚至出现为抢救一名传染性非典型肺炎（SARS）病人而致数十名医务人员被感染的罕见现象，令社会各界大为震惊。

4. 心理损害和人身伤害

医务人员作为一个特殊的职业群体，在职业活动中可受到心理性危害的影响。心理性危害主要是由精神压力、工作紧张、轮班、生活缺乏规律引起。调查显示：护士受到精神压力比内科医师和药剂师大。护士的慢性疲劳综合征（CFS）发病率高于其他人群。流行病学调查显示：心身疾病的患病率呈现逐年增高的趋势，脑力劳动者高于体力劳动者。目前较为明确的心身疾病有原发性高血压、冠心病、哮喘和溃疡病。倒班对医务人员的正常生物节律有所影响，可导致睡眠和饮食习惯改变，影响其工作情绪与工作效率。

二、医务人员职业危害防治工作存在的问题

1. 医院职业卫生立法和技术标准滞后

近年来，有关医务人员职业接触和防护相关政策、法规、标准的研究不断加大，但主要侧重于艾滋病、禽流感等社会关注度高的问题。没有针对医务人员职业防护专门的法规，政策制订重视公共卫生责任，忽视对医护人员的职业保护。目前，我国与医院职业危害防治相关的法律、法规主要有《传染病防治法》《职业

病防治法》《医疗废物管理条例》《突发公共卫生事件应急条例》《护士条例》《工伤保险条例》等，部门规章有《医院感染管理办法》《传染性非典型肺炎防治管理办法》《医务人员艾滋病病毒职业暴露防护工作指导原则(试行)》《放射诊疗管理规定》《放射工作人员职业健康管理办法》等，但仍缺乏保护医务人员健康和规范医务人员职业活动的综合性的职业卫生与安全规程。

2006年卫生部颁布实施的《医院感染管理办法》中规定了医疗机构应当制订医务人员职业卫生防护工作的具体措施，提供必要的防护用品，保障医务人员的职业健康，但尚缺乏规范医院工作场所中常见生物危害的配套标准，医院工作场所职业卫生监督缺乏适用标准。

2009年我国卫生部发布的《血源性病原体职业接触防护导则》就因被定为推荐性规范，而被一些临床医务人员指为流于形式、执行不力。被更高、更权威的法律如《工伤保险条例》《职业病防治法》等认可、保护，成为受访医务人员的突出诉求，这些问题的存在将会降低法律法规规范医务人员职业防护的作用。

2. 现有职业卫生法规未把医务人员纳入职业卫生的防护范围

我国2001年颁布的《中华人民共和国职业病防治法》是我国实行职业卫生监督管理的根本大法。其中对职业病的范围作出了界定，第二条规定："本法所称职业病，是指企业、事业单位和个体经济组织的劳动者在职业活动中因接触粉尘、放射性物质和其他有毒、有害物质等因素而引起的疾病"，医务人员的职业卫生与安全已涵盖其中。但在实施过程中，医疗卫生人员的职业卫生并未受到切实的关注。卫生部和劳动保障部2002年4月26日下发的《职业病目录》中只纳入3种生物因素所致职业病：炭疽、森林脑炎和布氏杆菌病。医务人员因职业接触感染SARS、HBV、HCV、HIV和TB等疾病，不能诊断为职业病。虽然在SARS疫情期间，医务人员因救治SARS患者感染SARS按比照工伤管理，但仍然缺乏法律依据。由于《职业病目录》尚未包括因职业接触而感染的HBV、HCV、HIV，在职业暴露登记制度和健康监护制度尚不健全的情况下，医务人员职业感染HBV、HCV、HIV很难纳入工伤认定范围，医务人员因职业活动而感染疾病的社会保障待遇更难以落实，使医务人员的切身利益得不到依法的保护。

3. 医疗卫生机构对医务人员职业接触防护的重要性普遍认识不足

医疗卫生机构属于事业单位，是一种特殊类型的用人单位，医务人员与医院的关系也是一种劳动关系。因此，医疗卫生机构有义务和责任为医务人员创造健康的、安全的医疗工作环境，履行保护医务人员健康的责任。医务人员有权利要求医疗卫生机构提供符合卫生标准的工作条件和防护措施。但是一些医疗卫生机构领导层，对医务人员职业接触防护的重要性认识不足，对《职业病防治法》的适用范围认识有偏差，没有认识到医疗卫生机构是用人单位，医务人员是劳动者，导致医疗卫生机构缺乏有效的职业卫生防护制度和措施，缺乏对医务人员职业卫生防护知识的培训。

在涉及人民群众切身利益的医用辐射卫生防护方面，也存在不少亟待解决的问题。一是有些医院临床医生不严格掌握适应证，滥开X线检查单，其中有相当部分为不必要检查。二是介入放射学在临床上的广泛使用带来的防护问题。近年来，除放射科外，其他非放射科室，如心血管、神经、泌尿、胃肠等都在应用介入放射学技术，由于设备性能不完善，操作不当，加上医务人员缺乏放射防护和放射生物学基本知识，医生和患者受到高剂量率及长时间照射，存在着重大安全隐患。三是放射治疗工作中存在的防护问题，大部分医院没有配备合格的医学物理人员，容易造成剂量不准，定位错误，导致放射事故发生。

4. 医务人员职业健康状况和职业防护研究不深入

研究显示我国护士锐器伤的预防措施亟待加强。由于我国医务人员职业感染研究起步较晚，受经济发展水平、医务人员自我保护意识薄弱和传统观念的影响，相关研究也不深入，制订相关政策缺乏足够依据。主要表现在：对医务人员职业感染的流行病学缺乏系统研究，如医务人员乙型肝炎病毒携带率与一般人群的差异、血源性病原体接触后感染率、医务人员结核病发生率及主要影响因素；对医务人员感染管理与控制措施的研究及效果评价不够，缺乏相关疾病负担分析和预防措施的成本效益分析。

三、控制医务人员职业伤害的对策

1. 加强科学研究，掌握医务人员职业健康状况基线

自从SARS以后，国家和社会开始高度关注医务人员的职业健康问题，开始研究并出台相关的政策和标准，主要针对HIV和禽流感职业预防采取了科学的干预措施。在医务人员血源性病原体针刺暴露和防护方面，国内开展的研究比较多，但是大部分研究主要局限在护士锐器刺伤，有关暴露危险性评价和医务人员职业健康的系统研究不足，难以科学、客观评价医务人员的职业健康损害。因此，迫切需要加强医务人员职业健康基本状况的调研，掌握基线资料，为制订医务人员职业防护对策提供科学的依据。

2. 制订法规和标准，加强监督管理

建议从国家层面尽快研究制订或完善相关的职业卫生法规标准，在《职业病目录》中增加血源性病原体职业病；在《职业病危害因素分类管理办法》中增加血源性病原体职业病危害因素和行业工种举例；在《职业健康监护技术规范》中增加血源性病原体职业健康监护的周期和内容。同时，建议政府的有关部门尽快研究制订并发布血源性病原体职业病的诊断标准，包括职业性艾滋病、职业性乙型肝炎、职业性丙型肝炎等；将血源性病原体职业病纳入工伤评残标准；将血源性病原体职业暴露预防控制（识别、评价、咨询、暴露后评估、预防和控制）工作纳入职业卫生技术服务管理体系，切实保护医务人员这一特殊职业人群的安全与健康。

3. 执行相关规章制度和操作规范

医院领导和全体医务人员应充分认识职业伤害的危险和做好职业防护的重要性，严格执行国家的相关法律法规，执行相关技术标准，如《传染病防治法》《医疗废物管理办法》《医院感染管理办法》《消毒技术规范》《医务人员艾滋病病毒职业暴露防护工作指导原则（试行）》等，医院要把医务人员的职业防护当成重要工作，在政策、技术、人力、物力上全力支持。医务人员要增强自我保护意识，在工作中注意防范各种可能的危险因素，采取科学有效的防护措施，执行消毒隔离制度，执行标准预防原则。

4. 加强宣传教育和培训，提高医疗卫生机构对《职业病防治法》的认识

医务人员也是劳动者。作为用人单位，医疗卫生机构应按照《职业病防治法》的要求，认真履行相关法律责任和义务，积极预防控制工作场所职业危害，保护医务人员职业健康权益。同时应加强医疗卫生机构《职业病防治法》的宣传，加强职业防护技术指导和专业培训，对医务人员进行职业危害预防宣传教育，督促医务人员加强业务学习，熟练各种操作技能，了解并预见操作中可能出现的各种意外，掌握处理措施，提高主动安全防护意识，建立职业伤害登记、评估和应急处理系统。

5. 职责明确，完善防护设施，创造安全、健康的工作环境

医院管理者应坚持“以人为本”的原则，对工作场所的职业危害进行识别、评价和控制。采取措施保障医务人员职业接触的风险。并根据医务人员接触职业危害因素的种类、危害特点，制订职业危害控制计划和职业卫生操作规程，建立标准化的防护保障体系，做到硬件设施到位，防护用品规范，防护制度落实，创造安全、健康、清洁的工作环境，为医务人员提供安全卫生要求的工作场所。

6. 落实责任，做好放射工作人员职业健康监护管理

放射防护是职业病防治工作的一个重要组成部分。放射诊疗单位要严格遵守国家法律法规，加强自身管理，强化责任意识、落实安全措施，切实将辐射安全责任和各项安全防范措施落到实处。同时要加强对放射工作人员健康监护和个人剂量监测的工作。重点是做好就业前、从业中、离岗时的健康检查和应急健康检查和岗前放射防护知识的培训、职业健康监护档案，剂量监测、防护用品以及防护措施的落实情况等。同时要有计划地组织开展对放射工作人员相关法律、法规以及辐射防护知识的培训工作。

7. 加强医务人员健康监护，建立和完善免疫接种计划

医务人员具有获得不同职业性感染的危险性，有必要进行相应的健康检查和有针对性的血清学检查，为医务人员提供综合性的免疫接种计划，合理使用疫苗，既能保护医务人员，又能保护病人。另外，有必要对结核病感染风险较高的医务人员进行纯结核蛋白衍生物(PPD)皮肤试验，以评估结核病感染情况。

8. 推广应用实用的防护设施和个人防护用品

通过研制与引进科学防护理念和防护设施及产品来有效预防职业危害，如推广使用自毁式注射器和锐器收集盒，能有效地预防针刺伤。在接触抗肿瘤药物时应穿隔离衣、戴口罩、帽子、乳胶手套，必要时戴防护眼罩，熟悉操作规程。处理被药液沾湿的床单、衣物、纱布时应戴手套，并放入特制袋内，统一洗涤处理等。对刺激性强，易挥发的消毒剂，应密闭存储，防止溅溢或外溢：注意通风，降低空气中浓度，减少呼吸道刺激：使用时戴手套或涂护手霜，以免引起接触性皮炎或湿疹。

9. 做好医务人员职业暴露的防护管理

严格遵守临床废弃垃圾管理的规定，配备必要的安全设备，尽量避免手与锐器直接接触。处理针头时不要太匆忙；手持针头和锐器时，不要让锐利面对着他人，以免刺伤他人；接触具有传染性病人的分泌物、血液、体液时，应自觉遵守消毒隔离制度，并按照程序进行手的消毒。正确洗手并消毒是有效控制医务人员职业危害，提高自身防护的有效措施之一，也是标准预防的重要措施之一。接种疫苗，加强高危人群保护，科学地选择并正确使用呼吸防护器，有效地预防呼吸道感染。建立医务人员健康档案，对医务人员进行岗前体检和定期体检，重点掌握近期是否有高危职业暴露，动态观察医务人员发生职业暴露的事件。及时、妥善地做好临床处理及免疫接种，制订高危科室或人群多发职业暴露危害处理预案，积极开展对医务人员职业伤害的监测，定期对高危科室的医务人员职业暴露

危害进行评估，及时调整防护对策，保障医务人员的身体健康及职业安全。

10. 发挥工会作用，维护医务人员的合法权益

劳动保护是工会工作的重要组成部分，维护劳动者合法权益是工会的基本职责。劳动者的合法权益包括经济利益、民主权利、精神文化权益等，而最基本的是人的生命安全和身体健康的权益。"生存权"和"健康权"是劳动者最基本的权利。维护劳动者这一最基本的权利是工会履行维权职责的基础性工作。因此，工会一要加强思想政治工作，加强医院文化建设，发展和谐劳动关系；二要开展安全警示教育，帮助职工增强安全意识，树立安全重于一切的思想；三要加强职工安全技能培训，提高安全工作本领，遵守安全操作规程，在安全第一的前提下保质保量地完成医疗救治任务，实现社会、医院、个人的三方共赢。

（该文获第十六届年会征文一等奖）

关于保障公立医院医护人员休息权的几点思考
——基于上海市一家三级甲等医院医护人员休息状况的调查与分析

徐坚强
（同济大学附属同济医院）

多年来，公立医院医务人员休息休假权利的保障问题广泛受到关注。但是，从实际情况看，由于行业的特殊性，医务职工休息休假的权利尚未得到切实保障，这样既辛苦了医生，也危害了患者。为了真实地了解这一情况，本课题组对上海市一家三级甲等综合性医院医护人员休息休假的状况进行了调查和访谈，并由此进行了相关思考。

一、问卷调查情况

1. 基本情况

本次调查是在一家开放 1 200 张床位的三级甲等综合性医院进行的，调查时间是 2015 年 10 月，共计发放问卷 250 份，收回问卷 224 份，其中医生 119 份，护士 91 份。本次调查的样本覆盖了内外科的所有学科，虽然只对 21%的医生进行了问卷调查，但是，接受调查的医生 40 岁以下占到了 66%，中级职称以上的占了 61%，具有较强的代表性。12%的护士接受了问卷调查，她们主要集中在病区护士，调查对象中 40 岁以下占了 86%。

所以，本次调查的主体是针对临床一线工作的医护人员；虽然也对相关医技人员进行了调查，但是样本偏小，忽略不计。

2. 关于每周工作时间的调查

调查中发现，69%的医生每周的工作时间是超过了 48 小时，甚至 32%的医生是超过了 50 小时。相对来看，护士的工作比较有规律，超时加班的情况就不太多，只有 5.5%。

3. 关于周六周日上班情况的调查

由于医院是365天24小时全日制运行的特殊单位，所以，周六、周日和假日都会有医护人员上班。虽然，政府部门并没有强行规定周六、周日必须开设门诊，但是，接受调查的医院在周六和周日是照常开设门诊的。所以，接受调查的医护人员100%都有在周六和周日上班的情况。相对来说，护士主要是排班轮到的，而医生中还有21%是属于加班性质的。

4. 关于每天一般情况下持续工作时间的调查

医护人员的工作时间具体反映到每一天看，医生延长工作时间的情况就比较普遍，工作9小时以上的占到了64%；同样，护士工作规律性相对强些，只有25%的护士会出现加班情况。

5. 关于带薪年假使用情况的调查

职工带薪年假是职工休息权的重要组成部分。从调查中可以看到，近10年来，超过50%的医生是完全放弃应有的带薪年假，另外超过40%的医生也只有使用了一半年假，只有近6%的医生是完全使用。相对来说，护士使用年假的情况保障较好。

由于繁忙的医疗工作成为医生们的一种工作常态，许多医生对医院的相关带薪年假的规定不关心、不了解。

其实，关于带薪年假的使用，医院是完全根据国家的相关规定执行的，医院要求科室和职工有计划地安排好各自的年假，但是职工如果自己放弃，院部是不予货币补偿的。只是，个别科室会针对具体情况以劳务分配的方式给予象征性的一定补贴。

那么，休年假是否是为了调整状态、好好地休息一下吗？从调查中中可以看出，只有30%的医生是用年假旅游休息调整状态的，相对来说，护士们休年假去旅游的占了44%。

6. 关于医护人员工作状态和薪资情况的调查

从调查中可以发现，医护人员的工作压力并不完全来自于工作时间长，造成职业倦怠和职业疲劳的因素是多重性地交织在一起的。广大医护人员对加班工作习以为常，职业的特殊性，使得医护人员从来没有因为加班而斤斤计较地提出所谓的维权诉求，一如放弃带薪年假、放弃节假日的休息来医院工作一样。

二、关于保障医护人员休息权的几点思考

休息权是宪法赋予每个公民的基本权利之一。医务人员虽然工作性质特殊，工作状态特殊，但是公民这一基本权利必须得到同等的保障。多年来，业内专家和同行对医护人员休息权的维护十分关注，也进行了广泛调查，获得了大量的一线相关资料，也在不同场合以不同方式进行了呼吁，但是，医护人员的休息权维护问题并没有得到有效解决。其中深层次的原因耐人寻味，值得从“依法治国”“深化医药卫生体制改革”等角度去思考和探索。

1. 医护人员的加班超时工作是一个普遍性的现象

据一份文献资料反映，2013 年山西医科大学和山西省医师协会对基层医务人员工作时间进行了调查。一共有 884 人接受了调查，有 90.1%的医务人员每周休息时间少于两天，有 21.3%的医务人员每周休息时间少于 1 天。61.5%的医务人员每次加班时间在 3 小时以上，92.9%的医务人员每月加班时间在 1 天以上。

此外，还有一项在北京、上海和广州对一线医务人员工作时间的调查显示：每天工作时间超过 8 小时的医务人员高达 40.2%，每周工作 7 天的医务人员超过 20%。中国医师协会也曾经对三甲医院的医务人员工作时间进行了调查。结果显示，37.1%的医务人员每天工作时间超过 10 小时，23.9%的医务人员超过 12 小时。

2. 医疗工作量的增长与医护人力的投入不成正比

近 10 年来，我国医疗服务量的增长大大超过了医护人员数的增长。课题组调查的这家三级甲等综合性医院大部分指标还处于上海中下水平。10 年来，该院门急诊总量增加了 90%，住院病人增加了 110%，医疗收入增加了 120%，但是，医护人员数只有增加了 30%多一点。以点带面地看，全上海和全国的大中城市的这一不成正比的状况应该是一致的，甚至还要更大些。10 年来，国民的健康水平明显上升，人均期望寿命不断提高，上海市的人均期望寿命已经达到了发达国家水平了。这或许与医务人员超负荷的劳动具有一定的相关性。

3. 医院绩效考核的导向缺乏定员定额概念

公立医院不是企业，医务人员付出的脑力的体力的劳动不是一般企业可比的。一个医生每天应该只能接诊几位患者，看几个门诊诊次，接诊每位患者最低不得少于多少时间，外科医生每天最多开几台手术，应有定额。但实际上有的医

生，一天可以接诊100多患者，一天可以开10多台大小手术。只要医生本人想做，又有患者让他做，医院绝对不会限制，只会支持。在各大医院的绩效考核排名中，医生的人均门急诊诊次、人均手术人次都是有数据可循的，排名靠后，显然吸引不到患者，工作绩效不高，医院的发展就会受到制约。

我们知道，在许多发达国家，长途司机连续开车时间是有严格限制的，因为疲劳驾驶导致交通事故的概率会明显上升。医护人员疲劳工作，对患者的服务质量、服务水平难道会没有变化吗？笔者经常看到媒体报道年轻的医生猝死在工作岗位上，感到十分痛心和惋惜。可是，相关的主管部门为什么就迟迟不能出台一个针对医护人员工作的定额标准呢，哪怕是一个指导性意见，也算是有一个良好的开头。

4. 医务人员主要收入的获得方式成为休息权维护的关键点

2009年，中央颁布了《中共中央国务院关于深化医药卫生体制改革的意见》（中发〔2009〕6号），明确在2009—2011年重点抓好五项改革：一是加快推进基本医疗保障制度建设，二是初步建立国家基本药物制度，三是健全基层医疗卫生服务体系，四是促进基本公共卫生服务逐步均等化，五是推进公立医院改革试点。

公立医院改造的试点内容，主要是改革公立医院管理体制、运行机制和监管机制和公立医院的补偿机制，提出了一系列比较明确的措施和意见。其中明确提出了，公立医院要坚持维护公益性和社会效益原则，以病人为中心。要实行岗位绩效工资制度的改革。要严格医院预算和收支管理，加强成本核算与控制等。

由此，各地方卫生主管部门前前后后都对所属公立医院实行了绩效考核。一晃又六年了，药品和耗材加成率被逐步取消，药品定价被放开了，便宜的常用药生产商没有积极性了，医院这部分的收入减少了，患者的药费却上升了。当时的改革提出，逐步将公立医院补偿由服务收费、药品加成收入和财政补助三个渠道改为服务收费和财政补助两个渠道，但是，财政对医护人员的工资性补助并没有显著改善，公立医院职工的90%以上收入仍然必须通过医疗服务收入来实现。

表面看，多劳多得，少劳少得，似乎是天经地义的。但是，一张医保卡看遍全市500多家医院、基本医疗药品和治疗目录赶上了发达国家优越的医保政策，使得不少老年人把去医院看医生成为一种乐此不疲的生活常态，医院和医务人员每年的收入必须通过医疗业务量的持续增长而有增加，不是企业的公立医院必须像企业那样通过“科学管理”做好“增产提效”工作。虽然，有关部门对公立医院的绩效管理并不以医疗数量增长为导向，可是在医疗行业定员定额缺位和床位规模人员编制相对恒定的情况下，增效的途径只有两个，一个是增加工作量，另一个是增加床均和诊次的收入。这些都需要医务人员付出更多的劳动量。

5. 医务人员休息权的维护涉及医改的深化和薪酬体系的重建

有学者说，由于休息权的立法不够完善，保障制度没有得到有力执行，法律监督有待加强，医务人员法律意识淡薄，导致医务人员休息权不能依法实现。其实不尽然。作为公立医院本身，都有生存竞争的压力，在大力倡导病人选医院、患者选医生、不断提高患者满意度、医院美誉度的情况下，医院只有变压力为动力，千方百计吸引患者前来就诊，提出“一切为了病人、为了病人的一切”的上班早一点、中午连一连、下班延一延、周六周日照常开的服务模式，真所谓是 5 + 2（5 个工作日加 2 个休息日）、白加黑的工作新常态。医院和医务人员加班超时的工作动力是无可奈何不言自明的，这一切都被相关法规的执行让渡了。

六年前的医疗改革意见是看到了这些问题，当时提出了“适当提高医疗技术服务价格，降低药品、医用耗材和大型设备检查价格。定期开展医疗服务成本测算，科学考评医疗服务效率”等等，可是，医务人员的劳务性（或者叫绩效考核奖金）补贴性的收入占到了总体收入的 70％～90％，这样的薪酬体系导向，就形成如今医院和医务人员收入增长机制。一旦患者的服务量下降了，减少了，医务人员也不加班了，休息权似乎得到保障了，可是收入必然下降了；医务人员的生活水平下降了，房贷还不起了，尊严生活提升就更难了！

医务人员的休息权维护，理论上讲意义重大。医务人员身心健康了，劳动关系有了稳定，合法权益有了保障，社会地位有了提高，既有了生活体面尊严，也增加了职业吸引力，更多的优秀人员愿意加入进来，愿意为患者提供精准服务，全民健康水平也能得到提高。我们相信，随着医改的不断深入，国民经济水平和国民素质不断提高，依法治国不断推进，保障医务人员的休息权将不会再是突出的问题，让医务人员得到充足的休息，最终受益的才是全体公民。让医护人员成为名副其实的公民健康保护神，首先让他们回归为正常的人！

（本文获第十九届年会征文二等奖）

全面深化改革背景下医师多点执业中工伤认定困境的探析

高深甚
（上海交通大学医学院附属瑞金医院北院）

一、医师多点执业概述

医师多点执业是指符合条件的执业医师经卫生行政部门注册后，受聘在两个以上医疗机构执业的行为。目的在于稳步推动医务人员的合理流动，促进不同医疗机构之间人才的纵向与横向交流。通常医师多点执业并不包括外出会诊，主要是因为医师多点执业必须按照相关规定，定时与定期开展。外出会诊则具有随机性与临时性，通常是接受其他医疗机构邀请对特定病例进行诊疗的行为。

（一）优势

一是能够提高医务人员收入。随着医药卫生事业改革的深入，传统以药养医的机制将会有所变化，多点执业能够实现医师自我价值，获得一定的收入。二是能够促进医疗资源流动。多点执业医疗模式的实施能够促进医疗卫生人才资源的流动，解决了一些小医院、偏远医院、乡村医院卫生人才短缺的问题，并确保农村、偏远地区的患者能够得到优质的医疗卫生服务。三是能够维护社会主义法治。通过不同渠道与地点的执业，能够打破我国传统的熟人理念造成的束缚，不再依靠社会关系解决病患纠纷，而是通过法律维持秩序。四是能够推动民营医院发展。由于多点执业的实施，公立大型医院的医师就能够受聘到民营医院就职，许多具有丰富临床经验与熟练技能的医师就能够到民营医院参与施诊，方便了患者就医，且实现医术的交流。

（二）劣势

一是对现有的《医师管理制度》带来冲击与考验。随着多点执业的深入开展，优质医疗资源横向与纵向的流动，传统的《医师管理制度》已经无法满足多点执业条件下的医师管理，容易出现矛盾。比如多点执业实施后，一些基层医疗机构为了请资深的名医到本院坐诊，可能会在政策方面对其进行松绑，予以方便，难免会对医师执业行为的管理造成阻碍。

二是可能增大医疗事故风险。尽管人才资源上实现了纵向与横向的流动，但是名医到了基层医院参与施诊时，如果缺少配套的医疗设施，则很有可能增大医疗事故风险，毕竟现阶段基层医疗机构的设施相对滞后，配套措施也不太完善。

三是不利于医师队伍的团队发展。多点执业普遍存在优胜劣汰的现象，那些具有优势的医师、专家在受聘方面肯定也是具有优势的，经济收入反差会比较大，甚至出现两极分化的趋势。整体来看，并不利于医师队伍的团队发展，还有可能损害医务人员的形象，影响医德医风。

（三）存在的主要问题

1. 法律法规不全面

医师多点执业其实还没有真正得到法律的认可。从行政级别来看，法律肯定是高于部门规章，因此在1998年的法律没有废除或修改的前提下，医师多点执业几乎是不受法律保护的。

2. 信息平台不统一

关于多点执业下的医师薪酬分配目前还缺少相关财税管理信息平台的统一建设，难以实现多点执业条件下医师相关信息、信誉、手术权限等内容的共享。这样一来，基层医疗机构对于名医的选择就会有所困扰，有时候很难准确地为患者提供合适的医师，难以提供优质的医疗服务。其次，多点执业的特殊性必定影响薪酬分配体系的建立，比如在即时性与有效性问题的考量上，如何保证医师在不同执业点就职的情况下及时获得劳动报酬，并按时申报个人所得税，还需要卫生行政部门与医院高层管理做进一步的探索与努力。

3. 责任界定不明确

现行医疗保险制度并没有针对多点执业情况设立相关险种，这就使得责任界定很难明确。医师多点执业过程中如果发生了医疗事故，医师的权益将很难得到保障。这不仅损害医师的自身利益，同时也会影响医师多点执业的积极性。此外，针对多点执业特定的医师工伤问题的保障政策也几乎为空白，出现工伤到底是执业医疗机构负责，还是注册就职医院负责，都需要深入探讨与研究。

4. 考核机制不完善

尽管医联体建设强调优质资源的下沉，注重解决老百姓看病难的问题，但是利益终究是各方合作的纽带，相关利益机制的空白肯定会对医疗质量造成影响。缺乏严格的考核机制，对医德医风建设也会有影响，仅凭科室范围的职业道德考核无法确保医师个人的优质。

5. 激励机制不健全

国家与政府鼓励医师多点执业的探索与发展，但是这种鼓励大多属于号召性的，政府赋予的理念似乎具有公益性色彩，缺少实际的配套政策，那么这种鼓励终究很难激发医师多点执业的积极性。实际的激励机制可以有很多方式，比如薪酬激励，只有确保医师在付出劳动的基础上获得与其等值的薪酬福利，才会有更多医师参与到多点执业中。如果工伤认定一类的政策不完善，在某种程度上肯定会打击医师的积极性。

二、多点执业条件下医务人员工伤认定政策与法律冲突原因

(一) 工伤认定政策

我国《工伤认定办法》规定，职工发生事故伤害或者按照《职业病防治法》规定被诊断鉴定为职业病，所在单位应当在事故伤害发生当天或者被诊断开始的30日以内，向统筹地区劳动保障行政部门提出工伤认定申请。首先要解决工伤认定问题，也即是认定受伤者与用人单位的劳动关系。法律要求用工单位必须与职工签订劳动合同，如果没有签订劳动合同，但是确实具备劳动关系的，也可以向劳动部门申请工伤认定。按照规定，用人单位与劳动者具有符合法律、法规规定主体资格，且用人单位依法制订的各项劳动规章制度适用于劳动者，劳动者提供的劳动是用人单位业务的组成部分，那么在这种情况下的事故伤害可以申请工伤认定，并注意证据的搜集，比如工作证、服务证等。

(二) 多点执业下医师工伤认定与法律冲突原因

现阶段多点执业需要征得第一执业单位的同意，才可以保障医师在其他执

业地点执业时的权益受保障。也就是说，医师一旦在其他执业地点出现工伤时，在申报工伤赔偿的时候需要第一执业单位出具证明：证明医师在多点执业的工作是第一执业单位工作的组成部分，才可以成功申报。但是，劳动者受用人单位的劳动管理，如果是在注册医师多点执业资格之后进行多点执业，那么其接受的劳动管理应当来自其当前就职的单位。多点执业情况下，在某一处执业地点受到的工伤，按照《工伤认定办法》应当是直接考虑该执业地点的用人单位。如果需要搜集相关证据，则必须提供该医疗机构对医师发放的工作证。根据国家卫生部关于《医师多点执业有关问题的通知》指示，医师的多点执业应当是以协议的签订形式予以实施的，经过“医疗机构执业许可证”登记机关备案之后在该执业点开展执业。该备案内容包括医师姓名、执业类别、职称、工作时间与工作地点。卫生行政部门负责做好备案医师执业注册信息管理，便于查询和监督。如果执业点在两个以上，则应当向卫生行政部门申请增加注册执业地点。

综上所述，医师多点执业条件下的工伤认定政策应当以《工伤认定办法》为主，在出示医师与用人单位受聘关系时以卫生行政部门医师执业注册信息备案为主，保障医务人员在多点执业情况下的自身利益。

三、缓解多点执业下法律冲突的策略

应当进一步建立与健全配套的规章制度，医师多点执业的有效开展不仅需要修改现行的《执业医师法》，更重要的是制定法律来保障多点执业医师的切身利益。优质医疗资源的横向与纵向流动应当受到法律的保护，可以出台关于多点执业的管理办法、多点执业医师保障制度、多点执业医师考核制度等。一方面严格规定医师多点执业的准入标准，明确多点执业必须要求医师具备丰富的临床经验、专业技术与相关职称，限制执业注册数目；另一方面可以通过三方协议保障利益分配与责任分担的公平性。医师多点执业之前，医师、派遣医师的医疗机构与接收医师的医疗机构三方就利益分配与医疗纠纷责任分担问题应当首先签订协议，在执业医师的职责、工作内容、时间长度、考核标准与薪酬待遇等方面达成共识，并在行政部门备案，达到三方利益共赢、责任分担之后，才能够确保医师多点执业的有效开展。最后，优化医师工伤认定政策，改善工伤认定办法，可以细化一些认定细则，扩增职业病目录范围等，保障多点执业医师的切身利益。

从目前的情形来看，多点执业政策中受益更多的是民营及基层医疗机构，而医疗水平相对较高的三级医院并未从中获益，相反是给三级医院带来一些冲击。

三级医院在对人才的培养上花费了极大的精力，包括人力、物力和财力。如果实行多点执业，也就意味着医生需要分散精力在不同医疗机构之间。但是，一个医生的精力有限，这会对医生在本院的工作质量产生一些影响，同时也会减少用于科研及对后辈进行培训的时间，会导致医院的人才稀释的现象，对于医院本身的科研事业发展及社会效益都具有严重影响。此外，多点执业也会对医院的医疗业务造成一些影响。如果高年资医生到其他医疗机构行医，势必会带走一部分病人，致使来院就医的病人数量下降。这是医院管理部门所不希望的。

多点执业能够实现三级医院优质医疗资源的下沉，实现人力资源的合理分配，然而目前缺少相关配套的法律法规。医师多点执业的具体实施比较困难，必须以保障医师的自身利益为前提，制订新的医师多点执业管理办法。通过完善法律保障体系，优化多点执业条件下医师工伤认定政策以及政府对三级医院的补偿机制，从而提高三级医院开放医师多点执业的积极性，进一步推动医药卫生体制的深化改革。

（本文获2017年度上海工会优秀调研报告、论文评选优秀奖，第二十一届年会三等奖）

服务职工

上海市卫生计生基层单位“爱心妈咪小屋”建设运行的调研

曹蓓蕾　童秀妹　肖　萍　张鸿丽　陈　凤　冯　臻　赵　静　李　敏
（上海市公共卫生临床中心）

“爱心妈咪小屋”是工会、妇委会的一项女职工关爱工程。上海市公共卫生临床中心、上海市血液中心、上海市疾病控制中心等三家市卫生计生系统基层单位，经过三年创建，在不断探索中优化小屋建设，尽力满足哺乳期女职工需求，为其提供私密、温馨的哺乳场所和孕儿育儿知识的交流平台。其举措广受好评，被上海市总工会女职工委员会授牌为上海市五星“爱心妈咪小屋”。

本项目研究组由以上三家五星“爱心妈咪小屋”负责人及上海市医务工会妇女委员会成员组成。本研究通过问卷调查、访谈和个案跟踪的方式较为全面地了解系统内职业女性在特殊时期的状态、需求以及面临的困难等，并提出相应的政策建议；通过实地考察的方式学习系统外五星“爱心妈咪小屋”建设的优秀举措，为即将建设“爱心妈咪小屋”的基层单位提供参考意见。

一、调研范围和目的

本课题研究对象为卫生计生系统育龄女职工、孕期和哺乳期女职工、妇女干部，系统内、外上海市五星“爱心妈咪小屋”授牌单位。

通过调研，本研究希望能了解育龄女职工对“爱心妈咪小屋”建设必要性的态度和使用的意向；对于建有“爱心妈咪小屋”的单位，了解受用女职工对小屋使用情况的满意度和意见建议；了解妇女干部在小屋建设中遇到的困难；了解系统内、外五家五星“爱心妈咪小屋”授牌单位的建设情况。通过调研，可以最贴近实际地求得受用者的需求建议，征集有利于小屋建设的举措，集思广益，将成功创建小屋的心得经验运用于实际建设和服务过程中去，更好地为特殊时期女职工提供人性化服务，增加女职工归属感，为其减轻育儿压力，减少家庭矛盾，促进社会和谐。

二、调研分析

1. 问卷调查与分析

本次调查对10家卫生计生系统基层医院共202名育龄、孕期、哺乳期女职工，进行随机抽样调查，调查研究特殊时期女职工产假期满后，对继续母乳喂养的愿望值，了解医务女职工目前的背奶情况以及对小屋环境、功能、配套设施、软件服务的需求度，对已建成“小屋”医院的职工，了解使用满意度，得到建议和意见。

(1)“爱心妈咪小屋”设立的必要性

问卷针对上海市卫生计生系统目前处于备孕状态、孕产期以及哺乳期的女职工，采样202名。其中行政管理37.62%，护理人员34.65%，医生/师9.90%，检验3.47%，药剂师和后勤保障均为2.97%，其他8.42%。有母乳喂养意愿或者需求的占93.07%。

其中66.34%的妈咪产假期满后选择加入职业“背奶族”行列，做到工作育儿两不误；26.24%的妈咪因母乳喂养的需求放弃工作，选择继续休假；7.43%妈咪将被迫给4个月大的新生儿断乳。“爱心妈咪小屋”的建设是否能缓解单位26.24%的人力资源压力，能否改变4.43%的小婴儿不能喝到妈妈母乳的情况呢?

问卷调查的结果显示：休息室、库房、厕所、办公室是大多数妈咪能选择的地方。以上环境没有私密度，不卫生且使得妈咪们精神高度紧张。调查范围内，95.5%的在职女职工表示单位有必要建设“爱心妈咪小屋”来缓解女职工工作与母乳喂养间的矛盾。爱心妈咪小屋的建设有绝对的必要性。

(2)“爱心妈咪小屋”的需求建议

对于“爱心妈咪小屋”的功能性，问卷结果显示除了用于哺乳背奶以外，孕、产、哺乳期女职工也希望能有其他服务类项目和活动的提供。特殊时期的妈咪们对孕产、哺乳方面的知识尤其是母乳喂养、辅食添加、早教开发、孕期等事项有很大兴趣，这提示我们在小屋建设的过程中要注重交流平台的建设，解答妈咪们在育儿方面的疑惑。

对本系统下属三家五星“爱心妈咪小屋”授牌单位的受用女职工进行调查显示，在使用过程中，在硬件方面受用者对小屋的私密度、温馨度、舒适度最为看重，其次要求设备齐全，在软件上小屋提供的孕儿、育儿知识、产后恢复知识等受关注程度最高。97.67%的受用者表示通过"爱心妈咪小屋"的使用,感受到单位大家庭的温暖。对于余下的2.33%的受用者进行追溯,发现两位妈咪知晓爱心妈咪小屋的存在,但因为时间和距离的约束,最终没有选择使用现有小屋。

2. 个案研究与分析

本课题对上海市公共卫生临床中心科研中心的一名二胎"背奶"妈咪进行个案跟踪研究,从带领其进入小屋时的惊喜,到最后结束母乳喂养整个过程,她表示相对于第一胎时在科研楼卫生间里为婴儿备乳的窘境,小屋令她真切地感受到被重视被关爱的幸福感。该妈咪在使用过程中提出建议:希望小屋内有备用一次性吸奶器、集乳袋,以备不时之需。为此小屋负责人在以上需求的基础上再配备运输用保温瓶和背奶专用包,避免母乳在运输的过程中受气温影响变质,影响婴儿健康。此举措得到使用者好评。该妈咪还表示比较乐意用文字交流的方式对小屋管理员提出需求和建议,为此我们添加了小屋交流板、小屋交流手册,建立小屋微信群,并成立由妇产科、儿科专家、营养师组成的志愿服务团队,为小屋使用者提供孕儿育儿帮助。同时让该妈咪通过市总工会集中配送的海报扫码关注上海市爱心妈咪小屋微信公众号,并参与"我与爱心妈咪小屋"的故事线上活动,成为会员并获得妈咪礼包与育儿知识,其表示受益匪浅。

3. 实地考察、互访交流

上海市公共卫生临床中心、上海市血液中心、上海市疾病控制中心经过三年积极创建,总结"爱心妈咪小屋"建设的三大益处。

第一,更好地为特殊时期女职工提供人性化服务。作为女职工比例较大的医务系统,应该呵护关心备孕期、怀孕期和哺乳期的女职工,在她们工作场所建设一个私密、干净、舒适、安全的休息环境,提供更加人性化的温馨服务,令其安然度过女性特殊生理阶段。

第二,减少医院因二胎政策而面临的人力资源流失。符合二胎政策的女职工年龄30至45岁,正是医院人才梯队的中坚力量。为以上人群提供帮助可以避免因没有孕期休息场所或无法做到产后母乳喂养等问题而导致长病假甚至辞职,尽可能地减少医院人力资源压力。

第三,增加女职工归属感,为其减轻育儿压力,减少家庭矛盾,稳定社会。通过调研使"爱心妈咪小屋"建设更加细致化、科学化、人性化,令其备受"娘家人"的关爱。对女职工孕产期最关心、最直接、最现实的热点问题和难点问题给予充分关心和大力帮扶,解决家庭所面临的育儿压力,避免工作与家庭间的矛盾,促进家庭和谐和社会稳定。

课题组又与系统外的三家建有五星级“爱心妈咪小屋”的单位(包括教委妇委、科技妇委和市级机关妇委下属基层单位)进行互访交流,学习到如下优秀举措:为第一胎孕期女职工提供生育建卡流程指导服务;小屋内放置可调节式坐、躺两用沙发,可供哺乳妈咪备乳使用,也为孕妈咪提供休息小憩场所。

4. 女工干部座谈会

课题组召集十家单位的基层妇委会或女工干部进行座谈,了解在推进小屋建设的过程中各单位遇到的困难。主要困难总结为以下几点:医疗用房紧缺,无法满足小屋用房要求;医院楼宇之间距离较远,一个小屋的建设无法满足全院各楼宇女职工的使用要求,担心反而引起不必要的麻烦;行政支持力度不够,认为小屋建设必要性不大。

三、对策和建议

1. 争取行政支持、部门配合,完成创建

(1) 法律层面

《女职工劳动保护特别规定》第九条规定:对哺乳未满1周岁婴儿的女职工,用人单位不得延长劳动时间或者安排夜班劳动;用人单位应当在每天的劳动时间内为哺乳期女职工安排1小时哺乳时间;女职工生育多胞胎的,每多哺乳1个婴儿每天增加1小时哺乳时间。第十条规定:女职工比较多的用人单位应当根据女职工的需要,建立女职工卫生室、孕妇休息室、哺乳室等设施,妥善解决女职工在生理卫生、哺乳方面的困难。

(2) 文件要求

2013年初,沪卫计委妇委转发沪工女〔2013〕6号《关于开展上海女职工橙丝带关爱行动、全面推进“爱心妈咪小屋”建设的通知》。要求各单位工会对女职工最关心、最直接、最现实的热点问题和难点问题给予充分关心和大力帮扶,切实做好女职工的“娘家人”。为更好地关爱职场孕期妈妈,从2013年开始,市总工会女职工委员会联合有关机构共同在各级工会组织内开展上海女职工橙丝带关爱行动,全面推进“爱心妈咪小屋”建设,推动全社会对职场备孕期、怀孕期和哺乳期的女性给予呵护关心,为她们在工作单位和公共场所提供一个私密、干净、舒适、安全的休息场所,为职业女性安然度过女性特殊生理阶段提供更加人性化的温馨服务。

2015年沪卫计妇委转发上海市总工会《关于印发上海市爱心妈咪小屋星级

评定办法(实行)的通知》,要求各基层单位根据文件要求结合单位实际情况认真落实,积极组织建设、参与申报。

(3) 数据支撑

单位层面:问卷中,有26.24%的妈咪因母乳喂养需要,会在产假结束后选择继续休假,对于医院层面而言就是即将面临26.24%的人力资源损失。爱心妈咪小屋的建设能为医院挽留其中一部分人力资源,何乐而不为。

职工层面:问卷中,93.07%的女职工表示有母乳喂养的意愿。95.54%的女职工认为单位有必要提供给特殊时期女职工一个私密、卫生、舒适、安全的哺乳场所。

2. 解决医疗用房紧缺问题,拓宽建设方式

"爱心妈咪小屋"建设运行调查的过程中发现,对于女工干部提出的"医疗用房紧缺",以及个案跟踪提出的"由于工作时间紧张,无法折返于较远地点的小屋进行备乳,希望在所有楼宇中建立一个小屋"的要求,结合实际,要实现8平方米或以上的女职工特殊时期专用房非常困难,但可以在食堂、图书馆等公共场所内设计添加小屋,不占用实际意义上的"医疗用房";可以在休息室内设置一个"妈咪角",精心设计,做到必备物品一应俱全,并以屏风做隔断,保证私密性。

课题组后期将设计建造移动式爱心妈咪小屋,例如"爱心妈咪推车":抽板式遮挡外形,保证私密度,内设小型冷藏柜、奶瓶消毒柜,放置哺乳所需物品。但凡有科室的女职工有"背奶"需求,则可以随时将其推至科室,方便女职工使用,以解决医疗用房紧缺、备乳时间短等问题。

3. 延伸小屋服务理念至整个孕产、哺乳及恢复期

小屋的设施和服务内容可以增设以下几点:添加影视播放设备,方便开展各类小屋核心活动,如孕产期知识教程、产后恢复练习,满足所有特殊时期女职工需求;小屋内设置沟通交流板,方便使用者提出建议和需求,利于进一步改善,提高使用满意度;组织先进集体,如巾帼文明岗、"五一"巾帼集体等组成志愿团队开展志愿活动;邀请妇产科、儿科、营养室组成核心服务队,为各个时期的新妈咪提供讲座服务;建立"爱心妈咪小屋"微信群,邀请院内专业人员及院外母乳喂养咨询师加入团队,为新妈咪释疑解惑;在医务工会、上海市爱心妈咪小屋官方机构支持下定期为新妈咪派发妈咪大礼包;关注上海市"爱心妈咪小屋"公众号,参与线上活动。

4. 总结经验,提供小屋创建参考意见

课题组设计制作了"爱心妈咪小屋"建设指南,总结系统内现有五星"爱心妈

咪小屋”建设单位实际操作经验，结合互访过程中学习到的优秀举措，为即将建设小屋的单位提供参考意见，明确小屋建设方向，使建设过程少走弯路，一步到位。

（本文获第二十届年会征文一等奖）

医务人员体检结果分析与健康管理体系建设

俞思伟　高　远

（浦东新区医务工会）

随着近年来医疗技术的快速发展，各医院业务量显著增加，但医务人员配置远跟不上业务增长速度，整体工作强度明显增加。长期超负荷工作使医务人员健康出现问题，医务人员猝死与罹患重大疾病的案例屡见报端，引发社会的极大反响与广泛关注。

体检作为早期发现疾病的主要手段，对维护医务人员身体健康有积极意义。近年来各医疗机构均重视职工体检，但在体检频次、项目设置与分层管理等方面仍存在较大差异，特别对检出异常结果的后续追踪与健康档案管理仍较薄弱，医务人员的健康维护缺乏系统性、科学性与可持续性。本研究通过分析上海市浦东新区 17 家二、三级医院与 45 家社区卫生服务中心医务人员体检安排、检测结果与健康档案管理现况，旨在探讨如何完善医务人员体检的制度保障、建立异常检测结果追踪流程并优化健康档案的分析管理。

一、研究对象与研究方法

选取上海市浦东新区卫生计生委管辖的 17 家医院（三级医院 2 家、二级医院 15 家）与 45 家社区卫生服务中心为研究对象，统计上述医疗机构中在职医务人员 2010 至 2014 年健康指标、接受体检情况、异常结果追踪与健康档案分析管理现况。

本研究采用问卷调查与专项访谈相结合的方法，问卷分为医疗机构与医务人员问卷两大类，医疗机构问卷内容包括近 5 年医院业务量、人力资源配置和体检安排（体检频次、体检分类、项目安排、经费保障、结果追踪等）。医务人员问卷分为普通问卷、重大疾病问卷与慢性疾病问卷三类，内容包括体检参与度与满意度、职业压力、工作负荷、患病情况、异常结果检出途径等。对罹患重大疾病的医务人员和罹患慢性疾病的医务人员由专人进行访谈，访谈内容包括患病前工作状况、身心压力、疾病检出途径、所在医疗机构介入追踪情况、疾病进展、对体检安排的建议与意见等。问卷调查采用无记名形式，受访谈者信息严格保密。

本研究采用SPSS 13.0统计软件包对数据进行分析，采用描述性统计、T检验和方差检验，$P<0.05$时差异有统计学意义。

二、结果

1. 问卷方法与回收情况

本课题发放医疗机构问卷62份，回收62份。发放医务人员问卷2 920份，回收2 655份(回收比例91.27%)，其中普通问卷2 143份，回收1 907(回收比例88.99%)；罹患重大疾病医务人员问卷120份，回收120份；罹患慢性疾病医务人员问卷699份，回收670份(回收比例95.9%)。

2. 业务增长与人力资源配比

浦东新区二、三级医院近5年医疗业务均呈快速增长，其中三级医院门急诊总量年均增幅13.19%，出院人次年均增长19.96%，手术总例次年均增长12.41%；而同期卫技人员配比年均增幅仅为6.1%，两者增幅差异有统计学意义($P<0.05$)。同期新区三级医院医务人员人均工作负荷增加27%。

二级医院门急诊总量年均增幅8.51%，出院人次年均增长5.34%，手术总例次年均增长16.06%；而同期卫技人员配比年增幅仅3.39%，两者增幅差异有统计学意义($P<0.05$)。同期新区三级医院医务人员人均工作负荷增加21.2%。

社区卫生服务中心近5年门急诊总量年均增幅4.43%，出院人次呈现负增长，同期社区卫生服务中心卫技人员配比年均增幅为1.63%，两者增幅差异无统计学意义($P>0.05$)。

3. 医务人员罹患疾病情况

浦东新区三级医院近5年医务人员罹患重大疾病(指恶性肿瘤、自身免疫性疾病、尿毒症等对健康危害大的疾病)年均增幅198.81%，慢性疾病(指高血压、糖尿病、高脂血症、颈腰椎病等一般慢性疾病)年均增幅125%。二级医院近5年医务人员罹患重大疾病年均增幅203.04%，慢性疾病年均增幅89%。社区卫生服务中心近5年医务人员罹患重大疾病年均增幅35.24%，慢性疾病年均增幅111%。由此可见，近5年新区医务人员罹患疾病的年增长比例较快，特别在

二、三级医院罹患疾病的医务人员数量增加明显。

4. 医务人员疾病检出方式

二、三级医院医务人员主要通过体检的方式检出疾病，比例超过50%，出现症状就医比例在33%。社区卫生服务中心医务人员主要通过出现症状就医的方式检出疾病，比例为45.3%，医院体检检出比例为37.4%，二、三级医院体检检出疾病比例高于社区卫生服务中心，两者差异有统计学意义（$P<0.05$）。

5. 患病医务人员相关影响因素

本调查中罹患重大疾病医务人员共120人，其中25～35岁年龄段占23.33%，36～45岁占24.17%，46～55岁占15%，56～60岁占37.5%；罹患慢性疾病医务人员共699人，其中25～35岁年龄段占19.89%，36～45岁占11.59%，46～55岁占15.02%，56～60岁占53.51%。45岁以下中青年医务人员患病比例达33.82%。

本调查中罹患重大疾病医务人员共120人，其中基本不加班占31.67%，每周1～2次加班占34.17%，每周加班超过3次占13.33%，经常长时间加班占20.83%。罹患慢性疾病医务人员共699人，其中基本不加班占46.49%，每周1～2次加班占21.12%，每周加班超过3次占18.17%，经常长时间加班占9.02%；这表明医务人员患病与加班之间无明显关联。

在罹患重大疾病的120位医务人员中，饮食不规律占18.33%，长期精神紧张占33.33%，长期失眠占24.17%，其他因素占10.83%；在罹患慢性疾病的699位医务人员中，饮食不规律占19.03%，长期精神紧张占46.92%，长期失眠占31.33%，其他因素占15.88%；可见长期精神紧张与失眠是医务人员患病的重要影响因素。

在罹患重大疾病的120位医务人员中，压力来源于医疗工作与医患关系的占39.17%，来源于家庭与个人方面的占14.17%，来源于职称晋升与论文发表的占17.5%，其他方面压力占5%；在罹患慢性疾病的699位医务人员中，压力来源于医疗工作与医患关系的占62.03%，来源于家庭与个人方面的占14.16%，来源于职称晋升与论文发表的占35.19%，其他方面压力占6%。这说明，当前较为紧张的医患关系与职称晋升、论文发表是现阶段医务人员的主要压力来源。

三、讨论

1. 加强中青年医务人员的体检力度

通过调研发现，近5年浦东新区区属的17家医院与45家社区卫生服务中心医务人员罹患重大疾病与慢性疾病的绝对数与比例均呈现较快的增长势头，特别是中青年医务人员(25～45岁)患病比例明显增加，达33.82%，结合近年来媒体所报道的中青年医务人员猝死案例，这应引起医院和社会的高度重视。

分析上述数据增长的原因，除了因“体检检测手段更加精细”的客观因素外，调查发现中青年医务人员患病率增加与其所承受的工作负荷及精神压力大有关。作为医疗主体骨干，紧张的医患关系、职称晋升与科研论文压力以及较高家庭生活成本已经成为影响中青年医务人员身心健康的重要因素。问卷显示有47.7%的中青年医务人员长期处于焦虑或抑郁的紧张状态，32.1%患有长期失眠，而因工作繁忙无法规律饮食的占20.1%，这些均增加了中青年医务人员出现亚健康甚至于罹患各类疾病的概率。

目前，各医疗机构对于中青年医务人员的健康状况重视不够，访谈医院体检负责人发现，多数医疗机构医务人员体检按照年龄进行分层管理，中青年医务人员的体检间隔年限较长、项目设置偏少、检查经费偏低，导致中青年医务人员体检的参与度不高，二甲综合医院25～45岁中青年医务人员体检参与度仅为63%，远低于其他年龄段88%的参与度。

建议各医院加强对中青年医务人员体检的重视程度，缩短体检间隔年限、提高体检经费匹配，并结合既往检测结果有针对性地调整项目设置，尤其在甲状腺、妇科生殖系统以及部分慢性疾病等方面加大检测力度，以提高中青年医务人员的参检比例，保障其身心健康。

2. 完善体检异常结果追踪体系与健康档案管理

经调研与访谈发现，目前绝大多数医务人员体检出现恶性肿瘤等严重异常结果后，一般由体检机构直接以短信或电话形式告知受检者本人，再由本人向单位进行告知；而出现一般检测结果异常的情况并不在第一时间告知受检者，而是通过体检报告集中反馈(常在体检2周后)，受检者本人极少向本单位进行通报。此种形式对于医疗机构在第一时间追踪体检异常结果并加强健康档案管理是不利的。

现阶段大多数医院对罹患重大疾病医务人员采用一般性干预的原则，对于罹患慢性疾病医务人员几乎没有干预措施，健康档案管理也十分薄弱，数据分析更是空白。这样不利于医务人员健康档案体系的建立，也不利于分析、总结医务人员健康状况的变化趋势，有针对性地改善体检流程与项目设置，达到可持续改进的目的。

建议各医院完善医务人员体检的管理体系，具体落实在对于异常结果的追踪与健康档案分析与管理两个方面，与相应体检机构建立沟通与会商机制，制订体检"重大异常情况"上报流程，以使罹患重大疾病医务人员能及时、有效地获得帮助；对于慢性疾病相关检测指标，能在初步数据处理的基础上与相关医疗机构进行共享，为后续干预措施提供依据。在此方面，浦东新区公利医院做了尝试，该院每年对职工体检数据进行专项分析，针对医务人员甲状腺功能检测结果异常较多的情况，对后续体检项目进行调整，所有参检医务人员均进行甲状腺超声检查，今年检出多位罹患甲状腺恶性肿瘤的医务人员，使其及时获得治疗。同时对职工餐饮进行调整，提供无碘盐供应和甲状腺套餐，受到医务人员的欢迎。

3. 多元化消除健康负面影响因素

医学作为一门发展飞速的自然科学，对从业人员的要求较高，加之当前医患关系紧张、医务人员的工作强度、职称晋升与论文发表的压力均十分巨大，这些对医务人员的健康造成了负面影响，许多医务人员已出现不同程度的亚健康表现与身心疾患先兆。在当前无法大幅增加医务人员配置或减轻工作负荷的前提下，为消除此类不良影响因素，各医疗机构应采用多元化的手段与措施为医务人员谋求福利。

建议各医院充分利用医务工会的平台，在职代会这一"桥梁"层面为医务人员争取更大的利益。市、区两级医务工会则可利用政策与自身优势，在职工体检的经费保障、项目设置与变更、体检频次、分层设置以及后续追踪等方面给出建议与支持。利用区位优势因地制宜地开展活动，如：利用心理危机干预的"巴林特"小组活动进行心理疏导，加强文化建设等，通过多种途径消减影响医务人员健康的因素。

4. 探索区域化、一体化医务人员体检模式

现阶段医务人员体检多采用以下两种模式：大型综合性医院多在本单位完成体检，专科医院或社区卫生服务中心多在专业体检中心购买套餐服务。从实施效果看前者具有便捷、快速、个性化等优点，可实现成本效益的最大化，更受参检人员青睐。后者除了体检本身，还需要交通成本的支出，无形中增加了单位负担。此外，体检套餐多为模板化项目汇总，很难做到个性化，如何实现套餐项目

与个性需求间的平衡是一个短时间内较难解决的问题。

浦东新区医务工会正逐步推行“惠民医盟”工作，是在区域医疗联合体的基础上整合优势医疗资源的又一次创新，今后将逐步探索区域内医疗机构医务人员体检的一体化模式，从顶层设计和制度保障的角度对医务人员体检进行规范与完善，利用大型综合性医院的区位与资源优势，为社区卫生服务中心提供相应的服务，也利于相关数据与信息的整合、搜集、分析，为每一个“医盟”内医务人员建立完备的健康档案，达到持续改进的管理效果。

（本文获第二十届年会征文一等奖）

关于全面二孩政策背景下女职工权益实现状况的调研报告

张鸿丽　曹蓓蕾　张　晔　丁丽莲
（上海市公共卫生临床中心）

党的十八届五中全会决定全面实施一对夫妇可生育两个孩子的政策。实施全面二孩政策，有利于优化人口结构，增加劳动力供给，减缓人口老龄化压力；有利于促进经济持续健康发展，实现全面建成小康社会的目标；有利于更好地落实计划生育基本国策，促进家庭幸福与社会和谐。基于人口发展的长远角度考虑，全面二孩政策背景下女职工权益的保障、维护已经成为国家和社会重点关注的民生问题。

一、研究概况

本调查的目的是了解生育期女职工在全面二孩政策背景下的权益保障状况，促进生育保障和女职工生育期福利待遇的落实和完善；了解女职工对二孩开放的实际反映、心理状况及生育二孩所遇到的困难和顾虑。根据调查提出改进意见和措施，为生育期女职工提供帮助，为国家实施二孩政策、优化人口结构、实现和谐社会的目标护航。课题组对上海市不同岗位、不同职业、不同性质单位的246名女职工进行问卷调查，召开系统内女工干部座谈会，进行人力资源部负责人访谈，对一家三级甲等医院进行课题特征性群体跟踪调查，了解二孩政策在单位的贯彻实施情况、提倡二孩政策后的权益保障情况、福利待遇的落实情况。

二、数据分析

1. 问卷调查与分析

指向性问卷的发放范围包括机关、医院、学校和企业，占70%；其余为非指向性社会问卷。调查内容包括育龄期女职工目前的生育情况；二孩生育意愿；对于目前生育福利政策和各类权益的知晓率、知晓途径；二孩生育扶持期望值等。

(1) 育龄期女职工目前的生育情况与二孩生育意愿

受访女职工目前的生育情况为：22%的尚未生育；66.7%的已育一孩；11%的已育二孩。从问卷数据上分析，除已育二孩外，有二孩生育指标的育龄女职工中，有生育二孩意愿的仅占 25%。

(2) 对于生育二孩的困惑

问卷结果显示，对孩子的家庭抚养是最大的难题；其次是生育养育的成本过高，对家庭而言经济上负担不起；再次为社会对二孩的福利政策扶持度不够。

(3) 对于生育期女职工假期、薪酬等权益的知晓情况

从问卷调查结果上看，上海市女职工对于生育期福利待遇、生育权益和保护条例的相关规定有所了解，但不深入、不全面，部分权益知晓度缺失或理解错误。

(4) 权益知晓途径

女职工通常经过自行网上查询来获得生育权益的信息，其次为已生育者的口口相传。对于单位而言，女职工的权益知晓途径均属于被动获取，而非单位主动给予。能享受单位主动给予帮助和宣教的占 33.33%。而在信息来源途径的期望调查中，78.86%的受访者希望通过单位获得权益相关信息。

(5) 权益的合理性及满意度

全面二孩政策实施后，37.4%的受访者对于目前的生育保险津贴及福利感到合理；15.45%的受访者表示无所谓；47.15%的受访者认为不合理。

(6) 二孩生育福利待遇及权益的期望值

一是受访女职工最希望生育二孩后能延长产假及哺乳假。二是对于单位建设“爱心妈咪小屋”、开设“职工亲子班”或者“寒暑托班”以缓解家庭育儿压力的呼声较高。

2. 访谈及个案跟踪分析

对女工干部的访谈发现：女工干部对权益政策基本了解，但对于有些公布度不广泛的文件，也会出现信息缺失的现象；部分女工干部表示已在单位筹建或建成“爱心妈咪小屋”；虽然建立“亲子工作室”的单位较少，但均有尝试在暑期开设“亲子兴趣班”，或已开展调研摸底、争取社会资源等预备工作来推进“亲子工作室”的创建。对人事部门的访谈发现：对生育假的执行情况较好，完全遵照相关文件规定施行；在薪酬待遇方面实现状况良好，但对个别细则和文件的解读存在理解偏差，或者存在被动执行的状况。对特征群体的跟踪发现：群体对单位女职工权益实现情况表示认可，对部分权益的条款表示不知道、不了解，个别表

示科室在绩效二次分配中存在用工歧视的现象。

三、现状与问题

1. 生育期女职工就业权益实现状况良好，但可能存在隐性用工歧视

绝大多数的女职工法律意识较强，懂得与用工方签署劳动合同。在访谈中发现，有部分生育期女职工在招工时被问及生育情况或生育意愿，但未有被要求签署生育保证协议等情况发生。而在薪酬待遇方面，极个别处于哺乳期的职工提出，在科室进行二次绩效分配时，因处于哺乳期而无须上中、夜班，奖金领取全额的80%。

2. 权益政策宣传力度不够

女职工对生育期权益政策的知晓不全面，主要原因有三个方面。一是权益政策公开度不够，部分文件规定仅下发到人事部门，并没有进行广泛的告知或宣传。二是女职工对权益政策的获取途径单一被动，通常是通过网络查询，或“过来人”的口口相传，其弊端是容易导致信息缺失、延时、错误等情况的发生。三是维权部门对于权益政策的宣教力度不够，宣传没有长效性以及个案针对性，形式过于笼统和公式化，导致效果欠佳，知晓率低。

3. 政策执行被动

参考沪府发〔2013〕5号文件《关于实施〈女职工劳动保护特别规定〉调整本市女职工生育保险待遇有关规定的通知》，调查发现其中的实施情况呈被动状态，58.94%以上的女职工对政策权益不知情，可能存在相关权益人没有拿到差额补贴的情况。执行部门往往因为对政策理解的偏差、文件指向口径经费来源问题等，且没有严格的执行监督和惩罚机制，对有些规定作选择性、被动性处理。问卷显示，87.4%的女职工认为单位有建设“爱心妈咪小屋”的必要。根据《女职工劳动保护特别规定》第十条规定，女职工比较多的用人单位应当根据女职工的需要，建立女职工卫生室、孕妇休息室、哺乳室等设施，妥善解决女职工在生理卫生、哺乳方面的困难。自2013年，上海市总工会女职工委员会联合有关机构共同在各级工会组织内开展上海女职工橙丝带关爱行动，全面推进“爱心妈咪小屋”建设，推动全社会对职场备孕期、怀孕期和哺乳期的女性给予呵护关心。五星小屋的评选活动如火如荼地开展，历经四年，效果突出，但尚未完全普及。

4. 全面二孩政策实施后，相关生育保障和福利待遇立法的滞后性

自二孩政策全面开放近两年，至今尚未有相关福利待遇政策、法律法规等纲

领文件出台。目前福利执行和权益维护仍参考“单独二孩”的相关要求。全面二孩政策实施以来，生育保险制度存在的隐性问题日益凸显。调查显示，认为现行的生育津贴不合理的接近50%，随着生活成本的不断上升，无形中便降低了生育津贴的实际水平。同时，随着医疗消费项目的增加和医疗消费层面的多元化，高龄孕产妇在妊娠期、生育期间发生并发症、综合征的可能性上升，使得生育成本随之加大。

5. 社会配套保障措施不到位，扶持力度不够

十二届全国人大五次会议新闻发言人傅莹在回答记者提问时表示，“全面二孩政策实施一年总的效果是好的，但在实行过程中出现了一些新的问题，包括女性就业歧视等。另外，相关的配套政策和服务要跟上，比如母婴和幼儿的照料，现在的服务就满足不了需要。”问卷调查中，有二孩生育意愿的人群的主要顾虑为家庭抚养问题不能得到解决；其次养育成本高、计划生育对生育观念的改变等因素都在抑制生育意愿。问卷之所以出现高比例受访者呼吁单位建设“亲子工作室”，其原因与女性的社会角色、舆论压力密切相关。女性在生育后4个月左右就需要回归岗位，而当今的舆论又呼吁将祖辈的退休生活还给老人，那么对于一个已育有一孩的双职工家庭，该如何承担高昂的养育费用，二孩的养育看护问题究竟该如何解决？因此，要让生育期女性主动响应二孩生育政策，社会给予的配套措施以及扶持项目乃是其关注的焦点问题。

四、对策与建议

1. 用人单位主动为生育女职工提供帮助

工会、妇委会、人事等部门首先要深入学习生育相关权益文件和规定，取得单位支持，充分利用各种宣传手段，如现代化多媒体网络方式，实现便捷、快速地普及。工会也可设计制作类似《生育女职工维权一本通》的纸质手册，开展具体、个性化地指导，并设专人接待，提供信息；主动对生育女职工的休假权益、薪酬权益的执行情况进行监督。工会应争取行政支持，开展部门配合，尽快完成单位内“爱心妈咪小屋”的创建工作，积极响应上海市总工会《关于开展上海女职工橙丝带关爱行动全面推进“爱心妈咪小屋”建设的通知》；对女职工最关心、最直接、最现实的热点问题和难点问题给予充分关心和大力帮扶，切实做好女职工的“娘家人”。对于用房紧缺的单位，建议在食堂、图书馆等公共场所内设计添加小屋，不占用实际意义上用房资源；也可以在休息室内设置“妈咪角”，精心设计，做到必

备物品一应俱全，并以屏风做隔断，保证私密性；还可以建造“爱心妈咪移动哺乳车”，通过伸缩式遮挡装置来保证私密度，内设小型冷藏柜、奶瓶消毒柜，放置哺乳所需物品。但凡女职工有“背奶”需求，则可以随时将“爱心妈咪移动哺乳车”推至科室，方便女职工使用，以解决单位用房紧缺、备乳时间短等问题。与此同时，建设“亲子工作室”也同样势在必行。

2. 明确二孩生育目标，出台鼓励政策

女职工不考虑生育二孩的主要原因是在上海家庭生育成本和育后看护成本过高，超出能力所及范围。建议可率先尝试建设生育保险分类制度，区别一、二孩的生育金补助力度；对于生育二孩的女职工，给予延长生育假或增加育儿假的鼓励政策；借鉴国际鼓励生育的经验。

3. 完善全面二孩政策的配套措施

继 2016 年之后，“完善全面二孩政策配套措施”再次出现在 2017 年的《政府工作报告》中。国务院总理李克强指出，“适应实施全面二孩政策，加强生育医疗保健服务”，彰显了政府广纳民意的胸襟。完善全面二孩政策的配套政策势在必行。一是完善医疗配套政策。针对生育二孩的女职工，将部分自费项目纳入医保范畴，适时适度地调整生育医疗津贴。二是完善教育配套政策。建议扩大义务教育范围，将幼儿园教育纳入义务教育范畴，以减轻育儿经济压力。充分利用社区资源，建立以小区、街道、单位为阵地的公益性育婴托儿机构，委托相关机构培养育婴保育员，并开展志愿帮扶项目，开设放学后或者寒暑假期活动社、托管班等，以解决当今价格昂贵的市场化育儿难问题，同时也能解决部分社会就业问题。

4. 建立维权监督和惩罚机制，有效保障生育女职工的权益

对于文件精神的贯彻落实和执行，关键在于完善生育权益保障的监督、惩罚机制。这是维护职工利益，保障职工权益强而有力的措施，可有效避免执行被动的现象。其次，建议对相关文件中概念容易混淆的用词进行注释，以免执行单位概念模糊，有选择性地执行文件精神。

（本文获第二十一届年会征文一等奖）

防御机制与职业压力对医务人员的健康影响研究

俞思伟　白　云　孙　非　郭薇琼　赖新秦　袁晓燕　高　远
（浦东新区公利医院　浦东新区医务工会　浦东新区北蔡社区
卫生服务中心　华东师范大学心理学院　浦东新区人民医院）

近年来，随着人民群众对于医疗卫生需求的不断提高，各医疗机构业务量显著增加，伴随着医患关系紧张，医务人员的整体工作强度与所承受的职业压力也与日俱增，这也使得医务人员的健康状况不容乐观，医务人员罹患重大疾病与慢性疾病的比例不断升高，医务人员因病猝死的案例也屡见报端，引发社会的极大反响与广泛关注。

医务人员健康状况出现危机，除了疾病检测手段的提升与工作负荷的增加以外，医务人员职业压力与缺乏有效心理疏导也是重要的影响因素。作为医疗卫生的专业人士，医务人员的心理防御与自我疏导能力较之其他职业应更加强大。但由于长期以来医疗机构对员工心理健康关注的薄弱和医务人员自身出于隐私保护考量，医务人员职业压力疏导与心理防御方式管理等工作相对滞后，甚至于空白，更缺少适宜医务人员特点的心理防御机制建设。这也使得相当比例的医务人员长期处于职业负荷过重与错误的心理防御方式之下。不妥善改变这一现况，就很难从根本上提升医务人员的整体健康水平。本研究通过分析上海市浦东新区 17 家二、三级医院与 45 家社区卫生服务中心罹患疾病医务人员的职业压力与心理防御方式情况，分析相关医务人员职业压力、心理防御方式与躯体化疾病之间的关系，探讨如何疏导医务人员职业压力，完善医务人员心理危机干预管理，制订并推广符合医务人员特点的心理防御与干预机制，从而提升医务人员整体健康水平。

一、对象与方法

1. 研究对象

选取上海市浦东新区卫生计生委管辖的 17 家医院（三级医院 2 家，二级医院 15 家)与 45 家社区卫生服务中心,统计上述医疗机构 2011 至 2015 年全部罹患重大疾病与慢性疾病的在职医务人员,调研其一般情况及当前健康状况,重点关注其职业压力与心理防御方式,访谈医疗机构员工健康管理部门负责人,探讨医务员工心理健康管理与心理危机干预现况。

2. *研究方法*

本研究采用问卷调查与专项访谈相结合的方法,共进行了两次问卷调查,后一次的问卷调查与访谈相结合进行。第一次调查是对新区各医疗机构医务人员健康状况进行调研,旨在发现近五年内浦东新区各级医疗机构医务人员罹患疾病情况与新增疾病情况,并筛选出罹患重大疾病与慢性疾病的医务人员。

第二次调查问卷分为针对罹患重大疾病与慢性疾病医务人员两大群体,旨在调查患病医务人员的职业压力与心理防御方式。重大疾病问卷内容包括医务人员患病前工作负荷、家庭生活负荷、患病及治疗情况和当前情况(岗位调整、健康治疗现况等)。慢性疾病问卷内容包括医务人员工作负荷、患病治疗情况和当前情况等。两类问卷均包含 IOS-R 量表与 DSQ 量表。其中 DSQ 量表包含 88 个项目,4 个因子(掩饰因子)和 9 级评定方法,总共有三个维度,分别为不成熟防御机制、成熟防御机制与中间防御机制。结合回归方程,对影响其职业压力和心理防御方式的变量进行探究。此外对医疗机构员工健康管理部门负责人与部分患病医务人员进行访谈,访谈内容包括患病前工作状况、身心压力、疾病检出后单位介入及帮助情况、疾病进展及现阶段身体状况、医疗机构对于医务人员心理疏导工作的开展情况、员工参与情况等。全部问卷调查采用无记名形式,受访谈者信息严格保密。

采用 SPSS 13.0 统计软件包对数据进行分析,采用描述性统计、T 检验、重复测量方差分析以及多元线性回归分析的方法。

二、结果

1. *问卷方法与回收情况*

第一次调查共发放医务人员问卷 2 920 份,回收 2 655 份(回收比例 91.27%),罹患重大疾病医务人员问卷 225 份,回收 225 份(回收比例 100%);罹患慢性疾病医务人员问卷 1 820 份,回收 1 675 份(回收比例 92.03%)。

第二次调查共发放医务人员问卷 2 000 份,回收 1 793 份(回收比例 89.65%),其中罹患重大疾病医务人员问卷 225 份,回收 223 份(回收比例

99.1%);罹患慢性疾病医务人员问卷1 675份,回收1 570份(回收比例93.73%)。在全部回收的1 793份问卷中,因填写项目不全而无法纳入最终统计范围的问卷161份,有效问卷1 632份,有效问卷比例(91.02%)。

2. 医务人员罹患疾病情况

第一次调查发现,浦东新区二、三级医院近五年医务人员罹患重大疾病(指恶性肿瘤、急性危重型心血管疾病、自身免疫性疾病、尿毒症等对健康危害大的疾病)年均增幅近200%,慢性疾病(指高血压、糖尿病、高脂血症、颈腰椎病等一般慢性疾病)年均增幅近100%。社区卫生服务中心近五年医务人员罹患重大疾病年均增幅35.24%,慢性疾病年均增幅111%。此外,从患病医务人员年龄结构来看,45岁以下罹患疾病医务人员比例达33.8%。

由此可见,近五年新区罹患疾病医务人员数量呈现快速增长态势,且慢性病疾病增速远远高于重大疾病($F_{1,4}=9.27$, $P=0.04$)。从患病医务人员年龄结构来看,呈现明显的低龄化趋势,尤其在慢性疾患方面,人数增长明显。

在罹患重大疾病医务人员的223人中,72%的医务人员在患病后通过更换工作岗位来降低工作压力。

3. 患病医务人员的职业压力调查情况

采用第二次调查数据,本研究通过多元线性回归分析探究影响患病医务人员职业压力的因素。结果发现,疾病程度与个体紧张程度并无显著关联。在考虑了其他变量之后,研究发现医务人员工作时间越长,个体紧张反应越强($T=5.03$, $P<0.001$),职业压力水平越强($T=6.84$, $P<0.001$)。在职业压力水平上,女性的职业压力得分显著低于男性,但是在区分岗位后分别进行线性回归分析,这样的性别差异消失(医生$T=-0.87$, $P>0.05$;护士$T=0.12$, $P>0.05$),说明职业压力的性别差异是由于不同岗位的医务人员性别比例不同导致的,在相同岗位上两性的职业压力没有显著差异。

为了更细致地分析,本研究挑选出医生和护士两类医务工作者,重新进行了回归分析。结果发现,工作时间越长,护士的职业压力越大($T=2.42$, $P<0.05$),个体应变反应越差($T=-2.29$, $P<0.05$)。此外,患有慢性疾病的护士职业压力比患有重大疾病的护士更大($T=-2.46$, $P<0.05$)。

而对医生而言,工作时间越长,职业压力越大($T=5.11$, $P<0.001$),但其个体应变反应能力越强($T=3.28$, $P<0.01$)。

4. 罹患疾病医务人员心理防御方式

罹患疾病的全部医务人员中,在其感受到职业压力和心理危机时,有三种不同的心理防御方式可以选择：不成熟防御方式、中间防御方式与成熟防御方式。采用重复测量方差分析，结果发现三种防御方式得分存在显著差异（$F=9.272$，$P=0.001$），成熟的防御方式得分高于中间防御方式，中间防御方式得分高于不成熟的防御方式，说明医务人员最偏好的防御方式是成熟的防御方式，其次采用的是中间防御方式，最后采用的是不成熟的防御方式。且这样的得分不受性别、工作时间、工作年限、疾病程度的影响。

对三种防御方式分别进行回归分析，发现年龄越小，越倾向不成熟的防御方式。而工作时间越长，越倾向进行中间防御方式和不成熟的防御方式。进一步挑选出医生、护士两类人群，分别对两类人群进行回归分析。

对医生人群进行分析，发现重大疾病人群比一般疾病人群更倾向于中间防御机制（$F=2.71$，$P<0.01$）。对护士人群进行分析，发现年龄越大，越倾向于采用成熟的防御方式（$F=2.58$，$P<0.05$）。

三、讨论

1. 重视医务人员健康现况

通过本次调研发现，浦东新区区属的17家医院与45家社区卫生服务中心医务人员2011年至2015年间，罹患重大疾病与慢性疾病的绝对数与增加比例均呈现较快的上升趋势。此外，医务人员健康危机还表现出两个特点，一是中青年医务人员（25～45岁）患病比例呈快速增加，达33.82%；二是罹患重大疾病（甚至于猝死）的医务人员数量较前明显增加，这些都应引起我们的高度重视。

医务人员出现健康危机，不仅仅影响到医疗机构的正常运行，也会造成不良的社会影响和舆论导向，更重要的是医疗机构对于本单位员工健康状况的关注与重视程度，也是对医务人员凝聚力的重要维系。通过访谈医院相关工作负责人，我们发现当前各医疗机构对于医务人员的健康重视主要在“健康体检”与“异常结果干预”两个方面，但医疗机构在健康体检安排上缺乏个性化与特异性，不少单位则完全委托专业体检机构施行，不具备医务人员的专业特性，导致不少员工体检的参与热情不高。而“异常结果干预”则属于事后干预，且医疗机构的关注重点一般放在罹患重大疾病的员工方面，往往忽视了罹患慢性疾病的中青年医务人员，更不会采取对应的干预措施，这也是中青年医务人员罹患疾病数量较快增长的重要原因。

建议各医疗机构加强对本单位医务人员健康状况的重视程度，在相关管理理念上变“事后干预”为“事前管理”，主动对医务人员既往体检结果进行整合分析，个性化设置体检项目与方案，对医务人员群感疾病进行一、二级预防等；其次加强中青年医务人员的健康关注程度，对罹患慢性疾病的中青年医务人员给予对症的医疗与保健帮助等。

2. 正确认识医务人员职业压力的意义

从调研数据发现，近年来伴随多种原因医务人员的职业压力也越来越大，其IOS-R 压力问卷得分为 87.2 分，远超其他行业从业人员的平均水平(64.4 分)。同时，医务人员的健康状况与所承受的职业压力也成正比，数据显示罹患重大疾病医务人员其个体紧张与应变反应程度要较其他医务人员显著增加。因此，正确重视与处理医务人员的职业压力对于保障医务人员健康有着重要的意义。

但目前医疗机构在对医务人员职业压力的认识上存在着误区，简单将职业压力与工作负荷进行统一，认为医务人员的职业压力是完全由工作负荷引起，由于医院工作负荷始终在增加，因此也无法减轻医务人员的职业压力。

客观来说，工作负荷是引起职业压力的重要因素，但绝非唯一因素，它还与工作环境、医患关系、职业自尊与荣誉、自信心建设、心理因素与职业倦怠、职业习惯等息息相关，且心理因素所占的影响程度正逐步加大，单纯希望降低工作负荷来减轻职业压力是片面的，也很难实现。因此只有采用综合处置的手段，才能全面而有效地降低职业负荷，特别是医务人员的心理负荷。此外，本次调研还发现，医务人员的职业压力呈现两个特性，根据统计数据显示，医务人员职业压力与工作岗位及工作年限呈现独立的相关性，一是职业紧张度越高的岗位，医务人员所承担的职业压力也就越大，这可能与长期的高紧张性环境有关。二是职业压力与从业年限呈正相关，但抵御压力的能力却与从业年限呈负相关，即工作年限越长，职业压力越大，但抵御压力能力越弱，这与新入职医务人员缺乏与患者的沟通经验以及对当前医疗环境、模式的不熟悉有关。但同时我们还发现，在医师方面，相当部分高年资医师面对高职业压力，其个体应对能力反而越差，呈现抛物线型表现，此种现象在以前的相关调研中从未发现，这也要求我们重视对于医师这个群体，特别是加强对于新入职或高年资医师的职业压力疏导。

根据上述特点，建议医疗机构正确认识与处理医务人员的职业压力，特别关注心理因素引起的职业压力与高风险岗位医务人员的职业压力情况，针对高危医务人员群体开展符合医务人员特性的心理疏导、危机干预、情感沙龙、医患关系处理经验分享、年轻医务人员入职 TED 演讲等系列活动，真正全面、有效地降低医务人员的职业压力，为保障医务人员健康奠定基础。

3. 建立医务人员适宜的心理防御机制

心理防御机制是指个体面临心理压力或冲突的紧张情境时，在其心理活动中产生的解脱烦恼、减轻不安、恢复心理平衡稳定的一种适应性倾向。成熟的心理防御机制能使主体在遭受困难后快速恢复心理平衡，甚至激发主体的主观能动性，战胜挫折；而中间心理防御机制或不成熟心理防御机制则属于消极的心理防御机制，容易使主体出现退缩甚至恐惧而导致心理疾病。

医务人员作为卫生专业技术人员，在一定程度上接受过心理专业知识的培训，也具备一定的心理防御基础，但缺乏系统性与完整性，也容易造成心理防御机制的不完整甚至偏差。从统计结果显示，新区医务人员采用的心理防御机制与年龄有着明显关联，年轻医务人员多采用不成熟的防御方式与中间防御方式，而相对年长的医务人员多采用成熟的防御机制，但在高年资医师群体其心理防御机制又呈现弱化现象，且大部分医务人员的心理防御机制并不完整与科学。

从调研结果来看，为医务人员（特别是高风险岗位、新入职以及部分高年资医务人员）制订适宜的心理防御机制是十分必要的，这能与降低职业压力形成有效的互补。但目前国内缺乏符合医疗行业特性的心理防御机制，因此本课题根据委托华东师范大学心理学院依据 DSQ 问卷结果，针对性制订了符合医务人员特点的心理防御机制与培训方法，能切实加强医务人员的心理防御能力。

4. 探索完善的医务人员健康管理模式

通过本次调研及相关访谈我们发现，当前大部分医疗机构在员工健康管理工作上仍很薄弱，多采用“事后干预”或“碎片化管理”的手段，特别在员工职业压力与心理疏导方面尤为欠缺。究其原因，除了医疗机构本身对本项工作不够重视之外，缺乏统一的牵头管理部门，缺少专业性、系统性的健康管理知识也是重要的因素。此外，对于员工的心理疏导与心理危机干预，考虑到医务人员个人隐私的保护以及其本身意愿，医疗机构也很难实质性开展相关活动，从而进一步减弱了健康管理的成效。

我们探索建立较为完善的，具有一体化、多元化、系统化的医务人员管理模式，从顶层设计和制度保障的角度对医务人员健康管理进行规范与完善，提供有效的管理模板。一方面，利用本课题的心理专业优势，为医务人员制订适宜的心理防御机制，并通过多样化的活动手段进行培训，在潜移默化中改变部分医务人员的不良心理防御方式，以降低职业压力带来的伤害。另一方面，通过系统性职业减压来改善医务人员的工作负荷、心理家庭负荷以及自信心与职业荣誉感重塑，与成熟的心理防御机制一起形成良性互动，共同保障医务人员的身心健康。

医务人员是人民健康的“守护者”，其自身健康状况尤为重要，完善医务人员健康管理模式，多元化降低其职业压力，建立适宜医务人员的心理防御机制等是卫生行政部门、医疗机构与各级医务工会的职责所在。本研究从职业减压到心理防御机制实施对医务人员健康管理提出建议，为切实有效地保障医务人员健康权益提供有效支持。

（本文获第二十届年会征文二等奖）

浅析医院工会对职工职业倦怠现象的对策与作为

王海云
（上海市精神卫生中心）

“职业倦怠”最早由纽约基础临床心理学家弗登伯格于1974年提出，他认为职业倦怠是一种最容易在助人行业中出现的情绪性耗竭的症状。随着社会竞争的日趋激烈，应激情境的不断加剧，助人者不能通过积极的问题解决来化解痛苦，以至在工作中表现为“身心疲劳、耗竭状态”，不能有效地应对工作上延续不断的各种压力，包括情绪衰竭、去人性化和成就感降低。

笔者所在的医院曾随机抽取217名职工进行职业倦怠问卷调查，结果显示，受访者中职业倦怠检出率达到82.4%，其中护士的职业倦怠情况最为严重，达90%以上，其次为医生，约80%，医务人员“职业倦怠”状况不容乐观。面对这一情况，医院工会乘势而为，采取多种措施积极应对，主动引导，缓解职业倦怠，促进医院的和谐稳定与发展。

一、本院职工职业倦怠的主要表现

调研显示，职业倦怠的表现在不同人群间不尽相同，较为集中的有以下8种：

（1）精神紧张：医生46.38%、护士49.47%、医技及行政后勤人员36.54%；

（2）情绪低落：医生35.29%、护士36.84%、医技及行政后勤人员25%；

（3）悲观：医生17.39%、护士16.84%、医技及行政后勤人员7.69%；

（4）缺少幸福感：医生15.94%、护士8.42%、医技及行政后勤人员7.69%；

（5）焦虑：医生14.49%、护士20%、医技及行政后勤人员5.77%；

（6）问题堆积如山，无法逾越：医生21.74%、护士16.84%、医技及行政后勤人员1.92%；

(7) 注意力不集中：医生15.94%、护士9.47%、医技及行政后勤人员9.62%；

(8) 无法应付必须做的事情：医生14.49%、护士13.68%、医技及行政后勤人员1.92%。

二、本院职工职业倦怠现象的原因分析

引起职工职业倦怠的因素很多，但归纳起来主要有以下四个方面。

1. 社会因素

随着改革开放和社会主义市场经济的快速发展，人民生活水平逐步提高，广大人民群众对医疗服务的要求越来越高，对医务人员也产生了过高期望，容易产生医患矛盾；个别媒体为追求“轰动效应”，不加核实地报道极端案例，放大了“医患关系”的恶化程度，加深了医患之间的误解，助长社会形成一种不尊重甚至敌视医务人员的风气，医务人员社会地位降低，缺少尊重与理解，觉得工作没有意义，产生失落感，从而对工作也缺乏激情。

2. 医院因素

一是与外院相比收入差距过大。本院是上海市三级甲等精神卫生专科医院，担负着全市精神卫生的医疗、教学、科研、预防、康复、心理咨询和对外学术交流等任务，长期以来为人民群众的心理健康、社会稳定、家庭幸福作出了重要贡献。近年来，随着我国改革开放的不断深入，经济的持续快速发展，经济、政治、文化和社会结构的改变，以及现代社会竞争压力的逐渐增大，社会心理因素诱发的精神卫生问题日益突出，本院的社会价值、医疗地位显得更为重要，在“5·12”汶川地震、“11·15”上海特大火灾等灾后心理援助工作中，都显示出精神卫生专业人员工作的重要性。但与此不相适应的是，由于精神卫生辅助治疗手段有限，医疗收费的限制，虽然承担了大量的社会性工作，但中心职工收入在三级甲等医院中始终属于下游水平，一定程度上影响了职工的工作积极性。二是对医务人员人文教育重要性的认识不够。医院往往重视医生的职业技能、科研能力的提高，而忽视医务人员的人文知识、心理素质的培养，致使有些医务人员的人际交往能力受限，医患之间沟通交流不畅，自我心理调节、抗挫折能力不足等。

3. 职业因素

一是工作量大，由于医院工作的特殊性，医务人员大都需要“三班倒”，日夜

颠倒的作息习惯,不管刮风下雨、严寒酷暑,只要工作需要就得随叫随到的工作责任,以及迎接各条线、各类别的检查、暗访等本职工作之外的任务,使医务人员感到身心疲惫。二是职业危机感,医务人员除了正常的医疗工作外,还要承担教学、科研等任务,医学技术的快速发展、职称晋升的需要,要求医务人员必须时刻学习,提高自身素质,不能有丝毫的懈怠,而这些工作和学习大多都是在业余时间进行的,对家庭照顾减少等,使医务人员感到紧张无助。三是工作技术要求高,医务人员的服务对象是活生生的人,不仅需要高超的技能,还要有爱心、耐心和较好的人际沟通能力,期间产生的矛盾冲突使医务人员感到烦恼痛苦,继而对工作产生厌倦与逃避。

4. 自身因素

诸如,对自身角色定位缺乏正确认知;抗焦虑程度低,不能忍受困难与挫折的考验;性格原因,不能正确处理人际关系;生活变化,感情与家庭的变故;同事之间的顾虑,即使察觉有必要心理干预,但也羞于找同行咨询,导致心理问题的日益严重。

三、医院工会在职工职业倦怠现象中的对策与作为

工会是党组织和行政部门联系广大职工的桥梁和纽带,工会作为“职工之家”,义不容辞地应把关心职工职业心理健康、化解职业心理压力作为新时期工会工作的一个新热点、工会维权的一个新重点,应充分发挥工会组织群众性的优势,主动行使维护、协调的基本职责,关注职工身心健康,缓解职工压力,促进人的全面发展,努力营造和谐稳定的医院发展环境。

1. 以人为本,回应职工意见,尊重职工自我价值

2012 年根据上海市医务工会的要求,院工会开展了“面对面、心贴心、实打实,服务职工在基层”活动,以部门工会为单位,共召开 14 场职工座谈会,梳理汇总职工群众最关心、最直接、最现实的五项热点问题。至年底,这五项问题全部解决。其中职工反响较大的“职能科室绩效考核满分才能拿到基本奖金,不符合工作实际”的问题,院工会向党政班子汇报后,得到领导的高度重视,指示由人力资源部牵头,组织绩效考核小组对职能科室绩效考核分值进行修订,绩效考核小组通过调研,进一步完善了绩效考核办法,修订后的办法将考核分值分为 6 档,发放相应的绩效奖励,使职能科室绩效考核更加客观、规范、人性化。还有如“总部改扩建以后,医院面貌焕然一新,但由于各座大楼之间缺少长廊连接,下雨天

给外出做治疗检查的病人带来不便”的问题，院工会及时向党政班子报告职工的意见，通过前期论证、项目立项、资金申请、建筑招标等一系列规范运作，连接1号楼、2号楼和3号楼之间的长廊于7月竣工。下雨天，1号楼、3号楼病房的病人到2号楼做检查再也不怕风吹雨淋了。

为了更好地了解职工意见和建议，院工会设计制作了《部门工会报告表》，要求每个部门工会每月向工会报告职工反映的问题。院工会共收集职工反映的问题32项，这些问题都与职工工作、生活密切相关，如，要求增加空调网的清洗次数；要求职工水箱定期上门彻底清洁；要求增加体检经费等，工会会同人力资源部、后勤管理科，对职工提出的问题、建议、意见逐一讨论，予以答复，并在“工会恳谈会”上向工会干部、职工代表作了反馈报告，再通过与会职工向本部门职工做好信息反馈。在“面心实”活动中，共解决问题30项，对于一时不能解决的，都向职工作好解释工作。由于院工会直面职工反映的问题，不推诿、不退缩、不回避，得到职工群众们的肯定。

在“面心实”活动中，院工会了解到闵行院区的职工，由于地理位置偏僻，病房工作人员日常三班倒工作中，经常错过吃饭时间，给职工带来不便，一方面工会与职工食堂联系，适当延长服务时间；另一方面，将部门工会经费用来为职工购买一些点心，解除职工后顾之忧，共有500多位职工受惠，使职工群众们感受到工会的关怀和温暖，增强工会的吸引力和凝聚力，起到聚人心、鼓士气的良好效应。

2. 以民为先，畅通诉求渠道，尊重职工主体地位

本院自2001年实行院务公开以来，坚持涉及职工切身利益的问题必须经职工代表大会讨论通过方可执行。职称晋升、课题申请、评优评先以及各职能科室、业务部门的重要工作都通过院务公开工作专栏、医院局域网、院报、职工代表座谈会、院情通报会等形式，随时公开；对于职工关心的医院财务收支、职工“四金”缴纳、大额资金使用、仪器设备购置、干部任用、院领导收入等情况，都在一年一度的院务公开工作报告会上向职工代表报告，将医院的各项工作置于职工群众的监督之下，增加了医院工作的透明度，提高了知晓度。广大职工在了解医院工作，尤其是医院目前的财务状况后，对院领导在经济并不乐观的情况下，仍然想方设法增加职工收入的做法表示赞同，增进了院领导与职工之间的沟通、理解。在上级工会和院领导的关心指导下，本院的职工代表大会程序不断规范，职工的参政、议政意识不断增强，院务公开的范围不断扩大。医院广开纳言谏策之门，鼓励职工代表提出提案，党政领导班子认真讨论代表们的提案，工作小组跟

踪每份提案落实情况，使提案成为促进医院发展的蓄水池；设立院长信箱和院领导接待日，听取更多职工的不同声音，为职工与院领导的沟通交流提供平台。

3. 以文化人，开展人文教育，尊重职工发展愿望

在调研中，一部分受访者自感发展的愿景较难实现，对未来、前途失去信心，对医德信念取向感到迷茫，加之医患矛盾、不恰当的对人对事态度、人际关系紧张等原因，从而出现缺少工作激情，缺乏成就感，责任心下降，压力大，抱怨多，情绪低落等职业倦怠表现。院工会针对这一情况，分层次、有重点地在全院职工中开展“责任在我心，实践伴我行”职业道德取向大讨论，以党支部、团支部、班组为单位，通过党、团支部组织生活会、班组学习等形式，以“崇尚正义、维护公平的公正理念，互相尊重、和睦友善的包容态度，履职尽责、勇于担当的责任意识，诚实待人、守信互信的诚信品德”为重点内容，结合发生在身边的实际案例，探讨新时期卫生系统核心价值观。全院 14 个党支部，9 个团支部，80 个班组，1 353 名职工参与了大讨论活动，形成卫生系统核心价值观短语 70 余条。“公正、包容、责任、诚信”的价值取向得到广大职工的高度认同。院工会在大讨论的基础上组织岗位格言征集活动，针对卫生行业特色、精神卫生专科医院特点、医护管理后勤等不同岗位特征，提炼总结岗位格言 148 条，用职工的话讲述职业道德规范、价值取向、雷锋精神和需要共同遵守的行为准则。

调研还显示，男性、低龄（小于 30 岁）、低学历（大专、本科）及护士是职工心理健康的危险因素，这可能是由于这一人群面临的经济、竞争压力更大，而相应的支持系统相对缺乏所致。院工会积极为职工的职业发展、成长成才提供有效载体，与有关部门联合举办职工医德医风建设辩论赛、护士岗位技能大赛、《论语》与护士文化修养读书征文比赛、规范化培养住院医师英语演讲比赛、消防技能比赛、构建和谐医患关系讲座等活动，为低学历职工设立教育奖励金，对取得大专、本科学历的职工给予奖励。

先进人物是职工群众中杰出的代表，他们的先进思想和模范行动是大家的榜样、医院的财富和前进的动力。院工会认真做好学先评优树先进活动，通过评选精神文明十佳好事、先进工作者、先进集体、我心目中的“精中”人、特色班组（优学型、创新性、技能型、管理型、活力型班组）等活动，发掘职工中的闪光点，使每位职工切身感受到对自身价值的肯定和认可；充分运用各类宣传平台，加大对先进个人和集体的宣传力度，与相关部门联合在院报上推出“青年业务骨干”专栏，加强对优秀青年医务人员的宣传，在树立职工良好形象的同时，使职工获得成就感和满足感，激发工作动力，构建和谐、文明、积极向上的医院文化氛围。

4. 以情动人,关心职工生活,尊重职工情感需要

维护职工权利是工会的一大职能,院工会根据自身的工作特点,主动作为,关爱职工措施实,服务职工举措多,让职工群众们感受到工会大"家"的温馨。

一是完善职工帮困体系,缓解职工实际困难。医院行政与工会共同出资,为全体职工办理补充住院保险、特种重病保险、女职工特种病保险,2012年提高了职工患病探望金额;职工家属去世,工会上门慰问;元旦、春节,院领导走访患重病职工;高温期间,为全院职工发放防暑降温物品,慰问高温部门职工;医院在公开、公平、公正的前提下,每年度为符合条件的职工发放购房补贴;院妇委会按照《女职工劳动保护特别规定》的要求,自查"规定"的贯彻落实情况,对不符合规定的做法及时整改,切实维护职工权益。

二是开展丰富多彩的文体活动,创设和谐的工作氛围。工会积极组织职工参加上海市卫生系统第十届职工运动会和上海交通大学教职工运动会,200多名职工参与其中,医院获得市卫生系统十运会丙组团体总分第二名和交大运动会团体总分第五名的好成绩;举办青年趣味体育比赛、和谐社会你我他摄影比赛、足球友谊赛等活动,丰富职工的业余生活;组织职工赴武夷山、张家界疗休养,愉悦身心,释放压力,体现了工会对职工健康权益的关心。院工会还以负责院报第四版"医院文化"组稿工作之际,编发职工的摄影作品、随笔、游记等,增强职工的归属感和向心力。

三是加强分类指导,关注职工群众的精神需要与职工自身历练并重。目前医院青年职工占职工总数的近半数,对于大多数出生于"80后""90后"的青年,表现出受教育程度高、职业期望值高、物质和精神享受要求高,工作耐受力低,心理承受力弱的特征。

工会要及时掌握职工的精神需求和心理特点,在帮助改善生活的同时,做好思想疏导和情绪化解工作,发挥本院心理专科优势,对于一些高危人群和重点对象,主动开展心理咨询辅导,可以设立兼职的心理辅导员,加强心理健康干预,帮助职工树立积极健康的心态;关心青年职工中的婚恋问题,2012年已推荐10余位青年职工参加市卫生局妇委、枫林社区的交友活动,1人成功牵手,使职工群众感受到来自工会组织的实实在在的关心。同时,青年职工也要加强自身素质的培养,培养积极的心态,不悲观、不怨天尤人,在工作和生活中善于与人沟通,保持豁达、乐观的生活态度。

四是发挥专长,积极应对。院工会鼓励工会干部参加心理咨询培训,现工会委员中半数以上取得"国家二级心理咨询师"证书,为今后设立兼职心理辅导员,

主动介入心理健康干预工作，打下坚实的基础；推荐15位职工参加医务工会举办的“心理健康培训班”，帮助职工调整心态应对压力，促进自身发展；向职工推荐有关心理辅导方面的书籍及文章，让职工通过学习不断提高自己的认识水平，重视自我心理调适和保健，减轻压力和焦虑感，促进自己的心理健康。

医务人员的职业倦怠不仅影响到其自身健康和发展，还会造成家庭矛盾增加、患者就诊满意度降低、医患纠纷增加、医务工作者流失等严重不良后果。医院要通过逐步的制度建设，减少非医疗工作本身对医生和护士的影响，通过健全的制度保障医护人员的权益，使医生、护士真正可以专心于专业临床工作。工会作为“职工之家”，有责任关注、关心医务人员的心理健康，满足他们的情感需要，提高他们的抗倦怠能力，在关怀职工的职业心理健康工作中发挥更大更优的作用，使工会成为职工真正的家，促进医院的和谐发展。

（本文获第十六届年会征文二等奖）

附录

2013—2017年上海工会优秀调研报告、论文评选获奖篇目（医务系统）

2013年

三等奖

上海卫生系统新生代职工的特征诉求及工会工作对策的调研报告

钱菊敏（上海市医务工会）

优秀奖

医务知识女性对劳动经济权益、民主政治权利、自身价值实现的利益诉求特点、基本特征、影响因素和对策

上海市第一妇婴保健院工会

2014年

优秀奖

上海市市级医疗机构职工健康状况调研报告

上海市医务工会　上海市教育健康所

上海市新医改前后医务职工工作满意度差异的调查分析

秦　艺（第十人民医院工会）

2015年

一等奖

上海市医务工会组织建设和干部队伍的现状分析报告

上海市医务工会

优秀奖

上海市三甲医院临床医务人员职业压力与倦怠状况及心理健康援助对策研究

苏家春　耿道颖(华山医院工会)

2016年

一等奖

运用新媒体推进基层工会工作创新发展的调查研究

上海市医务工会

优秀奖

上海市公立医院非在编护理人员离职意愿及其影响因素的调研研究

上海市第十人民医院

2017年

三等奖

杨浦区区域医疗护理机构护工队伍现状调查及做好维权服务工作的建议

杨浦区医务工会

优秀奖

全面深化改革背景下医师多点执业中工伤认定困境的探析

高深甚(上海交通大学医学院附属瑞金医院北院)

上海市卫生系统工会工作理论研究会第十六届年会获奖论文名单

一等奖(5篇)

深化院务公开民主管理工作的难点和途径

沙丽娜　包　晰　杨以平(上海市第一妇婴保健院)

卫生事务联合工会职工压力状况问卷调查分析

沈建平(上海市卫生事务联合工会)

青年医务人员思想状况与职业生涯发展规划调查分析

杨鹏高　陈　佳　秦　艳　王玉明(上海交通大学医学院附属第三人民医院)

医务人员职业伤害与卫生法制建设

江欲红　庄惠民　强瑞娟(杨浦区医务工会)

专业技术人员流失及对策研究

王　军(上海市精神卫生中心)

二等奖(10篇)

工会参与社会管理的独特功能及实现路径

池朝霞(上海市医务工会)

浅析医院工会对职工职业倦怠现象的对策与作为

王海云(上海市精神卫生中心)

关于工会拨缴经费审计的思考

上海市医务工会经费审查委员会

加强文化引领,提升卫生系统思想政治工作实效

黄浦区医务工会

上海市医务工会职能变迁研究

柯　婷(上海市医务工会)

职工文化建设的形式、途径及对提升职工素质的作用

上海市疾病预防控制中心工会

医院文化建设实践与思考

朱文秀　严　肃　俞郁萍(上海交通大学医学院附属瑞金医院)

企业医院工会工作面临的问题及对策

姚美芳[上海梅山(集团)有限公司医院]

宝山区卫生系统非编人员状况调查

王建夏　林　琦　苗琪娟(宝山区医务工会)

某医院职工满意度调查分析

李　敏(上海市公共卫生临床中心)

三等奖(16篇)

在"新医改"形势下疾控机构妇女工作的研究

上海市疾病预防控制中心妇女委员会

推进院务公开工作的实践与思考

沈　琪　蒋超英(上海市第一妇婴保健院)

医院管理人才素质要求及培养策略探索

唐文佳(上海交通大学医学院附属瑞金医院)

发挥工会组织作用,改善护士职业倦怠

蒋　燕　丁　勇　江明珠(杨浦区中心医院)

关于我院"四三二一"素质教育模式的研究探讨

冯爱成　席晓燕(华东疗养院)

浅谈医院工会在医疗体制改革中的作用

洪　岩(同济大学附属同济医院)

人文关怀的管理理念在现代医院管理中的应用

丁　勇(杨浦区中心医院)

职代会运行的制度保障

李　敏(上海市公共卫生临床中心)

浅谈医改实施进程中如何保持员工队伍稳定性

唐献忠　叶　燕　王　群　陈静怡(长宁区中心医院)

构建和谐医患关系的探讨

冯少华(上海市第六人民医院)

寄生虫病所职工现状调查报告

张少森(寄生虫病预防控制所)

上海市某三级医院医务人员现状调查及对策探讨

曹莲花(上海市第五人民医院)

新形势下工会维权的难点与对策调研

奚国士(闵行区医疗急救中心)

关于加强新形势下退休人员思想教育的途径与方法

刘玉莲　周荫梅(上海市第六人民医院退管会)

如何关心离退休人员的精神生活

潘　涵(上海市第十人民医院)

浅析职工文化、工会文化与企业文化相互关系和建设策略

曹　巍(上海生物制品研究所有限责任公司)

入围奖(40 篇)

老年退休人员精神慰藉的现状和对策

孙玲芬　朱　焱(上海交通大学医学院附属新华医院)

岳阳医院退休职工文化娱乐活动情况调查

方　琳(上海中医药大学附属岳阳中西医结合医院)

加强工会经审工作规范化建设的研究和思考

陈　萍(嘉定区中医医院)

员工座谈促和谐　齐心开创新百年

刘　艺(上海市第十人民医院)

试析卫生事业单位实行院务公开的难点和对策

栾　欣(复旦大学附属肿瘤医院)

退管会才是退休人员管理服务机构

葛云高(上海市肺科医院)

对非公立医疗机构民主管理模式的思考

陆涵杰(上海市口腔病防治院)

有效提高职工素质,建立和谐单位

王　一(上海市口腔病防治院)

科室文化演进为制度创新

胡松浩(上海交通大学医学院附属新华医院)

着力推进医院职工素质工程建设的思考与实践

李银萍(上海市第八人民医院)

建设职工书屋　提升医院文化

徐治国　秦嗣萃(复旦大学附属中山医院)

建设学习型单位　全面提升企业文化

沈　超(上海中医药大学附属曙光医院)

从传统文化的角度看中医医院文化建设

孙书焰(上海中医药大学附属龙华医院)

注重医疗职业精神　树立良好行业形象

周雨花(上海中医药大学附属龙华医院)

新形势下医务人员队伍稳定状况调研及分析

沈勤新(杨浦区市东医院)

工会医德建设的论文

阮红娟(奉贤区中医医院)

医务人员工作满意现状与原因分析

张　娟　蒋　勇　王　慧　陆贤伟(上海市第一人民医院)

新时期的医德与价值取向

张少丽(上海市第六人民医院)

发挥工会职能,维护职工权益,构建和谐医院

陶丽英(上海市第十人民医院)

发挥工会优势_构建和谐企业

李　莲(上海生物制品研究所有限责任公司)

“4+1”民主管理模式构建和谐疗养院的思考

冯爱成　祭　伟(华东疗养院)

围绕加强职工责任感的目标开展职工素质教育

叶　娟　钟蔚芝(上海市健康教育所)

强化民主管理,建设和谐医院的实践与探讨

柯颖达　苏家春(复旦大学附属华山医院)

抓职工道德教育　促医院文明建设

尤　仁　殷静娅　陈晓军(复旦大学附属妇产科医院)

构建学习型团队的实践研究

施彩虹　朱　鸿　程雪峰　庄则华　徐　瑾　潘　汀
(上海交通大学医学院附属第三人民医院)

民主管理日益深入　和谐医院渐入佳境

毛莉萍(上海中医药大学附属岳阳中西医结合医院)

民主管理及和谐医院建设的思考

张　渭(徐汇区华泾社区卫生服务中心)

以人为本推进医院文化建设

普陀区人民医院工会

新形势下完善职工帮困格局的实践和思考

罗　章(普陀区中心医院)

关于职工代表有关问题的思考和建议

刘　浩(上海健康职业技术学院)

儿科医院开展创建优秀职工之家工作体会

韩春林　马小玉　盛　锋　张　瑾　徐　虹(复旦大学附属儿科医院)

搭建与退休职工沟通互动平台的初探

张　渊(复旦大学附属儿科医院)

新形势下退休职工信访工作的探索

王美娟　尤　仁(复旦大学附属妇产科医院)

关于丰富退休人员精神文化生活形式和内容的思考

史晓卿(上海中医药大学附属曙光医院)

关于退休人员晚年护理需求的研究与探索

江荣芳(上海中医药大学附属龙华医院)

强化医院文化　提升职工素质

黄　峥(上海中医药大学附属岳阳中西医结合医院)

浅谈工会在职工素质建设中的作用

冯　峰(同济大学附属同济医院)

新医改对基层医务职工带来的影响

杨　郁(长宁区新华社区卫生服务中心)

加强工会经审工作规范化建设的问题与思考

顾燕芳(浦东新区　孙桥卫生服务中心)

充分发挥工会四项职能　增强思想政治工作有效性

闸北区北站医院工会

上海市卫生系统工会工作理论研究会第十七届年会获奖论文名单

一等奖(5 篇)

上海卫生系统新生代职工的特征诉求及工会工作对策的调研报告

上海市医务工会　上海市卫生系统工会工作理论研究会

上海市卫生系统困难退休职工帮困途径的调查与探索

潘　涵　张　羽　曹奕婷(上海市第十人民医院)

医务知识女性对劳动经济权益、民主政治权利、自身价值实现的利益诉求特点、基本特征、影响因素和对策

蒋超瑛　包　晰　沙丽娜　李智超(上海市第一妇婴保健院)

新形势下基层工会组织规范化建设思考

池朝霞(上海市医务工会)

研究型中医院职工的压力管理

沈　超　王继兰　徐　敏(上海中医药大学附属曙光医院)

二等奖(11 篇)

PDCA 循环法在提高班组学习效率上的应用

沈　艳(上海市第六人民医院)

浅析运用新媒体推进工会工作信息化的设想——新媒体对于疗养院工会工作信息化建设的思考

冯爱成　祭　伟(华东疗养院)

医院知识女性职业素质及生存状态的调查分析与对策

蒋超瑛　包　晰　沈　淇(上海市第一妇婴保健院)

品管圈活动在职工医疗互助保障工作中的应用

尤　菊　徐治国　秦嗣萃(复旦大学附属中山医院)

新医改政策对青年医务人员的影响与对策

肖　斌　唐慧芝(上海交通大学医学院附属新华医院)

浅议工会在缓解医务人员压力中的作用

王海云(上海市精神卫生中心)

非在编医疗助理参与民主管理的途径与方法

金　逸　于学靖　蔡玲燕　杨　晔(上海第十人民医院)

住院医师规范化培训学员职业满意度对组织承诺影响研究

陈　玮　项彦聪　金　玮(上海交通大学医学院附属瑞金医院)

情暖最后一公里——基层工会的困境与思考

隗　祎(复旦大学附属中山医院)

上海某医院职工满意度及职业倦怠情况调研分析

李　敏(上海市公共卫生临床中心)

医务人员心理状态与幸福感的相关性研究

顾爱花(宝山中西医结合医院)

三等奖(16篇)

当前卫生计生系统院务公开民主管理现状及问题分析——2013年院务公开民主管理调研报告

池朝霞(上海市医务工会)

提升幸福指数,关怀医务女性身体健康

王　军(上海市精神卫生中心)

论职工素质教育的作用与方法

郭婷婷　昌　菁(上海交通大学医学院附属新华医院)

非在编职工参与民主管理的途径与方法

闵行区马桥社区卫生服务中心工会

职工身心健康测试与健康指导系统研究

沈爱萍(松江区中心医院工会)

工会在劳动人事争议调解中的地位及作用的初探

徐汇区疾病预防控制中心工会

搭建成才平台,积极推进职工素质工程建设

仇许玲　许树长　张　玲(同济大学附属同济医院)

杨浦区卫生计生系统关于加强职工文化建设和宣传思想工作的调研报告

江欲红(杨浦区医务工会)

基层单位民主评议干部工作的问题分析与对策建议

陈晓红(中国疾病预防控制中心寄生虫病所)

黄浦区社会医疗机构推进“两个普遍”工作机制的实践与思考

黄浦区医务工会

关于解决高龄失能老人长期照护问题的思考与建议

吕香玲(华东医院)

抓工会经审工作规范化建设促内控管理健全和有效运行

汤盛农(上海生物制品研究所有限责任公司)

医院女职工队伍状况调查及做好女职工工作的一点思考

陈郭丽珍　江　萍　杜锦萍　张治华　陆宇萍　庄　燕

(上海市浦东新区人民医院)

浅析紧张医患关系下医院文化建设的途径

唐文佳(上海交通大学医学院附属瑞金医院)

医改政策对医务职工的影响与对策

吴胜斌(上海交通大学医学院附属第九人民医院)

工会维护工作的实践与体会

张　莉(上海交大医学院附属仁济医院)

入围奖(37 篇)

推进职工代表履职考核的思考

刘卫平(徐汇区医务工会)

基于 ServQual 量表测评三地医务职工感知服务质量

李　敏(上海市公共卫生临床中心)

关于加强黄浦区医务工会经审工作规范化的探讨

黄浦区医务工会

医院劳务派遣护士现况分析及对策

上海市第五人民医院工会

浅议加强基层工会经审工作的几点思考

万明浩　孙孝钢(上海市第九人民医院)

浦东新区卫生系统医务职工文化生活调查问卷报告

浦东新区医务工会

专科医院职工素质建设现状与实践

徐　艳　钮　骏　黄　敏（上海市儿童医院）

关于医院安全网文化建设的实践与思考

徐　瑾　李　娟　杨振华（上海市中医医院）

提升患者满意度的思考和措施

张晓波　徐虹　韩春林　夏　青　陆翠娥　张　瑾（复旦大学附属儿科医院）

加强女职工工作的若干思考

李　莲（上海生物制品研究所有限责任公司）

关于我院"3+1"虚幻学习圈建立的探讨

冯爱成　席晓燕（华东疗养院）

关于运用新媒体推进工会工作信息化的研究

徐　静（上海市口腔病防治院）

关于退休人员帮困救助的途径和方法

郑　燕（上海市医疗急救中心）

如何依据老年人的需求实现"六个老有"

复旦大学附属华山医院退管会

关注医患体验　和谐医患关系

张晓波　徐　虹　韩春林　奚晓蕾　傅丽丽　张志豪　刘玉媚（复旦大学附属儿科医院）

协调劳动关系促转型　和谐医院共发展

尤　仁　陈晓军（复旦大学附属妇产科医院）

创建和谐班组的探讨

上海中医药大学附属曙光医院

浅论退休老人求医负担加重的成因与对策

方　琳（上海中医药大学附属岳阳中西医结合医院）

浅析医院民主管理与和谐医院建设的思考

宓储毅（同济大学附属同济医院）

浅析医院劳务派遣用工的利弊与对策

张超群（普陀区中心医院）

职工素质教育的形式与方法

戴逸白(闸北区虬江老年护理院)

关于加强职工文化建设和宣传思想工作的调研

张　萌(上海电力医院)

履行职责多做实事　保障老龄“六个老有”

林　建　吴　昱(上海市第一人民医院)

加强职工素质建设　促进医院全面发展

朱文君(上海市第六人民医院)

空巢老人养老问题的对策分析

李　娟(上海市中医医院)

关于完善上海市老年人优待证工作的意见和建议

李　芸(复旦大学附属眼耳鼻喉科医院)

如何帮助老年人实现梦想的探讨

张顺宝(复旦大学附属肿瘤医院)

建帮困互助基金　解退休职工燃眉之急

陈志芳(上海市第三人民医院)

浅谈新媒体时代下医院网络文化建设的重要性

周雨花(上海中医院医药大学附属龙华医院)

积极发挥工会作用　促进医院文化建设

吴　琦(上海中医药大学附属龙华医院)

浅谈新形势下长宁卫生计生系统职工素质教育

董莉娟(长宁区卫生学校)

新形势下医务职工队伍状况调研

高勤樱(杨浦区市东医院)

浅谈医院创建学习型组织的研究与实践

陆　萍　朱　辉(嘉定区妇幼保健院)

非在编职工参与民主管理的途径与方法

朱越萍(松江区九亭镇社区卫生服务中心)

浅谈工会经审组织的作用

黄彩萍(上海建工医院)

浅谈职工素质教育的形式和方法

徐　伟(上海邮电医院)

加强“三型”工会建设　提升服务职工能力

姚美芳(梅山医院)

上海市卫生计生系统工会工作理论研究会第十八届年会获奖论文名单

一等奖(5 篇)

上海市新医改前后医务职工工作满意度差异的调查分析

陶建民　陶黎英　秦　艺(上海市第十人民医院)

新医改背景下网上职代会管理平台的实践和探索

上海市肺科医院课题组

利用劳模资源优势推进卫生职业精神培育的实践与思考

池朝霞(上海市医务工会)

试论医护人员职场压力与职业安全

浦东新区医务工会课题组

上海三级医院雇主品牌构成要素的初步研究

陈　玮　费　健　杨伟国　龚震晔(上海交通大学医学院附属瑞金医院)

二等奖(10 篇)

新医改形势下医院党组织加强群众工作有效性的研究

蒋　勇　吕雯倩　薛岑迪　颜航群　龚　晓　吴　昱(上海市第一人民医院)

加强医务青年人才培养和思想政治建设的研究

沙丽娜　蒋超瑛　包　晰　李智超　茅艺伟(上海市第一妇婴保健院)

以提升职工满意度为目标的工会工作机制创新的成效分析

柯颖达　苏家春(复旦大学附属华山医院)

巴林特小组活动促进医护人员职业生涯健康发展

范理宏　陈翠萍　沈迎春　陶建民　万祎洁　蒋　金(上海市第十人民医院)

品管圈在工会工作中的应用

徐治国　秦嗣萃　郦梦南(复旦大学附属中山医院)

关于上海市某三级综合性医院非在编护士职业认同感的调查与思考

徐坚强（同济大学附属同济医院）

医院公共微信建设的若干问题研究

周邦彦　朱　凡　丁燕敏　丁　芸（上海交通大学医学院附属瑞金医院）

论“法人治理体制下的工会工作”对当前工会工作的启发和思考

柯　婷（上海市医务工会）

上海市普陀区中心医院职工梦想心愿调查报告

陈　岚（上海市普陀区中心医院）

新形势下影响医务人员积极性的相关因素调查和对策研究

刘林艳　蒋超瑛　张　娟（上海市第一妇婴保健院）

三等奖(15篇)

关于加强医院文化建设与提高医务职工生活满意度的情况调查

徐　瑾　杨振华　李　娟（上海市中医医院）

专科医院医务人员职工幸福感现状及影响因素分析

何媛　华克勤　王　珏　陈　洁　楼　昀　王　凌

李　敏　袁谢华　张　煊（复旦大学附属妇产科医院）

医患关系日趋紧张背景下关于加强门诊医务人员人文教育的分析与思考

殷　磊（上海市第六人民医院）

加强审计监督　规范资产管理

上海市医务工会经费审查委员会

退休职工对“救急济难基金”帮困需求的调查分析

颜航群　吴　昱（上海市第一人民医院）

关于精神专科医院人员流失问题的思考与对策

周　韵（上海市精神卫生中心）

培育和践行社会主义核心价值观的探索与实践

秦国强　任　华　祝　滨　汪晓岚（上海市黄浦区中心医院）

新医改形势下上海医务职工职业倦怠调查与分析

李　敏（上海市公共卫生临床中心）

工会搭建平台促进职工岗位科技创新的实践与思考

仇许玲　许树长　张　玲（同济大学附属同济医院）

新医改形势下上海医务职工职业满意度状况调研

李　敏（上海市公共卫生临床中心）

新形势下工会在构建和谐医患关系中的作用

肖　斌　贾　环（上海交通大学医学院附属新华医院）

利用读书报告会提高非在编医疗助理的职业素养

金　逸　于学靖　陈　震　焦岳龙　彭海凤（上海市第十人民医院）

新形势下关注退休人员的健康状况

刘雪梅（复旦大学附属中山医院）

关于职工疗休养现状及未来发展的几点思考

沈　超（上海中医药大学附属曙光医院）

家文化建设与医务人员压力调适的路径选择

胡　媛　陈　佳　蒋建群　王玉明（上海交通大学医学院附属第三人民医院）

入围奖(44篇)

关于工会组织去行政化问题的思考——以上海市医务工会为例

柯　婷（上海市医务工会）

传统文化、医学人文教育对医务社工专业化培养作用的研究

徐美琴　姚　政（上海中医药大学附属曙光医院）

青年医务职工对工会基本性质的认知及有效参与率的调查报告

陆怡德（上海交通大学医学院附属瑞金医院）

维护后勤职工劳动安全卫生权益构筑平安医院建设保障基石

李翠萍　孙　斌　龚震晔　张心平（上海交通大学医学院附属瑞金医院）

三级综合性医院员工职业压力分析及需求探析

胡　媛　陈　佳　蒋建群　罗　蒙　吴正一

（上海交通大学医学院附属第三人民医院）

规范运用《条例》持续推进职代会制度建设——杨浦区卫生计生系统职代会制度贯彻落实情况调查报告

江欲红（杨浦区医务工会）

医改政策对职工的压力影响分析与对策

季国芹（浦东新区芦潮港社区卫生服务中心）

对上海市住院医师规范化培训体制满意度的调查研究与思考

徐　蔚（同济大学附属同济医院）

加强基层工会会计规范化建设的方法和思考

王　冬　郑开源(上海交通大学医学院附属新华医院)

运用新媒体提高工会工作信息化水平的研究与思考

刘存娣　栾　欣　秦　炜(复旦大学附属肿瘤医院)

某二级综合医院女职工孕期劳动保护需求情况调查

容根南　陆彩虹　戴金花　黄冬枚(宝山区仁和医院)

上海某三甲医院医务人员工作压力与家庭功能关系的调查报告

吴　珩　仇许玲　杨　伟　张　玲　施　燕(同济大学附属同济医院)

关于建立医务职工思想动态信息网络和工作机制的调研

闵行区医务工会课题组

浅谈新时期的女职工素质提升工程

曹　轶(上海市第六人民医院)

创品牌凝炼特色　树典型引领发展——卫计系统培育先进典型工作的实践与思考

孙　雁　倪佳琳(长宁区医务工会)

新形势下工会维权的难点和对策调研

徐汇区疾病预防控制中心工会课题组

新形势下医务职工队伍状况的调研

王晓岚(奉贤区奉城医院)

新形势下加强工会自身建设的实践与思考

李　晶(复旦大学附属妇产科医院)

论心理学在工会工作中的运用

高晓珺(长宁区光华中西医结合医院)

在职医务人员职业忠诚度调研分析

上海市第五人民医院工会课题组

浅谈医院工会培育和践行社会主义核心价值观的途径

陈容焕　陈　豪　周雨花　陆为华(上海中医药大学附属龙华医院)

强化工会工作作风　提升三种能力　努力实践党的群众路线

陆忠梅(长宁区妇幼保健院)

社区卫生服务中心在医改实施进程中确保职工队伍稳定性建设的探讨

王彩霞(闸北区彭浦街道社区卫生服务中心)

强规范　利民主　让基层工会转起来、活起来
虹口区医务工会
以职工生日会为载体，促进医院家文化建设
姚美芳（梅山医院）
试析退休职工分享改革和发展成果的社会意义
周礼明　胡如新　张学勤（上海交通大学医学院附属第九人民医院）
对困难职工帮扶工作的几点思考与对策
葛　冰（上海市口腔病防治院）
浅谈青年医务职工敬业度
卢光耀（松江区卫生计生委）
关于推进院务公开，加强民主管理的调研报告
上海交通大学医学院附属瑞金医院卢湾分院课题组
新形势下加强工会自身建设的实践与思考
吴孙坚（普陀区长征镇社区卫生服务中心）
医院工会文化建设初探
王海云（上海市精神卫生中心）
医改政策对医务职工的影响与对策
杨　威（宝山区罗泾镇社区卫生服务中心）
静安区社会医疗机构工会基本情况调查
李国钦（静安区医务工会）
新形势下医院工会疏导医务人员工作压力重要性
蒋　敏（杨浦区中心医院安图分院）
贯彻党的“十八届四中”全会精神，推进院务公开，依法民主管理
张殷华（上海中医药大学附属岳阳中西医结合医院）
浅析社区卫生开展优质服务、加强文化建设对缓解医患矛盾的影响和作用
顾峰英（奉贤区邬桥社区卫生服务中心）
人性化管理与文化的建设
余　瑾（上海中医药大学附属龙华医院）
新形势下加强工会组织建设的实践与思考
戴　娟（复旦大学附属华山医院永和分院）
新形势下，工会如何参与群众路线实践活动的思考
吴胜斌（上海交通大学医学院附属第九人民医院）

工会在改善医务工作者职业压力与心理健康中的作用

唐　韵（上海交通大学医学院附属仁济医院）

构建和谐劳动关系

张妹妹　王　莉　张　超（上海交通大学医学院附属仁济医院）

树立积极的老年文化观的若干思考

方　琳（上海中医药大学附属岳阳中西医结合医院）

社区卫生服务中心职工满意度调研分析

陈　敏（杨浦区定海社区卫生服务中心）

推动企业文化和员工文化建设的实践与思考

何　捷（上海邮电医院）

上海市卫生计生系统工会工作理论研究会第十九届年会获奖论文名单

一等奖(5 篇)

上海市三甲医院临床医务人员职业压力与倦怠状况及心理健康援助对策研究

苏家春　耿道颖　柯颖达　卢　霏　樊　琪(复旦大学附属华山医院)

上海市医务工会组织建设和干部队伍的现状分析报告

张　浩　范理宏　何园　瞿志奇　陶建民　陶黎英　秦　艺
(上海市第十人民医院)

基于医务员工心理健康调查的三级综合性医院 EAP 研究

龚震晔(上海交通大学医学院附属瑞金医院)

基于拓宽群众路线载体,提升医院职工服务公立医院改革凝聚力

唐文佳(上海交通大学医学院附属瑞金医院)

新形势下医院工会服务职工体系建设创新发展研究

黄　敏　张　浩　乔　蓉　何　园　徐　艳　尹晶娴　柯　婷
(上海市儿童医院工会)

二等奖(10 篇)

我院员工敬业度的影响因素及提升对策探讨

吕雯倩　钱　颖　蒋　勇　颜航群　吴　昱　徐立刚　杨新潮
(上海市第一人民医院)

医务工会巴林特小组工作坊培训的应用实践

复旦大学附属中山医院工会

健康中国梦,医务工会迈进 e 时代

隗　祎(复旦大学附属中山医院)

关于医院开展法律咨询援助服务工作的实践与探索

徐　瑾　李　娟　杨振华(上海市中医医院)

工会在科创中心重要承载区建设进程中充分发挥立功竞赛载体作用的探索与思考

江欲红　许雯俊(杨浦区医务工会)

上海市院前急救从业人员心理健康现状调查及干预

葛英军　邱　洁　奚国士　季新军(闵行区医务工会)

基于提升职工素质的医院文化建设实践探索

蒋　勇　吕雯倩　吴　昱　颜航群　徐立刚　杨新潮(上海市第一人民医院)

关于保障公立医院医护人员休息权的思考

徐坚强(上海市同济大学附属同济医院)

品管圈在提高职工书屋图书借阅量中的应用

陆　敏　秦嗣萃　郦梦南(复旦大学附属中山医院)

新常态下工会维护医务职工权益工作面临的问题及对策

吴闵弟　祁新花　张　丽　朱　宏　吴恩贞(闵行区医务工会)

三等奖(15篇)

新形势下进一步深化基层院务公开民主管理的途径

王　燕　冯爱成(华东疗养院)

某三级甲等专科医院关于加强医院文化建设的调查报告

王海云　周　韵　李　伟(上海市精神卫生中心)

住院医生规范化培训学员职业感知调查及影响因素分析

陈　玮　费　健　龚震晔　邵　洁　沈宇辉

(上海交通大学医学院附属瑞金医院)

加强新时期工会工作有效性方法的探索

吴　昱　徐立刚　杨新潮(上海市第一人民医院)

和谐医院建设的思考—基层工会在解决医患纠纷中作用的探索

钱明平　左克强　袁　静　朱伟宏　丁梅生(上海市第十人民医院)

浅议当代医务女青年之“难”及新形势下的应对策略

陆为华　张仕岚(上海中医药大学附属龙华医院)

医务职工身心健康援助对策研究

上海市第六人民医院东院工会

护理人员工作场所暴力与工作倦怠的调查分析

王　霞　金志蓉　赵宝龙　施永斌　吴　容　陆彩萍　刘　娟(宝山区医务工会)

上海市某三级医院护士工作压力研究

贾　环　肖　斌(上海交通大学医学院附属新华医院)

利用新媒体提升基层医务工会文化宣传工作的策略

李　青　贾　琦(上海交通大学医学院附属第九人民医院)

社会主义核心价值观在医务群体中的培育研究

刘林艳　张　娟　蒋超瑛(上海市第一妇婴保健院)

关于工会服务职工创新做法的研究

虹口区医务工会

职工代表竞选与履职考核机制建设初探

江欲红　蒋　燕(杨浦区医务工会)

上海市2所专科医院医务人员职业满意度和职业倦怠情况分析

李　敏(上海市公共卫生临床中心)

试探医院工会缓解职工心理压力的渠道和方法

汤　毅　张　瑾(复旦大学附属儿科医院)

入围奖(36篇)

新形势下加强工会自身建设的实践与思考

杨石含(复旦大学附属妇产科医院)

新形势下工会如何保障职工落实带薪休假

沈　超(上海中医药大学附属曙光医院)

基层医疗单位职工代表巡视工作的现状评估和分析

徐汇区医务工会

公立医院移动医疗服务创新实践研究

蒋超瑛　李智超　庄思良　刘林艳　阎　俊(上海市第一妇婴保健院)

医院职工培训现状调查分析

陈　洁　董利军(上海交通大学医学院附属新华医院)

关于住院医师对工会工作满意度的调查研究

徐　蔚　韩雯婷　缪永敏　兰贤海　刘思维(上海市同济大学附属同济医院)

关注社区医务人员压力现状　创新工会心理维权建设

李昱东　方　力　刘　旻(黄浦区医务工会)

浅议工会如何结合JCI评审工作推进员工安全措施落地

陆忠梅(长宁区医务工会)

青年医师减压需求与对策研究

孙振军　杜　勤　朱佳玲　张文珊(上海交通大学医学院附属第九人民医院)

社区卫生服务中心职工素质教育的困境与解决方法

吴　政(普陀区医务工会)

对"提高职工职业幸福感"的探讨

张雨新　郭　祎(浦东新区医务工会)

疾控专技人员工作现状及满意度调查分析

孟　杨　陈海沭　丁　雪　王蓓琇(宝山区医务工会)

新形势下创建职工团队知识共享的研究

杨　海(上海市第六人民医院)

三级综合性公立医院合并后职工思想状况分析与研究

胡　媛　陈　佳　蒋建群　王玉明(上海市交通大学医学院附属第三人民医院)

工会在医务职工素质工程建设中加强人文素质教育的实践与思考

仇许玲　张　玲(上海市同济大学附属同济医院)

浅谈工会在医院文化建设与提升职工素质建设中的作用

沈孟琳(静安区医务工会)

某区专科医院青年医务人员价值观分析

鞠　康(长宁区医务工会)

浅析疾病控制中心青年职工心理压力成因及其对策

李小攀　陈亦晨　郝莉鹏(浦东新区医务工会)

协同视角下医院工会服务职工身心健康模式探析

孙　珮　宋　凤(宝山区医务工会)

职工身心健康援助研究对策

周　芸(上海市第十人民医院)

EAP在管理工作中运用及对职工心理影响的初探

曹　巍(上海生物制品研究所有限责任公司)

试论中医医院的职业精神内涵和内化策略

马俊坚　王姿英(上海中医药大学附属曙光医院)

职工文化建设与民主管理的实践与操作

蒋　燕(杨浦区医务工会)

维护非编人员权益应从贯彻党的群众路线高度去体现—医院非编职工现状与思考

张明云(松江区医务工会)

关注细节服务，对医院细节文化建设的思考

王　军(上海市精神卫生中心)

关于新形势下工会服务职工体系建设创新发展的研究

杨石含　尤　仁(复旦大学附属妇产科医院)

新形势下职工思想政治工作的创新思考

石海鹰(黄浦区医务工会)

医务青年需求满意度调查

陈　健　俞　洁　李　季(徐汇区医务工会)

社区卫生服务综合改革与发展大背景下基层工会工作的思考与感悟

嘉定区医务工会

工会创建学习型组织的实践与思考

冯晓慧(上海市第六人民医院)

新时期医务职工素质建设的多维思考

陆涵杰(上海市口腔病防治院)

浅谈医院工会加强职工文化建设和思想工作

奚之骏(上海中医药大学附属龙华医院)

基层公共卫生人员工作满意度调查及 EAP(员工帮助计划)的实施对策建议

林　可(虹口区医务工会)

浅谈工会组织在促进医患和谐中的作用

朱越萍(松江区医务工会)

老年医院推进职代会规范化建设的思考

蔡　婷(静安区医务工会)

关于推进事业单位职工教育培训和文化团队建设的调研

汤春红　汤春红　倪慧君　张　静(闵行区医务工会)

上海市卫生计生系统工会工作理论研究会第二十届年会获奖论文名单

一等奖(5 篇)

社会工作视角下医院工会工作有效性提升的研究

刘友军　吕雯倩　冯　皓　蒋　勇　杨新潮(上海市第一人民医院)

运用新媒体推进基层工会工作创新发展的调研

顾琦静　顾　斌　吴晓菁　孙玲芬　贾　环(上海交通大学医学院附属新华医院)

上海医疗卫生行业员工关爱现状 PEST—SWOT 分析及 EAP 实施策略

苏家春　柯颖达　卢　霏　陈　红(复旦大学附属华山医院)

上海市卫生计生基层单位“爱心妈咪小屋”建设运行的调研

曹蓓蕾　童秀妹　肖　萍　张鸿丽　陈　凤
冯　臻　赵　静　李　敏(上海市公共卫生临床中心)

医务人员体检结果分析与健康管理体系建设

俞思伟　高　远(浦东新区医务工会)

二等奖(10 篇)

基于医务员工心理健康调查的三级综合性医院 EAP 研究

龚震晔　陈　玮　侯婷婷　杨伟国(上海交通大学医学院附属瑞金医院)

职工素质工程建设的实践与思考

池朝霞(上海市医务工会)

防御机制与职业压力对医务人员的健康影响研究

俞思伟　白　云　孙　非　郭薇琼　赖新秦　袁晓燕　高　远
(浦东新区医务工会)

“卫生八条”改革对社区医务职工队伍稳定状况的影响研究

荆丽梅　刘　坤　黄　瑶　娄继权　景　湲　瞿天慧(浦东卫生发展研究院)

关于发挥新媒体平台优势开展工会工作的探索与实践

江欲红　许雯俊(杨浦区医务工会)

新医改背景下网上职代会管理平台的完善路径研究

上海市肺科医院工会

医院工会在处理职患冲突过程中维护职工权益的工作机制研究

黄　敏　乔　蓉　胡亚琼　尹晶娴(上海市儿童医院)

上海市公立医院非在编护理人员离职意愿及其影响因素的调研研究

朱晓萍(上海市第十人民医院)

住院医师规范化培训学员职业感知调查及影响因素分析

陈　玮　费　健　龚震晔　鲍其远　沈宇辉
(上海交通大学医学院附属瑞金医院)

品管圈在提升职工书屋电子化管理程度中的应用

陆　敏　秦嗣萃　张洪寅子(复旦大学附属中山医院)

三等奖(15篇)

院前急救非在编职工队伍现况分析和管理对策

黄　洁(宝山区医疗急救中心)

宝山区医务职工身体健康状况及健康促进计划实施情况调查

陈　雁　林　琦(宝山区淞南镇社区卫生服务中心　宝山区医务工会)

新媒体时代医务职工思想建设的探索

吴闵弟　祁新花　胡　晔　倪慧君　崔恒清
杨　凤　吴恩贞(闵行区医务工会)

关于浦东新区卫生计生委直属单位劳务派遣用工情况的调研报告

李晓凤(浦东新区疾病预防控制中心)

医院临床医护人员心理健康状况调研报告

江　萍　曹英华　赵李克　丁佐鼎　陈郭丽珍　韩兰萍
王　燕　陆　艳(浦东新区人民医院)

杨浦区公立医疗机构职工满意度调查及对策研究

杨晓敏(杨浦区妇幼保健院)

上海市卫生监督员职业倦怠现状与成因分析

于　俊　何　翔　蒋　燕　赵金桂
(杨浦区卫生和计划生育委员会监督所)

职工职业倦怠调查及对策研究

朱　艳　张　斌(虹口区嘉兴路街道社区卫生服务中心)

关于医务职工身体健康状况及健康推进计划实施情况的调研

仇许玲　高　源　张　玲　李美慧(同济大学附属同济医院)

关于在新形势下加强公立医院后勤管理队伍建设的思考

徐坚强　夏甦敏(同济大学附属同济医院)

上海某三甲医院职工健康状况及影响因素分析

徐　瑾(上海市中医医院)

医院工会劳动保护隐患排查机制的研究与实践

乔　蓉　倪雨嘉　尹晶娴　黄　敏(上海市儿童医院)

国外护士职业倦怠研究进展及启示

孙　晓　刘聪香　朱晓萍(上海市第十人民医院)

上海市某三甲专科医院职工阅读情况调查报告

王海云　周　韵　杨兴宇　薛　旻(上海市精神卫生中心)

医务职工对利用网络化平台推进工会工作现况的调查研究

徐　蔚　韩雯婷　王桑桑(同济大学附属同济医院)

入围奖(30篇)

关爱女性特殊权益　助力女工职场发展——2016年宝山区卫生计生系统“爱心妈咪小屋”建设运行调研报告

孙　珮　宋　凤　常　芸(宝山区精神卫生中心)

职工社团在医院文化建设中的作用研究

陈　健　姚冲华　冯云海　李　季　宋　玲(徐汇区大华医院)

医院工会缓解职工心理压力的研究及对策

侯建华　芮　莉　刘　兵(普陀区利群医院)

新医改背景下大型综合性中医医院管理文化的创新探索

章诚杰　周　华(上海中医药大学附属曙光医院)

新形势下院前急救医师队伍状况调研

倪燕青(浦东新区医疗急救中心)

新形势下加强工会档案建设的实践与思考

上海市第一妇婴保健院工会

新形势下医疗卫生系统处理劳动人事争议的策略分析

高深甚　蒋丽娟（上海交通大学医学院附属瑞金医院北院）

把专题活动作为职工文化建设有效载体的初探

上海市第一妇婴保健院工会

医院开展班组劳动竞赛提升窗口服务质量的实践与探讨

周　静　曹莲花　程　伟　庞建荣　陆忆苓（上海市第五人民医院工会）

城郊某二级医院医务人员工作压力调查及其对策研究

陆　萍　金凌霞（嘉定区妇幼保健院）

社区综改背景下加强基层医疗机构工会工作的调研及建议

沈文英　吴恩贞　刘　涛　潘彩英　金文刚　徐丽君　高书琴

（闵行区马桥社区卫生服务中心）

新医改政策对医务人员工作状态和工作质量的影响

高深甚　蒋丽娟（上海交通大学医学院附属瑞金医院北院）

关于对做好职工代表大会提案工作的思考

栾　欣（复旦大学附属肿瘤医院工会）

服务职工实事项目“天使健康关爱计划”

郑燕勤　张瑗珲　叶丽萍　金伟华　宋　彬　王　华

张瑗珲（闵行区中心医院工会）

上海某专科医院职工连续2年满意度、忠诚度测评的调研

李　敏（上海市公共卫生临床中心）

医院合并后工会在医院文化融合中作用的探讨

蒋秀凤　贾　琦　李　青（上海交通大学医学院附属第九人民医院）

搭建平台　孕育文化　凝聚人心——加强女职工组织建设　发挥医务女性主力军作用

张燕君（普陀区桃浦镇社区卫生服务中心工会）

企业员工食堂的满意度调查分析与建议

曹　玮　曹　巍　邵益斌（上海生物制品研究所有限责任公司）

龙华医院职工临床心理压力与倦怠的调研与对策

上海中医药大学附属龙华医院工会

关于创建活力工会，增强医院合力的思路举措

石海鹰（黄浦区第二牙病防治所工会）

浅谈全面开放二胎后如何保护女医护人员权益

周　芸（上海中医药大学附属岳阳中西医结合医院）

浅谈新时期工会创新劳动竞赛的新思路

沈　斐（黄浦区牙病防治所工会）

围绕“四个全面”积极推进工会工作

张殷华（上海中医药大学附属岳阳中西医结合医院）

工会职工书屋电子化管理模式探索与实践

陆　敏　秦嗣萃　周　俊　吴桑文（复旦大学附属中山医院工会）

基层护理工会作用的现状及对策分析

潘慧璘（上海中医药大学附属岳阳中西医结合医院）

提升职代表履职能力，深化社区医院民主管理

孙　伟（徐汇区华泾镇社区卫生服务中心）

如何成为合格的桥梁和纽带：浅谈公立医院基层工会干部的作用

王历阳（复旦大学附属中山医院）

开展“最美”系列评选，助力医院健康发展

姚美芳（梅山医院工会）

新形势下基层工会组织履行服务职责之思考

沙小苹（上海市人口与发展中心）

在发展中做好工会宣传工作

邹　琴（黄浦区医务工会）

上海市卫生计生系统工会工作理论研究会第二十一届年会获奖论文名单

一等奖(5篇)

医务人员心理健康及影响因素研究

华　健(复旦大学附属肿瘤医院)

上海医务职工的心理健康状况研究——以黄浦区为例

俞丽辉　李　婷　陈　蓉　胡胜雄　张　蕾　吴佳婉　周　殷

[上海市黄浦区卫生学校　黄浦区卫生和计划生育委员会

上海市卫生和健康发展研究中心(上海市医学科学技术情报研究所)]

关于全面二孩政策背景下女职工权益实现状况的调研报告

张鸿丽　曹蓓蕾　张　晔　丁丽莲(上海市公共卫生临床中心)

职业愿景与压力对医疗骨干人员的健康影响研究

俞思伟　白　云　杨小红　孙　非　郭薇琼　高　远

(浦东新区公利医院　浦东新区卫生和计划生育委员会

浦东新区北蔡社区卫生服务中心　浦东新区人民医院)

上海市公立医院医务人员心理危机预防、预警和干预的研究

苏家春　柯颖达　卢　霏(复旦大学附属华山医院)

二等奖(10篇)

金山区众仁老年护理医院青年医务工作者工作满意度调查研究

陈　丽(金山区众仁老年护理医院)

上海市某三甲专科医院职工文化需求调查报告

周　韵　杨兴宇　王海云　薛　旻(上海市精神卫生中心工会)

关于静安区卫生计生系统工会组织建设的几点思考

吴　荻(静安区医务工会)

从暖心工程着手探索职工帮扶机制建设——以闵行区医疗机构基层工会推行职工暖心工程为例

沈文英　陈佳玥　黄仲辉　火鸿敏　孙　丹　高书琴

（闵行区马桥社区卫生服务中心）

探索运用新媒体打造互联网+工会工作的调查研究

陈佳玥　郭西尧　杨　凤　吴恩贞　李元琳（闵行区医务工会）

浦东新区医疗机构公共卫生人力资源现状和对策调研报告

王远萍（浦东新区疾病预防控制中心）

新形势下加强工会经审工作规范化建设的思考

管芝云　施庆红　杨　波　李梅芳　王佩君　瞿　芸（浦东新区周浦医院）

新医改形势下浦东新区人民医院护士人文管理感知的调研分析

江　萍　曹英华　张依佳　杜锦萍　丁佐鼎　吴　菁

（浦东新区人民医院　海军军医大学护理学院）

上海市三甲综合性医院在全面二孩政策背景下护士权益实现状况的调研报告

陈蓓敏（上海市第十人民医院）

EAP与区域卫生计生行业职工权益保障

江欲红　许雯俊（杨浦区医务工会）

三等奖（15篇）

增强医院工会工作能力提高工会服务职工水平

耿　芸　马海波（吴淞医院）

新媒体时代推进职工福利工作的思考与探讨

王丽莉　李锦康　乔　蓉　尹晶娴　黄　敏（上海市儿童医院）

上海部分三甲医院劳务派遣工队伍发展的研究

张弛东　何振宇　邱　琼　吴晓芹　范　珺（华东医院）

以积极心理学为基础的EAP项目对护士主观幸福感的影响

卢　霏　柯颖达　蒋　红　樊　琪（复旦大学附属华山医院）

浦东新区基层医务人员对新医改政策认知情况的调查研究

杨晓笛　汤华山　花迎雪　徐文杰（浦东新区医务工会）

新形势下医务人员积极性的相关因素调研

吴菲菲　李　菊　王红岩　徐瑜梅（浦东新区公利医院）

门诊文员队伍稳定状况研究

邱坚中(上海交通大学医学院附属瑞金医院)

全面深化改革背景下医师多点执业中工伤认定困境的探析

高深甚(上海交通大学医学院附属瑞金医院北院)

护士二孩生育意愿现状及其影响因素分析

贺学敏　陈蓓敏　束嘉俊　吴　茜　王西英　刘聪香　周　姝

(上海市第十人民医院)

医院视角下医生情绪管理能力的问题分析与策略

唐　凯　徐　倍　孙营营　姚　萍　张　培(上海市第十人民医院)

杨浦区医疗护理机构护工队伍现状及做好维权服务工作的建议

江欲红　沈雁红(杨浦区医务工会)

工会视角下创建及管理"职工亲子工作室"的思考

张洪寅子　秦嗣萃(复旦大学附属中山医院)

品管圈在提升工会活动职工参与度中的应用

陆　敏　秦嗣萃　张洪寅子(复旦大学附属中山医院)

医改形势下医护人员心理健康和心理素质现况调查研究

江　萍　曹英华　韩兰萍　张依佳　丁佐鼎　赵李克　吴　菁　叶旭春

(浦东新区人民医院　海军军医大学护理学院)

建设学习型单位全面提升医院文化

沈　超(上海中医药大学附属曙光医院)

入围奖(13篇)

舒缓疗护病区医生及护士健康状况调查及对策

吴玉华　姚　强　何春晓　吴恩贞　周　群　王璐彬　冷海燕

(闵行区医务工会)

2017年新员工入职培训满意度分析报告

许夏蓝　王建红(浦东新区光明中医医院)

基于学习型组织理论下对医务人员文化素质建设的思考

金有欣(上海市第六人民医院)

新形势下医院工会发挥教育引领作用的实践与思考

贾　环　顾琦静　陈晓勤(上海交通大学医学院附属新华医院)

群团改革背景下卫生事业单位工会工作创新实践探究

栾　欣(复旦大学附属肿瘤医院工会)

新形势下如何加强工会会计规范化建设

郑开源　倪君文　邵　红(上海交通大学医学院附属新华医院)

关于怀孕护士在临床工作中权益保障的思考

周　芸(上海中医药大学附属岳阳中西医结合医院)

浅谈民管小组在瑞金医院北院职代会提案落实中的作用

郑炜华(上海交通大学附属瑞金医院北院)

医院文化建设在医改背景下新建三级医院管理中的作用

高　阳　袁　青(上海交通大学医学院附属瑞金医院北院)

上海某三甲医院女职工缓解压力的几点思考

陆为华　高　熙(上海中医药大学附属龙华医院)

机构合并对职工影响研究

沙小苹(上海市卫生和健康发展研究中心)

社会支持水平对护士二孩生育意愿的影响分析

陈蓓敏　贺学敏　吴　茜　束嘉俊　刘聪香　王西英　周　姝

(上海市第十人民医院)

研究协调劳动关系维护职工合法权益

陈卫丽　汤　毅　张　瑾　徐　虹(复旦大学附属儿科医院)